Claus Schmitz

Die Bauinsolvenz

RWS-Skript 304

Die Bauinsolvenz

3., neu bearbeitete Auflage

von
RA Dr. Claus Schmitz, München

RWS Verlag Kommunikationsforum GmbH · Köln

Die Deutsche Bibliothek – CIP-Einheitsaufnahme

Schmitz, Claus:
Die Bauinsolvenz / von Claus Schmitz. – 3., neu bearb.
Aufl. - Köln: RWS Verlag Kommunikationsforum, 2004
(RWS-Skript ; 304)
ISBN 3-8145-1304-5

© 2004 RWS Verlag Kommunikationsforum GmbH
Postfach 27 01 25, 50508 Köln
E-Mail: info@rws-verlag.de, Internet: http://www.rws-verlag.de

Druck und Verarbeitung: Hundt Druck GmbH, Köln

Vorwort zur 3. Auflage

Die 2. Auflage dieses Buchs war erstaunlich schnell vergriffen. Dies hängt mit der fortdauernden Krise der deutschen Bauwirtschaft zusammen, was dazu führt, dass der Rechtsanwender sich verstärkt mit Problemen der Bauinsolvenz konfrontiert sieht. Die 3. Auflage ist wiederum wesentlich erweitert: Ich habe ein komplett neues Kapitel eingefügt zu den Problemen, die sich stellen, wenn innerhalb einer ARGE ein Partner insolvent wird. Diese Darlegungen rechtfertigen sich durch einige Insolvenzverfahren über das Vermögen großer Unternehmen, die an ARGEN beteiligt waren.

Erhebliche Veränderungen haben auch die Passagen erfahren, die sich auf § 103 InsO beziehen. Dies liegt an der Rechtsprechungswende des Bundesgerichtshofs mit Urteil vom 25. April 2002 (Aktenzeichen: IX ZR 313/99). In diesem Urteil hat der Bundesgerichtshof die 15 Jahre lang von ihm vertretene „Erlöschenstheorie" aufgegeben.

Zu berücksichtigen waren darüber hinaus das stark anwachsende Schrifttum zu Fragen der Bauinsolvenz, die ebenfalls deutlich zunehmende Rechtsprechung zu diesem Themenkomplex und die Änderungen aufgrund des Schuldrechtsmodernisierungsgesetzes und der VOB/B 2002. Soweit jedoch nach meiner Auffassung die frühere Rechtsprechung zum BGB und zur VOB/B alter Fassung auf die jetzt geltenden Normen und Regelungen anwendbar ist, habe ich es mir wiederum erlaubt, diese Rechtsprechung so zu zitieren, als sei sie zum neuen Recht ergangen. Dadurch konnte ich mir mühselige Umschreibungen sparen.

Für Verbesserungsvorschläge und Hinweise auf aktuelle, unveröffentlichte Rechtsprechung bin ich weiterhin dankbar.

München, im Dezember 2003   Claus Schmitz

Vorwort zur 2. Auflage

Dieses Buch hat eine freundliche Aufnahme gefunden. Zugleich zeigen Literatur und Rechtsprechung der letzten beiden Jahre, daß das Thema Bauinsolvenz immer mehr an Bedeutung gewinnt.

Die Neuauflage ist wesentlich erweitert. Grundlegend überarbeitet und erweitert wurden insbesondere die Kapitel zum Abrechnungsverhältnis, zu den Aufrechnungsverboten, zu den bautypischen Problemen des Insolvenzanfechtungsrechts, zu den prozessualen Fragen und zu den Bürgschaften. Das Buch erhebt weiterhin nicht den Anspruch, jede denkbare theoretische Frage zum privaten Bau- und Insolvenzrecht zu beantworten, sondern konzentriert sich auf die nach meiner Auffassung praxisrelevanten Fragen, die sich in der täglichen Abwicklung sei es für den Verwalter, sei es für den einen Gläubiger beratenden Anwalt, sei es für den Sachbearbeiter in einer Bank stellen. Dabei habe ich mich darum bemüht, Probleme möglichst im Zusammenhang darzustellen, wobei es sich nicht immer vermeiden ließ, daß ich mit Querverweisen arbeiten mußte.

Die Praxisrelevanz des Buchs soll erhöht werden durch die separat hervorgehobenen „Praxistips".

Zu Dank bin ich all denen verpflichtet, die auf Seminaren, in persönlichen Gesprächen, durch Zuleitung von Rechtsprechung oder Informationen über interessante Sachverhaltskonstellationen mich stets aufs Neue dazu aufgerufen haben, meine bisherigen Ausführungen zu überdenken und Neues hinzuzufügen.

München, im Oktober 2001   Claus Schmitz

Vorwort zur 1. Auflage

Diese Einführung konzentriert sich auf die spezifische „Schnittmenge" zwischen Insolvenz- und Baurecht. Als Schlüsselnormen, die das ganze Werk durchziehen, erweisen sich dabei § 8 Nr. 2 VOB/B und § 103 InsO. Das RWS-Skript wendet sich gleichermaßen an Bau- wie an Insolvenzrechtler. Da es für beide Zielgruppen auch ohne spezielle Vorkenntnisse auf dem jeweils anderen Rechtsgebiet verständlich sein soll, ist nicht auszuschließen, daß der Insolvenzrechtler manche Ausführung zu „seinem" Rechtsgebiet, der Baurechtler manche Ausführungen zu „seiner" ureigenen Materie als unnötig oder überflüssig empfindet. Wenn sich gleichwohl ein rundes Ganzes ergibt, wäre der Verfasser sehr zufrieden.

Das Manuskript wurde abgeschlossen im Juli 1999. Zu diesem Zeitpunkt war eine obergerichtliche Rechtsprechung zu der seit 1. Januar 1999 vollständig in Kraft getretenen Insolvenzordnung noch nicht ergangen, soweit es um das Insolvenzbaurecht geht. Der Verfasser hat sich erlaubt, die nach seiner Meinung auf die Insolvenzordnung übertragbare frühere Rechtsprechung zur Konkursordnung und Gesamtvollstreckungsordnung wiederzugeben, als sei bereits anhand der Insolvenzordnung geurteilt worden. Dies mag wissenschaftlich zwar nicht restlos bedenkenfrei sein, entspricht aber der Praxis auch der zwischenzeitlich vorliegenden Kommentare zur Insolvenzordnung und ermöglicht es, umständliche und platzraubende Umschreibungen und Zusatzerläuterungen zu vermeiden.

Der Verfasser hat sich darum bemüht, durchgehend die neue Terminologie der Insolvenzordnung zugrunde zu legen, so daß nicht mehr von „einfachen Konkursforderungen", sondern von „Insolvenzforderungen", nicht mehr vom „Gemeinschuldner", sondern vom „Schuldner" die Rede ist usw.

Für Verbesserungsvorschläge und sonstige Hinweise ist der Verfasser jederzeit dankbar (c/o Rechtsanwälte Müller-Heydenreich, Beutler & Kollegen, Schwanthalerstraße 32, 80336 München).

München, im Juli 1999   Claus Schmitz

Inhaltsverzeichnis

Rz.   Seite

Literaturverzeichnis XXI

A. Die Insolvenz des Unternehmers 1 1

I. Weichenstellungen durch den vorläufigen Verwalter/
Insolvenzgutachter in der Phase nach Antragstellung 1 1

II. Kündigungsmöglichkeit des Bestellers gemäß
§ 8 Nr. 2 Abs. 1 VOB/B 14 4

  1. Zum Wortlaut von § 8 Nr. 2 Abs. 1 VOB/B 14 4

  2. Der Kündigungstatbestand und die Beweislast 15 4

  3. Rechtsfolgen 26 7

  4. Vereinbarkeit dieses Kündigungsrechts mit
§ 119 InsO 52 13

  5. Rechtslage beim BGB-Werkvertrag 56 14

III. Die insolvenzbedingte Umgestaltung des beiderseits
nicht vollständig erfüllten Bauvertrags und das Abrechnungsverhältnis 64 16

  1. „Beiderseitige nicht vollständige Erfüllung" 64 16

  2. Die Konzeption des Bundesgerichtshofs von
§ 103 InsO 75 18

  3. Das Abrechnungsverhältnis nach § 8 Nr. 2 Abs. 2
VOB/B und nach § 103 InsO 82 21

    a) Strukturelle Parallelität der Rechtsfolgen bei be-
rechtigter Bestellerkündigung gemäß § 8 Nr. 2
Abs. 1 VOB/B und Schadensersatzwahl des Be-
stellers gemäß § 103 InsO 82 21

    b) Saldierung der beiderseitigen Ansprüche als
„Rechnungsposten" („Verrechnung") 87 23

    c) Grenzen der Verrechnung aus § 96 Abs. 1 Nr. 1,
Nr. 3 InsO 106 28

    d) Rechnungsposten zu Gunsten des Verwalters im
Abrechnungsverhältnis 107 28

      aa) Berechnungsgrundlagen 107 28

      bb) Folgen für den Einheits- und den Pauschal-
preisvertrag 116 31

      cc) Fälligkeitsvoraussetzungen 137 35

      dd) Bauabzugsteuer 146 37

XI

Rz. Seite

e) Rechnungsposten zu Gunsten des Bestellers 152 38

  aa) Mängel 152 38

    (1) Wegfall des Nacherfüllungsanspruchs und des Leistungsverweigerungsrechts; bloßer Schadensersatzanspruch 152 38

    (2) Darlegungs- und Beweislast 159 40

    (3) Selbstvornahme 170 42

    (4) Verjährung 182 45

    (5) Kein Leistungsverweigerungsrecht wegen abstrakter Mängelsorgen 189 46

  bb) Restfertigstellungsmehrkosten 190 47

    (1) Besondere Relevanz in der Bauinsolvenz 190 47

    (2) Schlüssige Darlegung des Schadens 192 47

    (3) Abgrenzung Restfertigstellungsmehrkosten/Schadensersatzanspruch wegen Mängeln 199 49

    (4) Weitere Details zu diesem Rechnungsposten zu Gunsten des Bestellers 204 50

    (5) Anspruch des Verwalters auf Restfertigstellungsmehrkostenaufstellung 212 52

    (6) Verknüpfung der Abrechnung des vorzeitig beendeten Pauschalpreisvertrags und der Restfertigstellungsmehrkosten 213 52

  cc) Vertragsstrafe/Verzugsschaden 219 54

  dd) Sicherheitseinbehalt 224 55

  ee) Architektenkosten im Hinblick auf die Restfertigstellung 240 58

IV. Zulässigkeit und Grenzen der Aufrechnung (§§ 94 ff InsO) 245 59

1. Aufrechnung des Bestellers mit einer Gegenforderung aus einem anderen Rechtsverhältnis gegen einen dem Verwalter im Abrechnungsverhältnis zustehenden Saldo 246 60

2. Aufrechnung des Bestellers mit einem ihm im Abrechnungsverhältnis zustehenden Saldo gegen Forderungen des Verwalters aus anderen Vertragsverhältnissen 255 63

Rz. Seite

3. Aufrechnung des Bestellers mit sonstigen Forderungen gegen Forderungen des Verwalters 273 67

4. Kritische Bewertung 277 68

V. Erfüllungswahl des Verwalters 281 70

1. Anforderungen an die Erfüllungswahl durch den Verwalter 281 70

2. Erfüllungswahl bei teilbaren Leistungen (§ 105 Satz 1 InsO)................291 72

3. Weitere Abwicklung des Vertrags 331 84

VI. Der von einer Seite bereits vollständig erfüllte Bauvertrag 339 85

1. Vollständige Erfüllung durch den Schuldner 340 85

2. Vollständige Erfüllung durch den Besteller 345 86

VII. Rechte des Baustofflieferanten aus (verlängertem) Eigentumsvorbehalt 353 88

1. Wirksamkeit eines (verlängerten) Eigentumsvorbehalts 353 88

2. Das Aussonderungsrecht des Lieferanten beim einfachen Eigentumsvorbehalt (§ 47 InsO)................366 90

3. Absonderungsrecht des Lieferanten aufgrund verlängerten Eigentumsvorbehalts (§ 51 Nr. 1 InsO)................378 93

4. Schadensersatzansprüche gegen den (vorläufigen) Verwalter bei schuldhafter Verletzung von Aus- oder Absonderungsrechten (§§ 60 f, 21 Abs. 2 Nr. 1 InsO)................398 97

a) Haftung des Verwalters (§§ 60 f InsO)................398 97

b) Haftung des vorläufigen Verwalters (§ 21 Abs. 2 Nr. i. V. m. §§ 60 f InsO analog)................404 98

VIII. Sonderprobleme in der Insolvenz des Architekten 407 99

B. Insolvenz des Bestellers .... 424 ... 103

I. Vorbemerkung .... 424 ... 103

II. Handlungsmöglichkeiten des Unternehmers im Zeitraum nach Antragstellung und vor Verfahrenseröffnung .... 425 ... 103

III. Vertragssuspendierung gemäß § 103 InsO .... 432 ... 105

IV. Forderungsanmeldung und Sicherheitseinbehalt .... 437 ... 106

1. Förmliche Anforderungen an die Forderung .... 437 ... 106

XIII

		Rz.	Seite
2.	Behandlung eines Sicherheitseinbehalts und der vom Unternehmer gestellten Bürgschaften	440	107
3.	Bauabzugsteuer bei der Quotenauszahlung	448	109

V. Besonderheiten für den Subunternehmer in der Insolvenz seines Auftraggebers ... 454 ... 110

    1. Direktzahlungen des Bauherrn an den Subunternehmer des insolventen Unternehmers ... 454 ... 110

    2. Mängelansprüche des Verwalters gegen den Subunternehmer ... 462 ... 112

C. Bautypische Probleme des Insolvenzanfechtungsrechts ... 472 ... 115

I. Vorbemerkung ... 472 ... 115

II. Einzelne bautypische Fallgruppen ... 475 ... 115

    1. Abtretungen (§§ 131, 133 Abs. 1 InsO) ... 475 115

    2. Abschlagszahlungen vor Fälligkeit oder auf Rechnungen ohne beigefügte prüfbare Aufstellung ... 493 ... 119

    3. Direktzahlungen des Bestellers an Gläubiger des Unternehmersgemäß § 16 Nr. 6 VOB/B ... 495 ... 119

    4. Weitergabe von Kundenschecks durch den Schuldner an seine Gläubiger ... 500 ... 120

    5. Exkurs: Fehlende Gläubigerbenachteiligung bei auf Rückgewähr von Baugeld gerichtetem Anfechtungsanspruch? ... 501 ... 120

    6. Verknüpfung einer notwendigen Leistung im Eröffnungsverfahren mit der Befriedigung von Insolvenzforderungen ... 507 ... 122

    7. Sicherungsübereignungen durch den Schuldner ... 510 ... 123

    8. Die Eintragung einer (Vormerkung für eine) Bauhandwerkersicherungshypothek (§ 130 InsO) ... 513 123

    9. Kündigung des Bestellers gemäß § 8 Nr. 2 Abs. 1 VOB/B ... 525 ... 125

    10. Entgegennahme von Leistungen des Schuldners in der Krise (§ 96 Abs. 1 Nr. 3 i. V. m. §§ 130, 131 InsO) ... 537 128

Rz. Seite

D. Besonderheiten der Bauträgerinsolvenz .... 538 ... 131

I. Die Sicherung des Eigentumsübertragungsanspruchs am
Grundstück durch eine Vormerkung (§ 106 Abs. 1
InsO) .... 538 ... 131

II. Vorrangige Grundpfandrechte der finanzierenden Banken .... 562 ... 137

III. Freistellungsansprüche des Erwerbers wegen Erschließungs- und Anliegerbeiträgen .... 568 ... 138

E. Prozessuale Fragen .... 575 ... 141

I. Prozessunterbrechnung .... 575 ... 141

II. Sonderprobleme des selbständigen Beweisverfahrens .... 582 ... 142

1. Der Schuldner als Antragsgegner in einem vor Verfahrenseröffnung eingeleiteten selbständigen Beweisverfahren .... 583 ... 142

2. Vom Schuldner als Antragsteller vor Verfahrenseröffnung eingeleitetes selbständiges Beweisverfahren .... 599 ... 146

3. Nach Verfahrenseröffnung gegen den Verwalter eingeleitetes selbständiges Beweisverfahren .... 603 ... 147

4. Verwalter ist Antragsteller eines nach Verfahrenseröffnung eingeleiteten selbständigen Beweisverfahrens .... 610 ... 148

III. Sonstige ausgewählte Probleme .... 613 ... 149

1. Feststellungsstreit des Insolvenzgläubigers gegen den Verwalter (§§ 87, 180 ff InsO) 613 149

2. Aufnahme von Aktivprozessen durch den Verwalter (§ 85 InsO) 617 150

3. Fristenprobleme .... 621 ... 150

F. Bürgschaften .... 624 ... 153

I. Einleitung .... 624 ... 153

II. Die Sicherungsabrede .... 626 ... 153

III. In der Bauwirtschaft verbreitete Bürgschaftstypen .... 629 ... 154

1. Abschlagszahlungs- und Vorauszahlungsbürgschaft/Bürgschaften gemäß § 7 MaBV .... 629 ... 154

2. Vertragserfüllungs- und Mängelbürgschaft .... 648 ... 158

a) Abgrenzung .... 648 ... 158

	Rz.	Seite
b) Umfang der Vertragserfüllungsbürgschaft	658	160
c) Bürgschaft für Mängelansprüche nach Abnahme („Mängelbürgschaft")	665	161
3. Zahlungs- oder sonstige Vertragserfüllungsbürgschaft zu Gunsten des Unternehmers	671	163
IV. Sonderprobleme bei Bürgschaften auf erstes Anfordern (aeA)	675	163
1. Definition und erleichterte Inanspruchnahme	675	163
2. Verteidigungsmöglichkeiten des Bürgen im Erstprozess	679	164
a) Bürgschaftsumfang	680	165
b) Sonstige Einwendungen	682	165
c) Unterstützung des Bürgen durch den Hauptschuldner/Verwalter durch Antrag auf Erlass einer einstweiligen Verfügung	687	167
V. Wirksamkeit von AGB-Abreden über die Stellung von Sicherheiten	690	168
1. Vorbemerkung	690	168
2. Unwirksamkeit von Vereinbarungen in allgemeinen Geschäftsbedingungen	691	168
a) Mängelbürgschaft	692	168
b) Vertragserfüllungsbürgschaft	711	173
c) Vorauszahlungsbürgschaft	717	175
d) Zahlungsbürgschaft zu Gunsten des Unternehmers	718	175
3. Rechtsfolgen einer unwirksamen Vereinbarung über die Stellung von Sicherheiten	720	175
VI. Durchsetzung von Ansprüchen in der Insolvenz des Hauptschuldners	723	176
1. Sicherungsfall	723	176
2. Darlegungs- und Beweislast	726	177
3. Verteidigungsmöglichkeiten des Bürgen	729	178
a) Darlegungs- und Beweislast	729	178
b) Ausschluss der Rechte aus § 768 BGB	730	178
c) Überblick über in der Praxis besonders bedeutsame, rechtlich strukturierte Verteidigungsmöglichkeiten des Bürgen	733	179

		Rz.	Seite
aa)	Befristung	733	179
bb)	Bei Mängelbürgschaften: Nichtauszahlung des Sicherheitseinbehalts	737	180
cc)	Bei Mängelbürgschaften: Fehlende förmliche mangelfreie Abnahme	738	180
dd)	Verjährung der Hauptschuld	739	181
ee)	Verjährung der Bürgenschuld	742	182
ff)	„Abtretungsfalle"	744	182
gg)	Missachtung der „Bei-uns"-Klauseln	746	183

VII. Forderungsanmeldungen im Insolvenzverfahren durch den bürgschaftsgesicherten Gläubiger und den Bürgen ..... 747 ... 183

1. Verbot der Doppelanmeldung ..... 747 ... 183

2. Zahlung des Bürgen an den Bürgschaftsgläubiger nach Insolvenzverfahrenseröffnung ..... 752 ... 184

3. Behandlung aufschiebend bedingter Forderungen bei der Schlussverteilung ..... 757 ... 186

G. Besonderheiten bei Arbeitsgemeinschaften (ARGEN) ..... 765 ... 189

I. Einleitung ..... 765 ... 189

1. Definitionen ..... 765 ... 189

2. Vertragsgrundlagen ..... 767 ... 189

3. Die Rechtsnatur der ARGE ..... 774 ... 190

II. Auswirkungen der Insolvenz eines Partners auf das Innenverhältnis der ARGE ..... 778 ... 191

1. Ausscheiden eines Partners aufgrund seiner Insolvenz ..... 779 ... 191

a) Eigeninsolvenzantrag ..... 779 ... 191

b) Eröffnung des Insolvenzverfahrens über das Vermögen eines Partners ..... 784 ... 192

2. Anwachsung ..... 786 ... 193

3. Die aufgrund des Ausscheidens des insolventen Partners gebotene Aufstellung der Auseinandersetzungsbilanz ..... 792 ... 193

a) Vorbemerkung ..... 792 ... 193

b) Einzelprobleme ..... 796 ... 194

		Rz.	Seite
aa)	Stichtagsprinzip und Einfluss nachträglicher Erkenntnisse	796	194
bb)	Bewertung der bis zum Ausscheiden des insolventen Partners „ausgeführten Arbeiten"	804	196
cc)	Finanzielle Verhältnisse des Bestellers	807	197
dd)	„Bewertung des Gewährleistungsrisikos"	808	198
ee)	Bewertung sonstiger Risiken	813	199
ff)	Schwebende Geschäfte	815	199
gg)	Isolierte Behandlung von besonderen Positionen	820	201
c) Zustellung und Feststellung der Bilanz		825	202
aa)	Zustellung	825	202
bb)	Feststellung der Auseinandersetzungsbilanz durch bloßen Fristablauf	828	202
cc)	Feststellung der Auseinandersetzungsbilanz durch Einigung oder gerichtliche Klärung	835	204
dd)	Feststellung der Auseinandersetzungsbilanz und §§ 174 ff InsO	839	205
d) Handlungsmöglichkeiten des Verwalters bei Nicht-Erstellung der Auseinandersetzungsbilanz durch den verbliebenen Partner		842	205
e) Fälligkeit des Anspruchs aus der Auseinandersetzungsbilanz		845	206
3. Sicherheiten zu Gunsten des verbliebenen ARGE-Partners		850	207
a) Bürgschaften		850	207
aa)	Unterbürgschaften	850	207
bb)	Ausschüttungsbürgschaften	859	209
cc)	Übergang von zu Gunsten des Bestellers hingegebenen Sicherheiten	863	210
b) Pfandrecht an den vom ausgeschiedenen Partner überlassenen Geräten und Stoffen		867	211
aa)	Entstehungsvoraussetzungen	867	211
bb)	Abgesicherte Ansprüche	874	213
cc)	Verwertung	875	213

		Rz.	Seite
III.	Die Auswirkungen des insolvenzbedingten Ausscheidens des Schuldners aus der ARGE für die Rechtsbeziehungen der ARGE zu Dritten, insbesondere zum Besteller	876 ...	213
	1. Fortbestehende gesamtschuldnerische Haftung des ausgeschiedenen Gesellschafters	876 ...	213
	2. Kein Kündigungsrecht des Bestellers aus § 8 Nr. 2 Abs. 1 VOB/B gegenüber der ARGE insgesamt bei Insolvenz eines ARGE-Partners	877 ...	214
	3. Auswirkung auf laufende Prozesse	880 ...	215

Entscheidungsregister 217

Stichwortverzeichnis 247

Literaturübersicht

Monographien, Handbücher, Kommentare

Bähr/Hermann
Insolvenzrecht am Bau, in: Freiberger Handbuch zum Baurecht,
2. Aufl., 2003, § 10

Bamberger/Roth
BGB, Kommentar, 2003

Basty
Der Bauträgervertrag, 4. Aufl., 2002

Baumgärtel
Handbuch der Beweislast im Privatrecht, Bd. 1, 2. Aufl., 1991

Beck/Girra
Die Bauabzugssteuer, 2001

Beck'scher VOB-Kommentar
Teil B: Ganten/Jagenburg/Motzke (Hrsg.), Verdingungsordnung für
Bauleistungen Teil B (VOB/B), 1997 (zit.: *Bearbeiter*, in: Beck'scher
VOB-Kommentar)

Berliner Kommentar
zum Versicherungsvertragsgesetz, 1999 (zit.: *Bearbeiter*, in: Berliner
Kommentar)

Braun
Insolvenzordnung. Kommentar, 2002 (zit.: *Braun/Bearbeiter*)

Burchardt
Die Arbeitsgemeinschaft, in: Freiberger Handbuch zum Baurecht,
2. Aufl., 2003, § 13 (zit.: *Burchardt*)

Brych/Pause
Bauträgerkauf und Baumodelle, 3. Aufl., 1999

Burchardt/Pfülb
ARGE-Kommentar. Kommentar zum ARGE- und Dach-ARGE-Ver-
trag, Musterverträge 1995 des Hauptverbandes der Deutschen Bauindustrie, 3. Aufl., 1998 (zit.: *Burchardt/Pfülb*)

Eickmann/Flessner/Irschlinger/Kirchhof/Kreft/Landfermann/Marotzke
Insolvenzordnung, Heidelberger Kommentar, 3. Aufl., 2003
(zit.: *Bearbeiter*, in: HK-InsO)

Fahrenschon/Burchardt
ARGE-Kommentar. Ergänzungsband, 1990
(zit.: *Fahrenschon/Burchardt*, ARGE)

Gerhardt/Kreft
Aktuelle Probleme der Insolvenzanfechtung – KO, GesO, AnfG,
8. Aufl., 2003

Glatzel/Hofmann/Frikell
Unwirksame Bauvertragsklauseln, 10. Aufl., 2003

Gottwald
Insolvenzrechtshandbuch, 2. Aufl., 2000 (zit.: *Gottwald/Bearbeiter*)

Hagenloch
Handbuch zum Gesetz über die Sicherung der Bauforderungen (GSB).
Kommentierung mit Gesetzestext, Baubuch, Gesetzesmaterialien und
Urteilen, 1991

Häsemeyer
Insolvenzrecht, 3. Aufl., 2003

Heiermann/Riedl/Rusam
Handkommentar zur VOB Teile A und B, 10. Aufl., 2003

Heidland
Der Bauvertrag in der Insolvenz von Auftraggeber und Auftragnehmer,
2. Aufl., 2003

Heiermann/Riedl/Rusam
Handkommentar zur VOB Teile A und B, 10. Aufl., 2003

Hess/Binz/Wienberg
Gesamtvollstreckungsordnung, Kommentar. 3. Aufl., 1997

Hess
KO, Kommentar zur Konkursordnung, 6. Aufl., 1998

Hess
InsO, Kommentar zur Insolvenzordnung, 1999

Hesse/Korbion/Mantscheff/Vygen
Honorarordnung für Architekten und Ingenieure (HOAI), 5. Aufl.,
1996

Ingenstau/Korbion/Locher/Vygen
VOB Teile A und B, 15. Aufl., 2004

Jaeger/Henckel
Konkursordnung, Kommentar, 9. Aufl., 1977 ff

Kapellmann/Schiffers
Vergütung, Nachträge und Behinderungsfolgen beim Bauvertrag. Bd. 1:
Einheitspreisvertrag, 4. Aufl., 2000; Bd. 2: Pauschalvertrag einschließlich
Schlüsselfertigbau, 3. Aufl., 2000

Kienmoser
Unzulässige Bauvertragsklauseln geprüft von A bis Z, 2. Aufl., 1999

Kilger/Schmidt, Karsten
Insolvenzgesetze. KO/VglO/GesO, 17. Aufl., 1997

Kleine-Möller/Merl/Oelmaier
Handbuch des privaten Baurechts, 2. Aufl., 1997

Kniffka
ibr-online-Kommentar, Stand: 14. 11. 2003

Kniffka/Koeble
Kompendium des Baurechts, 2000

Koeble
Rechtshandbuch Immobilien, Loseblattsammlung, Stand: Januar 2001

Koeble/Kniffka
Münchner Prozeßformularbuch. Bd. 2: Privates Baurecht, 2. Aufl., 2003

Kölner Schrift zur Insolvenzordnung
hrsg. vom Arbeitskreis für Insolvenz- und Schiedsgerichtswesen,
2. Aufl., 2000 (zit.: *Bearbeiter*, in: Kölner Schrift)

Korbion/Locher
AGB-Gesetz und Bauerrichtungsverträge, 3. Aufl., 1997

Kübler/Prütting (Hrsg.)
InsO, Kommentar zur Insolvenzordnung, Loseblatt, Stand: 17. Lfg.
9/03 (zit.: *Kübler/Prütting/Bearbeiter*)

Kuhn/Uhlenbruck
Konkursordnung, Kommentar, 11. Aufl., 1994

Locher
Das private Baurecht, 6. Aufl., 1996

Locher/Koeble/Frik
Kommentar zur HOAI, 7. Aufl., 2002

Marcks
MaBV, 7. Aufl., 2003

Marotzke
Gegenseitige Verträge im neuen Insolvenzrecht, 2. Aufl., 1998

Münchener Kommentar
zum Bürgerlichen Gesetzbuch, Bd. 2: Schuldrecht, Allgemeiner Teil
(§§ 241–432), 4. Aufl., 2001; Bd. 5: Schuldrecht, Besonderer Teil III
(§§ 705–853), 4. Aufl., 2004 (zit.: MünchKomm-*Bearbeiter*, BGB)

Münchener Kommentar
zur Insolvenzordnung, Bd. 1: Einleitung, §§ 1–102, InsVV, Bd. 2,
§§ 103-269, 2002 (zit.: MünchKomm-*Bearbeiter*, InsO)

Nicklisch/Weick
VOB Teil B, 3. Aufl., 2001

Onusseit/Kunz
Steuern in der Insolvenz, 2. Aufl., 1997

Palandt
Bürgerliches Gesetzbuch, Kommentar, 62. Aufl., 2003
(zit.: *Palandt/Bearbeiter*, BGB)

Schimansky/Bunte/Lwowski
Bankrechts-Handbuch, 2. Aufl., 2001
(zit.: *Bearbeiter*, in: Schimansky/Bunte/Lwowski)

Schmidt, J./Winzen
Handbuch der Sicherheiten am Bau, 2000

Schmitz, C.
Sicherheiten für die Bauvertragsparteien, IBR Reihe
(www.ibr-online.de), Stand: 22. 10. 2003 (zit.: *C. Schmitz*, Sicherheiten)

Schwärzel-Peters
Die Bürgschaft im Bauvertrag, 1992

Schwörer
Lösungsklauseln für den Insolvenzfall, 2000

Smid (Hrsg.)
Insolvenzordnung, Kommentar, 1999

Staudinger
Bürgerliches Gesetzbuch, Kommentar, 13. Bearbeitung, 1994 ff /
Neubearbeitungen 2000–2003(zit.: *Staudinger/Bearbeiter*, BGB)

Stein/Jonas
ZPO. Kommentar zur Zivilprozessordnung, Bd. 9, 22. Aufl., 2002
(zit.: *Stein/Jonas/Bearbeiter*, ZPO)

Thode/Quack
Abnahme und Gewährleistung im Bau- und Bauträgervertrag.
Höchstrichterliche Rechtsprechung, 2003

Uhlenbruck
InsO, Kommentar, 12. Aufl., 2003 (zit.: *Uhlenbruck/Bearbeiter*, InsO)

Weise
Sicherheiten im Baurecht, 1999

Werner/Pastor
Der Bauprozeß, 10. Aufl., 2003

Wimmer (Hrsg.)
Frankfurter Kommentar zur Insolvenzordnung, 2. Aufl., 1999
(zit.: *Wimmer/Bearbeiter*, InsO)

Zöller
Zivilprozeßordnung (ZPO), 24. Aufl., 2004
(zit.: *Zöller/Bearbeiter*, ZPO)

Aufsätze

Acker/Roskosny
Die Abnahme beim gekündigten Bauvertrag und deren Auswirkungen
auf die Verjährung, BauR 2003, 1279

Amelung
Der Sicherheitseinbehalt gemäß § 17 Nr. 6 VOB/B in der Insolvenz des
Auftraggebers, BauR 1999, 801

Bähr
Zahlungszusagen bei Betriebsfortführungen im Insolvenzeröffnungsver-
fahren, ZIP 1998, 1553

Barth
Zur Praxistauglichkeit gesetzlicher und vertraglicher Sicherheiten im
Baurecht, ZfIR 2000, 235

Basty
Verträge des Insolvenzverwalters in der Bauträgerinsolvenz,
ZNotP 2001, 333

Belz
Gewährleistungsbürgschaft auf erstes Anfordern – und noch kein Ende,
ZfBR 1998, 1

Bergau/Schmeisser
Sanierung eines Bauträgers: Ansätze im Rahmen des Insolvenzplanver-
fahrens, DStR 2001, 270

Bitter
Teilmithaftung in der Insolvenz – Forderungsanmeldung nach Leistung
durch den Mithaftenden, ZInsO 2003, 490

Blank
Bürgschaft im Bauträgervertrag, ZfIR 2001, 785

Boldt
Die Kündigung des Bauvertrags aus wichtigem Grund durch den Auftraggeber nach neuem Recht, NZBau 2002, 655

Bomhard
Gewerbliche Bürgschaften als Sicherheiten im Projektgeschäft,
ZBB 1998, 43 und 255

Bomhard
Die Gewährleistungsbürgschaft auf erstes Anfordern auf dem Prüfstand
des Bundesgerichtshofs, BauR 1998, 179

XXV

Bomhard
Sanierung von Projekten in der Krise, in: Nicklisch (Hrsg.), Nationale
und internationale privatfinanzierte Projekte, 2003, S. 87

Bork
Gläubigersicherung im vorläufigen Insolvenzverfahren, ZIP 2003, 1421

Brauns
Die Bürgschaft auf erstes Anfordern als Sicherungsmittel gemäß § 17
VOB/B, BauR 2002, 704

Brauns
Zur Anfechtbarkeit der Werklohnzahlung oder der Besicherung von
Vergütungsansprüchen des Auftragnehmers durch den Insolvenzver-
walter über das Vermögen des Auftraggebers, BauR 2003, 301

Breutigam/Tanz
Einzelprobleme des neuen Insolvenzanfechtungsrechts, ZIP 1998, 717

Breyer
Nochmals: Zur Frage der Wirksamkeit der Vereinbarung einer Bürgschaft auf erstes Anfordern in Allgemeinen Geschäftsbedingungen auf
der Basis einer Gesamtbetrachtung der betroffenen Rechtsverhältnisse,
BauR 2001, 1192

Brügmann/Kenter
Abnahmeanspruch nach Kündigung von Bauverträgen, NJW 2003, 2121

Dähne
Zur Problematik des § 16 Nr. 6 VOB/B: Zahlungen an Dritte,
BauR 1976, 29

Denkhaus
Betriebsfortführung und Eigensanierungspläne bei insolventen Bau-
unternehmern, ZInsO 1999, 216

Drenckhan
Behandlung der Bauabzugsteuer in der Insolvenz zwischen Eröffnungsantrag und Schlussverteilung, ZInsO 2003, 405

Festge/Seibert
Das Pfandrecht nach § 24.9 II des Arbeitsgemeinschaftsvertrags im
Baugewerbe, BB 1983, 1819

Fischer
Die Rechtsprechung des Bundesgerichtshofs zum Insolvenzrecht im
Jahre 2000, NZI 2001, 281

Fischer
Die Rechtsprechung des Bundesgerichtshofs zum Insolvenzrecht im
Jahre 2001, NZI 2002, 281

Friehe
Schlußzahlungserklärung gegenüber dem Konkursverwalter?
BauR 1984, 562

Feuerborn
Die Geltendmachung von Gewährleistungsansprüchen im Bauträger-
konkurs, ZIP 1994, 14

Götting
Der Rückforderungsprozeß bei Bürgschaften im Rahmen des abgebrochenen Bau-Pauschalvertrages, WM 2001, 288

Graf/Wunsch
Gegenseitige Verträge im Insolvenzverfahren, ZIP 2002, 2117

Greiner
Mängel am Gemeinschaftseigentum und Aufrechnung einzelner Erwerber gegen Restforderungen des Bauträgers, ZfBR 2001, 439

Gundlach/Frenzel/Schmidt
Die Haftung des Insolvenzverwalters gegenüber Aus- und Absonderungsberechtigten, NZI 2001, 350

Habscheid
Die Verfügung über Sachmängelansprüche bezüglich des Gemeinschaftseigentums der Wohnungseigentümergemeinschaft unter besonderer Berücksichtigung des Insolvenzverfahrens, NZI 2000, 568

Habscheid
Makler- und Bauträgerverordnung als Schutzgesetz und Insolvenz des
Bauträgers, NZI 2001, 176

Haller/Mielicki
Auseinandersetzungsbilanz bei ARGEN. Bewertungsprobleme in der
Praxis, Bauwirtschaft 1997, 6

Haller/Mielicki
Auseinandersetzungsbilanz bei ARGEN. Checklisten zur Prävention -
Sofortmaßnahmen, Bauwirtschaft 1998, 10

Harz
Kriterien der Zahlungsunfähigkeit und der Überschuldung unter Be-
rücksichtigung der Änderungen nach dem neuen Insolvenzrecht,
ZInsO 2001, 193

Heiderhoff
Aufteilung des Kostenerstattungsanspruchs nach Prozessübernahme
durch den Insolvenzverwalter? ZIP 2002, 1564

Heidland
Zu Rosenberger: Vertragsabwicklung im Konkurs des Bauunternehmers, BauR 1975, 305

XXVII

Heidland
Ist die Bestimmung in § 8 Nr. 2 VOB/B, nach welcher der Auftraggeber im Falle der Konkurseröffnung über das Vermögen des Auftragnehmers den Vertrag kündigen kann, unwirksam? BauR 1981, 21

Heidland
Welche Änderungen ergeben sich für den Bauvertrag durch die Insolvenzordnung im Verhältnis zur bisherigen Rechtslage? Wie ist der Wortlaut der VOB Teil A und B zu ändern? BauR 1998, 643

Heidland
Konsequenzen der „Erlöschenstheorie" und der Theorie der Teilbarkeit der Bauleistung für die baurechtliche Abnahme, für Vergütungsansprüche, Gewährleistungsfrist und Vertragsstrafe im Insolvenzverfahren über das Vermögen des Auftraggebers, in: Festschrift Uhlenbruck, 2000, S. 423

Heidland
Die neue Bauabzugssteuer – Haftungsrisiken in der Insolvenz, ZInsO 2001, 1095

Hildebrandt
Folgen einer unwirksamen Sicherungsabrede im Bauvertrag, ZfIR 2002, 872

Hörstel
Der Auseinandersetzungsanspruch bei Ausscheiden einzelner Gesellschafter sowie der Liquidation von Gesellschaften und gesellschaftsähnlichen Rechtsverhältnissen, NJW 1994, 2268

Hogrefe
Zur Unwirksamkeit formularmäßiger Verpflichtungen zur Stellung von Vertragserfüllungs- und Mängelgewährleistungsbürgschaften „auf erstes Anfordern" in Bau-, Werk- und Werklieferungsverträgen und die sich daraus ergebenden Rechtsfolgen, BauR 1999, 111

Huber
Gegenseitige Verträge und Teilbarkeit von Leistungen in der Insolvenz, NZI 2002, 467

Johannsen
Zur Rechtsstellung des geschädigten Dritten in der Allgemeinen Haftpflichtversicherung, r+s 1997, 309

Joussen
Die Anerkennung der ARGE als offene Handelsgesellschaft, in: Festgabe Kraus, 2003, S. 73

Keller
Die Umsetzung der Rückschlagsperre des § 88 InsO im Grundbuchverfahren, ZIP 2000, 1324

Kemper
Die Vereinbarung von Vertragsstrafen bei Fristüberschreitung in Allgemeinen Geschäftsbedingungen, BauR 2001, 1015

Kind
Insolvenz am Bau – Gläubigerberatung in der Insolvenz, ZAP Fach 14, 323

Kirchhof
Die Rechtsprechung des Bundesgerichtshofs zum Insolvenzrecht, WM-Sonderbeilage 2/1996

Kniffka
Abnahme und Abnahmewirkungen nach der Kündigung des Bauvertrags, ZfBR 1998, 113

Kniffka
Die neuere Rechtsprechung des Bundesgerichtshofs zur Abrechnung nach Kündigung des Bauvertrags, Jahrbuch Baurecht 2000, 1

Kniffka
Der Ring im See oder die Varianten der Unverhältnismäßigkeit, in: Festgabe Kraus, 2003, S. 115

Koeble
Die Verrechnung beim Werkvertrag, in: Festschrift v. Craushaar, 1997, S. 259

Kreft
Die Wende in der Rechtsprechung zu § 17 KO, ZIP 1997, 865

Kreft
Teilbare Leistungen nach § 105 InsO (unter besonderer Berücksichtigung des Bauvertragsrechts), in: Festschrift Uhlenbruck, 2000, S. 387

Kreft
Aktuelle Entwicklungen des Anfechtungsrechts im Lichte höchstrichterlicher Rechtsprechung, in: Berger u. a. (Hrsg.), Dritter Leipziger Insolvenzrechtstag. Beiträge aus Wissenschaft und Praxis zu Problemen des Insolvenzrechts, 2002, S. 7 (zit.: *Kreft*)

Kreft
Ausgesuchte Fragen zum Einfluss des neuen Schuldrechts auf die Erfüllungswahl nach § 103 InsO, in: Festschrift Kirchhof, 2003, S. 275

Krull
Teilbarkeit der Leistung nach § 105 InsO, NZI 1998, 66

Krull
Globalzession, Erfüllungsverlangen und vorkonkursliche Teilleistung, InVo 1998, 180

Kunze
Der Umfang der Bürgschaft nach § 7 MaBV, ZfIR 2003, 540

Lang
Rückforderung des auf eine Bürgschaft auf erstes Anfordern Geleisteten im Urkundenprozeß, WM 1999, 2329

Leinemann
Vertragsstrafe – Der einzig sichere Weg zum Gewinn am Bau? BauR 2001, 1472

Langen
Die Dach-ARGE im Spannungsfeld zwischen Gesellschafts- und Bauvertragsrecht, in: Jahrbuch Baurecht 1999, S. 64

Leineweber
Die Rechte des Bauunternehmers im Konkurs des Auftraggebers, BauR 1980, 510

Lenzen
Unterbrechung von Beweisverfahren und/oder Schiedsverfahren durch Insolvenzeröffnung? NZBau 2003, 428

Linnertz
Haftungsfalle § 174 BGB in der Bauinsolvenz, ZfIR 2003, 624

Masloff/Langer
Richtungswechsel bei der Vertragserfüllungsbürgschaft in der Insolvenz des Bauunternehmers, ZfIR 2003, 269

Meyer
Die Teilbarkeit von Bauleistungen nach § 105 InsO, NZI 2001, 294

Miernik
Die Durchsetzung von Haftpflichtansprüchen des Auftraggebers bei Insolvenz des Auftragnehmers, BauR 2003, 1465

Mitlehner
Der Steuerabzug bei Bauleistungen im Insolvenzverfahren, NZI 2002, 143

Mossler
Rücktrittsrecht vor Fälligkeit bei solvenzbedingten Zweifeln an der Leistungsfähigkeit des Schuldners (§ 323 Abs. 4 BGB), ZIP 2002, 1831

Moufang/Kupjetz
Zum formularvertraglichen Verzicht des Bürgen auf die Einreden aus § 768 BGB in bauvertraglichen Sicherungsabreden, BauR 2002, 1314

Mundt
Die Insolvenzanfechtung bei Stellung einer Bürgschaft nach § 648a BGB, NZBau 2003, 527

Munz
Der verlängerte Eigentumsvorbehalt – ein geeignetes Sicherungsmittel
in der Insolvenz des Bauunternehmers? BauR 2003, 621

Neuenfeld
Die Ansprüche des Architekten im Konkurs des Auftraggebers,
BauR 1980, 230

Noack/Bunke
Zur Stellung gesamtschuldnerisch oder akzessorisch Mithaftender im
Insolvenzverfahren, in: Festschrift Uhlenbruck, 2000, S. 335

Onusseit
Die umsatzsteuerlichen Folgen des in der Insolvenz steckengebliebenen
Bauvorhabens, in: Festschrift Kirchhof, 2003, S. 373

Pause
Auswirkungen der Schuldrechtsmodernisierung auf den Bauträgervertrag, NZBau 2002, 648

Peters
Fälligkeit und Verzug bei den Zahlungsansprüchen des Bauunternehmers nach der VOB/B, NZBau 2002, 305

Putzier
Verrechnung oder Aufrechnung – was gilt? BauR 2002, 1632

Pause
MaBV: Vom Schutz der Vermögenswerte zur Sicherung der Gewähr-
leistungsrechte? BauR 1999, 1270

Quack
Der Eintritt des Sicherungsfalles bei den Bausicherheiten nach § 17
VOB/B und ähnlichen Gestaltungen, BauR 1997, 754

Reister
Baubetriebliche Abwägungen zur Arbeitseinstellung beim Bauvertrag,
NZBau 2001, 1

Riemenschneider
Ausgewählte Probleme zur Bürgschaft gemäß § 7 MaBV,
ZfIR 2002, 949

Rosenberger
Vertragsabwicklung im Konkurs des Bauunternehmers,
BauR 1975, 233

Scheffler
Teilleistungen und gegenseitige nicht vollständig erfüllte Verträge in der
Insolvenz, ZIP 2001, 1182

Schmid
Die vorrangige Grundschuld und die sich daraus ergebenden Probleme des Bauträgerkäufers, BauR 2000, 971

Schmidt, J.
Die Vertragserfüllungsbürgschaft auf erstes Anfordern in Allgemeinen Geschäftsbedingungen, BauR 2002, 21

Schmidt, T.
Pflicht zur Bezahlung einer mangelhaften Werkleistung bei späterer Insolvenz des Bauunternehmers wegen § 95 I 3 InsO?, NZI 2003, 186

Schmitz, C.
Das Bauunternehmen im Konkurs, ZIP 1998, 1421

Schmitz, C.
Die Insolvenz des Auftragnehmers – Anforderungen an die Vertragsgestaltung, ZfIR 1999, 880

Schmitz, C.
Der Bauvertrag in der Insolvenz, DZWIR 1999, 485

Schmitz, C.
Anmerkung zu BGH, Urteil vom 28. 9. 2000 – VII ZR 372/99, ZIP 2000, 2211

Schmitz, C.
Mängel nach Abnahme und offener Werklohnanspruch – ein wesentlicher Anwendungsbereich des § 103 InsO bei Bauverträgen, ZIP 2001, 765

Schmitz, C.
Anmerkung zu BGH, Urteil vom 22. 2. 2001 – IX ZR 191/98, BauR 2001, 1583

Schmitz, C./Vogel
Die Sicherung von bauvertraglichen Ansprüchen durch Bürgschaft nach der Schuldrechtsreform, ZfIR 2002, 509

Schmitz, C./Vogel
Anmerkung zu BGH, Urteil vom 18. 4. 2002 – VII ZR 192/01, ZIP 2002, 1200

Schmitz, C./Vogel
Anmerkung zu BGH, Urteil vom 4. 7. 2002 – VII ZR 502/99, ZIP 2002, 1693

Schmitz, C./Vogel
Anmerkung zu LG Köln, Urteil vom 27. 6. 2003 – 32 O 61/03, ZfIR 2003, 774

Schulze-Hagen
Übermäßige AGB-Klauseln: Kassation oder Reduktion? BauR 2003, 785

Seiter
Kündigung bei Vermögensverfall des Auftragnehmers (Urteilsanmerkung zu BGH, Urteil vom 26. 9. 1985 – VII ZR 19/85), BauR 1986, 336

Siegburg
Die Bürgschaft auf erstes Anfordern im Bauvertrag, ZfIR 2002, 709

Siegburg
Anmerkung zu BGH, Urteil vom 19. 12. 2002 – VII ZR 103/00, ZfIR 2003, 378

Sienz
Vereinbarung von Bürgschaften auf erstes Anfordern in AGB – ein Auslaufmodell?, BauR 2000, 1249

Spliedt
Aufrechnung und Anfechtung während des Eröffnungsverfahrens erwirtschafteter Ansprüche, DZWIR 2000, 418

Stammkötter
Bürgschaft auf erstes Anfordern unter gleichzeitigem Ausschluß der Einreden gemäß § 768 BGB, BauR 2001, 1295

Stiller
Durchsetzung von Haftpflichtansprüchen in der Insolvenz des Versicherungsnehmers, ZInsO 2003, 207

Timmermans
Die Aufrechnung in der Insolvenz beim VOB-Vertrag, BauR 2000, 1117

Timmermans
Kündigung des VOB-Vertrages bei Insolvenz des Auftragnehmers, BauR 2001, 321

Thode
Werkleistung und Erfüllung im Bau- und Architektenvertrag, ZfBR 1999, 116

Thode
Erfüllungs- und Gewährleistungssicherheiten in innerstaatlichen und grenzüberschreitenden Bauverträgen, ZfIR 2000, 165

Thode
Aktuelle höchstrichterliche Rechtsprechung zur Sicherungsabrede in Bauverträgen, ZfBR 2002, 4

Uhlenbruck
Kosten eines nach Unterbrechung wieder aufgenommenen Prozesses im Insolvenzverfahren, ZIP 2001, 1988

Vogel
Das magische Dreieck – die Freigabeerklärung der Globalbank des
Bauträgers und der Schutz des Erwerbers in der Bauträgerinsolvenz –,
BauR 1999, 992

Vogel
Anmerkung zu OLG München, Urteil vom 28. 3. 2001 – 27 U 940/00,
ZfIR 2001, 469

Vogel
BGH: Neue Urteile zur MaBV-Bürgschaft, BTR 2002, 2

Vogel
Rückforderungsprozeß aus Bürgschaft auf erstes Anfordern im Ur-
kundsverfahren, BauR 2002, 131

Vosberg
Die Kautionsversicherung in der Insolvenz des Unternehmers,
ZIP 2002, 968

Weimar
Ansprüche der Handwerker bei Insolvenz des Bauträgers,
BauR 1975, 308

von Westphalen
Die Abschichtungsbilanz beim Ausscheiden eines Gesellschafters aus
einer BGB-Gesellschaft, BB 1982, 1894

von Wietersheim
Vorzeitige Rückgewähr von Gewährleistungssicherheiten in der Insolvenz geklärt? ZInsO 1999, 393

von Wietersheim
Abrechnung von Bauvorhaben in der Insolvenz, InVO 1999, 261

Wortberg
Lösungsklauseln und Insolvenz, ZInsO 2003, 1032

Wudy
Die Insolvenz des Bauträgers aus bevorzugt notarieller Sicht,
MittBayNot 2000, 489

Wudy
Abwicklungsvereinbarung infolge eines wegen Insolvenz des Bauträgers
stecken gebliebenen Bauvorhabens, ZNotP 2001, 142

Zoll
Anmerkung zu OLG Naumburg, Urt. v. 28. 12. 1999 – 13 U 126/99,
ZfIR 2002, 456

A. Die Insolvenz des Unternehmers

I. Weichenstellungen durch den vorläufigen Verwalter/ Insolvenzgutachter in der Phase nach Antragstellung

Die kritische Bewertung laufender Bauverträge und die Abschätzung, wel- **1** che Forderungen aus bereits abgeschlossenen Bauverträgen realistisch beigetrieben werden können, haben in der Phase zwischen Antragstellung und Entscheidung über die Eröffnung eines Insolvenzverfahrens für den Gutachter/vorläufigen Verwalter hohe Priorität.

> Zur hier nicht vertieften Sichtweise der weiteren Beteiligten (Besteller, Bürgen usw.) instruktiv Bomhard, S. 87 ff.

Bei laufenden, noch nicht vom Besteller gekündigten Bauvorhaben sind vor **2** allem folgende Fragen zu klären:

(1) Innerhalb welchen Zeitraums, mit welchem Personalbedarf und welchem Aufwand für Drittleistungen (Subunternehmer, Lieferanten usw.) kann das Bauvorhaben ordnungsgemäß fertig gestellt werden?

(2) Steht für das Bauvorhaben überhaupt noch hinreichend spezialisiertes und motiviertes Personal zur Verfügung oder lösen sich die maßgeblichen Mitarbeiter bereits vom Betrieb? Haben die Mitarbeiter Anspruch auf Insolvenzgeld? Für welchen Zeitraum? Kann es kurzfristig vorfinanziert werden?

(3) Ist das Bauvorhaben auskömmlich kalkuliert oder liegt eine Unterkalkulation vor? Wie war bisher das Zahlungsverhalten des Bestellers? Ist bei schneller Fortführung des Bauvorhabens damit zu rechnen, dass der Besteller dies honoriert und Abschlags- und Schlussrechnungen zügig bezahlt, oder wird der Besteller vielmehr zahlreiche Gegenforderungen einführen? Sind einzelne Bauvorhaben für einen Betriebsübernehmer von besonderem Interesse?

Hinzu kommen die steuerlichen Auswirkungen für den Fall, dass ein Bau- **3** vorhaben erst **nach** Verfahrenseröffnung abgeschlossen werden kann. Daher muss der vorläufige Verwalter/Gutachter auch die Rechtslage im Blick behalten, die mit einer – faktisch, nicht rechtlich – fast unweigerlich folgenden Erfüllungswahl durch ihn in seiner späteren Rolle als Verwalter (§ 103 InsO) verbunden ist. Nach der Rechtsprechung des Bundesfinanzhofs,

> BFH KTS 1979, 208, 210 r. Sp.;
> Grundlage für OFD Hannover, Vfg. v. 7. 2. 2001
> – S 7340 – 152 – StH 531 – S 7340 – 68 – StO 355,
> KTS 2001, 419, 426;
> hierzu auch Braun/Kroth, InsO, § 105 Rz. 14 ff,

ist bei Erfüllungswahl des Verwalters das Bauwerk insgesamt erst mit der Fertigstellung geliefert worden, so dass die auf dieser Lieferung beruhende

Umsatzsteuer (für das gesamte Bauwerk) als Masseverbindlichkeit (§ 55 Abs. 1 Nr. 2 InsO) zu befriedigen ist, soweit die Umsatzsteuer aus den Abschlagszahlungen nicht beglichen wurde.

4   Diese Auffassung macht eine Fortführung von Bauvorhaben in all den Fällen unlukrativ, in denen der Besteller bereits für wesentliche erbrachte Leistungsteile Abschlagszahlungen zusammen mit ausgewiesener Umsatzsteuer bezahlt, der Schuldner die Umsatzsteuer aber nicht an das Finanzamt abgeführt hat und mithin für die fertig zu stellenden Restleistungen nurmehr eine Restzahlung des Bestellers zu erwarten ist, welche die aus der gesamten Abrechnungssumme noch zu entrichtende Umsatzsteuer allenfalls geringfügig übersteigt.

5   **Hierzu ein idealtypisches Negativbeispiel:**

Der Schuldner erbringt vor Antragstellung Leistungen mit einem Vertragswert von 1 Mio. € netto. Entsprechende Abschlagsrechnungen bezahlt der Besteller zeitnah inklusive Umsatzsteuer in Höhe von 16 %, also insgesamt 1.160.000 €. Von der Umsatzsteuer führt der Schuldner jedoch nur 20.000 € an das Finanzamt ab. Der Verwalter führt das Bauvorhaben nach Antragstellung fort und schafft die endgültige Fertigstellung erst nach förmlicher Verfahrenseröffnung. Aufgrund der Schlussrechnung zahlt der Besteller für den zuletzt erbrachten Leistungsteil noch 100.000 € netto, also insgesamt brutto 116.000 €. Das Finanzamt macht nun gegen den Verwalter aufgrund dessen Erfüllungswahl eine Umsatzsteuerforderung geltend in Höhe von 16.000 € (zuletzt erbrachte Leistungen) und 140.000 € (nicht abgeführte Beträge aus dem Zeitraum vor Antragstellung), insgesamt also 156.000 €.

6   Diese finanzgerichtliche Rechtsprechung führt zu wirtschaftlich unsinnigen Ergebnissen und ist mit grundlegenden Zielen der Insolvenzordnung – Betriebsfortführung und übertragende Sanierung – nicht zu vereinbaren. Sie steht im Übrigen mit der später darzustellenden Rechtsprechung des Bundesgerichtshofs (siehe Rz. 76 ff) zur Teilbarkeit von Leistungen bei Erfüllungswahl nicht in Einklang. Daher vertreten *Onusseit/Kunz,*

Onusseit/Kunz, S. 133 f;
ebenso Onusseit, in: Festschrift Kirchhof, S. 373, 386 f, 389,

zutreffend die Rechtsauffassung: Auch eine Erfüllungswahl des Verwalters ändert nichts daran, dass die Umsatzsteuer auf die bereits bei Eröffnung erbrachten Teile der Bauleistung Insolvenzforderung ist. Lediglich die Umsatzsteuer, die auf die nach Eröffnung erbrachte Teilleistung entfällt, zählt zu den Masseverbindlichkeiten.

7   Soweit nach Abwägung obiger Faktoren im Einzelfall die Fortführung von Bauvorhaben zweckmäßig ist, werden oft die Leistungen Dritter benötigt. Diese verspüren aufgrund der Gesamtumstände ein spezielles Sicherungsbedürfnis, welches befriedigt werden kann wie folgt:

8   Hat das Insolvenzgericht einen vorläufigen Verwalter eingesetzt, auf den die Verfügungsbefugnis über das Schuldnervermögen übergegangen ist, so erwachsen aus Bestellungen und Aufträgen des vorläufigen Verwalters im

Zeitraum vor Verfahrenseröffnung später Masseverbindlichkeiten (§§ 55 Abs. 2 Satz 1, 22 Abs. 1 InsO), deren Nichtbezahlung eine Eigenhaftung des Verwalters (§ 61 InsO) begründen kann. Diese beiden Umstände haben bewirkt, dass regelmäßig dem vorläufigen Verwalter derart weitreichende Befugnisse nicht eingeräumt werden.

Wegen einer denkbaren späteren Masseunzulänglichkeit kann im Übrigen 9 auch in solchen Konstellationen der Dritte ein Bedürfnis nach Absicherung haben: So kann er für weitere Werkleistungen Sicherheit gemäß § 648a BGB fordern und bei nicht fristgerechter Stellung seine Leistungen verweigern; der Baustofflieferant und -verkäufer kann gemäß § 320 BGB auf Zahlung Zug um Zug gegen Übereignung der Ware bestehen.

Wird dagegen nur ein „schwacher" vorläufiger Verwalter eingesetzt, so re- 10 sultieren aus dessen Bestellungen und Aufträgen keine Masseverbindlichkeiten. Dies hat der Bundesgerichtshof,

BGH ZIP 1997, 1551, 1552;
dazu EWiR 1997, 851 (*Uhlenbruck*),

schon für die alte Rechtslage (Aufträge eines Sequesters gemäß § 106 Abs. 1 KO) ausdrücklich festgehalten – bestätigt für das Recht der Insolvenzordnung in

BGH ZIP 2002, 1625 = ZVI 2002, 250;
dazu EWiR 2002, 919 (*Spliedt*)

– und den Dritten darauf verwiesen, angemessene Sicherheiten zu erlangen. In Betracht kommen Vorauskasse, Abtretungen, Bürgschaften und Einzahlungen auf ein Treuhandkonto.

BGH ZIP 1997, 1551, 1553 l. Sp.;
Kind, ZAP Fach 14, S. 323, 332;
Bähr, ZIP 1998, 1553;
Bork, ZIP 2003, 1421;
abl. zum Treuhandkontomodell
AG Hamburg ZIP 2003, 1809.

In der Praxis werden solche schwer handhabbaren, zu massiven Verzöge- 11 rungen führenden Gestaltungen jedoch als verzichtbar angesehen, wenn der Ruf des vorläufigen Verwalters so gut ist, dass Dritte dessen Erklärung, die Bezahlung ihrer Leistungen aus der vorläufigen Insolvenzmasse sei gesichert, als ausreichend akzeptieren.

Zum ganzen auch *Bähr/Hermann*, Rz. 63 ff;
krit. zu Zahlungsversprechen des vorläufigen Verwalters, wenn die Zahlung erst *nach* Verfahrenseröffnung wie auf eine Masseverbindlichkeit erfolgt,
Bork, ZIP 2003, 1421, 1423.

Aufgrund dieser Rahmenbedingungen ist die Fortführung von Bauvorha- 12 ben eher schwierig. Zwar kann der vorläufige Verwalter, der die Weiterarbeit und einen schnellen Abschluss der Arbeiten sicherstellt, verhindern, dass der Besteller kündigt und anschließend Gegenforderungen verrechnet, die den auf das bis zur Kündigung erstellte Teilwerk entfallenden Werklohn erreichen oder übersteigen. Da jeder Tag Verzögerung bei – privaten – Bauvorhaben beträchtlichen Schaden auslöst, tun jedoch schnelle Entscheidungen not. Objektiv wird aber der vorläufige Verwalter in den ersten Tagen nach Amtseinsetzung mit einer Vielzahl von Informationen überschüttet, so dass es äußerst schwer fällt, sofort die fortführungsfähigen und -würdigen Bauvorhaben herauszufiltern. Der Besteller wiederum sieht sich möglicherweise erstmals mit einer Bauinsolvenz konfrontiert und benötigt daher ebenfalls geraume Zeit, bis er die insolvenzrechtlichen Besonderheiten nachvollzogen hat.

13 Parallel muss der vorläufige Verwalter auf das schuldnerische Unternehmen einwirken, die Baustellen zu sichern und zu bereits fertig gestellten Bauvorhaben die notwendigen Vorbereitungen für den späteren Forderungseinzug zu treffen (insbesondere Abnahmen, nach Möglichkeit gemeinsame Aufmaßnahme mit dem Besteller und Erstellung von prüffähigen Schlussrechnungen).

II. Kündigungsmöglichkeit des Bestellers gemäß § 8 Nr. 2 Abs. 1 VOB/B

1. Zum Wortlaut von § 8 Nr. 2 Abs. 1 VOB/B

14 In der VOB/B (2000) – unverändert belassen in der VOB/B (2002) – ist die lang erwartete Anpassung dieser Vorschrift an die Insolvenzordnung vorgenommen worden. § 8 Nr. 2 Abs. 1 VOB/B enthält nunmehr auf der Tatbestandsseite vier Alternativen und lautet wie folgt:

„Der Auftraggeber kann den Vertrag kündigen, wenn der Auftragnehmer seine Zahlungen einstellt oder das Insolvenzverfahren bzw. ein vergleichbares gesetzliches Verfahren beantragt oder ein solches Verfahren eröffnet wird oder dessen Eröffnung mangels Masse abgelehnt wird."

2. Der Kündigungstatbestand und die Beweislast

15 Die besondere Bedeutung von § 8 Nr. 2 Abs. 1 VOB/B liegt nicht in dem Kündigungsrecht als solchem, da auch gemäß § 8 Nr. 1 Abs. 1 VOB/B, § 649 Satz 1 BGB der Besteller bis zur Vollendung des Werks jederzeit den Vertrag kündigen kann. Entscheidend ist, dass die Spezialvorschrift der VOB/B gemäß ihrem Absatz 2 Satz 2 dem Besteller einen umfassenden Schadensersatzanspruch wegen Nichterfüllung des Vertrags zuspricht, während der Besteller gemäß § 8 Nr. 1 Abs. 2 VOB/B, § 649 Satz 2 BGB die vereinbarte Vergütung abzüglich ersparter Aufwendungen des Unternehmers und dessen anderweit erworbenen oder erwerbbaren Verdiensts bezahlen muss. Diese unterschiedliche Behandlung rechtfertigt sich dadurch, dass im Bereich des Unternehmers Umstände vorliegen, die eine Fortführung des Bauvertrags für den Besteller nicht mehr zumutbar machen.

Da der Besteller aus einer Kündigung gemäß § 8 Nr. 2 Abs. 1 VOB/B für   16
sich günstige Rechtsfolgen ableitet, hat er die Darlegungs- und Beweislast
für die Tatbestandsmerkmale.

OLG Oldenburg BauR 1987, 567, 568 l. Sp.

Im Einzelnen gilt für die vier Alternativen folgendes:

„Zahlungseinstellung" des Unternehmers im Sinne der 1. Alternative liegt   17
vor, wenn dieser wegen eines voraussichtlich dauernden Mangels an Zahlungsmitteln seine fälligen und vom jeweiligen Gläubiger ernsthaft eingeforderten Verbindlichkeiten nicht mehr erfüllen kann und dies für die beteiligten Verkehrskreise erkennbar geworden ist. Dabei sind jedoch an das
Merkmal des ernsthaften Einforderns geringe Anforderungen zu stellen.
Es genügt jede außergerichtliche Mahnung und sogar eine bloße Übersendung einer Rechnung mit der Bitte um Begleichung.

BGH ZIP 1998, 2008, 2009 r. Sp.;
dazu EWiR 1998, 1131 (*Gerhardt*);
BGH ZIP 2001, 1155, 1155 r. Sp.;
dazu EWiR 2001, 821 (*Eckardt*);
instruktiv auch
Harz, ZInsO 2001, 193.

Praxistipp:	18

Zwar hilft dem Besteller, dass Baustellen meist geeignete Informationsbörsen
sind und sich Zahlungsrückstände des Unternehmers gegenüber Subunternehmern, Lieferanten und Arbeitnehmern sehr schnell herumsprechen. Jedoch sind eindeutige Feststellungen, dass § 8 Nr. 2 Abs. 1 Alt. 1 VOB/B erfüllt ist, unverzichtbar. Falls nicht, kommt nämlich eine Behandlung als
„freie" Bestellerkündigung mit den unerfreulichen Rechtsfolgen des § 8
Nr. 1 Abs. 2 VOB/B (so BGH ZfIR 2003, 936 mit Anm. *Schwenker*; zutreffend zurückhaltend demgegenüber BGH NZBau 2001, 621, 622 l. Sp.;
BGH ZIP 2000, 539, 540, dazu EWiR 2000, 519 [*Bröcker*]) oder eine Berechtigung des Unternehmers, seinerseits wegen der in der unberechtigten Kündigung liegenden Vertragsverletzung den Vertrag nach einem fruchtlosen
Angebot, die Arbeiten fortzuführen, außerordentlich und berechtigt zu kündigen, in Betracht. Bei bloßen Indizien für Zahlungseinstellung sollten Besteller daher den sichereren Weg wählen und über § 5 Nr. 4 i. V. m. § 8 Nr. 3
Abs. 1 VOB/B vorgehen; im Regelfall wird nämlich ein Unternehmer, der
seine Zahlungen eingestellt hat, die Baustelle nicht mehr ordnungsgemäß
fortführen können und somit den in § 5 Nr. 4 VOB/B vorausgesetzten Tatbestand verwirklichen.

Dagegen kommt es für die 1. Alternative auf den weiteren allgemeinen In-   19
solvenzgrund bei juristischen Personen, die Überschuldung (§ 19 InsO),
nicht an – dies schon deshalb, weil ein Außenstehender den hierfür nötigen
Einblick nicht hat.

In der Praxis die größte Bedeutung hat die 2. Alternative, nämlich dass der   20
Unternehmer **selbst** Antrag auf Eröffnung eines Insolvenzverfahrens über
sein Vermögen stellt. Unerheblich ist, ob er dies aufgrund (drohender)
Zahlungsunfähigkeit und/oder Überschuldung tut.

21 Ein Insolvenzantrag, den ein Dritter (ein – vermeintlicher – Gläubiger des Unternehmers) stellt, löst hingegen kein Kündigungsrecht aus. Würde auch ein Fremdantrag eines (vermeintlichen) Gläubigers reichen, so wäre wegen §§ 13 ff InsO dem Missbrauch zu Lasten des Unternehmers Tür und Tor geöffnet. Da bei einer solchen Lesart von Nr. 2 2. Alternative es nicht darauf ankäme, ob ein Gläubigerantrag zulässig oder gar begründet ist, würde selbst ein willkürlich gestellter Gläubigerantrag ausreichen. Zudem wären die 3. und die 4. Alternative von Nr. 2 funktionslos, wenn für die 2. Alternative auch ein Gläubigerantrag reichen würde: Da ein Insolvenzverfahren stets nur auf Antrag eröffnet werden kann bzw. ein solcher Antrag unter den Voraussetzungen des § 26 InsO abzuweisen ist, die Antragstellung sämtlicher denkbarer Antragsberechtigter jedoch in der 2. Alternative erwähnt wäre, wären bei dieser abgelehnten Lesart die 3. und 4. Alternative entbehrlich.

22 | **Praxistipp:** |
|---|
| Vor Kündigungserklärung ist daher zu überprüfen, ob ein **Eigen**antrag des Unternehmers vorliegt. Nachfragen beim Insolvenzgericht werden aufgrund dessen chronischer Überlastung nicht immer zum Erfolg führen, so dass parallel zuverlässige Ansprechpartner beim Unternehmer befragt werden sollten. |

23 Die 3. Alternative (Eröffnung eines Verfahrens) und die 4. Alternative (Ablehnung des Antrags auf Eröffnung mangels Masse) haben eigenständige Bedeutung gegenüber der 2. Alternative nur dann, wenn das Insolvenzgericht das Verfahren nicht aufgrund eines Eigen-, sondern eines Gläubigerantrags eröffnet. Beweisprobleme gibt es wegen der amtlichen Veröffentlichungen nicht; aufgrund des Zeitverlusts zwischen Antragstellung und Entscheidung über Eröffnung (in der Regel mindestens sechs Wochen) ist eine Kündigung erst auf Grundlage dieser Alternative bei Bauvorhaben, die der schnellen Fortführung bedürfen, regelmäßig nicht interessant.

24 Hinzuweisen ist auf einen Extremfall, über den 1987 das OLG Oldenburg,

OLG Oldenburg BauR 1987, 567,

zu befinden hatte: Der Besteller kündigte den Werkvertrag mit Schreiben vom 6. Juni 1985, dem Verwalter am darauf folgenden Tag zugegangen. Jedoch hatte das Landgericht bereits mit Beschluss vom 4. Juni 1985 den Konkurseröffnungsbeschluss des Amtsgerichts aufgehoben. Damit war das Konkursverfahren rückwirkend beseitigt, jedoch erklärte der Besteller auch im Prozess, dass er die Kündigung aufrecht erhalten wolle. Deshalb deutete das Oberlandesgericht die unwirksame Kündigung des Bestellers auf Grundlage des § 8 Nr. 2 VOB/B in eine ordentliche Kündigung gemäß § 8 Nr. 1 VOB/B um und verurteilte den Besteller gemäß § 8 Nr. 1 Abs. 2 VOB/B zur Werklohnzahlung.

Im Einzelfall erachtet die Rechtsprechung eine Kündigung für entbehrlich, 25
so, wenn der Unternehmer seine Arbeiten einstellt und es sich nach den
Umständen um eine von ihm zu vertretende endgültige Erfüllungsverweigerung handelt.

> OLG Düsseldorf NJW-RR 2000, 231, 231 r. Sp;
> OLG Celle OLGR 2001, 113, 114 r. Sp.
> (für einen Bauträgervertrag auf Grundlage des BGB;
> allerdings sehr fraglich).

Allerdings hat das OLG Düsseldorf sodann wegen der Restfertigstellungsmehrkosten zu Gunsten des Bestellers § 6 Nr. 6 VOB/B (und nicht
§ 8 Nr. 2 Abs. 2 VOB/B) als Anspruchsgrundlage herangezogen.

3. Rechtsfolgen

Gemäß § 8 Nr. 2 Abs. 2 Satz 1 VOB/B hat als Folge einer schriftlichen 26
(§ 8 Nr. 5 VOB/B) Kündigung der Unternehmer die von ihm bis zur Kündigung ausgeführten Leistungen nach § 6 Nr. 5 VOB/B abzurechnen. Er
kann auch Aufmaß und Abnahme der von ihm ausgeführten Leistungen
alsbald nach der Kündigung verlangen (§ 8 Nr. 6 Halbs. 1 VOB/B). Dem
gegenüber steht der Schadensersatzanspruch des Bestellers wegen Nichterfüllung des Rests gemäß § 8 Nr. 2 Abs. 2 Satz 2 VOB/B. Der Besteller hat
also Anspruch darauf, so gestellt zu werden, als hätte der Unternehmer die
Werkleistung ordnungsgemäß zu den vertraglichen Bedingungen erbracht.
Einschränkungen des Schadensersatzanspruchs gemäß § 6 Nr. 6 VOB/B
braucht sich der Besteller nicht gefallen zu lassen.

> BGH BauR 1976, 126, 127 l. Sp.

Wegen weiterer Einzelheiten zu den Ansprüchen des Bestellers sei auf- 27
grund der strukturellen Parallelität auf die Ausführungen zum Abrechnungsverhältnis nach Vertragsumgestaltung (siehe Rz. 82 ff) verwiesen.

Wann der Anspruch des Unternehmers fällig wird, ist umstritten: Nach 28
dem LG München II und *Kleine-Möller/Merl/Oelmaier* wird der Werklohnanspruch für die bis zur Kündigung erbrachten Leistung fällig mit
Vorlage einer prüfbaren Schlussrechnung und spätestens nach Ablauf der
Zweimonatsfrist des § 16 Nr. 3 VOB/B. Etwa bestehende, jedoch noch
nicht gemäß § 8 Nr. 3 Abs. 4 VOB/B prüffähig abgerechnete Gegenansprüche des Bestellers berühren die Fälligkeit des Zahlungsanspruchs des
Unternehmers nicht. Auch vor endgültiger Abrechnung kann der Besteller
mit seinem Anspruch auf Vorschuss für die Mehraufwendungen und auf
Ersatz des Verzögerungsschadens aufrechnen.

> LG München II IBR 1998, 526;
> *Kleine-Möller/Merl/Oelmaier*, § 14 Rz. 127 f.

Demgegenüber ist nach *Vygen* die Fälligkeit der Forderung hinausgescho- 29
ben, bis der Besteller eine abschließende Prüfung unter Berücksichtigung
etwaiger Gegenansprüche vorgenommen hat.

Ingenstau/Korbion/Vygen, VOB, § 8 Nr. 6 B Rz. 19.

30 Dieser Auffassung kann jedoch nicht gefolgt werden, da eine solche Rechtsfolge sich dem Text der VOB/B nicht entnehmen lässt, sie im Übrigen dazu führen würde, dass der Besteller die Fälligkeit des Werklohnanspruchs nach Belieben hinauszögern kann, und schließlich auch die von *Vygen* zitierten Fundstellen diese Auffassung nicht belegen.

31 Dem Unternehmer ist es nach Kündigung verwehrt, aus früheren Abschlagsrechnungen klageweise vorzugehen. Aufgrund der Beendigung des Vertrags durch Kündigung hat der Unternehmer nunmehr die Möglichkeit, die Schlussrechnung zu stellen und seinen Zahlungsanspruch im Rahmen des Schlussabrechnungsverfahrens einheitlich zu verfolgen („Schlussrechnungsreife").

OLG Hamm BauR 1999, 776, 777;
OLG Düsseldorf NJW-RR 2000, 231, 231 r. Sp.

32 Eine Ausnahme gilt jedoch für die sich aus § 8 Nr. 3 Abs. 3 VOB/B ergebende Vergütungsforderung für die Nutzung von Geräten, Gerüsten, auf der Baustelle vorhandenen anderen Einrichtungen und angelieferten Stoffen und Bauteilen; diese wird unabhängig von der Schlussrechnung fällig.

BGH ZIP 2000, 2207, 2208 l. Sp.;
dazu EWiR 2000, 1167 *(Paulus)*.

33 Eine Abnahme ist nicht Fälligkeitsvoraussetzung.

BGH BauR 1987, 95.

Gegen diese Auffassung haben sich allerdings sehr gewichtige Autoren ausgesprochen,

Kniffka, ZfBR 1998, 113, 116;
Thode, ZfBR 1999, 116, 123,

so dass die weitere Rechtsprechung des Bundesegrichtshofs abzuwarten bleibt. Aktuelle Grundsatzurteile des Bundesgerichtshofs,

BGH ZIP 2003, 672 = ZfIR 2003, 375
(m. Anm. *Siegburg*, S. 378);
dazu EWiR 2003, 1017 *(Schwenker)*;
BGH BauR 2003, 1207,

enthalten zu dieser Frage keine – auch keine implizite – Aussage.

Wie hier *Thode/Quack*, Rz. 222;
Brügmann/Kenter, NJW 2003, 2121, 2122 r. Sp.;
C. Schmitz, IBR 2004, 53;
a. A. *Frank*, BauRB 2003, 68;
Acker/Roskosny, BauR 2003, 1279, 1281 f.

34 Die in § 8 Nr. 6 Halbs. 1 VOB/B ausdrücklich erwähnte Abnahme und das dort ebenfalls erwähnte gemeinsame Aufmaß sind für den Schuldner und den späteren Verwalter zur Klärung des Leistungsstands sehr wichtig (dieser liegt bei späteren Streitigkeiten in der Beweislast des Verwalters),

darüber hinaus zur Klärung etwaiger Mängel und der noch nicht erbrachten Restleistungen zweckmäßig.

> OLG Hamm BauR 1981, 376;
> OLG Nürnberg IBR 1995, 331.

Es ist dem Unternehmer und dem vorläufigen Verwalter daher unbedingt zu empfehlen, Abnahme und Aufmaß zu verlangen.

> *Kniffka*, ZfBR 1998, 113, 113 r. Sp.

Bei genauer Betrachtung liegt es auch im Interesse des Bestellers, eine Abnahme für das Teilwerk durchzuführen und ein Aufmaß zu nehmen: Zum einen ist es nicht sehr verlockend, schlimmstenfalls jahrelang später anhand der beiderseitigen Vermerke, Dokumentationen oder Zeugenaussagen über den Leistungsstand bei Kündigung, der sich aufgrund Weiterbaus nicht mehr zweifelsfrei durch einen Sachverständigen feststellen lässt, zu streiten. Zum anderen vermeidet der Besteller die sonst nach dem Gesetzeswortlaut drohenden Rechtsnachteile, soweit es um die Verjährung der mit ihm bereits bekannten Mängeln zusammenhängenden Ansprüche geht: Solange keine Abnahme erfolgt ist, ist – auch beim gekündigten Bauvertrag – der Anspruch auf Beseitigung von Mängeln ein Erfüllungsanspruch, der in der regelmäßigen Frist verjährt (drei Jahre gemäß §§ 195, 199 Abs. 1 BGB). Die Verjährung beginnt zu laufen, sobald der Besteller den Mangel gerügt hat, weil damit die Kenntnis i. S. d. § 199 Abs. 1 Nr. 2 BGB dokumentiert ist. Ohne Abnahme erscheint es schwer möglich, stattdessen zu Gunsten des Bestellers die – nunmehr längere – Frist des § 634a Abs. 1 Nr. 2 BGB anzuwenden.   35

> *Kniffka*, § 634a, Rz. 40 ff.

So hat auch der   35a

> BGH ZIP 2003, 672, Leitsatz 1, 673 f
> = ZfIR 2003, 375 (m. Anm. *Siegburg*, S. 378)

zu §§ 4, 13 VOB/B a. F. entschieden, dass die – nach der alten Rechtslage allerdings kürzeren – Verjährungsregelungen des § 13 Nr. 4, Nr. 7 VOB/B a. F. erst anwendbar sind, wenn das Teilwerk abgenommen ist.

Dieses Dilemma kann der Besteller dadurch lösen, dass er das Werk abnimmt, weil dann die fünf- (§ 634a Abs. 1 Nr. 2 BGB) bzw. vierjährige (§ 13 Nr. 4 Abs. 1 Satz 1 VOB/B) Frist auch für die vor der Abnahme gerügten Mängel gilt.   36

> Ebenso BGH ZIP 2003, 672, Leitsatz 1, 674
> (zum alten Recht):
> *Kniffka*, in: Festgabe Kraus, S. 115, 118
> (allerdings zähneknirschend und mit massiver
> Kritik an den Wertungswidersprüchen der nun-
> mehrigen gesetzlichen Regelung).

37 Schließlich bietet eine Abnahme für den Besteller den Vorteil, dass dann das formale Vorgehen bei Mängelrügen vor Selbstvornahme klar ist, nämlich eine einfache Fristsetzung genügt und eine Teilkündigung nach vorhergehender erfolgloser Fristsetzung mit Kündigungsandrohung nicht erforderlich ist (dazu Rz. 48 ff).

38 § 8 Nr. 6 VOB/B gewährt dem Unternehmer scheinbar ohne Differenzierungen einen Anspruch auf Aufmaß und Abnahme „alsbald nach der Kündigung". Tatsächlich ist zu differenzieren:

39 Das Aufmaß kann der Unternehmer stets verlangen, wobei er schnell handeln muss, da sich wegen der Fortführung der Arbeiten durch einen Nachfolgeunternehmer die tatsächlichen Grundlagen schnell verändern können. Insoweit kommt es entgegen einer wohl nur missverständlichen, allerdings zum Leitsatz erhobenen Aussage des Bundesgerichtshofs,

> BGH ZIP 2003, 672, Leitsatz 4, 674;
> zurückhaltender BGH BauR 2003, 1207
> („jedenfalls dann"; Ableitung aus der Koopera-
> tionspflicht beim Bauvertrag),

nicht darauf an, ob das erbrachte Teilwerk wesentliche Mängel aufweist, die den Besteller zur Abnahmeverweigerung berechtigen. Die rein tatsächliche (quantitative) Leistungsstandsabgrenzung („Aufmaß") ist von der rechtsgeschäftlichen (qualitative) Billigung („Abnahme") des Teilwerks unabhängig.

40 Verlangt der Unternehmer Aufmaß der von ihm ausgeführten Leistungen und widersetzt sich dem der Besteller (z. B. indem er ein Baustellenverbot erklärt), so kehrt sich grundsätzlich in späteren Streitigkeiten die Beweislast um zu Gunsten des Unternehmers, soweit es um den Umfang der bis zur Kündigung erbrachten Teilleistung geht.

> BGH BauR 2003, 1207, 1208 f;
> OLG Naumburg BauR 2003, 115, 115 f;
> dazu EWiR 2002, 969 (C. Schmitz);
> ähnlich auch OLG Celle BauR 2002, 1863, 1864 f.

41 Allerdings hat hierzu der Bundesgerichtshof die notwendigen Differenzierungen vorgenommen: Das bloße Fernbleiben am Aufmaßtermin allein rechtfertigt keine prozessualen Konsequenzen zu Lasten des Bestellers. Er kann die Richtigkeit des einseitig genommenen Aufmaßes bestreiten, solange sich unter zumutbaren Bedingungen ein neues Aufmaß noch erstellen oder das einseitig genommene Aufmaß noch überprüfen lässt. Anderes gilt, wenn nach unberechtigtem Fernbleiben des Bestellers ein neues Aufmaß oder eine Überprüfung des einseitig genommenen Aufmaßes nicht mehr möglich ist, etwa weil das Werk durch Drittunternehmer fertig gestellt worden oder durch nachfolgende Arbeiten verdeckt ist. Dann hat der Besteller vorzutragen und zu beweisen, welche Massen zu-

treffend oder dass die vom Unternehmer angesetzten Massen unzutreffend sind.

BGH BauR 2003, 1207, 1208 f.

Dagegen darf nach Auffassung des Bundesgerichtshofs, 42

BGH ZIP 2003, 672, Leitsatz 2 und 4, 674,

der Besteller unter den Voraussetzungen von § 12 Nr. 3 VOB/B – wenn das Teilwerk wesentliche Mängel aufweist – die Abnahme verweigern. Der Umstand allein, dass das Teilwerk aufgrund der Kündigung zwangsläufig unvollendet ist, stellt keinen Mangel dar, der den Auftraggeber zur Verweigerung der Abnahme berechtigen könnte.

BGH BauR 1993, 469, 471.

Hingegen scheidet es aus, in der Kündigung selbst eine konkludente Ab- 43 nahme zu sehen oder eine fiktive Abnahme (§ 12 Nr. 5 VOB/B) in Betracht zu ziehen.

BGH ZIP 2003, 672, Leitsatz 5, 674.

Nimmt der Besteller trotz ihm gesetzter angemessener Frist das Teilwerk 44 nicht ab, steht dies gemäß § 640 Abs. 1 Satz 3 BGB der Abnahme gleich – allerdings nur dann, wenn der Besteller „dazu [zur Abnahme] verpflichtet ist". Mithin bleibt letztlich offen, ob das Werk wirklich abgenommen ist, bis die Mängelfrage – z. B. in einem Jahre später geführten Prozess – geklärt ist. Die gewollte Besserstellung des Unternehmers wäre dahin. *Kniffka* schlägt vor, auf die konkrete Abnahmesituation abzustellen: „Es käme dann nicht auf die objektive Abnahmepflicht an, sondern darauf, ob der Besteller auf der Grundlage der beim Abnahmeverlangen des Unternehmers vorzunehmenden Beurteilung die Abnahme erklären müsste. Das würde bedeuten, dass die Abnahmefiktion eintritt, wenn der Besteller binnen der Frist bei vertragsgemäßem Verhalten die Abnahme erklärt hätte. Das wäre der Fall, wenn Mängel der Bauleistung nicht in Erscheinung getreten sind, das Bauwerk sich also seinem äußeren Erscheinungsbild abnahmereif darstellt. Jedenfalls aber sollte sich die Beweislast für die Mängel umkehren, wenn der Auftraggeber innerhalb der gesetzten Frist nicht die Abnahme verweigert."

Kniffka, § 640 Rz. 54.

Praxistipp:	45

Der vorläufige Verwalter, der gerade in den Tagen nach Antragstellung eine Vielzahl ungefilterter Informationen erhält, und die Verantwortlichen beim Unternehmer stecken in einem Dilemma, wenn sie entscheiden müssen, ob sie bei gekündigten Bauvorhaben den Abnahme- und Aufmaßanspruch aus § 8 Nr. 6 Halbs. 1 VOB/B zeitnah vehement verfolgen sollen: Ohne Aufmaß werden sie wegen der bestellerseitigen Fortführung des Baus durch Drittunternehmer später vor schwer lösbaren Beweisproblemen stehen; lassen sie aber bei allen gekündigten Bauvorhaben ein gemeinsames Aufmaß nehmen und die Abnahme durchführen, binden sie wertvolles, dringend anderweitig benötigtes Personal und verbrauchen – bei externer Hilfestellung z. B. durch Sachverständige – erhebliche Beträge aus der ohnehin meist geringen vorläufigen Insolvenzmasse. Ob sich diese Ausgaben jemals amortisieren, ist ex ante höchst fraglich, da bei vielen durch Kündigung beendeten Bauvorhaben solche Restfertigstellungsmehrkosten auflaufen, dass im Abrechnungsverhältnis keine Zahlung mehr an die spätere Insolvenzmasse erfolgt.- Unmittelbar wirtschaftlich betroffen sind Bürgen, die eine Vertragserfüllungsbürgschaft gestellt haben und deshalb für einen im Abrechnungsverhältnis ermittelten Schadensersatzanspruch des Bestellers haften. Allein deren spätere Verteidigungsmöglichkeiten durch Einsatz von personellen und finanziellen Mitteln der vorläufigen Insolvenzmasse zu verbessern, kann allerdings nicht die Aufgabe des vorläufigen Verwalters sein; im Einzelfall sollte es aber bei für die Bürgen besonders risikoreichen Bauvorhaben möglich sein, zwischen vorläufigem Verwalter und Bürgen zu vereinbaren, dass der Bürge die entstehenden Kosten des Aufmaßes und der Abnahme trägt und eine Rückerstattung aus der späteren Masse an ihn nur erfolgt, wenn noch eine Forderung beigetrieben werden kann.

46 Auch nach vorzeitiger Beendigung des Bauvertrags ist der Unternehmer grundsätzlich weiterhin dazu verpflichtet und berechtigt, Mängel an dem von ihm erstellten Teilwerk zu beseitigen.

> BGH BauR 1987, 689;
> dazu EWiR 1987, 1027 (*Siegburg*);
> BGH BauR 2001, 667, 668 r. Sp.

Nichts anderes gilt mithin zu Gunsten des Schuldners bzw. des späteren Verwalters.

> Z. B. OLG Naumburg BauR 2003, 115, 116 r. Sp.;
> OLG Brandenburg BauR 2003, 1404, 1406.

47 Praxistipp:

Es gehört zu den häufigsten Fehlern im privaten Baurecht – auch jenseits der Insolvenz –, dass diese klare Rechtsprechung missachtet wird. Nachträgliche Reparaturversuche – etwa: der Unternehmer habe endgültig und eindeutig jegliche Nachbesserung verweigert, so dass eine Fristsetzung fruchtlose Förmelei gewesen wäre – sind meist zum Scheitern verurteilt. Das kann dazu führen, dass aus rein formalen Gründen tatsächlich aufgewendete Mängelbeseitigungskosten nicht berücksichtigt werden.

48 Demnach darf nach durchgeführter Abnahme des Teilwerks der Besteller Mängel erst dann beseitigen, wenn eine gemäß § 13 Nr. 5 Abs. 2 VOB/B gesetzte angemessene Frist ergebnislos verstrichen ist. Hat eine Abnahme des Teilwerks nicht stattgefunden, so wird zum Teil die Auffassung vertreten, es seien die Regelungen der VOB/B für den Zeitraum vor Abnahme anzuwenden.

> *Motzke*, in: Beck'scher VOB-Kommentar,
> § 8 Nr. 1 B Rz. 9;
> OLG Hamm OLGR 1998, 184, 184 f;
> so wohl auch
> BGH BauR 1987, 689, 690 l. Sp.:
> nicht angesprochen, aber tendenziell angelegt auch in
> BGH ZIP 2003, 672, 674.

Mithin hat der Besteller zunächst dem Unternehmer eine angemessene **49** Frist zur Beseitigung des Mangels zu setzen und zu erklären, dass er ihm nach fruchtlosem Fristablauf das Nachbesserungsrecht entziehe, um dann den Vertrag hinsichtlich der nicht erbrachten Mängelbeseitigung (nochmals) zu kündigen (§ 4 Nr. 7 Satz 3 i. V. m. § 8 Nr. 3 Abs. 1 VOB/B). Da dieses Vorgehen kompliziert, zeitaufwendig und fehlerträchtig ist, liegt eine Abnahme des Teilwerks auch im Interesse des Bestellers.

Allerdings lässt sich hierzu auch die überzeugendere Gegenauffassung ver- **50** treten, dass es nach (berechtigter) Besteller-Kündigung des Vertrags im ganzen trotz unterbliebener Abnahme nicht nochmals der mängelbedingten Kündigung bedarf, da den Interessen des Unternehmers, selbst nachzubessern und höhere Kosten der Selbstvornahme zu vermeiden, bereits durch die vereinfachte Vorgehensweise nach § 13 Nr. 5 Abs. 2 VOB/B genügt wird. Außerdem ist Hintergrund der zweistufigen Regelung, ein Nebeneinander von Unternehmer und Nachfolgeunternehmer auf der Baustelle zu vermeiden, wozu es aber nicht mehr kommen kann, wenn der Besteller den Unternehmer wegen dessen Insolvenz bereits gekündigt hat.

Kniffka, ZfBR 1998, 113, 117 f.

Praxistipp:	**51**
Bis zu einer Klärung dieser Frage durch den Bundesgerichtshof ist es für den Besteller der „sicherste Weg", das zweistufige Verfahren einzuhalten – so wenig Verständnis er (bzw. sein anwaltlicher Berater) für die Teilkündigung nach der Vollkündigung bei den Baupraktikern finden mag.	

4. Vereinbarkeit dieses Kündigungsrechts mit § 119 InsO

Gemäß § 119 InsO sind Vereinbarungen, durch die im Voraus die Anwen- **52** dung der §§ 103–118 InsO ausgeschlossen oder beschränkt wird, unwirksam. Das im Zeitraum nach Antragstellung dem Besteller eingeräumte Kündigungsrecht führt dazu, dass der Verwalter bei späterer Verfahrenseröffnung ein Wahlrecht gemäß § 103 InsO nicht mehr ausüben kann, da hinsichtlich des gekündigten Vertrags allenfalls noch Mängelbeseitigungsleistungen wegen des Teilwerks zu erbringen sind, nicht aber mehr die Vertragserfüllung als solche.

Nach **53**

BGHZ 96, 34 = ZIP 1985, 1509;
dazu EWiR 1986, 87 (*Kilger*)

kann der Besteller selbst im Zeitraum **nach** Verfahrenseröffnung trotz Erfüllungswahl des Verwalters den Bauvertrag auf Grundlage von § 8 Nr. 2 Abs. 1 VOB/B kündigen. Wenn auch diese zu § 17 KO ergangene Rechtsprechung bestreitbar ist (siehe Rz. 321 ff), so ist jedenfalls ein Einfluss von § 119 InsO auf den hier behandelten Zeitraum **vor** Verfahrenseröffnung nicht ersichtlich. Dabei fällt ausschlaggebend ins Gewicht das Interesse des Bestellers, in einer ohnehin schwierigen Lage schnell Klarheit zu erhalten und nicht erst Wochen oder gar Monate auf eine etwaige Erfüllungswahl des erst dann bestellten endgültigen Verwalters warten zu müssen.

54 Wegen dieser für Bauverträge typischen, nicht änderbaren Umstände haben Anregungen, § 8 Nr. 2 Abs. 1 VOB/B im Sinne der generellen Ziele der Insolvenzordnung (Betriebsfortführung und -sanierung) zu ändern, wohl keine Realisierungschance.

Denkhaus, ZInsO 1999, 216, 218 r. Sp.

55 **Praxistipp:**

Dem vorläufigen Verwalter bleibt nur folgender rechtssicherer Weg, um das Damoklesschwert der jederzeitigen Kündigung des fortgeführten Bauvertrags auszuschließen: Er muss mit dem Besteller schriftlich vereinbaren, dass dieser bei Fortführung der Arbeiten durch den Schuldner/vorläufigen Verwalter auf das Kündigungsrecht aus § 8 Nr. 2 Abs. 1 VOB/B verzichtet. Bei einer solchen Vereinbarung besteht das allgemeine Kündigungsrecht des Bestellers aus § 8 Nr. 3 Abs. 1 VOB/B fort, so dass der Besteller auf Probleme bei der Fortführung (Verzug, mangelhafte Leistungen usw.) angemessen reagieren kann und nicht schutzlos gestellt ist. Umgekehrt erlangt der vorläufige Verwalter durch eine solche Vereinbarung hinreichende Rechtssicherheit, die es ermöglicht, Mittel und Personal auf die Fortführung dieses Vertrags zu konzentrieren.

5. Rechtslage beim BGB-Werkvertrag

56 Das BGB enthält keine im Stadium nach Insolvenzantragstellung, aber vor Eröffnung des Insolvenzverfahrens ähnlich leicht handhabbare Regelung mit entsprechenden Rechtsfolgen für den Besteller.

57 § 649 BGB ist wegen der bereits diskutierten Rechtsfolge für den Besteller uninteressant. Der Besteller kann indes gemäß § 281 Abs. 1 Satz 1 BGB vorgehen, um der Rechtsfolge des Schadensersatzanspruchs „statt der Leistung" (= wegen Nichterfüllung) teilhaftig zu werden. Dazu muss die Leistung des Unternehmers fällig sein. Dies lässt sich unschwer bejahen, wenn der Unternehmer einen (datumsmäßig bestimmten oder wenigstens berechenbaren) Vertragstermin für die Fertigstellung des Werks nicht eingehalten hat. Enthält dagegen der Vertrag keinen solchen Termin, gilt für die Fälligkeit der Leistung des Unternehmers § 271 Abs. 1 BGB. Wann der Unternehmer die Fertigstellung der Leistung verlangen kann, bemisst sich nach der Art und dem Umfang der Leistung und der demnach anhand allgemeiner Erfahrungen und Leistungswerte angemessenen Ausführungszeit, wobei ein sofortiger Arbeitsbeginn durch den Unternehmer vorauszusetzen ist. Streiten Besteller und Unternehmer darüber, ob die Schuld fällig ist, nachdem der Besteller die Leistung verlangt hat, oder darüber, ob im konkreten Fall die angemessene Fertigstellungsfrist tatsächlich abgelaufen ist und deshalb Fälligkeit eingetreten ist, muss der Unternehmer dar-

legen und beweisen, dass aufgrund einer rechtsgeschäftlichen Festlegung oder der Umstände des Falls erst zu einem bestimmten späteren Zeitpunkt zu leisten ist.

BGH, Urt. v. 21. 10. 2003 – X ZR 218/01, (bisher unveröff.).

Setzt der Besteller nach Eintritt der Fälligkeit eine angemessene Frist zur Leistung und verstreicht diese Frist fruchtlos, kann er sich vom Vertrag lösen und Schadensersatz verlangen (§ 281 Abs. 1, Abs. 4 BGB). Dem Unternehmer steht theoretisch der Gegenbeweis offen, dass er die Pflichtverletzung nicht zu vertreten hat (§§ 281 Abs. 1 Satz 1, 280 Abs. 1 Satz 2 BGB); praktisch muss er aber immer für die verzögerte Werkerstellung infolge seines Mangels an Geldmitteln und Insolvenzantragstellung einstehen. **57a**

BGH BauR 2001, 946 (zu § 326 Abs. 1 BGB a. F.); dazu EWiR 2001, 365 (*Siegburg*).

Noch weitergehend sind dem Besteller in Extremfällen die Rechte aus § 281 Abs. 1 Satz 1, Abs. 4 i. V. m. §§ 323 Abs. 4, 325 BGB zuzugestehen, wenn von vornherein feststeht, dass der Unternehmer eine Vertragsfrist aus von ihm zu vertretenden Gründen nicht einhalten wird und die Vertragsverletzung von so erheblichem Gewicht ist, dass eine Fortsetzung des Vertrags mit dem Unternehmer nicht mehr zumutbar ist. **58**

BGH ZIP 2000, 1535, 1537 (zu § 326 Abs. 1 BGB a. F.); BGH BauR 2002, 1847 (zu § 635 BGB a. F.).

Praxistipp: **59**

Diese Fallgruppe setzt eine feste Vertragsfrist und Gewissheit über deren Nicht-Einhaltung voraus. Gerade für letzteres wird der beweispflichtige Besteller nur schwer Beweis führen können, so dass in der anwaltlichen Praxis höchste Vorsicht geboten ist.

Ein Verzug des Unternehmers scheidet dagegen trotz Insolvenzantragstellung aus, wenn der Besteller Vorleistungen (z. B. Baugenehmigung; Abbruch von Altbestand usw.) nicht erbracht hat, die nach Vertrag oder Gesetz ihm obliegen. **60**

Sind die oben dargestellten Voraussetzungen nicht gegeben, mag zwar allein der Insolvenzantrag Zweifel an der Leistungsfähigkeit des Unternehmers wecken. Dies rechtfertigt indes nicht die Anwendung von § 323 Abs. 4 BGB, da diese Norm nur derartige Störungen des Vertragsverhältnisses erfasst, die sich spezifisch auf dieses beziehen und die Vertragsäquivalenz nachhaltig beeinträchtigen. Der Insolvenzantrag berührt das gesamte Vermögen und daher alle Vertragspartner des Unternehmers, so dass er nicht ein einseitiges Lösungsrecht einzelner Vertragspartner begründet, sondern die Einleitung eines Insolvenzverfahrens rechtfertigt. **61**

Mossler, ZIP 2002, 1831, 1835.

62 Auch die resolute Lösung des OLG Frankfurt/M.

> OLG Frankfurt/M. IBR 2003, 32,
>
> dass der Besteller einen Architektenvertrag wegen Eröffnung des Insolvenzverfahrens über das Vermögen des Architekten wirksam fristlos kündigen kann, überzeugt nicht.

63 Nach vorzeitiger Beendigung des BGB-Bauvertrags ist zwar § 8 Nr. 6 VOB/B nicht direkt anwendbar. Die Verpflichtung zur Teilnahme am gemeinsamen Aufmaß ergibt sich aus der Kooperationspflicht beim Bauvertrag; auch die Abnahmepflicht beim vorzeitig beendeten Vertrag, wie in § 8 Nr. 6 VOB/B ausdrücklich geregelt, entspricht einem allgemeinen Rechtsgedanken. Unter den oben dargestellten Voraussetzungen kann mithin der Unternehmer Abnahme verlangen; außerdem hat er einen Anspruch auf Leistungsstandsabgrenzung (= Aufmaß).

> Zur Abnahme:
> BGH ZIP 2003, 672, Leitsatz 2, 674, und
> *Kniffka*, § 640 Rz. 24, 59;
> zum Aufmaß:
> BGH ZfBR 2003, 567;
> dazu EWiR 2003, 789 (*Schmitz*);
> zur Abnahme und zum Aufmaß:
> *Siegburg*, ZfIR 2003, 378, 378 r. Sp.; 379 r. Sp.

III. Die insolvenzbedingte Umgestaltung des beiderseits nicht vollständig erfüllten Bauvertrags und das Abrechnungsverhältnis

1. „Beiderseitige nicht vollständige Erfüllung"

64 Ist ein Bauvertrag von einer Seite vollständig erfüllt, so ist für die Anwendung des § 103 InsO kein Raum. Dies betrifft insbesondere die Fälle, in denen der Besteller den Werklohn des Unternehmers komplett bezahlt hat (siehe Rz. 345 ff), aber auch die Fälle, in denen der Unternehmer seine Leistungen – inklusive Beseitigung von nach Abnahme aufgetretenen Mängeln – abgeschlossen hat (siehe Rz. 340 ff). Vollständig erfüllt hat der Besteller den Werklohnanspruch des Unternehmers auch dann, wenn er hiergegen vor Verfahrenseröffnung mit einem berechtigten, auf Geldzahlung gerichteten Mängelanspruch verrechnet hat, z. B. mit den Aufwendungen bei Selbstvornahme oder einem Schadensersatzanspruch. Ebenso ist der Werklohn vollständig bezahlt, wenn der Sicherheitseinbehalt durch Bürgschaft abgelöst wurde.

> *Bähr/Hermann*, Rz. 83, 139.

65 Der Anwendungsbereich des § 103 InsO ist dagegen eröffnet, wenn die gegenseitigen Ansprüche einschließlich der primären und sekundären Mängelansprüche nicht abgewickelt sind und der Besteller die Vergütung nicht vollständig bezahlt hat.

> *Thode*, ZfIR 2000, 165, 179 l. Sp.

Ausreichend sind einerseits also offene Mängelansprüche vor oder nach 66
Abnahme,

BGH BauR 1979, 420, 425 l. Sp.;
Thode, ZfIR 2000, 165, 179 l. Sp.;
Kreft, in: Festschrift Uhlenbruck, S. 387, 397,

andererseits reichen noch so geringe Zahlungsrückstände. Vollständig bezahlt ist die Vergütung auch dann nicht, wenn der Besteller den Sicherheitseinbehalt noch nicht ausbezahlt hat.

Schwierigkeiten bereitet immer wieder die Behandlung von strittigen Män- 67
gelrügen im Zeitraum nach Abnahme.

Hierzu folgendes Beispiel:

Das Werk ist mangelfrei abgenommen. Offen ist noch ein nominal unstritti- 68
ger Betrag von 20.000 €. Auf die Zahlungsaufforderung des Verwalters hin
behauptet der Besteller, es seien (innerhalb laufender Verjährungsfrist) Risse
hervorgetreten, deren Beseitigung 20.000 € kosten werde. Der Verwalter
akzeptiert diese Mängelbehauptung nicht und lässt auch nicht nachbessern
(ähnlicher Sachverhalt bei AG Witten ZInsO 2003, 479 mit zutreffender
rechtlicher Bewertung auf S. 480 l. Sp.)

Ob ein beiderseitig nicht vollständig erfüllter Vertrag vorliegt, kann erst 69
nach abschließender sachverständiger Beurteilung in einem Prozess rechtskräftig festgestellt werden. Erweist sich in einem solchen Prozess die Mängelrüge des Bestellers als unbegründet, so liegt tatsächlich kein Fall des
§ 103 InsO vor, sondern vielmehr die Fallgruppe des (zum Zeitpunkt der
letzten mündlichen Verhandlung) vom Unternehmer vollständig erfüllten
Vertrags.

Die generellen Probleme in diesem Zusammenhang resultieren letztlich aus 70
der Divergenz zwischen der objektiven Sachlage und den subjektiven Er-
kenntnismöglichkeiten der Beteiligten. Objektiv muss, wenn ein Bauwerk
mangelhaft ist, der Mangel in ihm bereits zum Zeitpunkt der Fertigstel-
lung/Abnahme angelegt sein, so dass ein allwissender Beobachter bereits
zu diesem Zeitpunkt ein abschließendes Urteil fällen könnte. Rechtsfolgen
können die Beteiligten, insbesondere der Besteller, aus Mängeln jedoch
erst dann ziehen, wenn für sie der Mangel erkennbar wird, etwa weil Mängelsymptome (z. B. eindringende Feuchtigkeit, abblätternder Putz) her-
vortreten.

Entscheidend ist das im Wissen der Beteiligten Liegende: Mag auch wegen 71
eines objektiv bestehenden Mangels streng genommen § 103 InsO anwendbar sein, so kommt es hierauf weder außergerichtlich noch im Prozess
an, wenn der Besteller den Mangel nicht innerhalb der Verjährungsfrist
geltend macht.

Für zu weitgehend erachte ich daher die Auffassung *Thodes*, der – bei ver- 72
einbartem und noch nicht ausgezahltem Sicherheitseinbehalt – den Bauver-

trag bis zum Ablauf der Verjährungsfrist für Mängelansprüche als nicht erfüllt i. S. d. § 103 InsO ansieht, unabhängig davon, ob Mängel auftreten, weil der Einbehalt als Sicherheit für das Mängelrisiko während der Verjährungsfrist dient.

> *Thode*, ZfIR 2000, 165, 179 l. Sp.

73 Die praktischen Unterschiede zwischen beiden Auffassungen sind allerdings vernachlässigbar, da auch in dem von *Thode* gebildetem Beispielsfall das (Prozess-)Ergebnis davon abhängt, ob der Besteller rechtzeitig den Mangel rügt und sich dadurch seine Rechte am Sicherheitseinbehalt erhält (§ 17 Nr. 8 Abs. 2 Satz 2 VOB/B). Für *Thodes* Meinung spricht im Übrigen der Umstand, dass in der Praxis sorgfältig durchgeführte Begehungen kurz vor Ablauf der Verjährungsfrist meist ergeben, dass jedenfalls kleinere Mängel aufgetreten sind.

74 § 103 InsO ist in der Bauinsolvenz regelmäßig anzuwenden. Dies gilt selbst für die Bauverträge, welche die Besteller bereits in der Phase vor Verfahrenseröffnung auf Grundlage von z. B. § 8 Nr. 2 Abs. 1 VOB/B gekündigt haben. Auch derartige gekündigte Bauverträge sind beiderseits nicht vollständig erfüllt i. S. v. § 103 InsO,

> *Jaeger/Henckel*, KO, § 17 Rz. 28 (für die vergleichbare Fallgruppe der Rückabwicklungsschuldverhältnisse);
> offen gelassen von
> BGH ZIP 2003, 2379, 2380 f (m. w. N.),

sofern bei Verfahrenseröffnung noch Mängel bestehen, die dem Unternehmer zur Last fallen, und der Besteller den auf das vor der Kündigung erbrachte Teilwerk entfallenden Werklohn noch nicht vollständig bezahlt hat. Indes kann sich § 103 InsO **nur** noch auf die Berechtigung des an die Stelle des Unternehmers tretenden (§ 80 Abs. 1 InsO) Verwalters auswirken, die vom Schuldner verantworteten Mängel an der bis zur Kündigung erbrachten Leistung zu beseitigen; die frühere vertragliche Verpflichtung des Schuldners, das Gesamtwerk fertig zu stellen, ist ja bereits durch die Kündigung gemäß § 8 Nr. 2 Abs. 1 VOB/B entfallen.

2. Die Konzeption des Bundesgerichtshofs von § 103 InsO

75 Zur „Vorgängernorm" des § 103 InsO, zu § 17 KO, hatte seit Ende der 80er Jahre des 20. Jahrhunderts der Bundesgerichtshof eine Konzeption entwickelt, dass die Verfahrenseröffnung eine automatische Vertragsumgestaltung bewirkt (in der Literatur häufig als „Erlöschentheorie" bezeichnet).

> Z. B. BGH ZIP 1995, 926, 927;
> dazu EWiR 1995, 691 (*Uhlenbruck*);
> *Kreft*, ZIP 1997, 865.

Mit Urteil vom 25. April 2002 hat der Bundesgerichtshof,   76

> BGH ZIP 2002, 1093, 1094 f;
> dazu EWiR 2003, 125 (*Tintelnot*);
> bestätigt von
> BGH ZIP 2003, 1208, 1209 l. Sp., 1210 r. Sp., 1211 f;
> dazu EWiR 2003, 819 (*Gundlach/Schmidt*),

eine neue Konzeption zu § 103 InsO vorgestellt, die in der Literatur als „Suspensivtheorie" bezeichnet wird: Mit der Eröffnung des Insolvenzverfahrens verlieren demnach die Ansprüche des Bestellers auf weitere Leistungen des Schuldners und die entsprechenden Gegenleistungsansprüche des Schuldners gegen den Besteller zunächst ihre Durchsetzbarkeit. Die Verfahrenseröffnung bewirkt indes keine materiell-rechtliche Umgestaltung des gegenseitigen Vertrags, sondern hat wegen der beiderseitigen Nichterfüllungseinreden der Vertragspartner (§ 320 BGB) nur zur Folge, dass diese ihre noch ausstehenden Erfüllungsansprüche, soweit es sich nicht um Ansprüche auf die Gegenleistung für schon erbrachte Leistungen handelt, nicht durchsetzen können. Erst mit der Wahl des Verwalters, den Bauvertrag zwischen Schuldner und Besteller zu erfüllen, wird den Ansprüchen des Bestellers auf die noch ausstehenden Werkleistungen des Schuldners und dessen Anspruch auf eine entsprechende Gegenleistung die Rechtsqualität von originären Masseverbindlichkeiten und -forderungen beigelegt.

Dieses Urteil ist im Hinblick darauf, dass es die Aufgabe einer etwa 15   77
Jahre durchgehend gepflegten Rechtsprechung darstellt, sehr knapp begründet. Weitergehende Überlegungen lassen sich vor allem der grundlegenden Kommentierung zu § 103 InsO entnehmen, die *Kreft*, Vorsitzender Richter des zuständigen IX. Senats des Bundesgerichtshofs, Anfang 2002 vorgelegt hat.

> MünchKomm-*Kreft*, InsO, § 103, passim,
> insbesondere Rz. 14 ff.

Die neue Konzeption des Bundesgerichtshofs wird in der Praxis keine   78
grundsätzlich neuen Ergebnisse begründen. Insbesondere die Erwägungen zu Sinn und Zweck des § 103 InsO, wie sie bereits der Rechtsprechung zu § 17 KO zugrunde lagen, gelten nach wie vor. Demnach soll der Gegenwert für die aufgrund des Erfüllungsverlangens des Verwalters nach Verfahrenseröffnung mit Mitteln der Masse erbrachten Leistungen in vollem Umfange der Masse und damit der Gläubigergesamtheit zugute kommen. Einzelne Gläubiger sollen weder durch vorinsolvenzliche Abtretungen noch durch die Möglichkeit einer Aufrechnung mit vorinsolvenzlichen Forderungen bevorzugt werden. Dabei meint „vorinsolvenzlich", dass vor Verfahrenseröffnung der Abtretungsvertrag zustande gekommen oder die Forderung vor Verfahrenseröffnung werthaltig geworden („aufgefüllt" worden) ist.

79 Für die neue Konzeption spricht, dass sie augenscheinlich besser mit dem Wortlaut des § 103 InsO vereinbar ist als die bisherige „Erlöschenstheorie". Auch verfassungsrechtlich (Grundsatz der Privatautonomie) scheint es besser vertretbar, mit *Kreft* und *Huber*,

> MünchKomm-*Kreft*, InsO, § 103 Rz. 18, 22;
> MünchKomm-*Huber*, InsO, § 103 Rz. 176,

es der Entscheidung des Bestellers zu überlassen, ob er – nachdem er den Verwalter fruchtlos zur Erfüllungswahl aufgefordert hat – den Vertrag mit dem Schuldner intakt lässt und ihn nach Beendigung des Insolvenzverfahrens abwickelt oder ob er nunmehr Schadensersatz wegen Nichterfüllung (§ 103 Abs. 2 Satz 1 InsO) geltend macht. Zudem entspricht es gerade auch dem BGB in der Fassung des Schuldrechtsmodernisierungsgesetzes, dass der fruchtlose Ablauf einer Frist für sich keine Vertragsumgestaltung bewirkt, sondern es hierzu noch einer weiteren Erklärung des Bestellers bedarf (§ 281 Abs. 1, Abs. 4 BGB). Schließlich können nunmehr die teilweise gekünstelten Konstruktionen zur Aufrechterhaltung akzessorischer Sicherheiten entfallen.

80 Die Praxis darf davon ausgehen, dass der Bundesgerichthof die neue Konzeption in den nächsten Jahren beibehalten und verfeinern wird. Zusammengefasst bedeutet das für den Besteller folgendes:

(1) Der klassische Anwendungsbereich des § 103 InsO ist eröffnet, wenn bei Verfahrenseröffnung noch ein intakter ungekündigter Bauvertrag mit beiderseits nicht vollständig erfüllten Hauptleistungspflichten besteht (Rz. 64 ff). Soweit sich aufgrund vor Verfahrenseröffnung bereits erfolgter Kündigung nur noch ein Zahlungsanspruch und Besteller-Mängelansprüche wegen des bis dahin erbrachten Teilwerks gegenüberstehen, ist § 103 InsO auch auf dieses Abwicklungsverhältnis (analog) anwendbar (Rz. 74).

(2) Will der Besteller die nach den Grundsätzen des § 320 BGB mit Verfahrenseröffnung eintretende Blockade für die noch ausstehende Leistung des Unternehmers überwinden, muss er im ersten Schritt den Verwalter zur Ausübung seines Wahlrechts auffordern (§ 103 Abs. 2 Sätze 2 und 3 InsO).

(3) Lehnt der Verwalter die Erfüllung ausdrücklich ab oder erklärt er sich nicht rechtzeitig (Rz. 290), steht fest, dass der Verwalter den Vertrag nicht erfüllen wird; nochmaliger Fristsetzungen bedarf es – abgesehen von Mängelrügen zu neu hervortretenden Symptomen (Rz. 175 ff) – nicht mehr.

(4) Der Besteller kann nun entweder den Vertrag in der Schwebe lassen, um ihn nach Verfahrensbeendigung mit dem Schuldner abzuwickeln. Da Bauvorhaben zügig fertig gestellt werden müssen, ist dies eine nur als theoretisch anzusehende Möglichkeit, die aber in anderen Bereichen

als beim Bauvertrag relevant sein kann. Oder aber er macht einen Schadensersatzanspruch als Insolvenzgläubiger geltend, was wirtschaftlich erhebliche Bedeutung erlangt, wenn er dadurch (a) gegen einen Anspruch des Verwalters für das bis zur Verfahrenseröffnung erbrachte Teilwerk wirksam verrechnen (Rz. 94 ff) und/oder (b) den Sicherungsfall herbeiführen kann, um eine vom Schuldner gestellte Sicherheit in Anspruch zu nehmen (Rz. 725).

Noch kaum von der Praxis durchdrungen ist die Frage, durch welche Erklärungen der Besteller seinen Schadensersatz als Insolvenzgläubiger geltend macht. Vorliegen muss zunächst ein Verhalten des Bestellers, das verdeutlicht, dass er nach der vom Verwalter abgelehnten Vertragserfüllung das Vertragsverhältnis nicht für den Zeitraum bis nach Verfahrensabschluss in der Schwebe halten will. Weiter ist erforderlich, dass er dies gegenüber dem Verwalter kundtut. Das Beispiel von Richtern des IX. Senats, **81**

> MünchKomm-*Kreft*, InsO, § 103 Rz. 18, 22;
> *Fischer*, NZI 2002, 281, 284,

nämlich Anmeldung der Forderung zur Insolvenztabelle, trifft zu, erfasst aber die denkbaren Sachverhalte keinesfalls abschließend. Ebenso kommt in Betracht die Inanspruchnahme des Bürgen durch den Besteller wegen seiner Schadensersatzansprüche, sofern der Besteller dieses Schreiben dem Verwalter abschriftlich zuleitet (notwendig ist dies aber nicht, da der Besteller bei Zahlung des Bürgen sein eigentliches wirtschaftliches Ziel schon erreicht hat und bei voller Erfüllung seiner Ansprüche auch gar kein Raum mehr für Ansprüche gegen den Verwalter bleibt [siehe Rz. 751]). Genauso genügt es, wenn der Besteller das Teilwerk fertig stellt und den damit verbundenen Schaden nach Abschluss der Arbeiten dem Verwalter zur Kenntnis gibt. Ebenso reichen Ver- oder „Aufrechnungserklärungen" des Bestellers gegenüber dem Verwalter, der einen Vergütungsanspruch für das vom Schuldner erstellte Teilwerk geltend macht, oder „Vorschussansprüche" wegen Mängeln im Prozess, wobei das Gericht darauf hinzuweisen hat, dass nach fruchtloser Fristsetzung der Verwalter keine Erfüllung schuldet und daher nur ein Schadensersatzanspruch möglich ist.

3. Das Abrechnungsverhältnis nach § 8 Nr. 2 Abs. 2 VOB/B und nach § 103 InsO

a) Strukturelle Parallelität der Rechtsfolgen bei berechtigter Bestellerkündigung gemäß § 8 Nr. 2 Abs. 1 VOB/B und Schadensersatzwahl des Bestellers gemäß § 103 InsO

Einigkeit über die in der Überschrift ausgedrückte Rechtslage besteht erst **82** seit etwa zehn Jahren. In einer Entscheidung aus dem Jahre 1963 hat dagegen noch der Bundesgerichtshof – ausgehend von einem gänzlich anderen Verständnis des § 17 KO – ausgeführt, dass sich die Rechtsfolgen bei einer Kündigung nach § 8 Nr. 2 VOB/B und einer insolvenzbedingten Vertragsumgestaltung unterschieden. Für § 8 Nr. 2 VOB/B stellte der Bundesgerichtshof – seitdem wiederholt bekräftigt – fest, dass der Vertrag bestehen bleibt, soweit der Unternehmer seine Leistung erbracht hat. Das folgt aus § 8 Nr. 2 Abs. 2 Satz 1 VOB/B i. V. m. § 6 Nr. 5 VOB/B, wonach die ausgeführten Teile nach den Vertragspreisen abzurechnen sind. Nur wegen des Rests steht dem Bauherrn ein Schadensersatzanspruch zu (§ 8 Nr. 2 Abs. 2 Satz 2 VOB/B). Für Forderungen aus ungerechtfertigter Bereicherung, wie sie der Bundesgerichtshof damals für § 17 KO für maßgeblich ansah, ist daher nach der damaligen Auffassung des Bundesgerichtshofs kein Raum gewesen.

BGH WM 1963, 964, 965 l. Sp.

83 Während sich an der grundsätzlichen (zutreffenden) Betrachtungsweise zu § 8 Nr. 2 Abs. 2 VOB/B nichts mehr geändert hat, bedurfte es für die insolvenzbedingte Vertragsumgestaltung einiger Zeit, bis auch dort die gleichen Rechtsfolgen herangezogen wurden. Zunächst war es *Seiter*, die auf die Übereinstimmung auf der Rechtsfolgenseite hinwies.

Seiter, BauR 1986, 336, 338 f.

84 Dem hat sich sodann der Bundesgerichtshof in seinem Grundsatzurteil aus dem Jahre 1995 angeschlossen.

BGH ZIP 1995, 926, 927 f.

Der Bundesgerichtshof hat in diesem Urteil wegen des die Masse schützenden Zwecks des § 17 KO differenziert zwischen den Leistungen, die der Schuldner bereits vor Konkurseröffnung erbringt, und dem Teil der (teilbaren) Gegenleistung, der auf die noch ausstehende und mit Mitteln der Masse zu leistende Vertragserfüllung entfällt. Er hat diese „Aufspaltung eines einheitlichen Vertragsverhältnisses" gerade auch mit der Parallele zu § 8 Nr. 2 VOB/B gerechtfertigt, wonach der gekündigte Bauvertrag in einen erfüllten Teil zerfällt, für den grundsätzlich die vereinbarte Vergütung zu zahlen ist, und in einen nicht ausgeführten Teil, für den an die Stelle des Erfüllungs- ein (vom Besteller gewählter) Schadensersatzanspruch tritt.

85 Wenn auch diese Rechtsprechung zu einem Vertrag ergangen ist, bei dem der Verwalter Erfüllung gewählt hatte, sind die Ausführungen übertragbar auf die insolvenzbedingte Vertragsumgestaltung, bei der für den nicht ausgeführten Teil an die Stelle des Erfüllungs- ein Schadensersatzanspruch tritt.

Thode, ZfIR 2000, 165, 178;
Kreft, in: Festschrift Uhlenbruck, S. 387, 398.

Deshalb hat der Verwalter eine der Insolvenzmasse (§ 80 Abs. 1 InsO) zustehende Forderung aus dem Abrechnungsverhältnis entlang den vertraglichen Berechnungsgrundlagen abzurechnen (siehe detailliert Rz. 107 ff). Für § 8 Nr. 2 Abs. 1 VOB/B versteht sich dies von selbst; für den Anspruch nach insolvenzbedingter Vertragssuspendierung gilt nichts anderes.

Praxistipp:

In der Praxis wird oft nicht hinreichend deutlich differenziert, ob wegen einer bestellerseitigen Kündigung § 8 Nr. 2 Abs. 2 Satz 1 i. V. m. § 6 Nr. 5 VOB/B oder wegen insolvenzbedingter Vertragssuspendierung das in § 103 InsO wurzelnde Abrechnungsverhältnis Anspruchsgrundlage für den Verwalter ist. Wie bereits ausgeführt, spielt nach einer bestellerseitigen Kündigung § 103 InsO allenfalls noch insoweit eine Rolle, als auf das bis zum Kündigungszeitpunkt erbrachte Teilwerk bezogene Mängelansprüche des Bestellers nicht erledigt sind und der Besteller hieraus einen Schadensersatzanspruch ableiten kann.

86

---

b) **Saldierung der beiderseitigen Ansprüche als „Rechnungsposten"**
   („Verrechnung")

Es hat sich eingebürgert, nach bestellerseitiger Kündigung und/oder insol-   87
venzbedingter (Vertragssuspendierung und) Schadensersatzwahl des Bestellers von einem Abrechnungsverhältnis zu sprechen. Dabei hat der Bundesgerichtshof dieses Abrechnungsverhältnis dogmatisch nicht genauer bestimmt, es vielmehr bei dem Hinweis belassen, dass der in das Abrechnungsverhältnis einzustellende Schadensersatzanspruch des Bestellers auf bürgerlich-rechtlichen Vorschriften oder auf konkursrechtlichen Bestimmungen beruhen kann, dies aber keine praktischen Auswirkungen hat.

> BGH NJW 1977, 1345, 1345 r. Sp.
> Zur Rechtsnatur des Anspruchs auch
> MünchKomm-*Huber*, InsO, § 103 Rz. 184.

Die Rechtsprechung hat es also bisher unterlassen, dieses Abrechnungsver-   88
hältnis einzuordnen im Hinblick auf andere, gerade im privaten Baurecht diskutierte Abrechnungs- oder Verrechnungsverhältnisse. Insoweit herrscht generell noch große Unsicherheit, obwohl es beträchtliche praktische Auswirkungen (z. B. auf Streitwert, Rechtshängigkeit, Rechtskraft, vertragliche Aufrechnungsverbote) hat, ob ein Abrechnungsverhältnis mit automatischer Verrechnung einzelner Rechnungsposten angenommen wird.

> Vgl. allgemein
> *Koeble*, in: Festschrift von Craushaar, S. 259;
> *Quack*, IBR 2001, 381;
> *Putzier*, BauR 2002, 1632;
> OLG Oldenburg BauR 2001, 831;
> OLG Naumburg BauR 2001, 1615.

Jedenfalls für die hier zu diskutierenden Rechtsfolgen nach berechtigter   89
Besteller-Kündigung und/oder insolvenzbedingter Schadensersatzwahl des Bestellers sei vom etablierten Abrechnungsverhältnis ausgegangen. Rechtfertigen lässt sich dies wie folgt: Es sollen aus praktischen Erwägungen ständige Aufrechnungserklärungen vermieden, zahlreiche Rechnungsposten miteinander ausgeglichen und die im Synallagma zusammenhängenden Pflichten auch in das Abwicklungsverhältnis überführt werden.

Scheffler, ZIP 2001, 1182, 1188 r. Sp.

90 Dabei geht die Rechtsprechung oft wie selbstverständlich davon aus, dass in diesem Abrechnungsverhältnis einzig ein Anspruch des Vertragspartners des Schuldners verbleibt auf Schadensersatz wegen Nichterfüllung, der lediglich eine Insolvenzforderung darstellt.

Vgl. z. B. BGH ZIP 1995, 926, 927 l. Sp.

91 Diese zu enge – weil unzulässig ein Ergebnis vorwegnehmende – Formulierung ist jedoch dahin zu korrigieren, dass an die Stelle der erloschenen Erfüllungsansprüche „der einseitige Anspruch desjenigen, der mehr Leistungen erbracht oder erstattungsfähige Schäden erlitten hat, auf die Differenz" tritt; dies wird zwar nicht im Regel-, aber im Einzelfall doch auch der Verwalter sein.

Kirchhof, WM 1996, Beilage 2, S. 10 r. Sp.

92 Im Abrechnungsverhältnis verrechnen sich die ordnungsgemäß und substantiiert darzulegenden Ansprüche von selbst, so dass es einer ausdrücklichen Aufrechnungserklärung nicht bedarf.

BGH NJW 1977, 1345, 1345 r. Sp.;
BGH ZIP 1986, 382, explizit 383 r. Sp.;
dazu EWiR 1986, 385 (*Marotzke*);
OLG Dresden ZIP 2000, 628
= NZI 2000, 269, 270 r. Sp. (zur GesO);
Fischer, NZI 2001, 281, 283.

93 In zur Konkursordnung ergangenen Rechtsprechung hat deshalb der Bundesgerichtshof ohne weiteres Ansprüche des Bestellers z. B. wegen Mängeln und Restfertigstellungsmehrkosten in das jeweilige Abrechnungsverhältnis eingestellt.

BGH NJW 1977, 1345
(Restfertigstellungsmehrkosten);
BGH ZIP 1986, 382 (Mängel);
BGH ZIP 1997, 1496, 1498
(Restfertigstellungsmehrkosten).

94 Nach der Neukonzeption des Bundesgerichtshofs zu § 103 InsO setzt dies nun voraus, dass der Besteller, der nicht schon vorher gekündigt hat, den Verwalter erfolglos zur Vertragserfüllung aufgefordert und Schadensersatz wegen Nichterfüllung gewählt hat. Im Übrigen hat für die neue Rechtslage nach der Insolvenzordnung *Kreft* die Frage aufgeworfen, ob an der oben dargestellten Betrachtungsweise trotz § 95 Abs. 1 Satz 3 InsO festgehalten werden kann; falls nicht, kommt nach seiner Auffassung ein Zurückbehaltungsrecht des Bestellers nach § 273 BGB in Betracht.

Kreft, in: Festschrift Uhlenbruck, S. 387, 398.

Die Problematik lässt sich verdeutlichen durch folgendes

Beispiel: 95

Eröffnung des Insolvenzverfahrens am 1. Juli 2003. Der Besteller fordert den Verwalter zur Vertragserfüllung auf, was dieser unter dem 10. Juli 2003 ablehnt. Die Schlussrechnung für das bis zur Verfahrenseröffnung erstellte Teilwerk legt der Verwalter am 1. August 2003. Die hieraus resultierende Forderung wird mangels früherer Prüfung durch den Besteller erst am 1. Oktober 2003 nach den Regeln der vom Unternehmer in das Vertragsverhältnis einbezogenen VOB/B (§ 16 Nr. 3 Abs. 1 Satz 1) fällig. Der geprüfte und damit im Ausgangspunkt unstrittige Betrag beläuft sich auf 50.000 €. Hiergegen verrechnet der Besteller Schadensersatzansprüche aus **demselben** Vertrag (zur Rechtslage bei verschiedenen Verträgen vgl. Rz. 246 ff) wegen der Nicht-Beseitigung eines Mangels und wegen Restfertigstellungsmehrkosten in Höhe von – ebenfalls unstrittig – je 25.000 € und verweigert die Zahlung. Dem liegt folgendes zugrunde: Wegen eines am 2. Oktober 2003 erstmals erkannten Mangels hat der Besteller dem Verwalter eine fruchtlos ablaufende Zweiwochenfrist zur Beseitigung gesetzt. Außerdem hat der Besteller direkt nach dem 10. Juli 2003 einen Nachfolgeunternehmer zur Restfertigstellung eingeschaltet, dessen Preise jedoch um 25.000 € über den mit dem nunmehr insolventen Unternehmer vereinbarten Preisen lagen.

Nach meinem Dafürhalten hat § 95 Abs. 1 Satz 3 InsO keine Auswirkung 96 auf das Abrechnungsverhältnis und hindert den Besteller nicht daran, in das Abrechnungsverhältnis weiterhin alle aus dem durch seine berechtigte Kündigung beendeten oder durch Insolvenzeröffnung, unterbliebene Erfüllungswahl des Verwalters und Besteller-Schadensersatzwahl umgestalteten Vertragsverhältnis entspringenden Schadensersatzansprüche als Rechnungsposten einzustellen mit der Folge, dass diese sich mit einem auf das bis zum maßgeblichen Zeitpunkt erbrachte Teilwerk bezogenen Vergütungsanspruch der Insolvenzmasse verrechnen. Etwas anderes kann nur in den Fällen gelten, in denen nach dem maßgeblichen Zeitpunkt weitere, auf dasselbe Vertragsverhältnis bezogene Leistungen vom Schuldner oder Verwalter erbracht und vom Besteller entgegengenommen werden (siehe dazu eingehend Rz. 265 ff).

Bereits aus dem Wortlaut des § 95 Abs. 1 Satz 3 InsO ergibt sich nicht, 97 dass dieser nicht nur auf Aufrechnungen, sondern auch auf von selbst erfolgende Verrechnungen Anwendung finden soll. Bereits aus diesem Grund ist die Anwendung von § 95 Abs. 1 Satz 3 InsO fraglich.

OLG Dresden BauR 2003, 1736
(n. rkr.; Az. BGH: VII ZR 197/03) (zu § 2 Abs. 4 GesO);
Heidland, Rz. 1142.

Doch selbst wenn man § 95 Abs. 1 Satz 3 InsO auf die Restfertigstellungs- 98 mehrkosten anwendet, ist nicht erkennbar, dass die Forderung aus der Schlussrechnung des Verwalters im Zeitraum **nach** Verfahrenseröffnung – allein dieser Zeitraum ist nach dem Wortlaut des § 95 Abs. 1 Satz 3 InsO relevant

OLG Brandenburg BauR 2003, 1229, 1230 (n. rkr.)

– zuerst fällig geworden ist, bevor die Verrechnung durch den Besteller erfolgen kann. Der Schadensersatzanspruch des Bestellers wegen der Restfertigstellungsmehrkosten wird nämlich unabhängig von der Frage, dass diese möglicherweise konkret und abschließend erst später berechenbar sind, bereits mit der insolvenzbedingten Vertragsumgestaltung (also spätestens mit Beginn der Fertigstellungsarbeiten durch den Nachfolgeunternehmer) fällig.

> BGH BauR 1980, 182, 184 r. Sp.
> (zum Schadensersatzanspruch aus § 8
> Nr. 2 Abs. 2 VOB/B).

99 Es ist, so der Bundesgerichtshof, unerheblich, ob der Besteller den Schadensersatzanspruch erst dann genau beziffert, wenn der zur Fertigstellung eingesetzte Drittunternehmer das Teilwerk vollendet und dem Besteller seine Arbeiten in Rechnung gestellt hat. Entscheidend ist vielmehr, dass der Schaden im Zeitpunkt der Kündigung eingetreten war, dem Umfang nach unverändert blieb und in Geld berechnet werden konnte. Zu ergänzen ist diese zutreffende Argumentation dahin, dass der Besteller vor endgültiger Abrechnung jedenfalls einen fälligen Anspruch auf Vorschuss für die Restfertigstellungsmehrkosten hat, den er vorläufig anhand des Vertrags mit dem Nachfolgeunternehmer schätzen kann.

100 Soweit es um den im Beispielsfall relevanten Mangel geht, haftet dieser **objektiv** von vornherein dem vom Schuldner erbrachten Teilwerk an, so dass der auf Nacherfüllung in natura gerichtete Anspruch des Bestellers weit vor der Fälligkeit der Schlussrechnungsforderung des Verwalters fällig war. Dagegen ist bei wortlautgetreuer Anwendung des § 95 Abs. 1 Satz 3 InsO erst am 17. Oktober 2003 ein auf **Geldzahlung** gerichteter Mangel(schadensersatz)anspruch entstanden. Erst mit diesem kann der Besteller die Verrechnung gegen die auf Geldzahlung gerichtete Werklohnforderung des Verwalters (Gleichartigkeit der Leistungen) erklären; der Anspruch des Verwalters ist jedoch bereits vorher – am 1. Oktober 2003 – fällig geworden. Daher hat das LG Potsdam dem Besteller in einer vergleichbaren Konstellation die Verrechnung versagt.

> LG Potsdam ZIP 2002, 1734;
> zust. *C. Beutler*, EWiR 2003, 369, 370.

101 Diese allein am Wortlaut haftende Betrachtung trifft nicht zu. Eine restriktive Auslegung (teleologische Reduktion) von § 95 Abs. 1 Satz 3 InsO ist geboten: Anzuwenden ist dieses Aufrechnungsverbot nur auf solche Forderungen und Gegenforderungen, die nicht vor Insolvenzverfahrenseröffnung im Synallagma des § 320 BGB standen bzw. hätten stehen können, die also entweder keine Hauptleistungspflichten darstellen oder die aus verschiedenen Verträgen herstammen.

> MünchKomm-*Kreft*, InsO, § 103 Rz. 35;
> *C. Schmitz*, EWiR 2002, 1053, 1054;

i. E. ebenso *T. Schmidt*, NZI 2003, 186;
a. A. *Bähr/Hermann*, Rz. 175.

Das Ergebnis, dass sich generell im Abrechnungsverhältnis die beiderseiti-   **102**
gen Ansprüche als Rechnungsposten verrechnen und der überschießende
Saldo an die begünstigte Partei auszuzahlen ist, ist grundsätzlich – von In-
solvenzanfechtungsfällen abgesehen – auch interessengerecht: Der mit Be-
stellerkündigung/Vertragsumgestaltung dem Besteller erwachsende Schadensersatzanspruch wurzelt ebenso wie der Vergütungsanspruch der Insolvenzmasse für das erbrachte Teilwerk in dem vor Verfahrenseröffnung
abgeschlossenen Werkvertrag, der vor Verfahrenseröffnung auf Seiten des
Schuldners mit Mitteln des Schuldners durchgeführt wurde.

BGH ZIP 1984, 190, 191;
BGH ZIP 1997, 1496, 1498.

Es ist deshalb nicht erkennbar, dass sich der Besteller durch die Verrech-   **103**
nung einen ungerechtfertigten Vorteil gegenüber sonstigen Insolvenzgläubigern verschafft. Auf Zufälligkeiten, wann welche Seite welche Ansprüche erstmals beziffert, kann es entgegen *Timmermans*,

Timmermans, BauR 2000, 1117, 1118 r. Sp.,

nicht ankommen. Einzuräumen ist allerdings, dass die vorstehend zitierte
Rechtsprechung des Bundesgerichtshofs zur KO ergangen ist, die eine dem
§ 95 Abs. 1 Satz 3 InsO entsprechende Vorschrift nicht kannte, und dass
der Gesetzgeber die in dieser Rechtsprechung zum Ausdruck kommenden,
evident angemessenen Wertungen durch den § 95 Abs. 1 Satz 3 InsO teilweise über den Haufen geworfen hat.

Der rechtspolitisch verfehlte § 95 Abs. 1 Satz 3 InsO ist daher (erst recht)   **104**
nicht durch analoge Anwendung zeitlich vorzuverlagern auf die Anordnung von Sicherungsmaßnahmen durch das Insolvenzgericht in dem Fall,
in dem die zur Auf-/Verrechnung gestellte Gegenforderung des Bestellers
erst nach dieser gerichtlichen Anordnung fällig wird.

OLG Brandenburg BauR 2003, 1229, 1230 r. Sp. (n. rkr.)

Dass die einzelnen Positionen als Rechnungsposten in das Abrechnungs-   **105**
verhältnis einfließen, darf allerdings nicht darüber hinwegtäuschen, dass
jeweils die speziellen Vorschriften des Vertragsstatuts und des materiellen
Rechts gelten, so z. B. das Erfordernis, eine prüffähige Schlussrechnung
nach § 14 VOB/B zu legen, Ansprüche wegen Mängeln innerhalb unverjährter Zeit durchzusetzen oder wenigstens die Mängel in unverjährter Zeit
anzuzeigen und zu Ansprüchen wegen Restfertigstellungsmehrkosten eine
Aufstellung vorzulegen. Details hierzu sind Gegenstand der Ausführungen
unter Rz. 107 ff.

c) Grenzen der Verrechnung aus § 96 Abs. 1 Nr. 1, Nr. 3 InsO

106 Aus systematischen Gründen sind diese Fragen insbesondere im Zusammenhang mit § 105 Satz 1 InsO zu erörtern (Rz. 272, 301 ff). An dieser Stelle sei nur vermerkt, dass sich aus den vorzitierten Normen Einschränkungen der Verrechnung ergeben können, wenn der Besteller in der Krise des Schuldners bzw. nach Verfahrenseröffnung weitere Leistungen entgegengenommen hat. Genauso sei schon hier notiert, dass mit Forderungen aus anderen Vertragsverhältnissen der Besteller nicht verrechnen kann, sondern förmlich aufrechnen muss, wobei die sich aus §§ 94 ff InsO ergebenden Grenzen zu beachten sind (siehe Rz. 245 ff).

d) Rechnungsposten zu Gunsten des Verwalters im Abrechnungsverhältnis

aa) Berechnungsgrundlagen

107 In einemGrundsatzurteil aus dem Jahr 1977 hat der Bundesgerichtshof,

BGH NJW 1977, 1345,

die seinerzeit in der Literatur und Rechtsprechung diskutierten Berechnungsgrundlagen referiert, sich selber aber nicht abschließend festgelegt. Nach der einen Ansicht kann der Verwalter den Wert der vom Schuldner erbrachten, dem Vertragsgegner verbleibenden Teilleistungen aus ungerechtfertigter Bereicherung zurückverlangen, weil infolge der Ablehnung der Vertragserfüllung der Rechtsgrund für eine Erfüllungsleistung nachträglich weggefallen ist. Nach der anderen Auffassung kann der Verwalter für die Teilleistungen eine restliche Vergütung aus dem ursprünglichen Vertrag verlangen, weil dieser insoweit tatsächlich erfüllt worden ist. Dagegen hat der Bundesfinanzhof,

BFH ZIP 1980, 796, 798 l. Sp.,

bald entgegen der bereicherungsrechtlichen Lösung eine Abrechnung nach den Vertragspreisen des ursprünglichen Werkvertrags für das Steuerrecht als maßgeblich erachtet. Dieser Auffassung schloss sich dann das OLG Frankfurt in einem ausführlich begründeten Urteil an.

OLG Frankfurt/M. KTS 1984, 702, 703 r. Sp.

108 Gegen eine bereicherungsrechtliche Lösung spricht demnach insbesondere: Der Schuldner hat seine Leistung nicht nur zur Erlangung der Gegenleistung, sondern auch zum Zwecke der Erfüllung der eigenen (vor Verfahrenseröffnung relevanten) Vertragspflicht erbracht und dieser Leistungszweck entfällt nicht dadurch, dass das Vertragsverhältnis umgestaltet oder suspendiert wird.

109 Erst 1995 hat – wie bereits oben erläutert – der Bundesgerichtshof,

BGH ZIP 1995, 926, 928 l. Sp.,

die strukturelle Vergleichbarkeit zwischen der Rechtslage nach Kündigung eines Bauvertrags durch den Besteller gemäß § 8 Nr. 2 Abs. 1 VOB/B und nach Umgestaltung gemäß § 17 KO herausgearbeitet.

Diesem Urteil und sonstiger neuerer Rechtsprechung des Bundesgerichts- **110** hofs lässt sich entnehmen, dass der Verwalter eine Abrechnung nach den vertraglichen Grundlagen vorzunehmen hat. Der Bundesgerichtshof hat nämlich wiederholt betont, dass der Anspruch des Verwalters auf Vergütung des vorinsolvenzlich vom Schuldner erstellten Teilwerks als vertraglicher Erfüllungsanspruch bestehen bleibt.

> BGH ZIP 1997, 688, 689 l. Sp.;
> dazu EWiR 1997, 517 (*Michael Huber*);
> BGH ZIP 1997, 1496, 1498 l. Sp.,
> insoweit die Vorinstanz
> (OLG Düsseldorf ZIP 1996, 1749, 1752 r. Sp.;
> dazu EWiR 1996, 1039 (*App*))
> ausdrücklich bestätigend;
> dazu EWiR 1997, 1125 (*Prütting*);
> BGH ZIP 1999, 199, 201 l. Sp.;
> dazu EWiR 1999, 269 (*W. Schmitz*);
> besonders klar nun BGH ZIP 2002, 1093, 1096 r. Sp.,
> *Thode*, ZfIR 2000, 165, 179 r. Sp.;
> *Kreft*, in: Festschrift Uhlenbruck, S. 387, 399.

Allein eine Abrechnung gemäß den vertraglichen Grundlagen ist mit dem **111** Prinzip vereinbar,

> BGH ZIP 1989, 107, 109 l. Sp.;
> dazu EWiR 1989, 243 (*Baur*),

dass der Verwalter an die Rechtslage gebunden ist, die er bei Verfahrenseröffnung vorfindet. Anderenfalls – bei einer Abrechnung nach Bereicherungsrecht – könnte sich sogar das wirtschaftlich abstruse Ergebnis einstellen, dass der Verwalter begünstigt wird, nämlich dann, wenn der Besteller besonders günstige Preise ausgehandelt hat, die unter der üblichen Vergütung liegen und damit den objektiven Wert der Arbeiten unterschreiten, er aber gleichwohl nun diesen höheren objektiven Wert an die Insolvenzmasse bezahlen muss. Hierauf hat der Bundesgerichtshof bereits nebenbei hingewiesen.

> BGH NJW 1977, 1345, 1346 l. Sp.

Praxistipp: ✗ **112**

Die Tatsachengerichte nähern sich dem Problem oft auf Grundlage überholter Rechtsprechung oder veralteter insolvenzrechtlicher Literatur. Soweit sie deshalb eine Abrechnung nach den Grundsätzen ungerechtfertigter Bereicherung verlangen, ist Überzeugungsarbeit durch Vorlage der maßgeblichen Entscheidungen neuerer Zeit und der wesentlichen Stimmen aus dem Schrifttum zu leisten.

Vom Schuldner bereits vertragsgemäß hergestellte, aber noch in seinem **113** Betrieb befindliche oder lediglich angelieferte Bauteile, die noch nicht eingebaut sind, spielen im Abrechnungsverhältnis keine Rolle. Gemäß § 8 Nr. 3 Abs. 3 VOB/B kann der Besteller solche Bauteile für die Weiterführung der Arbeiten in Anspruch nehmen. Daraus leitet die Rechtsprechung zutreffend ab, dass es sich eben nicht um vergütungspflichtige erbrachte Leistungen handelt. Auch bloße Vorbereitungshandlungen wie die Aufmaßnahme und die Planung zählen nicht zu den vergütungspflichtigen „ausgeführten Leistungen". Eine Einbeziehung in das Abrechungsverhältnis käme theoretisch lediglich nach Treu und Glauben in Betracht, wenn der Schuldner/Verwalter die bereits hergestellten Bauteile nicht selbst verwenden kann, diese für die Weiterführung des Bauvorhabens uneingeschränkt tauglich sind und ihre Verwendung dem Besteller unter Berücksichtigung aller Umstände zumutbar ist.

Zu den vorstehenden Grundaussagen insgesamt
BGH BauR 1995, 545;
BGH BauR 2003, 877;
OLG Köln BauR 1996, 257, 258.

114 Von diesen Voraussetzungen sind die erste fast immer und die weiteren beiden in der Insolvenz des Unternehmers oft erfüllt. Tatsächlich aber spielt diese Rechtsprechung in der Bauinsolvenz bei richtiger Betrachtungsweise keine Rolle: Wer als Besteller in Kenntnis von Krise/Insolvenzantrag des Unternehmers oder gar nach Insolvenzverfahrenseröffnung derartige weitere Leistungen erhält, die er sonst bei Dritten hätte einkaufen müssen, muss die hierauf entfallende Vergütung, die der Verwalter separat abzurechnen hat, ungeschmälert von Gegenansprüchen aus dem Abrechnungsverhältnis an die (vorläufige) Insolvenzmasse bezahlen (§§ 96 Abs. 1 Nr. 3 i. V. m. 130 Abs. 1 InsO; § 96 Abs. 1 Nr. 1 InsO; siehe Rz. 265 ff).

115

> **Praxistipp:**
>
> Wenn feststeht, dass der Schuldner/Verwalter das Werk nicht fertig stellt, aber speziell für dieses Bauvorhaben produzierte Bauteile beim Schuldner vorhanden sind, liegt es im beiderseitigen Interesse, dass der Besteller diese Gegenstände im Rahmen eines eigenständigen Vertrags übernimmt: Der Besteller kann zwar nicht mit Schadensersatzansprüchen aus dem Bauvertrag verrechnen, müsste aber regelmäßig den gleichen Preis (oder sogar deutlich mehr) an einen Dritten bezahlen und kann größeren Verzug, der mit einer Neubestellung bei einem Dritten einhergeht, verhindern. Der Verwalter wiederum hat bei Spezialanfertigungen als einzigen denkbaren Abnehmer den Besteller – übernimmt nicht dieser die Teile, muss der Verwalter sie entweder zu Schleuderpreisen abgeben oder schlimmstenfalls sogar entsorgen. Der Eilbedürftigkeit bei der Abwicklung und dem Liquiditätsbedürfnis der Insolvenzmasse wird meist dadurch Rechnung getragen, dass der Besteller Eigentum an den vorab von ihm kursorisch auf Verwendbarkeit geprüften Teilen Zug um Zug gegen Zahlung eines deutlich abgesenkten Preises erlangt, wobei er auf sämtliche Nacherfüllungs- und verwandte Ansprüche verzichtet.

bb) Folgen für den Einheits- und den Pauschalpreisvertrag

Die Abrechnung beim **Einheitspreisvertrag** bereitet keine besonderen 116
Schwierigkeiten: Der Verwalter muss zu den einzelnen Positionen des Vertrags die erbrachten Leistungen ordnungsgemäß aufmessen und diese Vordersätze mit den Einheitspreisen des Vertrags multiplizieren. Vom Schuldner eingeräumte Nachlässe und Ähnliches sind zu Gunsten des Bestellers in voller Höhe berücksichtigungsfähig.

Wesentlich komplizierter ist die Rechtslage beim **Pauschalpreisvertrag.** 117
Für die Abrechnung dieses Vertragstyps nach Kündigung (wobei unerheblich ist, welcher Vertragspartner kündigt) hat der VII. Zivilsenat des Bundesgerichtshofs in ständiger neuerer Rechtsprechung,

> z. B. BGH BauR 1995, 691;
> grdl. *Kniffka*, Jahrbuch Baurecht 2000, 1,

folgende Grundsätze festgehalten:

Der Unternehmer muss – nach Aufmaß – die erbrachten Leistungen und 118
die dafür anzusetzende Vergütung darlegen und von dem nicht mehr ausgeführten Teil abgrenzen. Das bedeutet, dass er das Verhältnis der bewirkten Leistungen zur vereinbarten Gesamtleistung und des Preisansatzes für die Teilleistungen zum Gesamtpauschalpreis aufzuschlüsseln hat.

Ohne dies in irgendeiner Weise auch nur zu problematisieren, hat der Bun- 119
desgerichtshof in einer neueren Entscheidung eine solche Vorgehensweise auch von einem Verwalter verlangt.

> BGH NZBau 2001, 138.

Auch das OLG Köln stellt nach insolvenzbedingter Vertragsbeendigung an 120
den Verwalter dieselben Anforderungen.

> OLG Köln ZIP 1999, 495;
> dazu EWiR 1999, 217 (*C. Schmitz*).

Die damit verbundenen Probleme sind immens und offensichtlich: Einer 121
der wenigen heute noch erkennbaren Vorteile des Pauschalpreisvertrags für den Unternehmer ist es, dass er nicht kontinuierlich aufwendig aufmessen muss, sondern nach Fertigstellung den Pauschalpreis in Rechnung stellen kann. Eine Kündigung oder Vertragsumgestaltung führt dagegen dazu, dass sehr kurzfristig entsprechende Aufmaße nachgeholt werden müssen. Dies lässt sich jedenfalls bei Pauschalpreisverträgen, bei denen der Unternehmer im Nachhinein schwer quantifizierbare oder durch weitere Leistungen überdeckte Leistungen erbracht hat (z. B. Erdarbeiten), kaum bewerkstelligen. Bei Großbauvorhaben (z. B. Schlüsselfertigbau) wird man es dagegen genügen lassen, wenn die erkennbar für sich vollständig fertig gestellten Gewerke (z. B. Rohbau, Elektroarbeiten usw.) entsprechend ausgewiesen und lediglich wegen nur teilweise fertig gestellter Gewerke die notwendigen Differenzierungen durch genaues Aufmaß vorgenommen werden.

122 Den Preisansatz für die erbrachten Teilleistungen im Verhältnis zum Gesamtpauschalpreis kann der Unternehmer im Regelfall nur anhand einer sauber aufgeschlüsselten Kalkulation darstellen. Wie die Erfahrung gerade bei großen Schlüsselfertigbauten zeigt, fehlen manchmal brauchbare Urkalkulationen, was nicht zuletzt dem Umstand geschuldet ist, dass derartige Großbauvorhaben sich erst nach und nach durch detaillierte Vorgaben des Bestellers während der Bauausführung ausdifferenzieren und am Anfang nur sehr allgemeine Vorgaben gemacht werden.

123 Wenn eine Urkalkulation fehlt und auch sonst zur Bewertung der erbrachten Leistungen Anhaltspunkte aus der Zeit vor Vertragsschluss nicht vorhanden oder nicht ergiebig sind, muss der Unternehmer im Nachhinein im Einzelnen darlegen, wie die erbrachten Leistungen unter Beibehaltung des Preisniveaus der vereinbarten Pauschale zu bewerten sind. Er kann hierfür auch Subunternehmerrechnungen oder nachträglich erstellte Kalkulationen zugrunde legen.

> BGH BauR 1996, 846, 848 r. Sp.;
> BGH BauR 1999, 1294, 1296 f;
> dazu EWiR 2000, 281 (*Blank*);
> BGH ZIP 2000, 1535, 1538 r. Sp.;
> dazu EWiR 2000, 939 (*Siegburg*).

124 Deutlich günstiger stellt sich die Situation für den Unternehmer dar, wenn die Vertragspartner den Pauschalpreis auf der Grundlage eines nach Einheitspreisen aufgeschlüsselten Angebots des Unternehmers, insbesondere durch Abrundung, vereinbart haben. Dann kann dieses Angebot ein brauchbarer Anhaltspunkt sein, um die Vergütung für die bis zur vorzeitigen Vertragsbeendigung erbrachten Leistungen zu berechnen.

> BGH BauR 1996, 846, 848 r. Sp.

Der Unternehmer kann in solchen Fällen wie beim Einheitspreisvertrag abrechnen und muss lediglich die Auf- oder Abrundung berücksichtigen.

125 Zunächst zu Gunsten eines Verwalters, später generell gewährt der Bundesgerichtshof eine kleine Erleichterung: Bei einem Pauschalpreisvertrag war das Bauwerk vom Schuldner nahezu vollständig fertig gestellt. Hier, so eine Nebenbemerkung des Bundesgerichtshofs, durfte der klagende Verwalter auf eine spezifizierte Einzelabrechnung verzichten; ihm wurde gestattet, vom Pauschalpreis auszugehen und davon die nicht geleisteten Arbeiten abzusetzen.

> BGH ZIP 1986, 382, 383 l. Sp.

126 Generell formuliert der Bundesgerichtshof nun, dass – wenn nur noch geringfügige Leistungen nicht erbracht sind – eine Bewertung der nicht erbrachten Leistungen und deren Abzug vom Gesamtpreis ausreichen kann.

> BGH ZIP 2000, 1535, 1538 r. Sp.

Sind allerdings Arbeiten wie Außenputz, Außenanlagen sowie Maler- und   127
Fliesenlegerarbeiten in einem Teil des Dachgeschosses noch nicht erledigt,
so kann nach Auffassung des OLG Köln von einer nahezu vollständigen
Fertigstellung nicht gesprochen werden.

OLG Köln ZIP 1999, 495, 496 r. Sp.

Im Zusammenhang hiermit drängt sich die Frage auf, ob der Verwalter   128
nicht generell „von oben nach unten" abrechnen darf, da bei einem solchen
Vorgehen eine Schlechterstellung des Bestellers ausscheidet, können doch
für die fehlenden Leistungen die nun aufzuwendenden Preise bei Drittun-
ternehmern eingesetzt werden. Da durch eine solche, meines Erachtens im
Ergebnis zulässige Abrechnung die Abrechnung des vorzeitig beendeten
Pauschalpreisvertrags einerseits und der dem Besteller zustehende Schadensersatzanspruch wegen Restfertigstellungsmehrkosten uno actu abge-
handelt werden, sei dies detailliert erst unter Rz. 213 ff erörtert.

Frei steht es Verwalter und Besteller, sich über andere Abrechnungsmoda-   129
litäten zu einigen. Dies erklärt sich daraus, dass § 14 VOB/B und die Prüfbarkeit kein Selbstzweck sind und dass die Informations- und Kontrollinteressen des Bestellers die Anforderungen an die Prüfbarkeit einer
Schlussrechnung begrenzen.

BGH BauR 2000, 124, 125 r. Sp.
(für Architektenvertrag).

Deshalb wurde ein Abzug der vom Besteller einvernehmlich erbrachten Ei-   130
genleistungen vom Pauschalpreis vom OLG Schleswig akzeptiert.

OLG Schleswig IBR 2000, 11.

Im dortigen Fall war jedoch der Vertrag nicht vorzeitig beendet worden,
sondern hatte vielmehr der Verwalter Erfüllung gewählt, jedoch lediglich
abredegemäß einzelne Restleistungen nicht mehr erbracht und deshalb ab-
gezogen.

Auch lässt der Bundesgerichtshof eine Berufung des Bestellers darauf, die   131
Rechnung sei nicht prüffähig, nicht zu, wenn der Besteller oder ein Dritter,
dessen Erkenntnisse sich der Besteller zu eigen macht oder zurechnen lassen muss, die Rechnung bereits geprüft hat. Dann ist nämlich klar, dass für
den Besteller die Rechnung nachvollziehbar und überprüfbar war.

BGH ZfIR 1998, 679 = BauR 1999, 63, 64 l. Sp.;
dazu EWiR 1998, 1139 (Wenner);
BGH BauR 2000, 1485, 1485 f;
BGH BauR 2002, 468, 469;
auch OLG Brandenburg BauR 2000, 583, 584 r. Sp.

Diese Rechtsprechung bedeutet im Ergebnis, dass ein Gericht keine Veranlassung hat, von sich aus mit dem Argument „fehlende Prüffähigkeit" eine
Klage als derzeit unbegründet abzuweisen, sondern allenfalls bei entsprechendem Vorbringen des Bestellers, welches dann auf seine Stichhaltigkeit

im Hinblick z. B. auf die Informations- und Kontrollinteressen des Bestellers, seine eigene Fachkompetenz, sein vorgängiges Verhalten, vertragliche Abreden hinsichtlich der Abrechnungsmodalitäten zu prüfen ist.

132 Bei Verwaltern ist zu berücksichtigen, dass sie in der Regel nur eingeschränkt in der Lage sind, die früheren Vorgänge beim Schuldner nachzuvollziehen, und auschließlich auf Informationen früherer Mitarbeiter angewiesen sind. Deshalb dürfen überhöhte Anforderungen an die Darlegung einer Kalkulation, die letztlich nicht nur zu einer mangels prüfbarer Rechnung nicht fälligen Forderung, sondern faktisch zu einer dauerhaft nicht durchsetzbaren Forderung führen würden, beim Verwalter nicht gestellt werden.

OLG Dresden BauR 2001, 419, 420 f;
OLG Brandenburg BauR 2003, 542, 544 l. Sp.
(n. rkr.; Az. BGH: VII ZR 337/02).

133 | Praxistipp: |
| :--- |
| Es ist nicht zu verkennen, dass eine Zeitlang die strenge BGH-Rechtsprechung den Tatsachengerichten als Mittel dazu diente, Vergütungsklagen aus einem vorzeitig beendeten Pauschalpreisvertrag schnell als derzeit nicht begründet abzuweisen. Der Bundesgerichtshof hat in Reaktion hierauf zahlreiche Differenzierungen vorgenommen. Gleichwohl ist dringend anzuraten, dass Verwalter in einem Prozess diese Aspekte deutlich herausarbeiten, um einer Überraschungsentscheidung vorzubeugen und lange Instanzenzüge zu vermeiden. |

134 Abschließend sei noch festgehalten, dass nachfolgende Abrechnungsmethoden keinesfalls von der Rechtsprechung gebilligt werden:

• Abrechnung nach pauschal gegriffenen Prozentsätzen – etwa mit der Behauptung, das Werk sei zu 65 % fertig gestellt (anders, wenn der Besteller diese Festlegung akzeptiert, und zwar auch hinsichtlich der Vergütung, die dann ebenfalls mit 65 % anzusetzen ist);

• Abrechnung des Teilwerks zu üblichen Preisen i. S. d. § 632 Abs. 2 BGB (damit könnten Fehlkalkulationen des Schuldners überspielt werden);

• Abrechnung gemäß einem vertraglichen Zahlungsplan (die dort vereinbarten Prozentsätze sind je nach der Verhandlungsmacht der Parteien bei Vertragsschluss entweder über- oder untersetzt und spiegeln nicht die Kalkulation und das Preisgefüge des Pauschalpreisvertrags wider);

• Abrechnung aus – etwa vor Verfahrenseröffnung – vom Besteller geprüften Abschlagsrechnungen (mit vorzeitiger Beendigung des Vertrags ist die Schlussrechnung zu legen; aus Abschlagsrechnungen kann der Unternehmer nicht mehr vorgehen, vgl. schon Rz. 31).

Dagegen hat der Bundesgerichtshof in jüngerer Rechtsprechung folgende Abrechnungsmethoden ausdrücklich gebilligt:

Beispiel 1 (BGH BauR 2002, 1403, 1404 f): 135

Der Auftragnehmer unterteilt die nach dem Vertrag zu erbringenden Leistungen in verschiedene Gewerke und bewertet diese auf Grundlage der dem Angebot zu Grunde liegenden Kalkulation. Die Summe der den Teilleistungen zugeordneten Vergütungsteile ergibt unter Berücksichtigung der vereinbarten Änderungen und des gewährten Nachlasses den vereinbarten Pauschalpreis.

Beispiel 2 (BGH BauR 2002, 1588, 1589): 136

Der Auftragnehmer hat für die beiden betroffenen Bauvorhaben den Pauschalpreis nachträglich in 23 Einzelgewerke zerlegt und diese wiederum mit Pauschalen bewertet, deren Summe den Pauschalpreis ergibt. Er hat sodann anhand der von ihm bzw. seinen Subunternehmern nach der Kündigung gefertigten Aufmaße die Kosten errechnet, die bei vollständiger Fertigstellung der einzelnen Gewerke entstanden wären, und diejenigen, die tatsächlich entstanden sind. Das prozentuale Verhältnis dieser beiden Werte hat er auf die Pauschalen für die Einzelgewerke übertragen und auf diese Weise für jedes Gewerk den Teil des kalkulierten Preises bestimmt, der dem Anteil der tatsächlich erbrachten Leistung entsprach. Er hat die Aufmaße vorgelegt, die angesetzten Einheitspreise genannt und seine Aufstellungen schriftsätzlich erläutert.

cc) Fälligkeitsvoraussetzungen

Wird ein VOB/B-Vertrag ordnungsgemäß (ohne Insolvenzbezug) durch- 137
geführt, so wird die Werklohnforderung des Unternehmers erst fällig, wenn folgende Voraussetzungen erfüllt sind:

(1) Abnahme der Bauleistung,

(2) prüfbare Schlussrechnung gemäß § 14 VOB/B,

(3) Abschluss der Rechnungsprüfung durch den Besteller oder Ablauf der vom Zugang der Rechnung an laufenden Zwei-Monats-Frist (§ 16 Nr. 3 Abs. 1 VOB/B).

> *Werner/Pastor*, Rz. 1401;
> wegen § 307 Abs. 1 BGB zutr. krit. zu § 16 Nr. 3
> Abs. 1 VOB/B (falls vom Besteller vorgegeben)
> *Peters*, NZBau 2002, 305, 307 f.

Beim BGB-Bauvertrag hängt dagegen nach der Rechtsprechung des 138
Bundesgerichtshofs, der zu folgen ist, die Fälligkeit gemäß § 641 Abs. 1 Satz 1 BGB allein von der Abnahme des Werks ab; nach einer im Schrifttum verbreiteten Meinung, die eingehend referiert und diskutiert wird von *Werner/Pastor*,

> *Werner/Pastor*, Rz. 1368 ff,

lässt grundsätzlich erst die Erteilung der Rechnung und nicht schon die Abnahme des Werks den Werklohn fällig werden.

Diese Grundsätze werden bei der Vertragssuspendierung gemäß § 103 139
InsO ebenso modifiziert wie bei sonstiger vorzeitiger Vertragsbeendigung

durch Kündigung einer Partei. In diesem Fall bedarf es für die Fälligkeit der Vergütung keiner Abnahme des Teilwerks, wohl aber im Anwendungsbereich der VOB/B der Erteilung einer Schlussrechnung.

BGH BauR 1987, 95;
OLG Hamm OLGR 1998, 184.

140 Bei Vertragssuspendierung gemäß § 103 InsO gilt nach dem Bundesgerichtshof, dass die Verfahrenseröffnung wegen der beiderseitigen Nichterfüllungseinreden der Vertragspartner (§ 320 BGB) nur zur Folge hat, dass diese ihre noch ausstehenden Erfüllungsansprüche, soweit es sich nicht um Ansprüche auf die Gegenleistung für schon erbrachte Leistungen handelt, nicht durchsetzen können (siehe Rz. 76 ff). Unberührt bleibt der Vergütungsanspruch des Schuldners, der auf das bei Verfahrenseröffnung bereits erbrachte Teilwerk entfällt, auch wenn dieser Anspruch im Zeitpunkt der Verfahrenseröffnung noch nicht nach den bis dato geltenden Vorschriften (§§ 640 f BGB) fällig war. Das vor Verfahrenseröffnung erbrachte Teilwerk des Schuldners ist daher gesondert nach den Regeln des gekündigten Bauvertrags abzurechnen.

BGH ZIP 2002, 1093, 1096 r. Sp.

141 Diese Urteilspassage zeigt, dass der Bundesgerichtshof nach Verfahrenseröffnung eine Abnahme des Teilwerks nicht für erforderlich erachtet, damit der Verwalter die der Insolvenzmasse für das Teilwerk zustehende Vergütung einfordern kann. Wäre eine Abnahme erforderlich, wäre nämlich entweder der Verwalter gezwungen, wesentliche Mängel erst zu beseitigen und damit die Erfüllung des Vertrags zu wählen oder die Vergütung für das Teilwerk dauerhaft nicht eintreiben zu können. Angesichts dieser Alternativen wäre das Wahlrecht des Verwalters aus § 103 InsO faktisch ausgehöhlt, da er sich immer für die erste Alternative entscheiden müsste.

142 Eine Abnahme nach insolvenzbedingter Vertragssuspendierung empfiehlt sich gleichwohl für beide Vertragspartner aus den Gründen, die bereits hinsichtlich einer Bestellerkündigung gemäß § 8 Nr. 2 Abs. 1 VOB/B dargelegt wurden (siehe Rz. 34 ff). Auch nach Suspendierung des Vertrags mit Verfahrenseröffnung hat der Verwalter gemäß dem in § 8 Nr. 6 VOB/B ausgedrückten allgemeinen Rechtsgedanken die Möglichkeit, das Aufmaß für das Teilwerk zu nehmen und das Teilwerk abnehmen zu lassen, sofern es nicht wesentliche Mängel aufweist (siehe Rz. 42 ff).

143 Verzögert sich oder unterbleibt die Erstellung der Schlussrechnung durch den Verwalter, so wird eine etwaige Forderung gar nicht fällig, so dass auch die maßgeblichen Verjährungsfristen nicht zu laufen beginnen. Falls der Besteller eine solche Verzögerung als ärgerlich empfindet, kann er dem Verwalter für die Erstellung der prüfbaren Rechnung eine angemessene Frist setzen und nach fruchtlosem Fristablauf die Rechnung selbst aufstellen (§ 14 Nr. 4 VOB/B). Die hiermit verbundenen Kosten haben aber nur den Rang einer einfachen Insolvenzforderung, da der Besteller nicht durch

sein Verhalten Masseverbindlichkeiten begründen kann und der Kostenerstattungsanspruch im Kern im vorinsolvenzlichen Bauvertrag angelegt ist, also keinen anderen Rang erhalten kann. Jedoch können diese Kosten von einer etwaigen Werklohnforderung der Insolvenzmasse im Wege der Verrechnung in Abzug gebracht werden.

> OLG Düsseldorf BauR 1987, 336.

Dem Verwalter, der nicht weiß, ob am Ende nach aufwendiger Schluss- **144** rechnungserstellung überhaupt noch eine Zahlung vom Besteller zu erlangen sein wird, und der deshalb zögert, ob er beträchtliche Kosten investieren soll, mag im ersten Zugriff ein Urteil des LG Bonn weiterhelfen.

> LG Bonn ZIP 2000, 747, 751 r. Sp.;
> dazu EWiR 2000, 301 (*v. Gerkan*).

Demnach ist bei einer GmbH als Schuldner der Geschäftsführer dazu ver- **145** pflichtet, zu deren Bauleistungen Schlussrechnungen zu erstellen. Dies erscheint trotz der Generalklausel der §§ 101 Abs. 1 Satz 1, 97 Abs. 2 InsO als zu weitgehend und wird dem Verwalter ohnehin wenig helfen, wenn wegen Obstruktion, Desinteresse oder offensichtlicher Überforderung der Geschäftsführer zu einer qualifizierten Erledigung nicht imstande ist. Mit schlampig erstellten oder gänzlich unbrauchbaren Schlussrechnungen ist dem Verwalter nicht gedient.

dd) Bauabzugsteuer

Gemäß § 48 Abs. 1 EStG muss ein Besteller, der Unternehmer i. S. v. § 2 **146** UStG oder juristische Person des öffentlichen Rechts ist und der im Inland erbrachte Bauleistungen vom Schuldner entgegengenommen hat, bei Zahlung einen Teilbetrag von 15 % (so genannte Bauabzugsteuer) direkt an das für den Schuldner zuständige Finanzamt auf Rechnung des Schuldners abführen. Dies gilt jedoch gemäß § 48 Abs. 2 EStG nicht, wenn der Schuldner eine gültige Freistellungsbescheinigung gemäß § 48b Abs. 1 Satz 1 EStG vorlegt oder wenn der Gesamtvergütungsbetrag im laufenden Kalenderjahr voraussichtlich 5.000 € brutto (vgl. § 48 Abs. 3 EStG) nicht übersteigt.

> Details und Materialien bei
> *Beck/Girra*, Die Bauabzugsteuer, 2001.

Auch der Verwalter, der an Stelle des Schuldners getreten ist und die Zah- **147** lungsansprüche für die vom Schuldner erbrachte Bauleistung durchzusetzen versucht, muss diese Vorschriften beachten.

> *Heidland*, ZInsO 2001, 1096, 1096 f.

Mithin kann (und muss) der Besteller 15 % an das zuständige Finanzamt **148** bezahlen. Diese Zahlung hat Erfüllungswirkung gegenüber der Insolvenzmasse.

> LG Cottbus BauR 2002, 1703.

Unterlässt der Besteller diese Teil-Direktzahlung an das Finanzamt, haftet er selbst gegenüber dem Finanzamt für den nicht oder zu niedrig abgeführten Abzugsbetrag.

149 Zahlung in voller Höhe an die Insolvenzmasse kann der Verwalter nur erreichen, wenn er dem Besteller eine aktuelle, auf ihn ausgestellte Freistellungsbescheinigung vorlegt. Der Praxis der Finanzverwaltung entsprach es, solche Bescheinigungen hinsichtlich der vor Verfahrenseröffnung vom Schuldner erbrachten Leistungen zu versagen. Dies wurde damit begründet, dass die hierauf entfallenden Steuern Insolvenzforderungen sind und in der Regel ausfallen bzw. nur anteilig befriedigt werden. In diesen Fällen liegt daher regelmäßig eine Gefährdung des Steueranspruchs vor.

> Fin. Min. Saarland, Erl. v. 3. 7. 2002,
> B/1-2 – 178/2002 – S 0550, NZI 2002, 595, 596.

150 Diesem Versuch der Finanzverwaltung, sich auf diese Weise für einfache Insolvenzforderungen eine bevorzugte Befriedigung in Höhe von 100 % zu verschaffen, ist der Bundesfinanzhof entgegengetreten.

> BFH ZIP 2003, 173 = ZfIR 2003, 111.

Dem Insolvenzverwalter ist auf seinen Antrag hin regelmäßig eine Freistellungsbescheinigung gemäß § 48b EStG zu erteilen. Im Übrigen regelt allein das Insolvenzrecht, in welchem Umfang Steuerforderungen gegen einen insolventen Steuerschuldner befriedigt werden. Demnach ist der Steuergläubiger mit Forderungen, die schon bei Eröffnung des Insolvenzverfahrens bestanden, nur Insolvenzgläubiger, kann seine Forderungen zur Insolvenztabelle anmelden und erhält hierauf nur quotale Befriedigung. Daran ändert sich auch nichts, wenn der Besteller nach Eröffnung des Insolvenzverfahrens Bauabzugsteuer an das Finanzamt abgeführt hat.

151 An dieser zutreffenden Rechtsprechung orientiert sich nun die Praxis der Finanzbehörden.

> OFD Hannover, Vfg. v. 22. 4. 2003
> – S 2272 b – 9 – StO 223/S 2272 b – 2 – StH 216,
> NZI 2003, 429;
> BMF-Schreiben, v. 4. 9. 2003 – IV A5 – S 2272b – 20/03,
> ZfIR 2003, 840.

e) Rechnungsposten zu Gunsten des Bestellers

aa) Mängel

(1) Wegfall des Nacherfüllungsanspruchs und des Leistungsverweigerungsrechts; bloßer Schadensersatzanspruch

152 Haften dem vom Schuldner erbrachten Teilwerk beseitigungsfähige Mängel an, so kann – falls nicht der Verwalter (auch insoweit) Erfüllung wählt – der Besteller von ihm keine Nacherfüllung in natura verlangen. Für einen

Vorschussanspruch, der eine fortbestehende Nacherfüllungsverpflichtung des Unternehmers voraussetzt,

OLG Brandenburg NZBau 2001, 325, 326 l. Sp.,

ist deshalb kein Raum. Dies hat der Bundesgerichtshof in einem neueren Urteil verkannt.

BGH BauR 2001, 789.

Auch § 320 BGB, der ja gerade durch § 103 InsO überwunden wird, ge- **153** langt nicht mehr zur Anwendung. Der Besteller kann also kein Leistungsverweigerungsrecht in Höhe der dreifachen Mängelbeseitigungskosten geltend machen, sondern lediglich als Schadensersatzanspruch die einfachen Mängelbeseitigungskosten zu ortsüblichen Preisen verrechnen.

I. E. ebenso
AG Witten ZInsO 2003, 479, 480.

Im Ergebnis übereinstimmend hat dies auch der Bundesgerichtshof, **154**

BGH ZIP 1999, 199, 201 l. Sp.,

beurteilt: Wenn ein Verwalter Mängel nicht beseitigt, hat er keinen Anspruch auf denjenigen Teil des Werklohns, der dem Wert der Mängel entspricht. Der Besteller kann dann entsprechend § 638 Abs. 3 BGB mindern. Eine Zurückhaltung des Werklohns in Höhe des dreifachen Mangelwerts kommt nicht in Betracht, da ein derartig großzügig bemessenes Zurückbehaltungsrecht eine – gerade nicht gegebene – Verpflichtung des Verwalters zur Nacherfüllung voraussetzt.

Soweit der Bundesgerichtshof in dieser Entscheidung ausdrücklich auf ein **155** Minderungsrecht des Bestellers verweist, deckt sich dies im Ergebnis mit der hier vorgetragenen Auffassung, dass der Besteller einen Schadensersatzanspruch wegen Nichterfüllung des Nacherfüllungsanspruchs hat, da im Regelfall der Minderwert sich in dem Geldbetrag ausdrückt, der aufgewendet werden muss, um Mängel zu beseitigen.

BGH BauR 1996, 851, 853 l. Sp.

Im Übrigen hat der Lösungsweg des Bundesgerichtshofs über das Rechts- **156** institut der Minderung den Vorteil, dass das Problem des unverhältnismäßigen Nachbesserungsaufwands (§ 635 Abs. 3 BGB, § 13 Nr. 6 Alt. 3 VOB/B) bewältigt werden kann:

In diesem Fall hat der Besteller im insolvenzbedingten Abrechnungsver- **157** hältnis nicht etwa Anspruch auf Ersatz der vollen (unverhältnismäßig hohen) Nacherfüllungskosten, sondern ist auf den Minderungsbetrag beschränkt: Hierunter fallen die Differenz zwischen der erbrachten und der geschuldeten Ausführung; der durch die vertragswidrige Ausführung verursachte etwaige technische Minderwert (zu bemessen anhand der Beeinträchtigung der Nutzbarkeit und damit des Ertrags- und Veräußerungswerts des Gebäudes); schließlich der merkantile Minderwert.

BGH ZIP 2003, 724, 726 = ZfIR 2003, 279
(m. Anm. *Schwenker*, S. 281);
dazu EWiR 2003, 391 (*Siegburg*).

158 Zusammengefasst steht also dem Besteller wegen nicht erbrachter Mängelbeseitigung ein Schadensersatzanspruch in Höhe der notwendigen Mängelbeseitigungskosten zu, der der Höhe nach begrenzt und nach den Grundsätzen über die Minderung berechnet wird, falls der Beseitigungsaufwand unverhältnismäßig ist.

(2) Darlegungs- und Beweislast

159 Bei der Darlegungs- und Beweislast ist zu unterscheiden zwischen der Frage, ob das vom Schuldner erstellte Teilwerk mangelhaft ist, und der bejahendenfalls weiteren Frage, wie hoch die notwendigen Mängelbeseitigungskosten sind.

Für die grundsätzliche Frage – liegen Mängel vor? – gelten die allgemeinen Regeln:

160 Ist das Teilwerk abgenommen und hat sich der Besteller keine Mängelrechte bei Abnahme vorbehalten, liegt die Beweislast für Mängel beim Besteller.

BGH BauR 1997, 129, 130 r. Sp.

161 Unterblieb eine Abnahme, hat hingegen der Unternehmer/Verwalter die Beweislast dafür, dass das Teilwerk mangelfrei ist.

BGH BauR 1981, 577, 579 l. Sp. (st. Rspr.).

162 Ebenso liegt die Beweislast für Mängelfreiheit insoweit beim Unternehmer/Verwalter, als sich der Besteller bei Abnahme wegen einzelner Mängel(symptome) seine Rechte vorbehalten hat.

BGH BauR 1997, 129, 130 r. Sp.

163 In der Insolvenzpraxis häufig ist die Konstellation, dass vor der gerichtlichen Auseinandersetzung der Besteller Mängel des Teilwerks bereits im Weg der Selbstvornahme beseitigt hat und daher der ursprüngliche Zustand des Teilwerks nicht mehr einer gerichtlichen Beweisaufnahme zugänglich ist. Dies ändert jedoch nichts an den oben dargestellten allgemeinen Regeln, so dass vor Abnahme weiterhin der Unternehmer/Verwalter die Beweislast für die Mängelfreiheit trägt.

BGH BauR 1993, 469, 472.

164 Eine Beweislastumkehr oder wenigstens Beweiserleichterungen zu Gunsten des Unternehmers/Schuldners kommen nur in Ausnahmekonstellationen in Betracht, etwa wenn in der Mängelbeseitigung durch den Besteller eine Abnahme des Werks zu sehen ist (was bei ständigen Mängelrügen des Bestellers zu verneinen ist),

BGH BauR 1993, 469, 472,

oder wenn die Grundsätze der Beweisvereitelung zum Tragen kommen, weil der Besteller die Beweisführung des Unternehmers/Verwalters dadurch erschwert, dass er vorhandene Beweismittel vernichtet oder sonstwie deren Benutzung verhindert.

BGH NJW-RR 1996, 883, 885 r. Sp.

Dies wird in der Bauinsolvenz so gut wie nie relevant werden, weil es der **165** (erfolgreichen) Selbstvornahme wesenseigen ist, dass danach der Mangel beseitigt ist. Darin liegt mithin keine Beweisvereitelung, sondern dies ist vielmehr eine Folge der doppelten Vertragsuntreue des Unternehmers (erst mangelhafte Leistung, dann Verweigerung der Nacherfüllung). Im Übrigen sind die Mängelbeseitigungskosten im Abrechnungsverhältnis als Rechnungsposten zu Gunsten des Bestellers nur zu berücksichtigen, wenn der Besteller vor Selbstvornahme dem Verwalter Frist gesetzt hat (siehe Rz. 171 ff). Damit ist sichergestellt, dass der Verwalter innerhalb laufender Frist beweissichernde Maßnahmen treffen kann.

Das Kammergericht, **166**

KG BauR 2003, 726, 726 f,

hat abweichend hiervon gemeint, beim vorzeitig beendeten Werkvertrag hat der Besteller die Beweislast für Mängel, wenn er sie im Weg der Selbstvornahme beseitigt hat und daher das Werk zum Zeitpunkt der gerichtlichen Entscheidung mangelfrei ist. Diese Auffassung widerspricht den oben dargestellten Beweislastregeln und ist abzulehnen.

Für die Höhe der Mängelbeseitigungskosten trägt der Besteller die Darle- **167** gungs- und Beweislast. Der Bundesgerichtshof hat zwar für das „normale" Baurecht jenseits der Insolvenz entschieden,

BGH BauR 1997, 133, 134 l. Sp.,

dass der Besteller nicht beziffern muss, in welcher Höhe er seine Leistung wegen Mängeln zurückhält: Nach § 320 Abs. 1 BGB kann ein Besteller wegen eines Mangels die Zahlung des noch offenen Werklohns verweigern; das Gesetz sieht eine Beschränkung des Leistungsverweigerungsrechts auf einen dem noch ausstehenden Teil der geschuldeten Gegenleistung entsprechenden Teil grundsätzlich nicht vor. Vielmehr muss der Unternehmer dartun, dass der einbehaltene Betrag auch bei Berücksichtigung des Durchsetzungsinteresses des Bestellers unverhältnismäßig und deshalb unbillig ist. Auch nach Einführung des neuen § 641 Abs. 3 BGB hat diese Entscheidung weiterhin Gültigkeit, da sich an ihren tragenden und interessengerechten Gründen,

zu diesen *Kniffka*, IBR 1997, 14,

nichts geändert hat.

§ 320 Abs. 1 BGB gelangt jedoch bei insolvenzbedingter Umgestaltung des **168** Vertragsverhältnisses kraft Schadensersatzwahl des Bestellers nicht mehr zur Anwendung, so dass die allgemeinen Regeln gelten und der Geschädigte die Schadenshöhe darlegen und beweisen muss.

> MünchKomm-*Oetker*, BGB, § 249 Rz. 440 f;
> *Baumgärtel*, Bd. 1, § 249 BGB Rz. 6 f.

169 **Hierzu folgende Beispiele:**

1. Es ist unstreitig, dass bei einem größeren Bauvorhaben zahlreiche Fenster mangelhaft sind und ausgetauscht werden müssen. Gleichwohl klagt der Unternehmer den nominal unstrittigen Restwerklohn von 200.000 € gegen den Besteller ein, ohne vorher nachzubessern, weil er meint, der Besteller dürfe wegen der Fenster nicht den vollen Restwerklohn zurückhalten. Richtigerweise wird der Besteller die Klageforderung unter Verwahrung gegen die Kosten (§ 93 ZPO) anerkennen mit der Maßgabe, dass eine Verurteilung zur Zahlung (ohne Zinsen) nur Zug um Zug gegen Beseitigung der unstrittigen Mängel an den Fenstern erfolgt.

2. Erst wenn der Unternehmer die notwendigen Nacherfüllungskosten qualifiziert nachweist (sei es durch ein Gerichtsgutachten, sei es auf andere Weise), muss der Besteller überprüfen, ob er möglicherweise einen zu hohen Betrag zurückbehält und einen Teil sofort auszahlen muss.

3. Dagegen muss nach insolvenzbedingter Suspendierung des Vertrags der Besteller, der Schadensersatz geltend macht, die notwendigen Nacherfüllungskosten konkret beziffern. Beantragt er Klageabweisung mit der Behauptung, die Nacherfüllungskosten betrügen 200.000 €, und stellt der Sachverständige später verbindlich nur Nacherfüllungskosten von 30.000 € fest, so unterliegt der Besteller wegen des überschießenden Restbetrags und trägt anteilig die Kosten des Rechtsstreits.

(3) Selbstvornahme

170 Ist es für den Besteller vertretbar, den Mangel wegen der noch nicht abgeschlossenen Auseinandersetzungen mit dem Verwalter zunächst unverändert zu lassen, kann er im Rechtsstreit mit dem Verwalter nach dessen Weigerung, den Mangel zu beseitigen, einen Schadensersatzanspruch gegen den Vergütungsanspruch des Verwalters geltend machen und verrechnen; ein Gerichtsgutachter kann den Mangel vor Ort überprüfen. Sieht sich hingegen der Besteller gezwungen, Mängel vor abschließender Klärung mit dem Verwalter zu beseitigen („Selbstvornahme"), hat er folgendes zu beachten:

171 Nach den allgemeinen baurechtlichen Regeln ist dem Unternehmer eine angemessene Frist zur Nacherfüllung zu setzen. Erst nach deren fruchtlosem Ablauf kann der Besteller mit Recht gegenüber dem Unternehmer die Mängel selbst beseitigen und vom Unternehmer Ersatz der erforderlichen Aufwendungen verlangen (§ 13 Nr. 5 Abs. 2 VOB/B oder § 637 Abs. 1 BGB; vor Abnahme § 4 Nr. 7 Satz 3 i. V. m. § 8 Nr. 3 Abs. 1 VOB/B). Diese Vorschriften werden jedoch nach Verfahrenseröffnung durch § 103 InsO verdrängt, so dass es in diesem Stadium nicht mehr darauf ankommt (siehe Rz. 48 ff), ob das Teilwerk des Unternehmers abgenommen ist oder nicht. Daher muss der Besteller wegen der von ihm erkannten Mängel den

Verwalter zur Ausübung seines Wahlrechts auffordern (§ 103 Abs. 2 InsO), ehe er berechtigterweise zur Selbstvornahme schreiten und die damit verbundenen Aufwendungen als Schadensersatz geltend machen kann.

Umgekehrt: Beseitigt der Besteller eigenmächtig ohne vorherige Fristset- **172** zung an den Verwalter die Mängel, steht ihm kein Schadensersatzanspruch zu, es sei denn, der Besteller kann darlegen und beweisen, dass der Verwalter zu einer Mängelbeseitigung nicht in der Lage gewesen wäre. Dieser Einwand, eine Fristsetzung wäre eine fruchtlose Förmelei gewesen, scheitert meist daran, dass der Verwalter im Gegenzug darlegen kann, jedenfalls durch einen Drittunternehmer hätte er auf Kosten der Insolvenzmasse die Mängel beseitigen lassen können. Über diese Grundsätze besteht jedenfalls im Ergebnis Einigkeit in der ergangenen Rechtsprechung der Oberlandesgerichte.

> OLG Hamm BauR 1984, 537, 538;
> OLG Düsseldorf NJW-RR 1993, 1110;
> OLG Celle BauR 1995, 856;
> dazu EWiR 1995, 169 (*Pape*);
> OLG Hamm OLGR 1998, 184, 185;
> OLG Naumburg BauR 2003, 115, 116 r. Sp.

Diese Entscheidungen stellen jedoch weniger auf § 103 InsO ab als viel- **173** mehr auf die zitierten generellen baurechtlichen Vorschriften. Diese dogmatischen Differenzen können dahinstehen, da nach jeder Auffassung der Besteller die oben beschriebenen Formalien einhalten muss.

Praxistipp: **174**

Eine Aufforderung des Bestellers an den Verwalter, konkret gerügte Mängel – maßgeblich sind die Anforderungen der „Symptomtheorie" des Bundesgerichtshofs (zu dieser z. B. BGH BauR 1989, 79, 80) – innerhalb einer datumsmäßig bestimmten Frist zu beseitigen, ist gemäß §§ 133, 157 BGB immer auch als Aufforderung zur Erfüllungswahl i. S. d. § 103 Abs. 2 Satz 2 InsO auszulegen. Die Verwendung der in der Baupraxis verbreiteten Formulare „Mängelrüge nach Abnahme gemäß § 13 Nr. 5 Abs. 2 VOB/B" führt also nicht zu einem Rechtsverlust.

Schwierig ist die Rechtslage, wenn der Besteller bereits wegen bestimmter **175** Mangelsymptome oder wegen des Vertrags insgesamt den Verwalter erfolglos zur Erfüllungswahl aufgefordert hat, danach aber neue Mängelsymptome auftreten.

Beispiel: **176**

Aus dem gemäß § 8 Nr. 2 Abs. 1 VOB/B nach Insolvenzantrag des Schuldners gekündigten Bauvertrag steht dem Verwalter für das Teilwerk nach Abzug von berechtigten Gegenforderungen des Bestellers ein unstrittiger Vergütungsanspruch von 20.000 € zu. Wegen eines Mangels bei der Abdichtung der Tiefgarage setzt der Besteller dem Verwalter fruchtlos Frist zur Nacherfüllung und verrechnet sodann nach Selbstvornahme den daraus resultierenden Schadensersatzanspruch in Höhe von 10.000 € (zu Recht) gegen diesen Vergütungsanspruch. Ein halbes Jahr später zeigen sich gravierende Mängelsymptome am Estrich mit Beseitigungskosten von 10.000 €. Da die erste Fristsetzung an den Verwalter fruchtlos blieb, führt diesmal der Besteller die Selbstvornahme **ohne** vorherige Fristsetzung an den Verwalter durch und möchte auch diese Kosten gegen den verbliebenen Restwerklohnanspruch in gleicher Höhe verrechnen. Zu Recht?

177 Zieht man mit den zitierten OLG-Entscheidungen die baurechtlichen Regeln heran, steht fest, dass die erste Fristsetzung nur hinsichtlich der von ihr erfassten Mängelsymptome eine Selbstvornahme auf Kosten des Unternehmers rechtfertigen konnte. Da Mängel am Estrich ersichtlich ein anderes Symptom betreffen, scheitert nach dieser Betrachtungsweise die Verrechnung an der unterbliebenen Fristsetzung.

178 Richtigerweise ist aber nach Verfahrenseröffnung auf die Spezialvorschrift des § 103 InsO abzustellen. Wird der Verwalter zur Erfüllung des Vertrags aufgefordert, trifft er die dafür notwendige Willensbildung nur anhand der Daten zum Bauvorhaben, die ihm zum Zeitpunkt der Aufforderung bekannt sind.

179 Deshalb kann von ihm nicht erwartet werden, noch gar nicht gerügte Mängel quasi im Voraus zu erkennen und auch sie in seine ablehnende Erklärung einzubeziehen. Hat nämlich im Beispielsfall der Verwalter wegen des Abdichtungsmangels in der Tiefgarage keine für die Masse günstige Nacherfüllungsmöglichkeit zur Hand, ist zwangsläufig, dass er nicht nacherfüllt und stattdessen den Abzug eines Schadensersatzbetrags vom Vergütungsanspruch der Masse in Kauf nimmt. Hingegen kann er wegen des Estrichmangels einen – für die Masse kostenfreien – Nacherfüllungsanspruch gegen einen vollständig bezahlten Nachunternehmer des Schuldners haben, so dass insoweit einer Nacherfüllung nichts entgegensteht. Ausschlaggebend sind die Besonderheiten beim Bauvertrag: Während der Verwalter den Aufwand für die Restfertigstellung des Werks oder für die Beseitigung von gerügten Mängeln vor seiner Entscheidung über die Erfüllungswahl kalkulieren kann und muss, ist dies wegen noch nicht einmal vom Besteller erkannter und gerügter Mängel unmöglich. Die in der unterbleibenden Mängelbeseitigung liegende Nicht-Erfüllungswahl des Verwalters hat daher nach §§ 133, 157 BGB nur Auswirkungen auf die konkret gerügten Mängelsymptome. Sie lässt folglich das Recht des Verwalters, die Erfüllung des Vertrags wegen anderer Mängelsymptome zu wählen, und die dem korrespondierende Pflicht des Bestellers, jeweils neu Frist zu setzen, unberührt.

C. *Schmitz*, ZIP 2001, 765;
MünchKomm-*Huber*, InsO, § 103 Rz. 146;
ähnlich *Kübler/Prütting/Tintelnot*, InsO, § 103 Rz. 66a;
a. A. *Uhlenbruck/Berscheid*, InsO, § 105, Rz. 32 ff;
a. A. wohl auch *Kreft*, in: Festschrift Kirchhof, S. 275, 284.

180 Der Gegenmeinung *Berscheids* ist allerdings zuzugestehen, dass sie dem herkömmlichen Verständnis von der Erfüllungswahl weit eher entspricht als die hier vertretene Auffassung. Traditionell gibt es bei § 103 InsO und

seinen Vorgängernormen in der Konkursordnung und der Gesamtvollstreckungsordnung keine „Teilerfüllungswahl", sondern es gilt – im Guten wie im Schlechten – das Prinzip des (unwiderruflichen) „Alles oder Nichts".

Praxistipp:	181
Diese wichtige Streitfrage ist vom Bundesgerichtshof noch nicht geklärt. Auch wer der hier vertretenen Auffassung nicht zuneigt, sollte als Besteller sie gleichwohl als „sichersten Weg" beachten. Er hat dadurch Vorteile auch in anderer Hinsicht: Steht eine (Mängel-)Bürgschaft zur Verfügung, führt der Besteller durch die fruchtlose (erneute) Fristsetzung an den Verwalter auch wegen des weiteren Mangels den Sicherungsfall herbei (siehe Rz. 723). Bei Einbeziehung der VOB/B in den Bauvertrag schaltet außerdem die – in unverjährter Zeit erfolgte – erneute Fristsetzung an § 768 BGB mögliche Einrede des Bürgen aus, die Hauptschuld sei verjährt (siehe Rz. 740). Schließlich werden die Darlegung und der Beweis des Mangels gerade auch im Stadium nach Abnahme eher möglich sein, wenn der Besteller den Verwalter zur Beseitigung aufgefordert hat, dieser aber untätig geblieben ist. Andernfalls wird die Verteidigung des Verwalters oft Erfolg haben, der Mangel habe nie bestanden, sei jetzt aufgrund (angeblicher) Selbstvornahme nicht mehr feststellbar und ihm – dem Verwalter – sei nicht einmal im Vorfeld der Selbstvornahme die Möglichkeit der Überprüfung gegeben worden.	

(4) Verjährung

Was die Verjährung von Mängelansprüchen anbelangt, so kann sich der Besteller nach einer etwas älteren Entscheidung des Bundesgerichtshofs innerhalb des Abrechnungsverhältnisses grundsätzlich auf Mängel der Teilleistung ohne Rücksicht auf die sonst für Mängelansprüche maßgebende Verjährung berufen. 182

BGH ZIP 1986, 382, 383 f.

Praxistipp:	183
Dieses Urteil wird oft missverstanden. Das Urteil betrifft nicht die Fälle, in denen bereits vor Verfahrenseröffnung eine **Abnahme** vom Besteller erklärt worden ist; die dadurch in Gang gesetzte Verjährungsfrist läuft weiter und wird durch die Verfahrenseröffnung nicht beeinträchtigt (BGH ZIP 1985, 1380, 1382 l. Sp.).	

Diese Rechtsprechung wirft die Frage auf, wodurch der Verwalter erreichen kann, dass im insolvenzrechtlichen Abrechnungsverhältnis für Mängel(schadensersatz)ansprüche die Verjährungsfrist zu laufen beginnt. Dies kann sich z. B. auf den Sicherheitseinbehalt oder gestellte Bürgschaften auswirken, die erst nach Eintritt der Verjährungsfrist für die Mängelansprüche zurückzugeben sind (§ 17 Nr. 8 Absatz 2 VOB/B): 184

Nach dem in § 8 Nr. 6 Halbs. 1 VOB/B zum Ausdruck kommenden allgemeinen Rechtsgedanken kann der Verwalter wegen des Teilwerks Abnahme verlangen, wenn das Teilwerk abnahmefähig ist (siehe Rz. 42 ff). 185

186 Andere Lösungsansätze

zu diesen Voraufl., Rz. 144 ff,

insbesondere die Anwendung der Regeln über die fiktive Abnahme (§ 12 Nr. 5 Abs. 1 VOB/B), hat der Bundesgerichtshof ausdrücklich verworfen.

BGH ZIP 2003, 672, 674 = ZfIR 2003, 375
(m. Anm. *Siegburg*, S. 378).

187 **Praxistipp:**

Einem Verwalter, der Wert auf einen eindeutigen und rechtssicheren Beginn der Mängelanspruchsverjährungsfrist legt, kann nur geraten werden, gemäß dem Rechtsgedanken des § 8 Nr. 6 Halbs. 1 VOB/B unter Fristsetzung die Abnahme zu fordern. Bei ausbleibender Reaktion des Bestellers ist unter Umständen (siehe Rz. 44) nach Fristablauf von einer Abnahme auszugehen (§ 640 Abs. 1 Satz 3 BGB).

188 Ohne Abnahme bleibt ungeachtet der Suspendierung der Hauptleistungspflichten der Vertrag verjährungsrechtlich im Erfüllungsstadium.

BGH ZIP 2003, 672, 673 f.

Das hat die paradoxe Folge, dass Ansprüche des Bestellers wegen ihm bereits bekannter Mängel schneller verjähren, als sie es nach Abnahme tun würden (§§ 195, 199 Abs. 1 BGB). Ansonsten beginnt die Verjährungsfrist jeweils mit Ende des Kalenderjahres, in dem die subjektiven Merkmale des § 199 Abs. 1 Nr. 2 BGB erfüllt sind. Die objektive Obergrenze für Mängelansprüche, die sich erst nach fruchtloser Fristsetzung und Schadensersatzwahl des Bestellers in Schadensersatzansprüche i. S. d. § 199 Abs. 3 BGB verwandeln, bildet § 199 Abs. 4 BGB (zehn Jahre ab Entstehung).

(5) Kein Leistungsverweigerungsrecht wegen abstrakter Mängelsorgen

189 Lediglich tatsächlich bestehende Mängel berechtigen den Besteller zur Verrechnung. Befürchtet der Besteller lediglich, es könnten im Laufe der nächsten Jahre Mängel auftreten und sein Anspruch auf Nacherfüllung bzw. Verrechnung von Schadensersatzansprüchen laufe dann ins Leere, so kann er hiermit nicht gehört werden. Er kann nicht Sicherstellung verlangen wegen bisher nicht bekannter, allenfalls möglicher Mängel des Werks. Spekulative Chancen und Risiken können in einem Insolvenzverfahren nicht berücksichtigt werden, welches vielmehr unbelastet von solchen noch unbestimmten Positionen zügig abgewickelt werden soll und muss.

BGH ZIP 1994, 714, 715;
dazu EWiR 1994, 591 (*Münch*);
OLG Hamburg MDR 1988, 861, 862 l. Sp.;
OLG Hamm NJW-RR 1997, 1242, 1243 l. Sp.

bb) Restfertigstellungsmehrkosten

(1) Besondere Relevanz in der Bauinsolvenz

Dieser Rechnungsposten spielt im Abrechnungsverhältnis oft die aus- 190
schlaggebende Rolle. Ungeachtet der seit Jahren schlechten Baukonjunktur
ist fast immer mit Mehrkosten bei der Restfertigstellung eines wegen Insolvenz nicht beendeten Teilwerks zu rechnen. Dies beruht zum einen darauf, dass der Zweitunternehmer auf dem Teilwerk des Erstunternehmers
(Schuldners) aufbaut, woraus vielfältige und nur schwer beurteilbare Abgrenzungsprobleme (Mängelhaftung, Pflicht zur Prüfung und zu Beden-
kenhinweisen usw.) resultieren. Zum anderen befindet sich der Besteller in
einer ungünstigen Verhandlungsposition, wenn er wegen des laufenden
und oft ohnehin schon verzögerten Bauvorhabens gezwungen ist, einen
Zweitunternehmer schnellstmöglich zu beauftragen.

> OLG Dresden BB 2001, 1495, 1497 r. Sp.;
> dazu EWiR 2001, 891 (*Kröll*).

Diese Problematik wird allerdings entschärft, wenn es gelingt, die als sol- 191
ches zuverlässigen Subunternehmer eines insolventen Generalunternehmers zur Weiterarbeit zu bewegen, da durch den ursprünglich vom Erstunternehmer einkalkulierten GU-Zuschlag meist hinreichend Verhandlungs-
spielraum besteht und die Einarbeitungsproblematik entfällt.

(2) Schlüssige Darlegung des Schadens

Wegen der bereits mehrfach angesprochenen Parallelität der Rechtslage 192
nach einer Kündigung gemäß § 8 Nr. 2 VOB/B und einem Schadensersatzanspruch des Bestellers nach Vertragssuspendierung gemäß § 103 InsO
und unterbleibender Erfüllungswahl des Verwalters sind an die Darlegung
dieser Position durch den Besteller die Anforderungen zu stellen, die die
Rechtsprechung zu § 8 Nr. 3 Abs. 2 VOB/B entwickelt hat.

Der Bundesgerichtshof, 193

> BGH BauR 2000, 571, 572 l. Sp.,

hat mit Urteil vom 25. 11. 1999 hierzu folgende Grundsätze herausgestellt:
Der Anspruch hängt nicht davon ab, dass der Besteller die Frist des § 8
Nr. 3 Abs. 4 VOB/B (über die Zusendung der Mehrkostenaufstellung)
einhält. Die Anforderungen an seine Darlegung hängen von den Umständen der Vertragsabwicklung und der Ersatzvornahme sowie den Kontroll-
und Informationsinteressen des Unternehmers ab. Entgegen der früher
herrschenden Meinung,

> OLG Celle NJW-RR 1996, 343, 344 l. Sp.;
> LG München II IBR 1998, 526,

ist nicht generell und unabhängig vom Einzelfall eine den Anforderungen
des § 14 Nr. 1 VOB/B entsprechende Abrechnung zu fordern. In der Re-

gel genügt die Darlegung der anderweitig als Ersatzvornahme erbrachten Leistung, der dadurch entstandenen Kosten und der infolge der Kündigung nicht mehr an den Erstunternehmer zu zahlenden Vergütung sowie die Berechnung der sich daraus ergebenden Differenz.

194 Allerdings lässt sich einer Nebenbemerkung in einem älteren BGH-Urteil entnehmen, dass die Mehrkostenaufstellung des Bestellers insgesamt unschlüssig ist, wenn er die Restfertigstellungsmehrkosten und die (mängelbezogenen) Selbstvornahmekosten in einem einheitlichen Betrag geltend macht, anstatt sie aufzuschlüsseln.

BGH BauR 1988, 82, 84 l. Sp.

195 Der Rechtsprechung des Bundesgerichtshofs aus dem Jahre 1999 ist zuzustimmen. Allerdings ist es nach meiner Auffassung problematisch, von „Ersatzvornahme" zu sprechen, da hiermit im alten Recht die Mängelbeseitigung im Verzug des Erstunternehmers durch einen Zweitunternehmer bezeichnet wird/wurde (§ 633 Abs. 3 BGB a. F.; § 13 Nr. 5 Abs. 2 VOB/B a. F.; nunmehr „Selbstvornahme"). Wenn auch in Extremfällen die Abgrenzung zwischen der Beseitigung von Mängeln und der Erledigung fehlender Restleistungen schwierig ist,

Kniffka/Koeble, 6. Teil Rz. 370,

sollten doch beide Rechtsinstitute schon wegen ihrer unterschiedlichen Tatbestandsmerkmale (bei Mängeln muss der Erstunternehmer die Gelegenheit zur Nacherfüllung erhalten, vgl. Rz. 48 ff, 170 ff) sprachlich deutlich voneinander getrennt werden, weshalb in diesem Werk stets von „Restfertigstellung" die Rede ist.

196 **Beispiel für eine korrekte Darlegung der Restfertigstellungsmehrkosten:**

LV-Position	Masse	urspr. EP	neuer EP	Diff. EP	Diff. insg.
1	70 m²	10	12	+ 2	+ 140
2	100 m²	5	4,50	– 0,50	– 50
3	100 m²	5	5	0	0

Gesamtrestfertigstellungsmehrkosten: + 90.

197 In dieser Tabelle sind in der ersten Spalte die ursprünglichen Leistungsverzeichnis-Positionen aus dem Vertrag mit dem Erstunternehmer aufgenommen, in der zweiten Spalte die vom Zweitunternehmer noch ausgeführte Massen, in der dritten Spalte die ursprünglichen Preise des Erstunternehmers, in der vierten Spalte die neu vereinbarten Preise mit dem Zweitunternehmer, in der fünften Spalte mithin die sich daraus ergebende Differenzbetrag je Abrechnungseinheit, somit in der sechsten Spalte die

Gesamtdifferenz, gewonnen durch Multiplikation des Mehr-/Minderpreises in Spalte fünf mit der Masse in Spalte zwei.

Ergibt sich bei jeder einzelnen Position ein überschießender Betrag, so sind deren Summe die verrechnungsfähigen Restfertigstellungsmehrkosten; gibt es bei einzelnen Positionen aufgrund der Neuvergabe Verbesserungen, bei anderen Positionen dagegen Verschlechterungen, so ist im Wege des Vorteilsausgleichs eine Saldierung vorzunehmen und kann dem Verwalter lediglich ein etwa sich ergebender Negativendbetrag entgegengerechnet werden. Ebenso muss der Besteller sich einen „Vergabegewinn" im Wege der Verteilungsausgleichung anrechnen lassen, wenn er mit dem Schuldner zwei oder mehrere Bauverträge geschlossen hat, die er alle aufgrund der Insolvenz kündigt oder aus denen er gemäß § 103 Abs. 1 InsO einen Schadensersatzanspruch geltend macht, und es ihm gelingt, bei einem der Verträge zu günstigeren Konditionen (etwa durch Direktbeauftragung der Nachunternehmer des Schuldners) weiterzubauen.

(3) Abgrenzung Restfertigstellungsmehrkosten/Schadensersatzanspruch wegen Mängeln

Die bereits angesprochene Abgrenzung dieser beiden Kategorien muss erfolgen, da der Besteller ohne Einhaltung weiterer Formalien die Restfertigstellung betreiben kann, wenn er den Vertrag wirksam gemäß § 8 Nr. 2 Abs. 1 VOB/B gekündigt,

BGH BauR 1988, 82, 84 l. Sp.
(zu § 8 Nr. 3 Abs. 1 VOB/B),

oder den Verwalter erfolglos zur Vertragserfüllung gemäß § 103 InsO aufgefordert hat. Geht es hingegen nicht um Restfertigstellung, sondern um Mängelbeseitigung, muss er vorher dem Verwalter Frist setzen, um die Aufwendungen später im Abrechnungsverhältnis einstellen zu können (siehe Rz. 170 ff).

Soweit ersichtlich, sind allseits akzeptierte Abgrenzungskriterien noch nicht entwickelt worden. Einige Autoren,

Kniffka/Koeble, 6. Teil Rz. 370;
Pause, NZBau 2002, 648, 651 l. Sp.,

stellen auf die Dokumentation bei Abnahme bzw. die (hypothetische) Abnahmefähigkeit ab. Als Grundregel kann gelten, dass um so eher von einer (nicht erbrachten) Teilleistung auszugehen ist, je mehr es sich bei natürlicher Betrachtung um etwas insgesamt noch Fehlendes, noch nicht einmal im Ansatz Vorhandenes handelt.

Ähnlich
Brügmann/Kenter, NJW 2003, 2121, 2125 r. Sp.;
Kleine-Möller/Merl/Oelmaier, § 12 Rz. 229.

198

199

200

201 Ist dagegen bereits etwas erkennbar abgeschlossen erbracht, wenn auch mangelhaft oder mit einem Vervollständigungsbedarf, der jedoch im Hinblick auf das Erbrachte nur geringfügig ist, liegt ein Mangel vor, bei dem die strengen Formalien vor Eigennacherfüllung zu beachten sind.

202 **Beispiel:**

Vertragsgemäß sind in einen Schlüsselfertigbau 500 Glaselemente in die Fassade einzubringen:

– es fehlen 200 Glaselemente komplett;

– es fehlen zehn Glaselemente komplett;

– alle Glaselemente sind eingebaut, aber zehn Scheiben sind verkratzt;

– alle Glasscheiben sind eingebaut, es fehlen jedoch durchgehend/teilweise Fassadenanschlussteile usw.

203 In den beiden ersten Fällen liegt eine fehlende Teilleistung vor, so dass die Regeln über die Restfertigstellung anwendbar sind. Im dritten Fall ist die Teilleistung augenscheinlich vollständig, aber eben mangelhaft erbracht. Im vierten Fall ist die Abgrenzung sehr schwierig: Wenn die Fassadenanschlussteile funktional und kostenmäßig absolut untergeordnete Bedeutung haben, stellt ihr Fehlen einen Mangel dar; ansonsten gelten wieder die Regeln über die Restfertigstellungsmehrkosten.

(4) Weitere Details zu diesem Rechnungsposten zu Gunsten des Bestellers

204 • Der Besteller ist bei der Restfertigstellung nicht an das „Preissystem" des Erstvertrags gebunden. Es ist zulässig, die Restfertigstellung der Arbeiten auf Pauschalpreisbasis zu vergeben, auch wenn der Erstvertrag auf Einheitspreisen basierte (ebenso umgekehrt).

Kniffka/Koeble, 6. Teil Rz. 370.

205 • Vorsicht ist jedoch geboten, wenn größere Restleistungen durch Stundenlohnarbeiten erledigt werden sollen. Zwar ist grundsätzlich hiergegen nichts einzuwenden. In der Praxis sind aber die ausführenden Zweitunternehmer selten in der Lage, ihre Arbeiten ordnungsgemäß abzurechnen: Stundenlohnzettel enthalten oft nur unzureichende Angaben wie „Arbeiten nach Vorgaben der Bauleitung" o. Ä. Erforderlich sind stattdessen detaillierte Angaben zu den ausgeführten Arbeiten, so dass eine Überprüfung des angesetzten Zeitaufwands durch einen Sachverständigen möglich ist.

OLG Frankfurt/M. NZBau 2001, 27;
KG NZBau 2001, 26.

Sind obige Kriterien missachtet, so ist die Abrechnung auf Stundenzettelbasis für den Verwalter nicht nachvollziehbar und kann vom Besteller nicht in das Abrechnungsverhältnis eingestellt werden.

- Auch solche Leistungen darf der Besteller in die Restfertigstellungs-   **206**
mehrkostenabrechnung einstellen, die zwar mit dem insolventen Erstunternehmer noch nicht vereinbart waren, die jedoch der Besteller gemäß § 1 Nr. 3, Nr. 4 VOB/B angeordnet hätte und die der Erstunternehmer kraft dieser einseitigen Anordnung hätte erbringen müssen.
Der zu Gunsten des Erstunternehmers anzusetzende Preis muss nach
§ 2 Nr. 5, Nr. 6 Abs. 2 VOB/B gebildet werden, wozu der Erstunter-
nehmer/Verwalter die Kalkulation für die einzelnen Positionen offenle-
gen muss. Unterlässt er dies, darf der Besteller von dem Prozentsatz
ausgehen, um den die Leistungen des Erstunternehmers durchschnitt-
lich teurer waren.

  BGH BauR 2000, 571, 573.

- Auch die Kosten für die Erstellung des Preisspiegels zählen zu den   **207**
Restfertigstellungsmehrkosten, da sie ohne vorzeitige Vertragsbeendigung nicht angefallen wären.

  BGH BauR 2000, 571, 573 r. Sp.

- Der Besteller ist nicht verpflichtet, vor Weiterführung der Arbeiten die   **208**
Angebote zahlreicher Unternehmer einzuholen. Allerdings kann der
Erstunternehmer wegen § 254 Abs. 2 BGB von ihm verlangen, dass er
sich darum bemüht, die Restfertigstellungsmehrkosten in vertretbaren
Grenzen zu halten.

  Ingenstau/Korbion/Locher/Vygen, VOB, § 8 Nr. 3 B Rz. 47;
  OLG Nürnberg BauR 2001, 415, 418 (n. rkr.).

Praxistipp: **209**

Dies sollten Besteller nicht missverstehen. Es liegt in ihrem ureigensten Interesse, die Restfertigstellungsmehrkosten niedrig zu halten – zum einen,
weil dann diese Position eher Akzeptanz beim Verwalter findet und ein
Rechtsstreit vermieden werden kann, zum anderen aber – und entscheidend
–, weil ungewiss ist, ob sie sich später wegen dieser Position durch Verrechnung und Inanspruchnahme von Sicherheiten schadlos halten können.

- Eine Vergabestelle ist berechtigt, nach der für sie nicht vorhersehbaren   **210**
(und von ihr nicht verursachten) Insolvenz des schon beauftragten
Erstunternehmers mit den anderen Bietern ins Verhandlungsverfahren
ohne vorherige Vergabebekanntmachung einzutreten. Weitere Voraussetzung hierfür gemäß § 3a VOB/A Nr. 5d ist allerdings, dass die Leistung dringlich ist und deshalb sowie infolge der Insolvenz die Fristen
von § 18a Nr. 1–3 VOB/A nicht eingehalten werden können.

  VÜA Bayern IBR 1999, 561;
  Ingenstau/Korbion/Locher/Vygen/Müller-Wrede, VOB,
  § 3 a A Rz. 28 f.

Praxistipp: **211**

Diese Position des Abrechnungsverhältnisses bereitet in der Praxis dem Verwalter besondere Schwierigkeiten. Achtet der Besteller darauf, dass die vom

Zweitunternehmer erbrachten Restfertigstellungsarbeiten identisch sind mit den vom Erstunternehmer geschuldeten, jedoch nicht mehr erbrachten Leistungen bzw. legt er separat die gemäß § 1 Nr. 3, Nr. 4 VOB/B angeordneten Leistungen dar und trennt er klar zwischen Arbeiten zur Restfertigstellung und solchen zur Beseitigung von Mängeln des Teilwerks, bereitet der endgültige Preisspiegel gegenüber dem Verwalter keine Schwierigkeiten mehr.

(5) Anspruch des Verwalters auf Restfertigstellungsmehrkostenaufstellung

212 Beim VOB/B-Vertrag kann der Verwalter die Risiken dadurch begrenzen, dass er zunächst gegenüber dem Auftraggeber den (einklagbaren) Anspruch gemäß § 8 Nr. 3 Abs. 4 VOB/B auf Zusendung einer Aufstellung über die infolge einer Kündigung entstandenen Mehrkosten und über seine anderen Ansprüche geltend macht. Nach Erhalt und Prüfung dieser Informationen lässt sich besser abschätzen, welche Erfolgsaussicht eine Klage hat. Unzulässig ist es dagegen, den Werklohn im Weg der Stufenklage in der Weise zu verfolgen, dass der Verwalter zunächst Rechnungslegung über die Restfertigstellungsmehrkosten und ggf. die eidesstattliche Versicherung verlangt sowie den Werklohn abzüglich des sich aus der Rechnungslegung ergebenden Anspruchs auf Erstattung der Restfertigstellungsmehrkosten geltend macht.

BGH ZIP 2002, 1951;
dazu EWiR 2003, 37 (Vogel).

(6) Verknüpfung der Abrechnung des vorzeitig beendeten Pauschalpreisvertrags und der Restfertigstellungsmehrkosten

213 Abschließend sei versucht, die Abrechnung eines wegen der Insolvenz des Unternehmers gekündigten Pauschalpreisvertrags mit diesem Rechnungsposten der Restfertigstellungsmehrkosten zu verknüpfen.

214 **Dazu folgendes Beispiel:**

Der Schuldner vereinbart mit dem Besteller einen Pauschalpreis von 1 Mio. €. Es liegt eine Fehlkalkulation vor, wie die spätere Abrechnung durch den Verwalter zeigt: Bei der notwendigen Aufgliederung in zehn Gewerke erweist sich, dass jedes Kosten von 120.000 € verursacht. Bautenstand zum Zeitpunkt der Bestellerkündigung/insolvenzbedingten Vertragsumgestaltung: Fünf Gewerke sind vollständig erbracht, eines – wie anhand der notwendigen weiteren Detailaufschlüsselung nachweisbar – zu 30 %, eines zu 10 %, die weiteren drei schließlich noch gar nicht.
Die Abrechnung gemäß den Grundsätzen der Rechtsprechung ergibt also folgendes:

5 x 120.000	600.000
1 x (30 % x 120.000)	36.000
1 x (10 % x 120.000)	12.000
Zwischenstand	648.000
Bewertung anhand der Vertragspreise (wegen Fehlkalkulation) [1 : 1,2])	€ 540.000

Der Besteller hat bisher lediglich eine Abschlagszahlung von 150.000 € bezahlt und vergibt nun die Restleistungen an den Zweitunternehmer zu 828.000 €. Daraus ergibt sich im Abrechnungsverhältnis – wenn es keine weiteren relevanten Rechnungsposten auf beiden Seiten gibt – der Anspruch des Verwalters wie folgt:

540.000 – (828.000 [Aufwand des Bestellers für Restfertigstellung] – 460.000 [nicht mehr an den Erstunternehmer bezahlte Vergütung, nämlich 1 Mio. abzgl. 540.000]) – 150.000 (Abschlagszahlung) = 22.000 €.

Das gleiche Ergebnis lässt sich aber viel einfacher ermitteln, indem man die Abrechnung des abgebrochenen Vertrags mit den Restfertigstellungsmehrkosten verknüpft wie folgt:

1 Mio. (ursprünglich dem Erstunternehmer zustehender Pauschalpreis) – 828.000 (Aufwand des Bestellers für die Restfertigstellung) – 150.000 (geleistete Abschlagszahlung) = 22.000 €.

Um bei letzterer Abrechungsmethode den Verwalter nicht zu begünstigen, **215** ist allerdings bei der Darlegungs- und Beweislast auf Folgendes zu achten: Gibt es Streit um den Aufwand des Bestellers, weil der Verwalter behauptet, die vom Zweitunternehmer abgerechneten Positionen seien schon vom Erstunternehmer erbracht worden, betrifft dieser Streit der Sache nach den Vergütungsanspruch des Verwalters. Mithin muss er nach den allgemeinen Regeln (vgl. Rz. 34) den Umfang des vom Erstunternehmer erstellten Teilwerks beweisen.

Die vorgestellte Abrechnungsmethode stößt allerdings auf ihre Grenzen, **216** soweit von der Schlussrechnungssumme des Erstunternehmers abhängige Rechnungsposten einzustellen sind.

Dazu eine Fortführung des obigen Beispiels: **217**

Im Bauvertrag ist wirksam ein Sicherheitseinbehalt von 5 % der Schlussrechnungssumme vereinbart. Verwalter und Besteller können über diese Position keine separate Einigung erzielen, der Betrag wird auch nicht vom Verwalter fällig gestellt.

In der ersten, komplizierteren Berechnung berechnet sich der Einbehalt mit 5 % aus 540.000, also **27.000 €**.

In der zweiten, vereinfachten Abrechnung fehlt dagegen die maßgebliche Bezugsgröße. Auf 172.000 € (1 Mio. – 828.000 [Pauschalpreis abzgl. Restfertigstellungsaufwand beim Zweitunternehmer]) abzustellen, also **8.600 €** anzusetzen, wäre zu Lasten des Bestellers fehlsam, da die im Abzugsbetrag von 828.000 € enthaltenen Restfertigstellungsmehrkosten mit der Bezugsgröße „Schlussrechnungssumme" nichts zu tun haben, mag auch der Besteller gegenüber dem Zweitunternehmer aus dessen Schlussrechnungssumme gleichfalls einen Einbehalt beanspruchen. Auf den vereinbarten Pauschalpreis (5 % aus 1 Mio., also **50.000 €**) abzustellen, hieße den Verwalter zu benachteiligen, da diese Bezugsgröße zu hoch ist.

Die vereinfachte Abrechnung kommt also nur in Betracht, wenn keine of- **218** fenen, von der Schlussrechnungssumme abhängigen Rechnungsposten mehr bestehen **oder** der Verwalter aus Vereinfachungsgründen bereit ist, die ihn offensichtlich benachteiligende Ermittlung solcher Rechnungsposten aus der Vertragssumme zu akzeptieren (etwa, weil der damit verbundene Rechtsnachteil immer noch deutlich unterhalb des Aufwands für eine extern durchzuführende Detailabrechnung des abgebrochenen Pauschalpreisvertrags liegt).

cc) Vertragsstrafe/Verzugsschaden

219 Nimmt der Besteller einen Abzug wegen Vertragsstrafe im Abrechnungsverhältnis vor, so setzt dies zunächst voraus, dass die Vertragsstrafenklausel wirksam vereinbart worden ist, insbesondere als allgemeine Geschäftsbedingung einer Prüfung am Maßstab des § 307 BGB standhält, weiter, dass verbindliche Vertragsfristen nicht etwa durch Umstände aufgehoben oder verlängert wurden, die auch in die Risikosphäre des Bestellers fallen, schließlich auch, dass die Vertragsstrafe bei einer Abnahme vorbehalten wurde.

> *Werner/Pastor*, Rz. 2045–2085;
> *Kemper*, BauR 2001, 1015;
> *Leinemann*, BauR 2001, 1472.

220 Einen besonderen Hinweis verdient § 8 Nr. 7 VOB/B, wonach eine wegen Verzugs verwirkte, nach Zeit bemessene Vertragsstrafe nur für die Zeit bis zum Tag der Kündigung des Vertrags gefordert werden kann. Auch wenn eine Kündigung vor der Verfahrenseröffnung unterbleibt, kann die Vertragsstrafe maximal bis zum Tag der Verfahrenseröffnung berechnet werden, da ab diesem Tag der Erfüllungsanspruch des Bestellers nicht mehr durchsetzbar ist, sofern nicht der Verwalter Erfüllung wählt.

> OLG Düsseldorf BauR 2003, 259, 259 f
> für ein gemäß § 634 Abs. 1 BGB a. F. umgewandeltes Vertragsverhältnis.

221 Besteller werden deshalb geneigt sein, einen konkreten Verzögerungsschaden geltend zu machen. Dem Grunde nach ist klar, dass ein solcher wegen der durch die Insolvenz eintretenden Verzögerungen (aufgrund von Prüfung des Bautenstands und der Rechtslage sowie der Auswahl eines fortführenden Unternehmens) entstehen und sich in Form von entgangenen Mieten oder höheren Umsatzsteuersätzen auf die Restleistungen äußern kann. Hierzu rechnen auch Schäden, die durch ungenügenden Baufortschritt in der Phase vor und nach Antragstellung **nachweisbar** hervorgerufen worden sind.

222 Der insolvenzbedingte Schaden wird allerdings begrenzt durch den Zeitraum (§ 254 BGB), den bei objektivierender Betrachtungsweise ein Besteller benötigt, um trotz der Insolvenz das Bauvorhaben bei gebotener und zumutbarer Anstrengung fortzuführen. Maßgebliche Faktoren sind insbesondere der erreichte Fertigstellungsgrad zum Zeitpunkt der Insolvenz (bei fast vollständiger Fertigstellung und geringen Mängeln kann nach dem Rechtsgedanken des § 12 Nr. 3 VOB/B und nach § 242 BGB der Bezug zumutbar sein), die Komplexität des Bauvorhabens, die anhand der

Marktlage und konkreter Anstrengungen zu beurteilende Frage, ob qualifizierte Bauunternehmen zur Fortführung des Bauvorhabens zur Verfügung standen, schließlich die dem Besteller hinsichtlich des Bauvorhabens oder aus seinem allgemeinen Vermögen zur Verfügung stehenden finanziellen Mittel: Eine Verzögerung der Fortführung kann auch über längere Zeiträume unschädlich sein, wenn der Besteller die Leistungen des Schuldners mit Abschlagszahlungen vollständig be- oder überbezahlt hat und ihm deshalb liquide Mittel zur Fortführung nicht zur Verfügung stehen. Dagegen kann sich ein Besteller auf finanziell bedingte Verzögerungen bei der Weiterführung nicht berufen, wenn er Abschlagszahlungen nur weit unter Leistungsstand zögerlich bezahlt hat oder ihm Vertragserfüllungsbürgschaften zur Verfügung stehen, aus denen er liquide Mittel erhalten kann. Im Regelfall wird bei kleineren Bauvorhaben eine insolvenzbedingte Verzögerung von ein bis zwei Wochen nachvollziehbar sein, bei größeren Bauvorhaben gegebenenfalls auch der doppelte Zeitraum.

Wegen des maßgeblichen Zeitraums wird im Übrigen eine richterliche 223 Schätzung gemäß § 287 ZPO zulässig sein, sofern der Besteller hinreichend konkreten Sachvortrag liefert. Wegen der im Einzelnen kausal hervorgerufenen Vermögensschäden muss dagegen Beweis erhoben werden, sofern z. B. Streit über die objektive Vermietbarkeit, die vom Besteller behauptete Miethöhe usw. besteht.

dd) Sicherheitseinbehalt

Der bei Bauverträgen üblicherweise vereinbarte Sicherheitseinbehalt von 224 5 % hat die Funktion, die vom Unternehmer nach Abnahme zu erledigende Nacherfüllung effektiv abzusichern. Sofern ein solcher Sicherheitseinbehalt im Bauvertrag mit dem Schuldner vereinbart ist, ist der Verwalter hieran gebunden, denn der Verwalter kann für die Masse grundsätzlich nicht mehr und keine anderen Rechte beanspruchen, als dem Schuldner zustehen.

BGH ZIP 1999, 199, 200 l. Sp.;
LG Lüneburg BauR 1998, 1018.

Die bloße Einbeziehung der VOB/B in den Bauvertrag bedeutet allerdings 225 nicht automatisch, dass der Besteller einen Sicherheitseinbehalt geltend machen darf. Es gibt weder eine Üblichkeit noch einen Handelsbrauch zur Sicherheitsleistung ohne vorherige vertragliche Absprache; aus § 17 VOB/B folgt nichts anderes, da diese Norm nur Anwendung findet, wenn überhaupt dem Grunde nach ein Sicherheitseinbehalt vereinbart wurde.

Ingenstau/Korbion/Locher/Vygen/Joussen,
VOB/B, § 17 Nr. 1 B Rz. 1, 3.

Fehlt eine wirksame Abrede über den Sicherheitseinbehalt – was auch auf 226 der Unwirksamkeit einer allgemeinen Geschäftsbedingung beruhen kann –,

z. B. BGH ZIP 1997, 1549;
dazu EWiR 1997, 1149 (*Siegburg*);
hierzu aus der Literatur insbesondere:
Belz, ZfBR 1998, 1;
Bombard, BauR 1998, 179;
Hogrefe, BauR 1999, 111;
Thode, ZfIR 2000, 165, 167 ff,

so kann der Besteller einen solchen nicht etwa allein wegen der Insolvenz beanspruchen. Er hat keinen Anspruch auf Sicherstellung wegen bisher nicht bekannter, allenfalls möglicher Mängel des abgenommenen Werks.

BGH ZIP 1994, 714;
OLG Hamburg MDR 1988, 861.

227 Anders als die oben behandelten Rechnungsposten ist der Sicherheitseinbehalt nur ein **vorläufiger** Rechnungsposten zu Gunsten des Bestellers. Eine frühere Betrachtung des Bundesgerichtshofs weiterführend,

BGH BauR 1979, 525, 526 l. Sp.,

lässt sich die Rechtsnatur des Sicherheitseinbehalts wie folgt definieren:

228 Die Fälligkeit eines prozentual festgelegten Werklohnanteils wird zu Lasten des Unternehmers auf den Zeitpunkt nach Verjährung etwaiger Mängelansprüche hinausgeschoben, wobei sich der endgültig auszuzahlende Betrag um die Aufwendungen reduziert, die der Besteller tätigen muss bzw. musste, um vom Unternehmer trotz Aufforderung nicht beseitigte Mängel selbst nachzubessern. Der Abzug kann auch nach Ablauf der Verjährungsfrist für Mängelansprüche vorgenommen werden, wenn der Mangel rechtzeitig vor deren Ablauf gerügt wurde.

C. *Schmitz*, ZIP 2001, 765, 770 r. Sp.;
anders *Weise*, Rz. 160.

229 Untypisch für eine reine Fälligkeitsregelung ist jedoch § 17 Nr. 6 Abs. 1 Satz 2 VOB/B: Demnach muss der Besteller dem Unternehmer den jeweils einbehaltenen Betrag **mitteilen.**

OLG Köln IBR 1999, 125.

230 Damit wird jedoch der Sicherheitseinbehalt nicht zu einem bloßen Zurückbehaltungsrecht des Bestellers, sondern bleibt eine Fälligkeitsregelung, mag ihm auch ein für ein Zurückbehaltungsrecht typisches Element anhaften.

231 Deshalb kann der Auffassung von *Wietersheim*,

Wietersheim, ZInsO 1999, 393, 395,

dass der Sicherheitseinbehalt bei insolvenzbedingter Umgestaltung des Vertrags vor Ablauf der Verjährungsfrist für Mängelansprüche an den Verwalter auszuzahlen ist, nicht gefolgt werden. Im Übrigen verkennt die dortige Betrachtung den Sinn und Zweck des Sicherheitseinbehalts aus Sicht des Bestellers: Er soll gerade in der eingetretenen Insolvenz des Unternehmers davor schützen, dass der Besteller wegen vor Ablauf der Verjährungsfristen auftretender und gerügter Mängel mit leeren Händen dasteht. Würde das schuldnerische Unternehmen fortbestehen und die Mängel beseitigen können, bedürfte es des Sicherheitseinbehalts nicht.

Damit ist eine lästige Verzögerung der Gesamtabwicklung des Insolvenz- 232
verfahrens verbunden. Dem könnte der Verwalter theoretisch dadurch begegnen, dass er den Sicherheitseinbehalt durch eine Bankbürgschaft ablöst. Eine Verbesserung erreicht er dadurch nicht, da in der Insolvenz des Unternehmers eine Bank eine Bürgschaft nur gegen Hinterlegung des verbürgten Betrags stellen wird, mithin wiederum der Ablauf der maßgeblichen Fristen abgewartet werden muss.

Alternativ kann der Verwalter den Besteller – sofern nicht § 17 Nr. 6, 233
Nr. 7 VOB/B insoweit wirksam ausgeschlossen sind bzw. es sich nicht um einen durch § 17 Nr. 6 Abs. 4 VOB/B privilegierten öffentlichen Auftraggeber handelt – dazu auffordern, den Sicherheitseinbehalt auf ein Sperrkonto mit gemeinsamer Verfügungsberechtigung einzubezahlen. Erledigt der Besteller dies trotz angemessener Nachfristsetzung nicht, wird der Sicherheitseinbehalt sofort fällig (§ 17 Nr. 6 Abs. 3 Satz 2 VOB/B).

KG SFH Nr. 2 zu § 17 VOB/B (1973);
OLG Nürnberg IBR 1998, 142;
OLG Jena IBR 1999, 408.

Die Einzahlung auf das Sperrkonto hat nach dem OLG Dresden, 234

OLG Dresden IBR 1999, 529,

der Besteller einseitig innerhalb der Nachfrist so vorzunehmen, dass er eine Sperrwirkung rechtzeitig auch ohne Mitwirkung des Unternehmers bzw. Verwalters herbeiführt. In Betracht kommen insbesondere Sperrvereinbarungen zwischen dem Besteller als Einzahler/Kontoinhaber und dem Kreditinstitut, sofern diese als Vertrag zu Gunsten Dritter (§ 328 Abs. 1 BGB) ausgestaltet werden.

OLG Dresden IBR 1999, 529;
Hadding, in: Schimansky/Bunte/Lwowski, Bd. I,
§ 36 Rz. 5 ff.

Allerdings gewähren solche in der Regel nur schuldrechtlich wirkenden 235
Sperrvermerke bei Vermögensverfall des Bestellers/Kontoinhabers keinen hinreichenden Schutz vor Einzelzwangsvollstreckungsmaßnahmen anderer Gläubiger und vor dem Zugriff eines späteren Verwalters über das Vermögen des Bestellers. Die durch den Sperrvermerk erlangte Rechtsstellung des Unternehmers ist nicht insolvenzfest. Der von ihm lediglich erlangte schuldrechtliche Anspruch führt nicht zu einer Vorzugsstellung in Form eines Aus- oder Absonderungsrechts.

BGH ZIP 1984, 1118, 1119 f;
BGH ZIP 1986, 720, 722 f;
dazu EWiR 1986, 603 (*Reimer*);
Hadding, in: Schimansky/Bunte/Lwowski, Bd. I, § 36 Rz. 15 ff.

236 Wirklichen Schutz bietet nur das von der Mitwirkung des Unternehmers/Verwalters abhängige so genannte Und-Konto, da eine Einzelzwangsvollstreckung in dieses Konto einen Titel gegen beide Kontomitinhaber voraussetzt und ein späterer Verwalter über das Bestellervermögen den Betrag nicht einseitig zu seiner Masse ziehen kann. Außerdem kann ein Recht auf abgesonderte Befriedigung gemäß § 50 InsO durch eine Verpfändung der Guthabensforderung und Anzeige an die Bank (§ 1280 BGB) begründet werden

Amelung, BauR 1999, 801, 803 f.

237 **Praxistipp:**

Die Probleme wurzeln in der auch in der VOB/B 2002 unverändert unzureichenden Formulierung von § 17 Nr. 5 Satz 1 VOB/B. Diese Regelung sollte daher neu gefasst werden dahin, dass der Einbehalt auf ein gemeinsames Und-Konto einzuzahlen ist, wobei – wie bisher – vorab der Besteller den Betrag spätestens auf Nachfristsetzung hin bei der Bank mit Sperrvermerk gemäß § 328 Abs. 1 BGB einzuzahlen, auf das angestrebte Und-Konto hinzuweisen und zu veranlassen hat, dass die Bank hierüber den Unternehmer unterrichtet. Dieser sollte sodann ausdrücklich dazu verpflichtet sein, binnen einer angemessenen Frist seinen Teil zur förmlichen Einrichtung eines Und-Kontos beizutragen. Angemessene Sanktion für den Fall, dass der Unternehmer diese in seinem Interesse liegende Mitwirkung unterlässt, könnte sein, dass die für ihn günstige Rechtsfolge des § 17 Nr. 6 Abs. 3 Satz 2 VOB/B nicht eintritt.

Solange die VOB/B nicht in dieser Weise geändert ist, sollten die Bauvertragsparteien § 17 Nr. 5 VOB/B entsprechend modifizieren. Im Übrigen sollten Unternehmer/Verwalter an der wirksamen Einrichtung von Und-Konten mitwirken, um eine insolvenzfeste Sicherung zu erlangen. Einen Anspruch darauf, dass der Besteller ein Und-Konto statt eines einfachen, nicht insolvenzfesten Sperrkontos einrichtet, haben sie allerdings wegen des eindeutigen Wortlauts des § 17 Nr. 5 Satz 1 VOB/B nicht (a. A. wohl LG Leipzig BauR 2001, 1920).

238 Auf dem Sperrkonto auflaufende Zinsen stehen dem Verwalter zu (§ 17 Nr. 5 Satz 2 VOB/B). Ohne Einzahlung auf das Sperrkonto ist diese Regelung dagegen nicht anwendbar, so dass im Extremfall der Besteller bis zur Auszahlung vom Zinsvorteil profitiert – ein weiteres Argument, die Einzahlung auf ein Sperrkonto zu verlangen.

239 All diese Probleme werden vermieden, wenn Verwalter und Besteller sich auf einen Vergleich einigen, bei dem ein Teilbetrag des Sicherheitseinbehalts (meistens die Hälfte) sofort und endgültig ausbezahlt wird, der verbleibende Rest dagegen endgültig beim Besteller zur beliebigen Verwendung verbleibt, unabhängig davon, ob später Mängel auftreten oder nicht.

ee) Architektenkosten im Hinblick auf die Restfertigstellung

240 Dieser Problemkreis ist ersichtlich in der Literatur noch nicht abschließend durchdrungen, so dass lediglich folgende Faustregeln festgehalten werden können:

Wird ein Architekt erstmals nach Vertragsumgestaltung vom Besteller ein- **241** geschaltet, um die Restfertigstellung des Bauvorhabens zu organisieren, so sind die nach den Vorschriften der HOAI zu berechnenden Kosten des Architekten eine im Abrechnungsverhältnis berücksichtigungsfähige Position, genauso dann, wenn ursprünglich vom Schuldner zu erbringende Planungs- und Überwachungsleistungen entfallen und stattdessen ein Architekt tätig wird; dessen Kosten fallen dann allerdings streng genommen unter die Kategorie „Restfertigstellungsmehrkosten".

Hat dagegen der Besteller von Anfang an einen Architekten insbesondere **242** mit einer Leistung , die gemäß § 15 Abs. 1 Nr. 5–8 HOAI zu honorieren ist, beauftragt, so gehören zu den Pflichten des Architekten auch Vorbereitungs- und Überwachungsmaßnahmen bei einer notwendigen Mängelbeseitigung.

> BGH NJW 1973, 1457, 1457 r. Sp./1458 l. Sp.;
> LG München I, Urt. v. 29. 1. 1999
> – 5 O 13046/98 (unveröff.).

Entsprechend wird man auch die Vorbereitung und Überwachung von **243** Restfertigstellungsarbeiten jedenfalls teilweise zum ursprünglichen Pflichtenkreis des Architekten rechnen können, nämlich soweit es um die Bewertung der vom Schuldner erbrachten Leistungen geht. Sind Restleistungen erneut auszuschreiben oder wirkt der Architekt bei der Suche nach einem Zweitunternehmer für die Restfertigstellung mit, erbringt er wiederholende Grundleistungen und kann ein anteiliges Honorar aus den Leistungsphasen 6 und 7 des § 15 HOAI gegenüber dem Besteller beanspruchen. Der Besteller kann diesen insolvenzbedingten Mehraufwand gegenüber dem Verwalter ins Abrechnungsverhältnis einstellen.

> *Neuenfeld*, IBR 2000, 99 f.

Im Übrigen können sich zusätzliche – im Abrechnungsverhältnis berück- **244** sichtigungsfähige – Honoraransprüche des Architekten ergeben, wenn er mit dem Besteller Vereinbarungen gemäß § 4a Satz 3 HOAI im Architektenvertrag getroffen hat,

> *Preussner*, IBR 1999, 171,

oder wenn infolge der Insolvenz der Bau mehr kostet, damit die anrechenbaren Kosten (§ 10 Abs. 2 HOAI) steigen und sich dies kausal auf das Architektenhonorar auswirkt.

> *Neuenfeld*, IBR 2000, 99.

IV. Zulässigkeit und Grenzen der Aufrechnung (§§ 94 ff InsO)

Während einzelne Rechnungsposten sich im Abrechnungsverhältnis von **245** selbst **verrechnen** und hierfür lediglich von der jeweils begünstigten Seite substantiiert dargelegt werden müssen, geht es bei der nunmehr zu erläuternden Aufrechnung um Gegenforderungen aus anderen Verträgen, die der Forderung der anderen Partei nach den allgemeinen Regeln der §§ 387 ff BGB unter Beachtung der Spezialregelungen der Insolvenzordnung (§ 94–96) entgegensetzt werden. Relevant sind im Wesentlichen drei Fallgruppen, an deren Behandlung eine kritische Bewertung der insolvenzrechtlichen Aufrechnungsverbote anschließt.

1. Aufrechnung des Bestellers mit einer Gegenforderung aus einem anderen Rechtsverhältnis gegen einen dem Verwalter im Abrechnungsverhältnis zustehenden Saldo

246 Beispiel:

Eröffnung des Insolvenzverfahrens am 1. Juli 2003. Nach Bestellerkündigung gemäß § 8 Nr. 2 Abs. 1 VOB/B im Mai 2003 legt der Verwalter Schlussrechnung am 1. August 2003, die mangels früherer Prüfung durch den Besteller erst am 1. Oktober 2003 nach den Regeln der vom Unternehmer gestellten VOB/B (§ 16 Nr. 3 Abs. 1 Satz 1) fällig wird. Auch nach Verrechnung mit den dem Besteller zustehenden Rechnungsposten verbleibt zu Gunsten des Verwalters ein Saldo von 50.000 €.

Hiergegen rechnet der Besteller mit einem nicht verjährten Anspruch wegen der Nicht-Beseitigung eines Mangels auf. Die Beseitigungskosten belaufen sich auf 50.000 €. Der Vertrag, aus dem dieser Anspruch abgeleitet wird, stammt aus dem Jahre 1999 mit Abnahme 2000.

Variante 1: Der Besteller erkennt den Mangel am 1. Juni 2003 und setzt – gegenüber dem Schuldner – Frist zur Beseitigung bis 15. Juni 2003, die fruchtlos abläuft.

Variante 2: Wegen des am 1. Juli 2003 erkannten Mangels setzt der Besteller dem Verwalter eine am 15. Juli 2003 fruchtlos ablaufende Beseitigungsfrist.

Variante 3: Der Mangel wird erst am 28. September 2003 erkannt. Die am selben Tage gegenüber dem Verwalter erfolgte Fristsetzung zur Nacherfüllung läuft ergebnislos am 12. Oktober 2003 ab.

Variante 4: Der am 1. Oktober 2003 (oder noch später) erkannte Mangel wird wiederum vom Besteller zum Anlass genommen, dem Verwalter eine fruchtlos ablaufende Zwei-Wochen-Frist zur Beseitigung zu setzen.

Variante 5: Die Forderung des Unternehmers/Schuldners ist bereits am 14. April 2003 fällig geworden. Am 15. April 2003 setzt der Besteller dem Unternehmer eine fruchtlos am 29. April 2003 ablaufende Frist zur Nacherfüllung.

Nach Klageeinreichung durch den Verwalter über 50.000 € am 15. November 2003 verteidigt sich der Besteller einzig und allein mit der bereits vorprozessual zur Aufrechnung gestellten Gegenforderung wegen des nicht beseitigten Mangels.

247 In der Variante 1 ist die Klage abzuweisen. Da die Frist zur Nachbesserung am 15. Juni 2003 fruchtlos abgelaufen ist, ist aus dem ursprünglich auf Nacherfüllung in natura gerichteten Anspruch ein auf Geldzahlung gerichteter Anspruch des Bestellers entstanden, nämlich (wahlweise) auf Erstattung von Selbstvornahmekosten, auf Zahlung eines Vorschusses und – bei Vorliegen der dortigen weiteren Voraussetzungen – auf Schadensersatz.

Selbst wenn man sich über § 16 Nr. 3 Abs. 1 Satz 1 VOB/B hinwegsetzen und den Saldo zu Gunsten des Verwalters bereits mit Verfahrenseröffnung am 1. Juli 2003 als fällig ansehen möchte, war zu diesem Zeitpunkt der auf eine gleichartige Leistung (Geldzahlung) gerichtete Gegenanspruch des Bestellers ebenfalls fällig. Die Aufrechnung ist also gemäß §§ 94, 95 Abs. 1 Satz 1 InsO möglich; § 95 Abs. 1 Satz 3 InsO steht nicht entgegen. Genauso wenig greift das Aufrechnungsverbot des § 96 Abs. 1 Nr. 1 InsO ein: Zwar ist der Besteller „Insolvenzgläubiger" im Sinne dieser Vorschrift, da seine Forderung wegen des nicht beseitigten Mangels aus einem weit vor Verfahrenseröffnung geschlossenen und abgewickelten Vertrag herrührt und ohne die Aufrechnungsmöglichkeit als Insolvenzforderung zur Tabelle angemeldet werden müsste. Der Besteller ist jedoch nicht etwas zur Insolvenzmasse nach der Eröffnung des Insolvenzverfahrens schuldig geworden, da der Begriff „schuldig geworden" nicht auf die Fälligkeit abstellt, sondern auf das Entstehen der Forderung (durch Vertragsschluss, wobei eine teilweise Erfüllungswahl nach §§ 103, 105 Satz 1 InsO einem Vertragsschluss nach Verfahrenseröffnung gleichsteht, und tatsächliche Erbringung der vergütungspflichtigen Gegenleistung des Unternehmers/ Schuldners): Die Leistungserbringung durch den Schuldner, aus der im Abrechnungsverhältnis ein Saldo von 50.000 € zu Gunsten des Verwalters verbleibt, ist im Stadium vor Verfahrenseröffnung erfolgt.

Auch in der Variante 2 kommt es zur Klageabweisung. Mit Ablauf des **248** 15. Juli 2003 hatte der Besteller einen auf Geldzahlung gerichteten, fälligen Anspruch. § 95 Abs. 1 Satz 3 InsO steht nicht entgegen: Damit diese Vorschrift zu Gunsten des Verwalters eingriffe, müsste dessen Forderung im Abrechnungsverhältnis fällig geworden sein, bevor die Aufrechnung durch den Besteller erfolgen konnte, also vor der Umwandlung von dessen auf Nacherfüllung gerichtetem Anspruch in einen Zahlungsanspruch. Hier kommt es nun auf die Fälligkeitserfordernisse im privaten Baurecht unter (wirksamer) Einbeziehung der VOB/B an. Zwar ist schwerlich vorstellbar, dass der Gesetzgeber bei der Formulierung von § 95 Abs. 1 Satz 1, Satz 3 InsO die wesentlichen Abweichungen beim VOB/B-Vertrag gegenüber dem BGB-Werkvertrag vor Augen hatte. Diese liegen in vorliegendem Zusammenhang darin, dass der Werklohn nicht bereits mit Abnahme fällig wird (§ 641 Abs. 1 Satz 1, Abs. 4 BGB), sondern nach ordnungsgemäßer Fertigstellung des Werks und auch nach vorzeitiger Vertragsbeendigung erst mit prüffähiger Schlussrechnung und Ablauf der Zwei-Monats-Frist bzw. vorheriger Rechnungsprüfung durch den Besteller (vgl. Rz. 137, 139 f). Eine teleologische Reduktion entgegen dem eindeutigen Wortlaut von § 95 Abs. 1 Satz 3 InsO ist nicht zulässig, so dass derartige spezielle Fälligkeitsregelungen beachtlich sind. Mithin ist der Saldo zu Gunsten des Verwalters erst am 1. Oktober 2003, also deutlich später als die Gegenforderung des Bestellers, fällig geworden, so dass die Aufrechnung des Bestellers durchgreift. § 95 Abs. 1 Satz 3 InsO ist nicht anwendbar.

249

> **Praxistipp:**
>
> Dieses unbefriedigende Ergebnis kann der Verwalter dadurch teilweise abwenden, dass er sich auf bereits vor der Kündigung im Mai 2003 vom Schuldner gestellte, mithin vor Verfahrenseröffnung fällig gewordene (vgl. § 16 Nr. 1 Abs. 3 VOB/B) und noch nicht bezahlte Abschlagsrechnungen bezieht, sofern diese jedenfalls teilweise die in der Schlussrechnung endgültig zusammengefassten Leistungen enthalten. Auch wenn der Verwalter nach Schlussrechnungsreife nicht mehr isoliert aus diesen Abschlagsrechnungen klagen kann (Rz. 31), kann er sich im Rahmen des § 95 InsO auf die frühere Fälligkeit der **darin enthaltenen** Beträge berufen. Die Beweislast für diese inhaltliche Kongruenz liegt beim Verwalter.

250 In der Variante 3 obsiegt der Verwalter mit der Folge, dass der Besteller in voller Höhe bezahlen muss und seine Gegenforderung lediglich zur Insolvenztabelle anmelden kann (§ 95 Abs. 1 Satz 3 InsO). Dies liegt daran, dass erst mit Ablauf des 12. Oktober 2003 ein auf Geldzahlung gerichteter Anspruch entstanden ist, also nach der Fälligkeit des dem Verwalter zustehenden Saldos. Auf § 45 Satz 1 InsO, der vorsieht, dass nicht auf Geld gerichtete Forderungen mit Verfahrenseröffnung umzurechnen sind, kann sich der Besteller nicht berufen, da die Geltung dieser Norm in § 95 Abs. 1 Satz 2 InsO ausdrücklich ausgeschlossen ist.

251 Aus dem gleichen Grund obsiegt in der Variante 4 der Verwalter, weil bei Fälligkeit seiner Forderung aus dem Saldo der Mangel gerade erst bekannt wird, aber sich noch nicht in einen Geldzahlungsanspruch umgewandelt hat und die automatische Umwandlung gemäß § 45 Satz 1 InsO ausscheidet.

252 In der Variante 5 dagegen kommt es wieder zur Klageabweisung. Zwar war die Forderung des Schuldners fällig, bevor eine auf Geldzahlung gerichtete Gegenforderung des Bestellers entstand. Darauf kommt es aber nicht an, weil § 95 Abs. 1 InsO nur den „Wettlauf" im Stadium nach Verfahrenseröffnung behandelt und auf den davor liegenden Zeitraum auch nicht analog anwendbar ist (siehe Rz. 98).

253 **Fortführung des Beispiels:**

> Der Besteller hat unmittelbar nach Insolvenzantragstellung mit am 15. Mai 2003 zugegangener Erklärung das Vertragsverhältnis mit dem Schuldner gekündigt. Dieser hat die Schlussrechnung noch am 20. Mai 2003 erstellt; der Besteller gibt sie nach Prüfung am 30. Juni 2003 zurück. Auch hier ergibt sich letztlich im Abrechnungsverhältnis wieder ein Saldo zu Gunsten des Verwalters von 50.000 €.

254 In den Varianten 1 und 5 greift wiederum die Aufrechnung durch. In der Variante 2 dagegen unterliegt der Besteller im Prozess, da die Forderung des Verwalters bei Verfahrenseröffnung fällig war, seine dagegen erst mit Ablauf des 15. Juli 2001 (§ 95 Abs. 1 Satz 3 InsO). Das Gleiche gilt in den Varianten 3 und 4.

2. Aufrechnung des Bestellers mit einem ihm im Abrechnungsverhältnis zustehenden Saldo gegen Forderungen des Verwalters aus anderen Vertragsverhältnissen

Beispiel:

Schuldner stellt Insolvenzantrag am 15. Mai 2003, wovon der Besteller sofort erfährt, Verfahrenseröffnung ist am 1. Juli 2003. Der Saldo aus dem gemäß § 8 Nr. 2 Abs. 1 VOB/B am 20. Mai 2003 gekündigten/durch am 20. Juli 2003 erklärte Schadensersatzwahl des Bestellers umgestalteten Vertragsverhältnis beläuft sich auf 50.000 € zu Gunsten des Bestellers.

Variante 6: Der Verwalter hat eine Forderung aus einem im Februar 2003 abgenommenen, verspätet schlussgerechneten Vertrag in Höhe von ebenfalls 50.000 €. Fälligkeit der Forderung ist am 30. Juni 2003 eingetreten.

Variante 7: Die Forderung des Verwalters resultiert aus kleineren Arbeiten, die der Besteller ungeachtet des Insolvenzantrags und der Beendigung des größeren Vertragsverhältnisses noch im Zeitraum 15. Mai bis 30. Juni 2003 (also zwischen Antragstellung und Eröffnung) neu vergeben hat. (Alternative: Die kleineren Aufträge wurden im letzten Monat vor Antragstellung – also ab Mitte April 2003 – vergeben und ausgeführt.)

Variante 8: Der Besteller nimmt nach Verfahrenseröffnung vom 15. Juli bis 15. September 2003 vom Verwalter weitere Bauleistungen für ein anderes Projekt im Wert von 50.000 € entgegen.

Gegen die jeweils vom Verwalter geltend gemachte Forderung rechnet der Besteller mit dem zu seinen Gunsten ermittelten Saldo auf.

In der Variante 6 ist zu differenzieren. In der Untervariante, dass der Besteller gemäß § 8 Nr. 2 Abs. 1 VOB/B kündigt, ist die Aufrechnung grundsätzlich zulässig: Die Forderung des Bestellers aus dem durch die Kündigung herbeigeführten Abrechnungsverhältnis ist, mag sie auch noch nicht abschließend bezifferbar sein, ebenso als auf Geldzahlung gerichteter Anspruch zum Zeitpunkt der Verfahrenseröffnung fällig wie die Gegenforderung des Schuldners (siehe Rz. 98).

Eine Einschränkung ist aber wegen Mängelansprüchen zu machen, die erst in einen Geldzahlungsanspruch transformiert werden müssen (wenn nicht der Besteller bereits vor Verfahrenseröffnung dem Schuldner eine bis Verfahrenseröffnung abgelaufene Nacherfüllungsfrist gesetzt hat). Jedoch hat diese Einschränkung im Regelfall begrenzte Relevanz, da nach dem Rechtsgedanken des § 366 Abs. 2 Alt. 2 BGB diese mängelbedingten Ansprüche im durch Kündigung begründeten, durch die analoge Anwendung von § 103 InsO (siehe Rz. 74) nach Schadensersatzwahl des Bestellers auch wegen Mängeln weiter umgewandelten Abrechnungsverhältnis primär mit dem zu Gunsten des Verwalters einzustellenden Vergütungsanspruch zu verrechnen sind. Für die Aufrechnung gegen Forderungen des Verwalters aus anderen Verträgen verbleiben mithin die unproblematisch von Anfang an auf Geldzahlung gerichteten sonstigen Rechnungsposten des Abrechnungsverhältnisses.

255

256

257

Anders ist es in Fällen wie in der folgenden

258 Fortführung des Beispiels:

Ausgangsdaten wie oben (Rz. 255)
Der Saldo zu Gunsten des Bestellers setzt sich wie folgt zusammen: Überzahlung in Höhe von 10.000 €; Restfertigstellungsmehrkosten in Höhe von 25.000 € und Kosten der Beseitigung von erstmals nach Verfahrenseröffnung erkannten Mängeln in Höhe von 15.000 €.

259 In dieser Konstellation steht wegen der Überzahlung im Abrechnungsverhältnis kein Rechnungsposten des Verwalters zur Verfügung, gegen den primär die Mängelbeseitigungskosten als Schadensersatz verrechnet werden könnten. Deshalb kann der Besteller gegen die Forderung des Verwalters nur in Höhe von 35.000 € (Überzahlung und Restfertigstellungsmehrkosten) aufrechnen, mit den Mängelbeseitigungskosten dagegen nicht, weil zum Zeitpunkt der Verfahrenseröffnung noch keine von ihm gesetzte Nachbesserungsfrist abgelaufen war (§ 95 Abs. 1 Satz 3 InsO).

260 In der zweiten Untervariante – Schadensersatzwahl des Bestellers gemäß § 103 InsO – scheidet dagegen wegen § 95 Abs. 1 Satz 3 InsO insgesamt eine erfolgreiche Aufrechnung des Bestellers aus.

> I. E. ebenso *Häsemeyer*, in: Kölner Schrift, S. 645, 653;
> a. A. Voraufl., Rz. 207 (unter Zugrundelegung der
> damals noch vom BGH vertretenen Erlöschenstheorie).

Zwangsläufige Folge der neuen Suspensivtheorie des Bundesgerichtshofs ist es nämlich, dass erst nach Verfahrenseröffnung der Besteller den Verwalter zur Erfüllungswahl auffordern und seinen Schadensersatzanspruch nur geltend machen kann, wenn der Verwalter nicht die Vertragserfüllung wählt, also **immer** erst nach Verfahrenseröffnung.

261

> **Praxistipp:**
>
> Dieses einigermaßen befremdliche Ergebnis führt zu der ebenso befremdlichen, mit den Sanierungszielen der Insolvenzordnung nicht zu vereinbarenden Empfehlung an Besteller, im Zweifel nicht die Verfahrenseröffnung und die Entscheidung des Verwalters über die Erfüllungswahl abzuwarten, sondern möglichst bald nach Insolvenzantragstellung den Bauvertrag gemäß § 8 Nr. 2 Abs. 1 VOB/B zu kündigen, sodann sofort intensiv das Teilwerk auf Mängel zu untersuchen und wegen entdeckter Mängel noch dem Unternehmer selbst Fristen zur Beseitigung zu setzen. Nur dann scheint sichergestellt, dass § 95 Abs. 1 InsO sich nicht zu Lasten des Bestellers auswirkt.

262 In der Variante 7 kann dahinstehen, wann exakt die Forderung des Verwalters fällig geworden ist. Mögen auch §§ 94, 95 Abs. 1 Satz 1 InsO scheinbar die Aufrechnung zu Gunsten des Bestellers zulassen, der gemäß § 8 Nr. 2 Abs. 1 VOB/B gekündigt hat, so greift zu Gunsten des Verwalters das Aufrechnungsverbot des § 96 Abs. 1 Nr. 3 i. V. m. § 131 Abs. 1 Nr. 1 InsO ein. Die Möglichkeit, seine an sich zur Insolvenztabelle anzumeldenden Ansprüche aus dem Abrechnungsverhältnis durch eine Aufrechnung wirtschaftlich zu 100 % zu befriedigen, hat der Besteller dadurch erlangt, dass er in Kenntnis des Insolvenzantrags aufgrund neuen Vertragsschlusses weitere Leistungen des Schuldners beauftragt und entgegengenommen hat, die dem Wert seiner Forderung aus dem Abrechnungsverhältnis entsprechen. Darin liegt eine inkongruente Deckung im Sinne des Insolvenzanfechtungsrechts, da der Besteller keinen Anspruch darauf hatte, mit dem Schuldner neue (kleinere) Verträge abzuschließen.

> BGH ZIP 2001, 885, 888 l. Sp.;
> dazu EWiR 2001, 883 (*Wagner*);
> OLG Hamm WM 2003, 2115;
> BGH ZIP 2001, 2055, 2056 f;
> dazu EWiR 2002, 107 (*Rigol*)
> (die Frage, ob eine kongruente oder inkongruente
> Deckung vorliegt, wurde in dieser zur GesO ergan-
> genen Entscheidung offen gelassen);
> zum ganzen auch *Kreft*, in: Berger u.a., S. 8 ff.

Allerdings spielt es für Variante 7 in ihrer Ausgangsgestaltung letztlich   263
keine Rolle, dass der für den Verwalter günstigere Tatbestand des § 131
Abs. 1 Nr. 1 InsO erfüllt ist, da wegen der Kenntnis des Bestellers von der
Antragstellung auch § 130 Abs. 1 Nr. 2 InsO erfüllt ist.

Relevant wird dagegen der Unterschied für den Zeitraum, der Gegenstand   264
der Alternative zu Variante 7 ist: Anders als für § 130 Abs. 1 Nr. 1, Abs. 2
InsO ist es bei inkongruenter Deckung gemäß § 131 Abs. 1 Nr. 1, Nr. 2
InsO nicht erforderlich, zu subjektiven Umständen beim Besteller vorzutragen. Deshalb greift zu Gunsten des Verwalters § 96 Abs. 1 Nr. 3 i. V. m.
§ 131 Abs. 1 Nr. 1 InsO ein, mag auch dies – wie das OLG Hamm,

> OLG Hamm WM 2003, 2115,

zutreffend formuliert – für den Besteller „eine überraschende Belastung
darstellen".

Um das Bild abzurunden, sei nun behandelt eine

weitere Abwandlung der Variante 7:   265

Die vom Schuldner im letzten Monat vor Antragstellung zur Erfüllung des
ursprünglichen Vertrags erbrachten Leistungen lassen sich – nachträglich –
abgrenzen, sind für sich betrachtet mangel- und auch sonst einwendungsfrei
und repräsentieren nach den Vertragsgrundlagen einen Wert von 50.000 €.
Alternativ soll das für die nach Antragstellung bis Ende Juni (Zeitpunkt, zu
dem der Besteller kündigt) noch erbrachten Leistungen gelten.

Diese Leistungen wurden aufgrund des wesentlich früher geschlossenen   266
Vertrags, aus dem sich der schuldrechtliche Anspruch des Bestellers auf sie
ergab, erbracht. Diese kongruente Deckung,

> BGH ZIP 2001, 885, 888 l. Sp.,

ist daher, soweit vor Antragstellung erbracht, nur anfechtbar gemäß § 130
Abs. 1 Nr. 1 InsO, wenn der Besteller die Zahlungsunfähigkeit des Schuldners kannte oder kennen musste.

267 Anders verhält es sich dagegen für die Leistungserbringung im Zeitraum nach Antragstellung: Da der Besteller den Antrag kannte, ist § 130 Abs. 1 Nr. 2 InsO erfüllt. Der Besteller kann wegen § 96 Abs. 1 Nr. 3 InsO nicht früher begründete Positionen aus dem Abrechungsverhältnis (z. B. Ansprüche wegen davor angelegter, nicht beseitigter Mängel) mit diesen zuletzt „aufgefüllten",

> so prägnant *Kreft*, in: Berger u. a., S. 10,

50.000 € verrechnen, sondern allenfalls die Restfertigstellungsmehrkosten, die entstehen, weil ungeachtet dieser weiteren Leistungen es doch noch zu einem vorzeitigen Vertragsende gekommen ist.

268 Dass die Abgrenzung schwierig und **vielfach unmöglich** sein wird, ist nicht zu leugnen; dies schlägt zu Lasten des Verwalters aus, der bei Beweisproblemen die vom Besteller erklärte Aufrechnung hinnehmen muss. Gleichwohl sind vorstehende Überlegungen kein Glasperlenspiel, sondern haben ähnliche Konstellationen, in denen sich aber die einzelnen Zeiträume klar voneinander abgrenzen ließen, den Bundesgerichtshof zuletzt wiederholt beschäftigt:

269 Die im Rahmen einer Bau-ARGE vom Schuldner im Zeitraum zwischen Antragstellung und Verfahrenseröffnung erbrachten Personal- und Gerätebeistellungen, für die sich nach den gesellschaftsvertraglichen Abreden eine Vergütung problemlos abgrenzen ließ, unterwarf der IX. Senat unzutreffend der vom verbliebenen ARGE-Partner erklärten Aufrechnung mit Verlustausgleichsansprüchen, so dass die auch auf Anfechtungsrecht gestützte Klage des Verwalters erfolglos blieb.

> BGH ZIP 2000, 757;
> dazu EWiR 2000, 741 (*Gerhardt*);
> anders als Vorinstanz
> OLG München BB 1998, 2281, 2282 l. Sp.;
> ebenso anders *Spliedt*, DZWIR 2000, 418, 424 f.

270 Dagegen hat zutreffend der VII. Senat die Aufrechnung eines Bestellers, der den Vertrag gemäß § 8 Nr. 2 Abs. 1 VOB/B kündigte und anschließend im Zeitraum nach Antragstellung und vor Verfahrenseröffnung die Baucontainer des Schuldners gemäß § 8 Nr. 3 Abs. 3 VOB/B nutzte, gegen den daraus resultierenden Vergütungsanspruch aufgrund der Anfechtung des Verwalters für unbeachtlich erklärt, da der Besteller mit einfachen Insolvenzforderungen (seinem Schadensersatzanspruch wegen der Restfertigstellungsmehrkosten) aufrechnete (§ 96 Abs. 1 Nr. 3 i. V. m. § 130 Abs. 1 Nr. 2 InsO).

> BGH ZIP 2000, 2207, 2209 f.

271 Knappe Andeutungen des IX. Senats in neueren Urteilen lassen den Schluss zu, dass er sich dieser Betrachtungsweise – auch für die von ihm im Jahre 2000 noch abweichend beurteilte gesellschaftsrechtliche Fallgestaltung – anschließen wird.

BGH ZIP 2001, 885, 888 l. Sp.;
BGH ZIP 2001, 1380, 1382 r. Sp.;
dazu EWiR 2001, 1107 (*Tintelnot*);
vgl. auch *Fischer*, NZI 2001, 281, 283 r. Sp.

Auch in Variante 8 geht die Aufrechnungserklärung des Bestellers ins 272
Leere, da das Aufrechnungsverbot des § 96 Abs. 1 Nr. 1 InsO entgegensteht: Während der Besteller mit seiner Forderung aus dem Abrechnungsverhältnis „Insolvenzgläubiger" ist (da diese Forderung in einem vor Verfahrenseröffnung geschlossenen, vom Verwalter nicht fortgeführten Vertrag wurzelt), ist er mit der Entgegennahme von Leistungen nach Verfahrenseröffnung etwas zur Insolvenzmasse schuldig geworden. Abgesehen davon, dass sich dieses Ergebnis aus dem Wortlaut von § 96 Abs. 1 Nr. 1 InsO ableiten lässt, entspricht es der neueren Rechtsprechung des Bundesgerichtshofs, wonach Leistungen, die der Verwalter aus der Masse erbringt, auch der Masse zu vergüten sind und nicht etwa durch Aufrechnung mit vorinsolvenzlichen Gegenansprüchen entwertet werden dürfen, und ist es interessengerecht.

BGH ZIP 1995, 926, 927 l. Sp.;
BGH ZIP 2001, 1380, 1381.

3. Aufrechnung des Bestellers mit sonstigen Forderungen gegen Forderungen des Verwalters

Beispiel: 273

Eine Forderung des Schuldners aus einer geprüften Schlussrechnung ist seit 1. April 2003 fällig; der Besteller hat bisher nicht bezahlt und rechnet im am 1. Juli 2003 eröffneten Verfahren gegenüber dem Verwalter mit einer Forderung in gleicher Höhe wegen Mängelbeseitigungskosten auf (vgl. Varianten 1–5 des Beispiels Rz. 246).

Nur in den Varianten 1 und 5 hat die Aufrechnung Erfolg gemäß §§ 94, 95 274
Abs. 1 Satz 1 InsO. Dagegen scheitert in den Varianten 2–4 die Aufrechnung bereits daran, dass die Forderung des Verwalters zum Zeitpunkt der Verfahrenseröffnung schon fällig war, die Gegenforderung des Bestellers dagegen erst mit fruchtlosem Fristablauf – und folglich später – in einen Geldzahlungsanspruch umgewandelt wurde (§ 95 Abs. 1 Satz 3 InsO).

Ähnliche Probleme stellen sich für den Vertragspartner des Schuldners, der 275
sich mit dem Argument verteidigt, er habe einen Gegenanspruch aufgrund einer von ihm zu Gunsten des Schuldners übernommenen Bürgschaft bzw. ihm gesetzlich auferlegten Bürgenhaftung (letztere ergibt sich gerade im Baubereich häufig aus § 1a Satz 1 AEntG oder aus § 28e Abs. 2 Satz 1 SGB IV). Damit ein zur Aufrechnung geeigneter Gegenanspruch besteht, muss der Vertragspartner vor Verfahrenseröffnung an den durch die Bürgenhaftung Begünstigten gezahlt und dadurch seinen eigenen Zahlungsanspruch gegen den Schuldner (Anspruchsgrundlagen: entweder §§ 675, 670

BGB oder § 774 Abs. 1 Satz 1 BGB in Verbindung mit der Hauptforderung) begründet haben.

Zahlt der Vertragspartner erst nach Verfahrenseröffnung auf die Bürgschaft und ist die Forderung des Schuldners/Verwalters schon davor fällig geworden, scheitert die Aufrechnung wiederum an § 95 Abs. 1 Satz 3 InsO.

> LG Bochum ZInsO 2002, 334, 335 l. Sp. (n. rkr.);
> OLG Zweibrücken ZInsO 2003, 36, 38 l. Sp.

276 Die oben (Rz. 101) befürwortete teleologische Reduktion des § 95 Abs. 1 Satz 3 InsO scheidet in dieser Fallgruppe aus, da der (künftige) Zahlungsanspruch des Bürgen nicht im Synallagma mit dem Anspruch des Schuldners stand oder steht.

4. Kritische Bewertung

277 Die Aufrechnungsverbote des § 96 Abs. 1 Nr. 1 und 3 InsO knüpfen an die früheren Aufrechnungsverbote des § 55 KO an und nehmen außerdem die Rechtsprechung des Bundesgerichtshofs zu § 17 KO jedenfalls im Ergebnis – wenn auch wohl unbewusst – auf. Die dadurch erzielten Ergebnisse sind evident einleuchtend und – angesichts des Prinzips der insolvenzrechtlichen Gläubigergleichbehandlung – „gerecht".

278 Ansonsten ist es in §§ 94, 95 InsO bei der Grundentscheidung geblieben, die Selbstexekution der aufrechnungsbefugten Insolvenzgläubiger zu akzeptieren und sie vor anderen Insolvenzgläubigern, die über solche Aufrechnungsmöglichkeiten nicht (mehr) verfügen, zu bevorzugen. Dabei war unter der alten Rechtslage seit jeher ein Ärgernis, dass Insolvenzgläubiger, die in der letzten Phase des schuldnerischen Betriebs fällige Zahlungen verzögerten und dadurch den Niedergang beschleunigten, anschließend dadurch honoriert wurden, dass ihnen wirtschaftlich lukrative und rechtlich leicht zu handhabende Aufrechnungsmöglichkeiten eröffnet wurden. Genau dieser gängigen Praxis versucht nun § 95 Abs. 1 Satz 3 InsO einen Riegel vorzuschieben. Wie jedoch insbesondere die Erörterungen zu Rz. 250, 259 f gezeigt haben, führt die Anwendung dieser Norm i. V. m. dem Ausschluss von § 45 Satz 1 InsO durch § 95 Abs. 1 Satz 2 InsO zu teilweise willkürlichen und vom Zufall abhängigen Ergebnissen. Es ist einem redlichen Besteller schwer einsichtig zu machen, weshalb ihm in den Varianten 3 und 4 allein aufgrund des zeitlichen Verlaufs die Aufrechnung verwehrt sein soll. Noch größer wird das Unverständnis bei dem Besteller in der Fortführung des Beispiels (Rz. 254) sein, der für seine zügige Schlussrechnungsprüfung nachgerade bestraft wird. Umgekehrt wird es ein Verwalter befremdlich finden, dass er aufgrund des klaren Gesetzeswortlauts, der auf die Fälligkeit abstellt, bei VOB/B-Verträgen an die zweimonatige Prüffrist nach Rechnungserstellung gebunden ist und dadurch Rechtsnachteile erleiden kann. In dem deswegen einsetzenden „Wettlauf" kann ein Verwalter versucht sein, relativ oberflächliche Rechnungen zu

versenden, um wenigstens formal die Fälligkeit herbeizuführen in der Hoffnung, inhaltliche Fehler im laufenden Rechtsstreit nachträglich zu reparieren (die Fälligkeit einer Forderung aus einem VOB/B-Vertrag hängt nicht von der materiellen Richtigkeit, sondern von der Prüffähigkeit ab). Außerdem wird zu prüfen sein, ob der Besteller die VOB/B im AGB-rechtlichen Sinn gestellt und dabei in die VOB/B als ganzes eingegriffen hat. Falls ja, verstößt § 16 Nr. 3 Abs. 1 Satz 1 VOB/B bei der dann statthaften isolierten Inhaltskontrolle gegen das gesetzliche Leitbild der §§ 286 Abs. 3, 641 Abs. 1 Satz 1, Abs. 4 BGB und ist unwirksam (§ 307 Abs. 2 Nr. 1 BGB).

> MünchKomm-*Thode*, BGB, 4. Aufl. 2001, § 284 Rz. 84;
> *Peters*, NZBau 2002, 305, 307 f.

Durch sein Bemühen, dem zögerlichen Zahlungsverhalten von einzelnen **279** Insolvenzgläubigern einen Riegel vorzuschieben, hat der Gesetzgeber mit § 95 Abs. 1 Satz 3 InsO einen Fremdkörper in die insolvenzrechtlichen Aufrechnungsverbote inkorporiert und bestraft seriöses Abrechnungsverhalten von Verwaltern und zügige Prüfungen durch Besteller. Das entscheidende, kaum bewältigbare Problem liegt darin, dass im Bau- und Architektenrecht die Fälligkeit von Unternehmerforderungen meist sich nicht (allein) nach dem objektiven Maßstab des BGB bestimmt, sondern eben nach teilweise subjektiven Erfordernissen wie Rechnungslegung und -zugang, Rechnungsprüfung bzw. Ablauf bestimmter Fristen. Ebenso hängt die Fälligkeit von auf Geldzahlung gerichteten Ansprüchen des Bestellers wegen Mängeln davon ab, dass der Mangel erkannt und Frist zur Beseitigung gesetzt wird. Diese zum Teil von Zufälligkeiten abhängige „Subjektivierung" der Fälligkeit hat meines Erachtens der Gesetzgeber nicht hinreichend bedacht.

Überzeugender und „gerechter" wäre aus meiner Sicht eine durchgehende **280** Orientierung an den Prinzipien, wie sie in neuerer Rechtsprechung des Bundesgerichtshofs wiederholt zum Ausdruck gekommen sind,

> BGH ZIP 1995, 926, 927 f;
> BGH ZIP 2001, 1380, 1381;
> BGH ZIP 2003, 1208, 1211 r. Sp.,

nämlich eine Aufrechnung insoweit zuzulassen, als die Hauptforderung und die Gegenforderung auf vorinsolvenzlichen Leistungen und Ansprüchen beruhen, und dies gemäß § 96 Abs. 1 Nr. 3 InsO dahingehend einzuschränken, dass auf während und in Kenntnis der Krise entgegengenommene Leistungen die geschuldete Vergütung gezahlt werden muss ohne Kürzungsmöglichkeiten durch aus dem Zeitraum davor wurzelnde, zur Aufrechnung gestellte Gegenforderungen.

> Zu diesen Grundprinzipien auch
> *Fischer*, NZI 2002, 281, 285.

V. Erfüllungswahl des Verwalters

1. Anforderungen an die Erfüllungswahl durch den Verwalter

281 Die Erfüllungswahl des Verwalters erfolgt durch eine einseitige, empfangsbedürftige Willenserklärung i. S. v. §§ 130–132 BGB. Diese unterliegt den allgemeinen Regeln und muss dem Partner des zu erfüllenden Vertrags zugehen. Sie kann jedoch auch in einem schlüssigen Verhalten liegen. Für die Auslegung eines solchen Verhaltens ist allgemein maßgebend, welche Bedeutung ihm der Vertragsgegner nach der Verkehrssitte und den Gesamtumständen beimessen musste. Ein Verhalten des Verwalters löst deshalb die Rechtswirkungen der §§ 103, 55 Abs. 1 Nr. 2 InsO nur aus, wenn ihm der Vertragspartner entnehmen konnte und musste, dass der Verwalter die Erfüllung wählen wollte.

> BGH ZIP 1998, 298 r. Sp.;
> dazu EWiR 1998, 321 (*Undritz*).

282 Unproblematisch ist eine Erfüllungswahl zu bejahen, wenn Verwalter und Besteller die weitere Abwicklung des Bauvorhabens schriftlich regeln und daraufhin die Arbeiten fortgesetzt werden.

283 Ausdrückliche Vereinbarungen erfolgen oft als so genannte Restabwicklungsvereinbarungen, in die lediglich einige Elemente des ursprünglichen, ansonsten für nicht mehr relevant erklärten Vertrags übernommen und im Übrigen die Ausführungs- und Zahlungsmodalitäten angemessen angepasst werden. Auf derartige Restabwicklungsvereinbarungen ist § 55 Abs. 1 Nr. 2 InsO nicht anwendbar, sondern es handelt sich um die völlige Neubegründung eines Vertrags mit den Rechtsfolgen des § 55 Abs. 1 Nr. 1 InsO.

284 Schwieriger ist es, wenn derartige ausdrückliche Äußerungen fehlen. Führen vom Verwalter beauftragte Dritte,

> OLG Frankfurt/M. NJW-RR 1988, 1338,

oder Mitarbeiter des Schuldners mit Billigung und Wissen des Verwalters die Arbeiten auf der Baustelle fort, so liegt darin eine Erfüllungswahl des Verwalters. Arbeiten hingegen Dritte oder Mitarbeiter des Schuldners eigenmächtig weiter, etwa in der Erwartung, der Besteller werde sie nun direkt beauftragen und bezahlen, so liegt hierin kein dem Verwalter zurechenbares Verhalten; eine Erfüllungswahl ist also nicht gegeben.

285 Verbreitet wird vertreten, Handlungen zur Forderungsdurchsetzung, sei es direkter, sei es indirekter Art, hätten die Qualität einer Erfüllungswahl.

> OLG Celle EWiR 2000, 641 (n. rkr.);
> *Marotzke*, in: HK-InsO, § 103 Rz. 62.

286 Dem ist nicht zu folgen, gleich ob ein außergerichtliches Mahnschreiben, Mahnbescheide oder Klagen vorliegen, genauso wenig bei der Aufforderung des Verwalters, einen Sicherheitseinbehalt auf ein gemeinsames Sperr-

konto einzubezahlen. Würde man dies anders beurteilen, wäre die Durchsetzung von Forderungen aus dem Abrechnungsverhältnis durch den Verwalter blockiert, da er immer damit rechnen müsste, dass hierin eine Erfüllungswahl erblickt wird.

Dabei ist es unerheblich, ob der Verwalter die ihm zur Kenntnis gebrachte Verteidigung des Bestellers mit angeblichen Mängeln anerkennt und Abzüge von seiner Forderung von selbst vornimmt oder nicht. In letzterem Fall vertritt er eben eine unzutreffende Rechtsauffassung, die spätestens im Prozess zur (teilweisen) Klageabweisung führt, gibt aber mangels besonderer Anhaltspunkte nicht zu erkennen, er wolle zugleich die vom Besteller ins Feld geführten Mängel beseitigen.

> *C. Schmitz*, EWiR 2000, 641, 642;
> OLG Hamm NJW 1977, 768;
> AG Witten ZInsO 2003, 479, 480 l. Sp.

Keine Erfüllungswahl stellen insbesondere standardmäßige Zahlungsauf-   **287**
forderungen dar, die der Verwalter auf Grundlage von in der schuldnerischen Finanzbuchhaltung erfassten „offenen Posten" verschickt, sofern sich aus solchen Schreiben erkennen lässt, dass der Verwalter von bereits vollständiger Vertragserfüllung durch den Schuldner ausgeht und nur noch die hierfür zu erbringende Zahlung des Vertragspartners anmahnen will. Die gegenteilige Auffassung würde gerade in Großinsolvenzen dazu führen, dass die Verfahrensabwicklung unzumutbar erschwert wird.

> OLG Dresden ZIP 2002, 815, 816 f;
> dazu EWiR 2002, 441 (*Tintelnot*).

Eine Erfüllungswahl liegt auch nicht darin, dass der Verwalter sich als An-   **288**
tragsgegner an einem selbständigen Beweisverfahren, welches der Besteller einleitet, aktiv beteiligt und anschließend Kostenanträge gemäß § 494a ZPO stellt. Hierdurch verteidigt sich der Verwalter zunächst gegen aus seiner Sicht unberechtigte Mängelrügen und versucht anschließend, zur Schonung der Masse gesetzlich festgelegte Kostenerstattungsansprüche durchzusetzen.

Allerdings ist nicht ausgeschlossen, dass im Zusammenhang mit der Forde-   **289**
rungsdurchsetzung der Verwalter Erklärungen abgibt, die eine Erfüllungswahl darstellen. Dies ist insbesondere der Fall, wenn während eines Prozesses erstmals vom Besteller Mängelrügen erhoben werden und der Bevollmächtigte des Verwalters in der mündlichen Verhandlung auf Nachfrage des Gerichts erklärt, die Mängel würden beseitigt.

Da § 103 InsO keinen Zeitraum vorgibt, innerhalb dessen der Verwalter   **290**
Erfüllung wählen müsste, kann über längere Zeit Ungewissheit bestehen. Dem kann der Besteller entgegenwirken, indem er den Verwalter zur Ausübung des Wahlrechts auffordert. Der Verwalter hat sich dann unverzüglich (§ 121 Abs. 1 Satz 1 BGB) zu erklären. Lehnt der Verwalter die Erfüllung ab oder erklärt er sich nicht, so verliert er das Recht, auf der Erfüllung zu bestehen (§ 103 Abs. 2 Sätze 2, 3 InsO). Der Auffassung, in analoger

Anwendung von § 107 Abs. 2 InsO müsse der Verwalter seine Erklärung erst unverzüglich nach dem Berichtstermin abgeben,

Kübler/Prütting/Tintelnot, InsO, § 103 Rz. 72,

vermag ich nicht zu folgen, da § 107 Abs. 2 InsO einen speziellen Tatbestand regelt und wegen des abweichenden Wortlauts von § 103 Abs. 2 Satz 2 InsO auf diesen allgemeineren Tatbestand nicht übertragbar ist. Im Ergebnis dürfte dieser Meinungsunterschied aber keine größere Rolle spielen, da auch nach *Tintelnots* Auffassung die Analogie am ehesten dann in Betracht kommt, wenn durch die Verzögerung keine Folgeschäden für den anderen Teil drohen – eine Voraussetzung, die auch nach seiner Auffassung bei fast immer unter Zeitdruck stehenden Bauvorhaben „seltener" zu bejahen ist.

2. Erfüllungswahl bei teilbaren Leistungen (§ 105 Satz 1 InsO)

291 § 105 Satz 1 InsO hatte in der Konkursordnung keine Entsprechung. Allerdings hat der Bundesgerichtshof in seiner Rechtsprechung der neunziger Jahre in zwei Urteilen,

BGH ZIP 1995, 926;
BGH ZIP 1997, 688,

ähnliche Rechtsfolgen bereits aus der Konkursordnung hergeleitet: Für Leistungen, die mit Mitteln der Masse erbracht werden – aber auch nur für diese –, soll auch die Gegenleistung stets der Masse gebühren. Die Aufrechnung mit einer Insolvenzforderung gegen den Anspruch der Masse ist daher nicht möglich.

292 Wendet man diesen Rechtsgedanken auf den Fall an, dass der Vertragspartner vor Verfahrenseröffnung die ihm obliegenden teilbaren Leistungen zum Teil erbracht hat, hat dies zur notwendigen Folge, dass die Masse selbst nach Erfüllungswahl des Verwalters nicht für die entsprechenden Gegenleistungen aufzukommen hat. Sonst müsste sie Aufwendungen für Leistungen erbringen, die lediglich dem Schuldner, nicht aber ihr zugeflossen sind. Gleichwohl erlischt der Anspruch auf die der vorinsolvenzlichen Teilleistung des Vertragspartners entsprechende Gegenleistung mit Verfahrenseröffnung nicht. Er bleibt als Insolvenzforderung bestehen.

293 **Hierzu folgendes – einfaches – Beispiel:**

Der Schuldner bezog aufgrund eines Rahmenvertrags zu Sonderkonditionen in jahrelanger Geschäftsbeziehung notwendige Baustoffe stets vom Lieferanten L. Zuletzt hatte L vor Insolvenzantragstellung noch Baustoffe für 100.000 € geliefert, jedoch hierauf nur 20.000 € bezahlt bekommen. Nach Verfahrenseröffnung bestellt der Verwalter weitere Baustoffe bei L. im Werte von 100.000 €. Letztere Lieferung muss der Verwalter ungeschmälert aus der Masse bezahlen, da diese Lieferung allein der Masse zugute kommt. Für die Zahlungsrückstände des Unternehmers dagegen aus dem Zeitraum vor Antragstellung (80.000 €) muss nicht die Masse aufkommen, der diese

Leistungen nicht zugeflossen sind; es handelt sich um eine Insolvenzforderung, die L. zur Tabelle anzumelden hat.

Die zitierte Rechtsprechung erging einerseits zu Milchlieferungen, die der 294
Vertragspartner des Schuldners vorgenommen hatte („Sachsenmilch"), andererseits zu vom Schuldner zu erbringenden Rohbauarbeiten auf Grundlage eines VOB/B-Bauvertrags.

In letzterem Fall ging der Bundesgerichtshof von der Teilbarkeit der vom 295
Schuldner zu erbringenden Leistungen einerseits auf den Zeitraum vor Eröffnung, andererseits auf den Zeitraum nach Eröffnung und Erfüllungswahl aus. Er zog insbesondere eine Parallele zu den Rechtsfolgen einer Kündigung gemäß § 8 Nr. 2 Abs. 1 VOB/B: Nach Kündigung zerfällt der Bauvertrag in einen erfüllten Teil, für den grundsätzlich die vereinbarte Vergütung zu zahlen ist, und in einen nicht ausgeführten Teil, für den an die Stelle des Erfüllungs- ein Schadensersatzanspruch tritt.

BGH ZIP 1995, 926, 928 l. Sp.

Die Meinungen dazu, ob diese Rechtsprechung auf die Auslegung von 296
§ 105 Satz 1 InsO übertragen werden kann, gingen und gehen teilweise weiterhin auseinander.

Zum Meinungsstand ausführlich Voraufl., Rz. 242 ff.

Nach richtiger Auffassung kann „Teilbarkeit" i. S. v. § 105 Satz 1 InsO be- 297
reits dann bejaht werden, wenn sich die bis zu einem bestimmten Stichtag erbrachten Teilleistungen des Schuldners feststellen und berechnen (also einem entsprechenden Vergütungsanteil zuordnen) lassen. Hierfür spricht weiter, dass die hohen Beurteilungs- und Haftungsrisiken für den Verwalter vermieden werden, die mit den zu § 36 Abs. 2 VglO entwickelten Kriterien verbunden sind.

C. Schmitz, DZWIR 1999, 485, 488;
Thode, ZfIR 2000, 165, 180 f;
Kreft, in: Festschrift Uhlenbruck, S. 387, 396.

Dieser Auffassung hat sich nunmehr der Bundesgerichtshof angeschlossen. 298
Für einen noch nach der Konkursordnung zu beurteilenden Schiffsbauwerkvertrag führt er aus, dass die Leistung des Unternehmers einer unvertretbaren Sache konkursrechtlich nicht erst in der Lieferung geteilt werden kann, die den endlichen Leistungserfolg bewirkt. Die Teilbarkeit besteht grundsätzlich schon in der Zäsur zwischen Herstellung und Lieferung der Sache und im Zuge der Sachherstellung selbst. Das Bauwerk ist in seinem jeweiligen Bauzustand als realer Teil des künftigen Schiffs körperlich vorhanden und hinreichend verselbständigt. Ihm kann ein dem Grad der Fertigstellung entsprechender Teil des Werklohns zugeordnet werden, was bei vereinbarten Einzelpreisen erleichtert, aber nicht erst ermöglicht wird. Der anteilige Werklohn ist nach den Maßstäben zu ermitteln, die gelten würden, wenn der Bauvertrag im Zeitpunkt der Verfahrenseröffnung aus wichtigem Grund gekündigt worden wäre.

BGH ZIP 2001, 1380, 1382
(noch mit abw. Aussagen zur Ermittlung des
anteiligen Werklohns);
zur Beurteilung eines Bauvertrags nach GesO
BGH ZIP 2001, 2055, 2056 f;
BGH ZIP 2002, 1093, 1096 r. Sp.
(auch zur Beweislast);
für die Nutzung von Containern
BGH ZIP 2000, 2207, 2209 r. Sp.;
ebenso für die Abwicklung eines Mietvertrags
BGH ZIP 2001, 1469, 1471 = ZfIR 2001, 728;
dazu EWiR 2002, 395 (*Flitsch/Herbst*).

299 Dagegen deutet der Bundesgerichtshof an, dass die Teilbarkeit ausnahmsweise zu verneinen ist, wenn die Vollendung des Werks von der Person des
konkreten Unternehmers abhängig ist,

BGH ZIP 2001, 1380, 1382 l. Sp.,

was bei Bauverträgen kaum vorstellbar ist.

300 **Praxistipp:**

Der Wortlaut des § 105 Satz 1 InsO legt nahe, dass der Verwalter ausdrücklich erklären muss, nur „wegen der **noch ausstehenden** Leistung" Erfüllung
zu verlangen. Dies wäre jedoch im Hinblick auf die dargestellte BGH-Rechtsprechung ungereimt, die zu § 17 KO stets angemessene Ergebnisse entwickelt hat, ohne dass einschränkende Erklärungen des Verwalters für erforderlich erachtet worden wären. Verwaltern mag gleichwohl bis zu einer
höchstrichterlichen Klärung anzuraten sein, solche Einschränkungen kund-
zutun.

301 Im ersten Schritt ergibt sich mithin folgendes für den Verwalter erfreuliche
Ergebnis: Hat der Besteller vor Erfüllungswahl des Verwalters mehr bezahlt, als er nach den vertraglichen Maßstäben eigentlich schuldete, so ist
der Besteller hinsichtlich dieses Überzahlungsbetrags einfacher Insolvenzgläubiger und hat trotz Erfüllungswahl des Verwalters keinen Anspruch
auf nachträgliche Erbringung der bereits bezahlten Leistungen auf Kosten
der Masse. Der Verwalter kann und darf sich darauf beschränken, allein die
noch nicht bezahlten Leistungen aus der Masse zu erbringen gegen Zahlung des hierauf entfallenden Vergütungsanteils. Konsequenterweise haben
alle vorinsolvenzlich begründeten Ansprüche des Bestellers nur den Rang
einer Insolvenzforderung, also nicht nur solche wegen Überzahlungen,
sondern auch wegen Verzugsschäden, wegen Mängeln des bis dato erstellten Teilwerks usw.; eine Aufrechnung mit ihnen gegen den nach Verfahrenseröffnung verdienten Vergütungsanspruch der Masse ist unzulässig
(§§ 105 Satz 1, 96 Abs. 1 Nr. 1 InsO).

302 **Hierzu folgendes Beispiel:**

Bei einem Einheitspreisvertrag hat der Schuldner vor Antragstellung
100.000 € (brutto) mit Abschlagsrechnungen verlangt und vom Besteller vor
Antragstellung erhalten.

Eine Bestandsaufnahme im Zeitraum nach Antragstellung ergibt, dass die Aufmaße des Schuldners nach unten zu korrigieren sind und tatsächlich nur eine Zahlung von 88.000 € begründet gewesen wäre. Im Übrigen bestehen noch kleinere Mängel der schuldnerischen Leistungen mit Beseitigungskosten von 5.000 €. Da der Besteller das Vertragsverhältnis nicht förmlich kündigt, die Preise gut kalkuliert sind und Arbeitnehmer zur Verfügung stehen, erklärt der Verwalter nach Eröffnung die Teilerfüllung hinsichtlich der ausstehenden Restleistungen zu 25.000 €. Nachdem diese erbracht sind, hat der Verwalter Anspruch auf **ungeschmälerte** Zahlung der 25.000 € gegen den Besteller unter der Voraussetzung, dass die nach Eröffnung erbrachten Leistungen für sich betrachtet mangelfrei und auch sonst nicht einwendungsbehaftet sind.

Wegen seiner Überzahlung vor Antragstellung (12.000 €) und des Schadensersatzanspruchs wegen Mängeln (5.000 €) hat dagegen der Besteller nur eine Insolvenzforderung, die er zur Tabelle anmelden muss.

Weiteres Beispiel 303
(nach *Kreft*, in: Festschrift Uhlenbruck, S. 387, 400 f):

Der Schuldner hat einen fünfstöckigen Rohbau zu errichten. Zum Zeitpunkt der Erfüllungswahl des Verwalters sind jedoch erst die Arbeiten bis inklusive des 1. Stocks abgeschlossen, während der Besteller Abschlagszahlungen an den Schuldner geleistet hat, die dem Leistungsstand inklusive des 2. Stocks entsprechen. Man könnte hier den Besteller für verpflichtet ansehen, die fehlenden Arbeiten für den 2. Stock anderweit erbringen zu lassen, um dem Verwalter die Fortführung der Restarbeiten ab dem 3. Stock zu ermöglichen. Dies ist wenig sinnvoll, so dass der Verwalter alle noch ausstehenden Arbeiten erbringen muss, jedoch für die mit Mitteln der Masse bewirkte Erfüllung den gesamten hierfür zwischen Schuldner und Besteller vereinbarten (anteiligen) Werklohn verlangen kann. Für den Besteller ist diese Rechtsfolge weder interessenwidrig oder unzumutbar, da sich hinsichtlich der Abschlagszahlungen das allgemeine Insolvenzrisiko verwirklicht hat und er auch bei Fertigstellung des Werks durch einen Zweitunternehmer die an den Schuldner geleistete Überzahlung nochmals (an diesen Zweitunternehmer) leisten müsste (vgl. auch *Kreft*, in: Festschrift Kirchhof, S. 275, 285).

Relativ unproblematisch umsetzbar ist § 105 Satz 1 InsO in den Fällen, in 304 denen die Erfüllungswahl des Verwalters ein Nutzungsverhältnis gemäß § 8 Nr. 3 Abs. 3 VOB/B betrifft, z. B. wegen der bei Verfahrenseröffnung auf der Baustelle befindlichen Container des Schuldners. Der Vergütungsanspruch des Verwalters für die Nutzung nach Verfahrenseröffnung – sei er mit dem Besteller der Höhe nach festgelegt, sei er gemäß § 8 Nr. 3 Abs. 3 VOB/B in angemessener Höhe im gerichtlichen Verfahren zu ermitteln – ist gemäß §§ 105 Satz 1, 96 Abs. 1 Nr. 1 InsO gegen eine Aufrechnung, Zurückbehaltungs- oder Leistungsverweigerungsrechte des Bestellers „immunisiert", wenn diese Gegenrechte aus vorinsolvenzlichen Vorgängen abgeleitet werden.

BGH ZIP 2000, 2207, 2209;
LG Chemnitz ZIP 1997, 1798, 1800;
dazu EWiR 1998, 39 (*Jauch*);
LG München II IBR 1998, 526.

305 Ansonsten zeigen sich jedoch praktische Schwierigkeiten, und bestehen Gegensteuerungsmöglichkeiten des Bestellers (wobei ein Großteil der Probleme damit zusammenhängt, dass § 105 Satz 1 InsO erst seit kurzem existiert und von der Rechtsprechung erst anhand geeigneter Fallkonstellationen erschlossen werden muss):

306 Die Entscheidungsgrundlage für den Verwalter ist unsicher: Vom Besteller geleistete Überzahlungen lassen sich mit vertretbarem Aufwand allenfalls feststellen, wenn bei einem Einheitspreisvertrag die bis zur Erfüllungswahl vom Schuldner erbrachten Leistungen aufgemessen werden können und sich der entsprechende Werklohnanteil feststellen lässt . In dieser Konstellation ist aber eine Überzahlung schwer vorstellbar, da der Besteller vor Abschlagszahlungen im Regelfall Aufmaße überprüft und zumindest die meist vereinbarte Sicherheit von 10 % einbehält (vgl. §§ 16 Nr. 1, 17 Nr. 6 Abs. 1 Satz 1 VOB/B). Vorauszahlungen im engeren Sinne sind eher selten und werden meistens durch eine vom Schuldner zu stellende Bürgschaft abgesichert (vgl. § 16 Nr. 2 Abs. 1 VOB/B).

Mehr Raum für Überzahlungen mag bei Pauschalpreisverträgen bestehen.

307 | Praxistipp:
Für den Verwalter ist es wegen der damit verbundenen Ausschaltung von vorinsolvenzlich begründeten Gegenrechten des Bestellers vorteilhaft, wenn ein möglichst hoher Vergütungsanteil nach Erfüllungswahl erarbeitet worden ist. Deshalb fällt ihm die Beweislast zu (arg. e. BGH ZIP 2002, 1093, 1096 r. Sp., dazu EWiR 2003, 125 (*Tintelnot*); die abweichende Beweislastverteilung zu Gunsten des Verwalters in mietrechtlichen Zusammenhängen – wie von BGH ZIP 2001, 1469, 1471 r. Sp. = ZfIR 2001, 728, dazu EWiR 2002, 395 (*Flitsch/Herbst*) festgehalten – ist auf den Bauvertrag nicht übertragbar). Er muss daher den Leistungsstand an der Schnittstelle – Fortführung der Arbeiten nach teilweiser Erfüllungswahl – äußerst sorgfältig dokumentieren.

308 Besondere rechtliche und tatsächliche Schwierigkeiten bereiten die Mängelbeseitigungsansprüche des Bestellers.

309 Nach *Kreft* gilt: Bestehen am vom Schuldner vor Verfahrenseröffnung erstellten Teilwerk Mängel, liegt auch insoweit keine Erfüllung vor. Aufgrund seiner Erfüllungswahl muss der Verwalter diese Mängel auf Kosten der Masse beseitigen (§ 55 Abs. 1 Nr. 2 InsO). Zum gegen die Masse gerichteten Anspruch des Bestellers auf Fertigstellung des Werks zählt auch dieser Anspruch.

> *Kreft*, in: Festschrift Uhlenbruck, S. 387, 399;
> ebenso wohl *ders.*, in: Festschrift Kirchhof, S. 275, 284;
> *Kübler/Prütting/Tintelnot*, InsO, § 103 Rz. 66, 68 (unter Aufgabe der früher vertretenen Auffassung);
> unklar *Uhlenbruck/Berscheid*, InsO, § 105 Rz. 30 a. E.;
> a. A. *Heidland*, Rz. 1035, 1056.

310 Dem vermag ich nicht zu folgen. Mängelansprüche gegen die Masse selbst stehen dem Besteller nur zu, wenn die Mängel der Teilleistung anhaften,

die der Verwalter nach Erfüllungswahl erbringen lassen hat. Daraus folgt weiter: Gegenrechte wegen Mängeln (insbesondere das Leistungsverweigerungsrecht nach § 320 Abs. 1 BGB) kann der Besteller nur dann dem nach Erfüllungswahl erwirtschafteten Vergütungsanteil entgegenhalten, wenn der Mangel aus der nach Erfüllungswahl erstellten Teilleistung resultiert. Stammt er aus dem Zeitraum davor, kann der Besteller einen daraus resultierenden Geldzahlungsanspruch nur in das separate Abrechnungsverhältnis einstellen, das wegen des vor Verfahrenseröffnung und Erfüllungswahl erbrachten Teilwerks des Schuldners und der Gegenforderungen des Bestellers entsteht. Im schlimmsten Fall hat er, falls auch keine Bürgschaft vorliegt, nur eine mängelbedingte Insolvenzforderung.

Die Auffassung *Krefts* führt demgegenüber dazu, dass unter Verstoß gegen **311** den Grundsatz der Gläubigergleichbehandlung in der Insolvenz der Besteller für seine Rechte aus Mängeln, die früher angelegt waren und deshalb nur eine einfache Insolvenzforderung darstellen, zu 100 % befriedigt wird. Die großen Beurteilungs- und Haftungsrisiken für den Verwalter, die durch die extensive Auslegung von § 105 Satz 1 InsO vermieden werden sollen, treffen ihn wegen verdeckter, erst später in aller Schärfe hervortretender und deshalb nicht kalkulierbarer Mängel doch wieder und machen eine Erfüllungswahl vollkommen unattraktiv. *Krefts* Meinung scheint mir auch nicht vereinbar mit der ansonsten vom Bundesgerichtshof sehr konsequent durchgehaltenen Rechtsprechung zur Teilbarkeit von Leistungen beim Bauvertrag. Diese Rechtsprechung führt im Ergebnis dazu, dass zwei vollkommen voneinander getrennte Vertragsverhältnisse des Bestellers mit zwei unterschiedlichen Unternehmern als Vertragspartnern vorliegen, nämlich für das Teilwerk vor Verfahrenseröffnung und Erfüllungswahl mit dem Schuldner (mag auch die Beitreibung einer etwa daraus resultierenden Forderung nun gemäß § 80 Abs. 1 InsO durch den Insolvenzverwalter erfolgen) und für die Restleistung nach Erfüllungswahl mit dem Insolvenzverwalter (mag dieser sich auch jedenfalls teilweise derselben Personen zur Bauausführung bedienen, die bereits im ersten Stadium auf der Baustelle waren). Setzt man hierfür die Bezeichnungen „Unternehmer 1" und „Unternehmer 2", ist die – insolvenzrechtlich zwingende – Trennung der Vertragsverhältnisse verdeutlicht und damit klar, dass mangels Gegenseitigkeit der Besteller nicht aus Forderungen aus dem einen Vertragsverhältnis Einwendungen gegen die Ansprüche des anderen Vertragspartners ableiten kann. Dass diese Überlegungen mit der höchstrichterlichen Rechtsprechung übereinstimmen, zeigt sich insbesondere an den wiederholten Urteilspassagen, in denen der Bundesgerichtshof für die Fortführung des Bauvertrags durch den Verwalter die Abgrenzung so vornehmen will, als wäre der Bauvertrag zu diesem Zeitpunkt gekündigt worden (Rz. 140, 298). Eine Kündigung führt aber – abgesehen von den Prüfungs- und Hinweispflichten des Zweitunternehmers – zu einer klaren Trennung der werkvertraglichen Einstandspflichten des vor Kündigung tätigen Erstunternehmers und des danach aktiven Zweitunternehmers.

312 Dieser Betrachtungsweise steht nicht entgegen, dass der Bundesgerichtshof bei fortdauerndem Mietverhältnis nach Eröffnung des Insolvenzverfahrens über das Vermögen des Vermieters den Anspruch des Mieters auf Herstellung eines mangelfreien Zustands der Mietsache als Masseverbindlichkeit qualifiziert hat, unabhängig davon, ob der mangelhafte Zustand vor oder nach Verfahrenseröffnung entstanden ist.

> BGH ZIP 2003, 854 = ZfIR 2003, 457;
> dazu EWiR 2003, 641 (*Eckert*).

313 Beim Mietvertrag besteht auch nach Verfahrenseröffnung die Erhaltungspflicht des Vermieters/Verwalters fort und ist vertragliche Gegenleistung für den vom Mieter weiter an die Masse gezahlten Mietzins. Der Mieter, der seine vollwertige Leistung weiterhin zur Masse erbringen muss, soll die dafür zu entrichtende volle Gegenleistung erhalten und nicht auf eine Insolvenzforderung beschränkt sein.

> BGH ZIP 2003, 854, 855 l. Sp.

314 Der Bauvertrag ist dagegen anders als der Mietvertrag kein echtes Dauerschuldverhältnis. Aufgrund der Erfüllungswahl steht dem Verwalter ausschließlich der ursprünglich zwischen Besteller und Schuldner vereinbarte anteilige Werklohn als Gegenleistung für die Restfertigstellung des Werks zu; der Verwalter hat keinen Anspruch auf eine – wie zu berechnende? – Gegenleistung des Bestellers für die Beseitigung von Mängeln, die dem bereits erbrachten Teilwerk anhaften (könnten). Der Unternehmer-Verwalter erhält auch keine dauerhafte, zeitlich zunächst nicht eingeschränkte Gegenleistung als Kompensation, wie es der Vermieter-Verwalter tut. Anders als der Vermieter-Verwalter profitiert der Unternehmer-Verwalter regelmäßig nicht davon, dass vom Schuldner vor Erfüllungswahl verursachte Mängel beseitigt werden, da er das Werk auf fremdem Grund errichtet und hieran keine Rechte mehr hat. Dagegen ist dem Vermieter-Verwalter an einem mangelfreien Zustand der Mietsache schon deshalb gelegen, weil er dann für diese einen höheren Verkaufserlös erzielen kann.

Auch bei dieser Betrachtungsweise ist der Besteller nicht schutzlos.

315 **Zur Verdeutlichung ein Beispiel:**

Zu dem Zeitpunkt, als der Verwalter die Teilerfüllung wählt, sind bei einem Schlüsselfertig-Bauvorhaben nur noch Ausbaugewerke unerledigt. Gegen den unstrittigen Restbetrag zu Gunsten der Masse aus der Fertigstellung wendet der Besteller nun ein Leistungsverweigerungsrecht (§ 320 BGB) wegen unstrittiger Mängel des Rohbaus ein. Da der Rohbau weit vor Insolvenzantragstellung abgeschlossen war, hat der Besteller wegen dieser unerledigten Mängelbeseitigungsansprüche lediglich eine einfache Insolvenz-(schadensersatz-)forderung, die er zur Insolvenztabelle anmelden kann; ein Leistungsverweigerungsrecht gegenüber den später verdienten Werklohnanteilen des Verwalters ist ausgeschlossen.

Wenn allerdings dem Verwalter die für ihn vorteilhafte Zuordnung des Mangels zur Leistung des Schuldners vor der Erfüllungswahl nicht beweisbar ist, hat nach den allgemeinen Regeln der Darlegungs- und Beweislast der Verwalter im Zeitraum vor Abnahme der von ihm erstellten Restleistung für die Mängel einzustehen (*Heidland*, Rz. 1036).

Die notwendige Abgrenzung der Leistung zweier sukzessiv am selben   **316** Bauwerk tätiger Unternehmer hat im privaten Baurecht jenseits der Insolvenz den Bundesgerichtshof bereits beschäftigt, der zutreffend davon ausging,

BGH BauR 1987, 689, 691,

dass sich im Fall einer Kündigung des Bauvertrags die entsprechenden Einstandspflichten des ursprünglichen Unternehmers und des Nachfolgeunternehmers klar abgrenzen lassen. Dass gleichwohl damit erheblicher Aufwand verbunden und Streit vorprogrammiert ist, lässt sich schwerlich von der Hand weisen. Außerdem muss sich der Verwalter in diesem Zusammenhang der besonderen Risiken bewusst sein, die sich aus der baurechtlichen Prüfungs- und Hinweispflicht ergeben: Zwar setzt § 4 Nr. 3 VOB/B seinem Wortlaut nach nur voraus, dass die „Leistungen anderer Unternehmer" geprüft und hierzu etwa notwendige Bedenken dem Besteller mitgeteilt werden. Da jedoch § 105 Satz 1 InsO zu einer vollkommenen Verselbständigung der vom Verwalter nach Erfüllungswahl erbrachten gegenüber der davor vom Schuldner erbrachten Leistung führt, muss der Verwalter sicherstellen, dass auch und gerade zu etwa fehlerhaften Vorleistungen des Schuldners selbst aus dem Zeitraum vor Erfüllungswahl, auf die aufzubauen zwangsläufig zur Mangelhaftigkeit auch der weiteren Leistungen führt, Bedenken rechtzeitig, substantiiert und schriftlich dem Besteller mitgeteilt werden (was angesichts der [Teil-]Identität der handelnden Akteure psychologisch schwierig bis unmöglich ist). Erledigt dies der Verwalter ordnungsgemäß, muss der Besteller entweder auf eigene Kosten Abhilfe schaffen oder aber die Bedenken als unbeachtlich zurückweisen; den Verwalter trifft dann keine Verantwortung (§ 13 Nr. 3 VOB/B). Anderenfalls haftet der Verwalter aus der Masse zu 100 % für diese Mängelansprüche des Bestellers, mögen sie auch primär auf fehlerhaften Leistungen des Schuldners vor Verfahrenseröffnung und lediglich sekundär auf unterlassenen Prüfungen und Hinweisen durch den Verwalter beruhen.

Praxistipp: **316a**

Solange der Bundesgerichtshof über diese wirtschaftlich eminent wichtige Streitfrage nicht entschieden hat, müssen Verwalter nach Möglichkeit den „sichersten Weg" gehen. Sie sollten daher versuchen, mit dem Besteller zu vereinbaren, dass sie aufgrund Teilerfüllungswahl nur die offene Restleistung gegen Zahlung des darauf entfallenden Werklohnanteils erbringen, nicht aber für etwaige Mängel aus der Masse einstehen, die dem vor Erfüllungswahl vom Schuldner errichteten Teilwerk anhaften (ähnlich *Kreft*, in: Festschrift Kirchhof, S. 275, 284; weitergehend, aber bei Zugrundelegung der hier abgelehnten Meinung, die von der Einheitlichkeit der Erfüllungswahl ausgeht, dogmatisch fragwürdig *Marotzke*, in: HK-InsO, § 103 Rz. 66, wonach der Verwalter sein Erfüllungsverlangen mit der Erklärung verbinden soll, dass er nur ganz bestimmte (näher zu bezeichnende) Gegenleistungen als Masseverbindlichkeiten anerkenne). Da solche Vereinbarungen mit dem

> Besteller aber oft nicht oder nicht zeitnah gelingen, droht der sanierungs-
> und fortführungsfreundliche Aspekt der Rechtsprechung zu §§ 103, 105
> Satz 1 InsO zu verpuffen.

317 Anders gelagert ist das Problem hinsichtlich Vertragsfristen und Vertragsstrafen. Während jedenfalls prinzipiell überprüf- und abgrenzbar ist, zu
welchem Zeitpunkt ein Mangel angelegt wurde, erfassen Vertragsfristen
und Vertragsstrafen das gesamte Vertragsverhältnis, soweit sie an die Be-
zugsfertigkeit bzw. Fertigstellung anknüpfen. Wenn man eine (Teil-)Erfül-
lungswahl des Verwalters i. S. d. § 105 Satz 1 InsO so auslegen wollte, dass
dieser sich den ursprünglichen Vertragsfristen nebst Vertragsstrafenbe-
wehrung unterwirft, so würde die Wahlmöglichkeit des Verwalters de facto
gegen Null reduziert: Meistens kommt es in der Endphase vor Insolvenzantragstellung zu Verzögerungen auf Baustellen des Schuldners, so dass
Vertragsstrafen oft verwirkt sind und noch weitergehende Ansprüche
wegen konkreter Verzugsschäden drohen. Wenn also § 105 Satz 1 InsO
seinen Sinn und Zweck nicht verfehlen soll, können die ursprünglichen
Vertragsfristen und –strafen nach Erfüllungswahl nicht mehr maßgebend
sein. Dies kann allerdings keinen Freibrief für den Verwalter bedeuten,
nach Erfüllungswahl die noch geschuldete Teilleistung zögerlich zu erbringen. Schutz des Bestellers kann mit der neueren Rechtsprechung des
VII. Senats des Bundesgerichtshofs erreicht werden.

BGH ZIP 2001, 1535, 1537 f.

318 Danach ist bei Fehlen bestimmter/bestimmbarer Fristen § 271 BGB anwendbar. Somit hat der Unternehmer sofort mit der Bauleistung zu beginnen, und für den Zeitpunkt der Fertigstellung kommt es darauf an, in welcher Zeit bei nach dem Vertrag vorausgesetztem Bauablauf die Fertigstellung möglich ist. Vorrangig können Umstände aus dem ursprünglichen
Vertrag herangezogen werden, um die dem Verwalter nach Erfüllungswahl
einzuräumende Zeit für die Erbringung der abgespaltenen Restleistung zu
bestimmen. Dabei gilt als Bemessungsgrundlage für eine ursprünglich
wirksam vereinbarte Vertragsstrafe nurmehr der Werklohnanteil, der auf
die Restleistung entfällt.

319 Das schärfste Schwert des Bestellers, um einer ihm unerwünschten teilweisen Erfüllungswahl entgegenzuwirken, ist und bleibt jedoch das Kündigungsrecht aus § 8 Nr. 2 Abs. 1 VOB/B. Es wurde bereits eingehend dargestellt, dass eine Kündigung gemäß dieser Vorschrift im Zeitraum vor
Verfahrenseröffnung (und Erfüllungswahl) zulässig ist (vgl. Rz. 52 ff; zur
Insolvenzanfechtung vgl. Rz. 525 ff), mit der Folge, dass bei Verfahrenseröffnung eine Erfüllungswahl im klassischem Sinne durch den Verwalter
gar nicht mehr möglich ist, sondern sie sich allenfalls noch auf auch nach
Kündigung bestehende Mängelbeseitigungsansprüche des Bestellers beziehen kann.

320 Im Übrigen konnte unter Geltung der Konkursordnung nach Auffassung
des Bundesgerichtshofs,

BGH ZIP 1985, 1509 (VII. Senat);
ebenso für eine vergleichbare vertragliche
Kündigungsklausel
BGH ZIP 1994, 40, 42 r. Sp./43 l. Sp. (IX. Senat);
dazu EWiR 1994, 169 (*U. Haas*);
konkludent auch
BGH ZIP 1995, 926 (IX. Senat), wo über die abweichende Auffassung der Vorinstanz (OLG Celle
ZIP 1993, 845, 846) kein Wort verloren wird;
zu OLG Celle auch EWiR 1993, 697 (*Paulus*),

der Besteller den Bauvertrag gemäß § 8 Nr. 2 Abs. 1 VOB/B selbst dann
noch kündigen, wenn das Verfahren eröffnet worden war und der Verwalter die Erfüllung des Bauvertrags gewählt hatte.

Jedoch hat nach meiner Meinung der Bundesgerichtshof dabei übersehen,   321
dass durch die Erfüllungswahl des Verwalters der ursprünglich bestehende,
vom Schuldner gesetzte Kündigungsgrund („Zahlungseinstellung") dauerhaft beseitigt wird. Der Verwalter trifft die Entscheidung für die Fortführung gerade vor dem Hintergrund, dass die ihm zur Verfügung stehende
Masse ausreicht, um das Vertragsverhältnis ordnungsgerecht abzuwickeln.
Mithin bedürfte es eines **neu** vom Verwalter zu vertretenden Kündigungs-
grunds, damit nunmehr nach Verfahrenseröffnung eine Kündigung zulässig wird, sei es auf Grundlage von § 8 Nr. 3 i. V m. §§ 4 Nr. 7, 5 Nr. 4
VOB/B, sei es auf Grundlage von § 8 Nr. 2 Abs. 1 VOB/B im Falle nach-
träglicher Masseunzulänglichkeit (§ 207 InsO).

Auch ist es mit dem allgemeinen Rechtsgedanken, der in § 626 Abs. 2 BGB   322
seinen Ausdruck gefunden hat, dass eine außerordentliche Kündigung innerhalb angemessener Frist nach Kenntnis von den maßgeblichen Tatsachen erfolgen muss, und dem Institut der Verwirkung (§ 242 BGB)
schwerlich vereinbar, aufgrund eines Eigeninsolvenzantrags des Unternehmers dem Besteller das Recht zu geben, den Vertrag noch monatelang
später außerordentlich zu kündigen.

Auch die Argumentation des Bundesgerichtshofs, dass der Besteller wegen   323
der fehlenden Sachkunde des Verwalters in diesen kein Vertrauen entwi-
ckeln kann, geht fehl. Der Erfolg größerer Bauvorhaben hängt heutzutage
primär von der Qualität der (Ober-)Bauleiter und der eingeschalteten Subunternehmer ab, während es keine Rolle spielt, ob als Geschäftsführer des
Unternehmers eine bauerfahrene Person fungiert oder ein nicht bauerfah-
rener Verwalter gemäß § 80 Abs. 1 InsO das schuldnerische Unternehmen
repräsentiert.

Gesteigerten Anlass zur Sorge, dass der Verwalter Mängelansprüche des   324
Bestellers nicht hinreichend erfüllt (oder das Vertragsverhältnis selbst
nicht ordnungsgemäß abwickelt), hat der Besteller entgegen der Annahme
des Bundesgerichtshofs ebenfalls nicht: Will der Verwalter eine Eigenhaftung (§§ 60 f InsO) vermeiden, muss er Rückstellungen bis zum endgültigen Eintritt der Verjährung von Mängelansprüchen bilden und kann vor-

her nicht das Verfahren abschließen. Die Eigenhaftung des Verwalters aus §§ 60 f InsO ist Gegenstand zahlreicher aktueller Entscheidungen,

> OLG Hamm ZIP 2003, 1165;
> dazu EWiR 2003, 1093 (*Pape*);
> OLG Karlsruhe ZIP 2003, 267;
> OLG Celle ZIP 2003, 587;
> dazu EWiR 2003, 333 (*Pape*),

womit sich zunehmend bestätigt, dass die Haftungsrisiken des Verwalters gegenüber der Rechtslage unter der Konkursordnung zugenommen haben.

> *Pape*, EWiR 2003, 333.

325 Vor allem aber sind in dieser Rechtsprechung nicht die katastrophalen wirtschaftlichen Folgen bedacht, die es hat, wenn ein Besteller selbst nach Verfahrenseröffnung und Teilerfüllungswahl des Verwalters mit der Schadensersatzfolge des § 8 Nr. 2 Abs. 2 Satz 2 VOB/B berechtigt kündigen kann.

326 **Hierzu ein Beispiel:**

Der Verwalter entscheidet sich unverzüglich nach Verfahrenseröffnung für die teilweise Erfüllung eines großen, auskömmlich kalkulierten Bauvertrags. Er sichert sich für die Bauzeit von sechs Monaten die weiteren Dienste eines hoch qualifizierten, gut bezahlten Oberbauleiters, der aus Verbundenheit zum schuldnerischen Unternehmen ein anderweitiges lukratives Angebot ausschlägt. Außerdem verzichtet der Verwalter gegenüber zehn weiteren Mitarbeitern auf eine unverzügliche Kündigung des Arbeitsverhältnisses. Ferner schließt er mit den benötigten Subunternehmern teils neue Verträge, teils wählt er alte Verträge zur Teilerfüllung. Zwei Wochen nach Aufnahme der Arbeiten, bei denen sich der Verwalter und seine Erfüllungsgehilfen keine Fehler zuschulden haben kommen lassen, kündigt der Besteller aus heiterem Himmel gemäß § 8 Nr. 2 Abs. 1 VOB/B.

Erachtet man entgegen meiner Meinung mit der früheren Rechtsprechung des Bundesgerichtshofs diese Kündigung mit den Folgen des § 8 Nr. 2 Abs. 2 Satz 2 VOB/B für wirksam, so entsteht der Masse ein Schaden in Höhe von mehreren Hunderttausend Euro wegen der weiter zu bezahlenden Löhne trotz fehlender Verwendungsmöglichkeit für die betroffenen Arbeitnehmer und wegen der Ansprüche der Subunternehmer aus § 649 BGB.

Dieses Ergebnis ist weder tragbar noch interessengerecht, übrigens auch dann nicht, wenn man den Schadensersatzanspruch des Bestellers aus § 8 Nr. 2 Abs. 2 Satz 2 VOB/B trotz vorhergehender Erfüllungswahl des Verwalters als einfache Insolvenzforderung behandelt (*Kreft*, in: Festschrift Uhlenbruck, S. 387, 401) oder dem Verwalter gegen den Schadensersatzanspruch des Bestellers die Insolvenzanfechtungseinrede gewährt (MünchKomm-*Kirchhof*, InsO, § 129 Rz. 131 a. E.).

327 Insgesamt lässt sich der Diskussionsstand dahin zusammenfassen, dass die insolvenzrechtliche Literatur überwiegend § 8 Nr. 2 Abs. 1 VOB/B mit seiner gegenüber § 649 BGB, § 8 Nr. 1 VOB/B für den Besteller enorm verbesserten Rechtsfolge generell,

> dezidiert *Marotzke*, in: HK-InsO, § 119 Rz. 5,

oder – wie ich – jedenfalls für den Zeitraum nach Erfüllungswahl,

> so wohl auch
> MünchKomm-*Kirchhof*, InsO, § 129 Rz. 131;
> a. A. *Bähr/Hermann*, Rz. 122,

wegen unzulässiger Aushöhlung des Wahlrechts für unvereinbar mit dem zwingenden Charakter von § 103 InsO ansieht; das baurechtliche Schrifttum dagegen befürwortet größtenteils die Wirksamkeit dieses Kündigungsrechts.

> *Berger*, in: Kölner Schrift, S. 499, 507 f,
> mit Fußn. 45, 47.

Erstere Rechtsauffassung wird nun auf § 119 InsO gestützt. Diese Norm **328** stimmt wörtlich mit § 137 Abs. 1 des Regierungsentwurfs überein. Der Regierungsentwurf zum heutigen § 119 InsO enthielt jedoch zwei weitere Absätze, wobei Absatz 2 ausdrücklich vertragliche Lösungsklauseln für den Fall der Insolvenzverfahrenseröffnung für unwirksam erklärte. Dieser Absatz wurde jedoch ebenso wie Absatz 3 in der endgültigen Fassung gestrichen. Dies beruhte auf der Intervention der Wirtschaftsverbände, die keinen ausreichenden Grund für einen so schwerwiegenden Eingriff in die Vertragsfreiheit sahen, außerdem auf einer Nebenbemerkung des Bundesgerichtshofs in seinem Urteil vom 11. November 1993.

> BGH ZIP 1994, 40, 42 r. Sp.

Der Bundesgerichtshof hatte hier in einem Klammerzusatz ausgeführt, **329** dass die Rechtslage – also die von ihm bejahte Wirksamkeit der Lösungsklausel – nach § 137 Abs. 2 Satz 1 des Regierungsentwurfs anders zu beurteilen ist.

> *Berger*, in: Kölner Schrift, S. 499, 508 ff, insb. S. 510.

Praxistipp: **330**

Ob die frühere, zur Konkursordnung ergangene Rechtsprechung des Bundesgerichtshofs selbst für den Zeitraum nach Verfahrenseröffnung oder gar Erfüllungswahl aufrechterhalten werden kann, scheint äußerst fraglich. Derartige Sachverhalte sind jedoch eher selten, da im Regelfall ein Besteller unmittelbar nach Insolvenzantragstellung kündigt, um eine Verzögerung des Bauvorhabens zu vermeiden – in diesem Fall geht er nach meiner Auffassung kein Risiko ein.

Es lässt sich jedoch auch beobachten, dass Besteller um die Weiterarbeit des Schuldners bemüht sind, vor allem dann, wenn dieser schwer substituierbar ist, die konkreten Leistungen auf der Baustelle positiv waren und der Zeitverlust durch Kündigung und Suche nach einem Zweitunternehmer (inklusive der damit verbundenen Restfertigstellungsmehrkosten) als untragbar angesehen wird. Rechtlich schwer lösbar ist allerdings dann das Problem, dass vor Verfahrenseröffnung der Verwalter formal nicht Ansprechpartner ist, sondern vielmehr der Schuldner selbst unter Ägide des vorläufigen („schwachen") Verwalters. Deshalb werden durch eine solche Fortführung des Bauvorhabens unmittelbar nach Antragstellung keine Masseverbindlichkeiten begründet, und kann der Verwalter sich über § 103 InsO mit Verfahrenser-

---

öffnung vom Vertrag lösen, ohne hierdurch einen aus der Masse auszugleichenden Schadensersatzanspruch des Bestellers auszulösen.

Jenseits des Rechtlichen werden hier beiderseitiges Vertrauen und Verhandlungsgeschick entscheiden, ob gleichwohl der Schuldner konzentriert und engagiert weiterarbeitet, und unter Beachtung der oben dargestellten, hochkomplizierten rechtlichen Rahmenbedingungen in praxisgerechte Restabwicklungsvereinbarungen münden. In solchen Fällen wird der Verwalter meist als Grundlage für seine weiteren Dispositionen erreichen können, dass der Besteller auf die Ausübung des Kündigungsrechts aus § 8 Nr. 2 Abs. 1 VOB/B verzichtet.

3. Weitere Abwicklung des Vertrags

331 Wird ungeachtet aller beschriebenen Schwierigkeiten vom Verwalter wirksam die (Teil-)Erfüllung des Vertrags verlangt, so unterliegt dieser in der Abwicklung den allgemeinen Regeln. Sämtliche aus dem Vertrag entstehenden Ansprüche des Bestellers haben den Rang von Masseverbindlichkeiten, soweit sie aus den Restleistungen des Verwalters herstammen. Das ist insbesondere für Mängelansprüche nach Abnahme von großer Bedeutung und lässt einen Abschluss des Insolvenzverfahrens vor Ablauf der Verjährungsfristen nicht zu, sofern nicht der Besteller den Verwalter im Wege des Vergleichs oder gegen Abstandszahlung vorzeitig aus der Haftung entlässt.

332 Mängel berechtigen den Besteller im Verhältnis zum Verwalter zur Verweigerung der Abnahme, sofern sie wesentlich sind (§ 12 Nr. 3 VOB/B). Auch nach Abnahme kann wegen der den aufgrund Erfüllungswahl erbrachten Leistungen anhaftenden Mängel der Besteller ohne nähere Angaben zur Höhe der Mängelbeseitigungskosten die Zahlung ausstehenden Werklohns gemäß § 320 Abs. 1 BGB verweigern, bis der Verwalter ihm qualifiziert nachweist, dass der Einbehalt im Hinblick auf die Höhe der Mängelbeseitigungskosten zu hoch ist (siehe Rz. 167).

333 Hat der Verwalter mit Fertigstellung der zur Erfüllung gewählten Restleistungen, Abnahme und Schlussrechnungsstellung den Werklohn fällig gestellt, so hat der Besteller bei Bezahlungen wiederum zu prüfen, ob die §§ 48 ff EStG einschlägig sind (vgl. Rz. 146 ff). Die Finanzverwaltung erteilt indes regelmäßig dem Verwalter eine Freistellungsbescheinigung.

> Fin.Min. Saarland, Erl. v. 3. 7. 2002
> – B/1-2 – 178/2002 – S 0550, NZI 2002, 595, 596;
> BMF, Erl. v. 27. 12. 2002
> – IV A 5 – S 2272 – 1/02, Tz. 33.

334 Gegen diesen Werklohnanspruch des Verwalters kann der Besteller nicht mit Insolvenzforderungen, auch nicht wegen der Abwicklung des Vertrags vor Erfüllungswahl, aufrechnen (§ 96 Abs. 1 Nr. 1 InsO). Der Zweck von §§ 103, 105 Satz 1 InsO würde in sein Gegenteil verkehrt, wenn die mit Mitteln der Masse erbrachte Vertragserfüllung ihr nicht den geschuldeten Gegenwert zuführen, sondern stattdessen dem Besteller die Möglichkeit

eröffnen würde, sich für eine bloße Insolvenzforderung vorweg zu befriedigen (vgl. Rz. 272).

Oft will der Verwalter auch eine etwaige Restforderung des Schuldners für 335
das vor Erfüllungswahl erbrachte Teilwerk durchsetzen. Hiergegen kann
aber der Besteller grundsätzlich mit vorinsolvenzlichen Gegenforderungen
aufrechnen. Daher muss der Verwalter wegen dieser insolvenzrechtlich
bedingten Aufspaltung des Vertrags klar zwischen den einzelnen Vergü-
tungsteilen unterscheiden und diese separat ausweisen.

Beispiel: 336

Der Besteller hat eine unstrittige, gemäß § 94 InsO zur Aufrechnung geeignete vorinsolvenzliche Gegenforderung von 20.000 €. Der Verwalter legt
zunächst für die noch vom Schuldner (15.000 €) und von ihm selbst
(10.000 €) erbrachten Leistungen eine undifferenzierte Schlussrechnung
über 25.000 €. Will er sich gegen die vom Besteller global vorgenommene
Aufrechnung wenden, muss er die Aufspaltung vornehmen und im Streitfall
den jeweiligen Zeitraum der Leistungserbringung beweisen. Richtigerweise
kann dann der Besteller gegen den auf die schuldnerische Leistung entfallenden Vergütungsteil aufrechnen, während er den aus Mitteln der Masse erar-
beiteten Vergütungsteil voll zu bezahlen hat. Die verbleibenden 5.000 € aus
seiner Gegenforderung kann er daher nur zur Insolvenztabelle anmelden
und erhält hierauf nur quotale Befriedigung.

Entbehrlich sind hingegen diese Differenzierungen, wenn ohnehin der Be- 337
steller keine vorinsolvenzliche, zur Aufrechnung geeignete Gegenforderung hat, da er dann ungeschmälert – losgelöst vom Zeitraum der Leistungserbringung – den vollen Restwerklohn bezahlen muss, im Beispielsfall
also 25.000 €.

Kreft, in: Festschrift Uhlenbruck, S. 387, 399.

In vielen Fällen reicht diese Zweispaltung bei der Abrechnung nicht aus, 338
sondern ist wegen § 96 Abs. 1 Nr. 3 InsO sogar eine Dreispaltung vorzunehmen (Rz. 267 ff).

VI. Der von einer Seite bereits vollständig erfüllte Bauvertrag

§ 103 InsO ist nicht einschlägig; es mögen folgende kurze Hinweise genü- 339
gen:

1. Vollständige Erfüllung durch den Schuldner

Der Besteller ist zur Zahlung der noch offenen Restvergütung an den Ver- 340
walter verpflichtet. Wenn Mängel nicht hervorgetreten sind und von ihm
nicht konkret benannt werden können, kann er nicht allein wegen der Insolvenz einen „insolvenzbedingten Sondersicherheitseinbehalt" beanspruchen (siehe Rz. 189).

Gegenrechte des Bestellers, soweit sie wirksam vor Insolvenzeröffnung 341
vertraglich begründet wurden, bleiben bestehen; so kann der Besteller ins-

besondere die Schlusszahlungseinrede gemäß § 16 Nr. 3 Abs. 2 VOB/B (die allerdings meist aus Rechtsgründen – § 307 Abs. 2 Nr. 1 BGB – unbeachtlich ist) erheben und damit den Verwalter vor die Notwendigkeit stellen, gemäß § 16 Nr. 3 Abs. 5 VOB/B fristgebunden den allgemeinen und den speziellen Vorbehalt zu erklären.

OLG Düsseldorf ZIP 1983, 342.

342 Stehen dem Besteller aus anderen Rechtsverhältnissen Gegenforderungen zu, die vor Verfahrenseröffnung fällig geworden sind, so kann er mit diesen Forderungen gegen die Werklohnforderung des Verwalters aufrechnen (§ 94 InsO).

343 Im Einzelfall kann sich allerdings erweisen, dass der Bauvertrag vom Schuldner doch nicht vollständig erfüllt worden ist, nämlich dann, wenn der Besteller vor abschließender Zahlung, aber rechtzeitig vor Ablauf der maßgeblichen Verjährungsfristen Mängel rügt. Werden die Mängelrügen vom Verwalter akzeptiert oder später durch eine Beweisaufnahme bestätigt, ist aber der Verwalter zur Nacherfüllung nicht bereit, ist der Bauvortrag nach § 103 InsO zu behandeln, da einerseits noch ein Restwerklohn zu bezahlen ist, andererseits Mängel bestehen.

Praxisbeispiel: AG Witten ZInsO 2003, 479, 480.

344 Werden dagegen die Mängel später durch die Beweisaufnahme nicht bestätigt, so verbleibt es bei der Zahlungspflicht des Bestellers in voller Höhe; § 103 InsO ist eben doch nicht einschlägig.

2. Vollständige Erfüllung durch den Besteller

345 Treten nach Verfahrenseröffnung noch Mängel auf, so hat der hieraus resultierende Anspruch des Bestellers nur den Rang einer Insolvenzforderung. Der Verwalter darf und kann grundsätzlich einem Nacherfüllungsverlangen nicht entsprechen, da dies eine Masseschädigung ohne Gegenleistung durch den Besteller wäre; genauso wenig darf er dem Besteller Mängelansprüche gegen den endverantwortlichen Subunternehmer abtreten.

Feuerborn, ZIP 1994, 14, 17 f.

346 Mithin kann der Besteller nur eine vorhandene Mängelbürgschaft in Anspruch nehmen oder aber die Forderung in Höhe der Nacherfüllungskosten zur Tabelle anmelden (§ 45 Satz 1 InsO).

Zur Anwendbarkeit von § 45 Satz 1 InsO etwa MünchKomm-*Lwowski/Bitter*, InsO, § 45 Rz. 7, 25.

Obwohl diese Rechtslage eindeutig scheint, muss der Besteller vor Selbstvornahme vorsichtig agieren. Dazu ein bewusst zugespitztes

Beispiel: 347

Der Besteller hat dem Schuldner den vollen Werklohn bezahlt und hat nur noch eine Mängelbürgschaft über 10.000 € in Händen. Nach Verfahrenseröffnung und in Kenntnis davon lässt er einen Mangel innerhalb noch laufender Verjährungsfrist für Mängelansprüche beseitigen – Kosten: 10.000 € –, ohne vorher den Verwalter zur Nacherfüllung aufzufordern. Er meint, dass der Verwalter ohnehin nicht nachbessern werde und eine Fristsetzung entbehrlich sei. Dabei weiß er nicht, dass der Schuldner dem Bürgen Festgeld in Höhe von 10.000 € als Sicherheit für Ansprüche des Bürgen gegen den Schuldner aus dem Avalkreditvertrag verpfändet hat und diese Sicherheit allein für die vom Besteller innegehabte Bürgschaft haftet. Der Verwalter hätte die Möglichkeit gehabt, den Mangel für die Masse kostenlos durch einen eintrittspflichtigen Subunternehmer beseitigen zu lassen, wodurch – mit endgültigem Eintritt der Verjährung von Ansprüchen des Bestellers – die Sicherheit zu Gunsten der Masse freigeworden wäre (Alternative: Er hätte aufgrund Sonderkonditionen die Nacherfüllung zu Kosten von 7.500 € durch die Nachfolgefirma des schuldnerischen Unternehmens durchführen lassen können, mit der er abredegemäß in allen Nacherfüllungsfällen kooperiert).

Zwar besteht nur äußerst selten in solchen und vergleichbaren Fallkonstel- 348 lationen ein Interesse des Verwalters, selbst nachzuerfüllen. Dennoch sollte der Besteller vor Beseitigung des Mangels den Verwalter zur Nacherfüllung auffordern. Rechtsgrundlage ist indes – da kein beiderseits nicht vollständig erfüllter Vertrag vorliegt – nicht § 103 InsO (hierzu vgl. Rz. 171 ff), sondern § 13 Nr. 5 Abs. 1, Abs. 2 VOB/B.

BGH ZIP 1985, 1380, 1382 f;
dazu EWiR 1985, 973 (*Horn*).

Das vorzitierte BGH-Urteil äußert sich allerdings nur am Rande zum 349 Problem, da dort wiederholt betont wird, dass der Besteller in der Insolvenz des vollständig bezahlten Unternehmers über § 13 Nr. 5 Abs. 1 Satz 2 VOB/B die Quasi-Unterbrechung der Verjährung herbeiführen **kann**.

BGH ZIP 1985, 1380, 1382 l. Sp., 1383 l. Sp.

Zur Frage, ob der Besteller vor Selbstvornahme auch eine Frist setzen 350 **muss**, ist damit streng genommen nichts ausgesagt. Zweifel daran, dass diese Fristsetzung erforderlich ist, kann § 45 Satz 1 InsO auslösen. Diese Regelung zur Umrechnung u. a. von Mängelansprüchen bewirkt jedoch nicht per se eine Umgestaltung der Rechtslage. Erst die Feststellung des Anspruchs zur Insolvenztabelle hat nach der herrschenden Meinung eine Umwandlung zur Folge.

MünchKomm-*Lwowski/Bitter*, InsO, § 45 Rz. 39 ff.

Ohnedies hat diese Umwandlung keinen Einfluss gegenüber Bürgen und 351 neben dem Schuldner haftenden Gesamtschuldnern.

MünchKomm-*Lwowski/Bitter*, InsO, § 45 Rz. 42 a. E., 50.

Für den Beispielsfall bedeutet dies, dass nur eine ordnungsgemäße Fristsetzung den Sicherungsfall – und damit einen Zahlungsanspruch – im Verhältnis zum Mängelbürgen auslösen kann.

352

> **Praxistipp:**
>
> Auch wenn die fortbestehende Geltung des in § 13 Nr. 5 Abs. 2 VOB/B ausgedrückten Rechts des Unternehmers auf Nacherfüllung in der Insolvenz noch nicht zweifelsfrei geklärt ist, sprechen in der Praxis die deutlich besseren Gründe dafür, seine Relevanz zu bejahen. Im Übrigen bewirkt eine Fristsetzung in unverjährter Zeit, dass der Besteller die dem Mängelbürgen sonst zustehende Einrede der Verjährung der Hauptschuld ausschaltet, einwandfrei den bürgschaftsrechtlichen Sicherungsfall herbeiführt und der Verwalter, ggf. auch der von ihm informierte Bürge die Möglichkeit erhält, beweissichernde Maßnahmen vor Selbstvornahme zu treffen (vgl. zu den parallelen Problemen im Anwendungsbereich des § 103 InsO Rz. 175 ff).

VII. Rechte des Baustofflieferanten aus (verlängertem) Eigentumsvorbehalt

1. Wirksamkeit eines (verlängerten) Eigentumsvorbehalts

353 Das übliche Sicherungsmittel von Baustofflieferanten ist der (verlängerte) Eigentumsvorbehalt.

354 Für den einfachen Eigentumsvorbehalt genügt eine einseitige Erklärung des Lieferanten, da bereits dadurch der Eigentumsübergang ausgeschlossen wird. Abweichende AGB des Schuldners schaden also nicht. Das Eigentum verbleibt beim Lieferanten und wird unter der aufschiebenden Bedingung der vollständigen Kaufpreiszahlung übertragen.

355 Beim verlängerten Eigentumsvorbehalt wird zusätzlich die aus der Verarbeitung der Baustoffe resultierende Forderung gegen den Endkunden im Voraus an den Lieferanten abgetreten (die weitere Fallgruppe, dass der Lieferant Miteigentum am durch Verarbeitung usw. entstandenen neuen Produkt erwirbt, wird nachstehend nicht behandelt). Die Wirksamkeit der Abtretung setzt voraus:

356 Die abgetretene Forderung muss bestimmt oder wenigstens bestimmbar sein. Eine allgemeine Geschäftsbedingung, dass in Höhe des Rechnungswerts der Vorbehaltsware abgetreten werde, genügt diesem Erfordernis.

> BGH ZIP 1987, 85 = NJW 1987, 487, 490 l. Sp.;
> dazu EWiR 1987, 5 (*Meyer-Cording*);
> BGH ZIP 2000, 932, 934 l. Sp.;
> dazu EWiR 2001, 117 (*Huber*);
> zahlreiche weitere Details und Beispiele in
> BGH ZIP 1981, 153 = NJW 1981, 816, 817 f,
> wobei an dieser Entscheidung die fehlende Diskussion von § 305c Abs. 2 BGB problematisch ist.

357 Die Vereinbarung eines verlängerten Eigentumsvorbehalts bedarf übereinstimmender Willenserklärungen des Lieferanten und des Schuldners.

Ausreichend ist es, wenn im kaufmännischen Geschäftsverkehr – in dem § 305 Abs. 2 BGB nicht gilt – dem Schuldner Auftragsbestätigungen des Lieferanten (mit rückseitig aufgedruckten AGB, die einen verlängerten Eigentumsvorbehalt beinhalten) zugehen und der Schuldner – ohne dem Wunsch des Lieferanten nach Einbeziehung seiner ABG zu widersprechen – dessen Lieferungen entgegennimmt. Außerdem kann in der wiederholten Übersendung von Rechnungen des Lieferanten, auf deren Rückseite AGB mit entsprechendem Inhalt abgedruckt sind, ein Angebot des Lieferanten liegen, künftig nur noch unter Zugrundelegung dieser AGB zu liefern; die Annahme dieses Angebots kann im Abrufen späterer Lieferungen und/ oder deren Entgegennahme durch den Schuldner liegen.

> BGH ZIP 2000, 932, 933 f;
> BGH ZIP 2000, 1061, 1062 r. Sp.;
> dazu EWiR 2001, 177 (*Johlke/Schröder*).

Dagegen schließen Abwehrklauseln in den Schuldner-AGB die Entstehung eines verlängerten Eigentumsvorbehalts aus. **358**

> BGH ZIP 1985, 544 = NJW 1985, 1838, 1839 r. Sp.;
> dazu EWiR 1985, 323 (*Grub*);
> BGH NJW-RR 1986, 984, 985 l. Sp.

Allerdings kann es ausreichen, wenn die AGB des Schuldners einen verlängerten Eigentumsvorbehalt erkennbar voraussetzen und akzeptieren. **359**

> OLG Düsseldorf NJW-RR 1997, 946, 947.

Doch selbst wenn wegen zureichender Abwehrklauseln eine Einigung über einen verlängerten Eigentumsvorbehalt nicht zustande kommt, hat der Lieferant jedenfalls durch seine AGB klargestellt, dass er nicht unbedingt übereignen will: Das Eigentum an der Ware verbleibt also bis zur vollständigen Kaufpreiszahlung bei ihm. **360**

> OLG Düsseldorf NJW-RR 1997, 946, 948 l. Sp.

Im Konflikt mit einer Globalzession (insbesondere zu Gunsten der Banken) gilt zunächst der allgemeine sachenrechtliche Prioritätsgrundsatz. Zu Gunsten des verlängerten Eigentumsvorbehalts wird dieser jedoch durch die Rechtsprechung des Bundesgerichtshofs relativiert. **361**

> BGH ZIP 1999, 101, 102 l. Sp.;
> dazu EWiR 1999, 299 (*Medicus*).

Demnach ist eine Globalzession künftiger Kundenforderungen an eine Bank ohne dingliche Teilverzichtsklausel in der Regel sittenwidrig, soweit sie auch Forderungen erfassen soll, die der Kunde seinem Lieferanten aufgrund verlängerten Eigentumsvorbehalts künftig abtreten muss und abtritt. Eine lediglich schuldrechtliche Teilverzichtsklausel ist nicht ausreichend. Nicht sittenwidrig ist eine Globalzession ohne dingliche Teilverzichtsklausel nur, wenn es aufgrund besonderer Umstände in Ausnahmefällen an einer verwerflichen Gesinnung der Bank fehlt. Ein solcher Fall **362** kann gegeben sein, wenn sie nach den Umständen des Einzelfalls, insbesondere wegen der Unüblichkeit eines verlängerten Eigentumsvorbehalts in der betreffenden Wirtschaftsbranche, eine Kollision der Sicherungsrechte für ausgeschlossen halten durfte.

363 Dieser Ausnahmetatbestand zu Gunsten der Banken kann im Bereich der Bauwirtschaft generell nicht anerkannt werden, da der verlängerte Eigentumsvorbehalt der Baustofflieferanten ein verbreitetes und allgemein bekanntes Sicherungsmittel ist.

364 Ein verlängerter Eigentumsvorbehalt geht schließlich ins Leere, wenn in dem Vertrag des Schuldners mit dessen Vertragspartner die Abtretung hieraus resultierender Forderungen ausgeschlossen ist, § 399 Alt. 2 BGB. Allerdings hat diese Fallgruppe aufgrund von § 354a HGB zwischenzeitlich beträchtlich an Bedeutung verloren, da eine Abtretung gleichwohl wirksam ist, wenn der Vertrag des Schuldners mit dessen Vertragspartner für beide Teile ein Handelsgeschäft ist oder aber der Vertragspartner eine juristische Person des öffentlichen Rechts oder ein öffentlich-rechtliches Sondervermögen ist.

365 Schließlich kann eine Klausel über einen verlängerten Eigentumsvorbehalt unwirksam sein, wenn die Vorausabtretungen zu einer Übersicherung des Lieferanten führen. Es gelten jedoch nicht die strengen Maßstäbe wie bei Globalzessionen an Banken; vielmehr reicht eine schuldrechtliche Freigabeklausel, die die Freigabe nicht von unangemessenen Voraussetzungen abhängig macht, aus, um im Verhältnis zwischen Lieferant und Schuldner eine unangemessene Beeinträchtigung (§ 307 BGB) zu vermeiden.

BGH ZIP 1985, 749 = NJW 1985, 1836, 1838 r. Sp.;
dazu EWiR 1985, 523 (Graf v. Westphalen).

2. Das Aussonderungsrecht des Lieferanten beim einfachen Eigentumsvorbehalt (§ 47 InsO)

366 Sind die gelieferten Baustoffe noch nicht verbaut worden, sondern befinden sie sich noch auf der Baustelle oder im Lager des Schuldners, so hat der Lieferant in der Insolvenz ein Aussonderungsrecht. Zu Gunsten des Schuldners und mithin auch des (vorläufigen) Verwalters greift jedoch eine doppelte Vermutung ein: Nach § 1006 Abs. 1 BGB wird vermutet, dass Sachen, an denen der Schuldner Eigenbesitz hat, ihm gehören, und Eigenbesitz wird vermutet, wenn der Schuldner unmittelbarer Besitzer ist.

OLG Köln ZIP 1982, 1107, 1107 r. Sp.;
OLG Hamburg ZIP 1984, 348, 350 f;
BGH ZIP 1996, 1181, 1183 l. Sp.;
dazu EWiR 1996, 753 (Uhlenbruck).

367 Eine eigenständige Nachforschungspflicht des Verwalters besteht nicht. Er muss nur Rechte Dritter beachten, von denen er Kenntnis hat oder für deren Bestehen zumindestens konkrete Anhaltspunkte bestehen. Solche kon-

kreten Anhaltspunkte ergeben sich aber nicht daraus, dass es im Geschäftsleben üblich ist, nicht zugleich bezahlte Waren unter Eigentumsvorbehalt zu liefern.

> OLG Düsseldorf ZIP 1988, 450, 452 l. Sp.;
> dazu EWiR 1988, 391 (*Haug*);
> OLG Karlsruhe NZI 1999, 231, 232 r. Sp.:
> etwas sybillinisch dagegen
> BGH ZIP 2000, 895, 897 l. Sp.;
> dazu EWiR 2000, 643 (*Eckardt*).

Demnach besteht auch keine Veranlassung, weitergehende Anforderungen **368** an den Verwalter zu stellen, der einen Schuldner in einer Branche wie der Bauwirtschaft verwaltet, in der erfahrungsgemäß Eigentumsvorbehalte besonders verbreitet sind. Solche allgemeinen Kenntnisse und Erfahrungen ersetzen die konkrete und substantiierte Darlegung durch den Lieferanten nicht. Dies rechtfertigt sich nicht nur durch § 1006 Abs. 1 BGB, sondern auch dadurch, dass anderenfalls der Verwalter völlig mit Nachforschungspflichten überlastet wäre und sich vordringlichen Aufgaben nicht mehr widmen könnte.

Praxistipp:	**369**
Der Lieferant sollte deshalb die vertraglichen Vereinbarungen, insbesondere die maßgeblichen AGB, oder sonstige Umstände, auf die er sein Aussonderungsrecht stützt, schnellstmöglich nach Kenntnis von der Antragstellung dem vorläufigen Verwalter und dem Schuldner zuleiten und detailliert erklären, in welcher Weise die AGB einbezogen wurden und hinsichtlich **welcher** Gegenstände konkret ein Eigentumsvorbehalt geltend gemacht wird.	

Wenn der Lieferant seine Rechtsstellung und die betroffenen Gegenstände **370** zeitnah und substantiiert darlegt, kann dies eine schnelle Klärung mit anschließender Abholung der Vorbehaltsware durch den Lieferanten herbeiführen. Sofern trotz solcher detaillierter Darlegungen der (vorläufige) Verwalter die Rechte des aussonderungsberechtigten Lieferanten nicht wahrt, setzt er sich späteren Schadensersatzansprüchen (§ 21 Abs. 2 Nr. 1 i. V. m. §§ 60 f InsO; vgl. Rz. 398 ff) oder zumindest einem Verlangen des Lieferanten auf Ersatzaussonderung (§ 48 InsO) aus.

Befindet sich bei Verfahrenseröffnung die unter Eigentumsvorbehalt gelie- **371** ferte Ware noch beim Schuldner und ist nicht zwischenzeitlich der volle Kaufpreis entrichtet worden, so ist auch dieser Werklieferungs- oder Kaufvertrag beiderseits nicht vollständig erfüllt. Der Lieferant kann Klarheit über eine Erfüllungswahl des Verwalters durch Fristsetzung gemäß § 103 Abs. 2 Satz 2 InsO erlangen, wobei jedoch gemäß § 107 Abs. 2 Satz 1 InsO der Verwalter die Erklärung erst unverzüglich nach dem Berichtstermin abzugeben hat. Anderes gilt, wenn in dieser Zeit eine erhebliche Verminderung des Werts der Sache zu erwarten ist (§ 107 Abs. 2 Satz 2 InsO), was jedoch bei Baustoffen eher selten der Fall sein wird.

372 Da mit der Abholung von teilweise weit verstreut lagernden Baustoffen für den Lieferanten erheblicher Aufwand verbunden ist, mag er im Einzelfall diesen Zeitraum abwarten und erst danach bei ausbleibender Erfüllungswahl des Verwalters seine Vorbehaltsware abholen. Im Regelfall wird aber der bereits mehrfach angesprochene, für die Bauinsolvenz typische Konflikt auftreten, nämlich dass der Lieferant als Vertragspartner des Schuldners schnellstmögliche Klarheit wünscht, der Verwalter dagegen so schnell alle notwendigen Entscheidungen gar nicht treffen kann.

373 Es spricht viel dafür, dass im Ansatz auch unter der Insolvenzordnung die alte Rechtslage fortbesteht, wonach Lieferanten jedenfalls in der Phase nach Antragstellung und vor Verfahrenseröffnung die (kurzfristige) Herausgabe ihres Vorbehaltseigentums gegen den Schuldner/vorläufigen Verwalter durchsetzen und diesen Herausgabeanspruch durch einstweilige Verfügung (gerichtet auf ein Verbot der Entfernung und des Einbaus der Baustoffe) sichern können.

OLG Köln ZIP 1984, 89
(für Vermieterpfandrecht).

374 Eine einstweilige Verfügung setzt indessen einen Verfügungsgrund voraus: Daran fehlt es, wenn ein erfahrener vorläufiger Verwalter den praxisgerechten Vorschlag macht, die Vorbehaltsware weiterzuveräußern und 75 % des Erlöses zu Gunsten des Lieferanten zu hinterlegen, der Lieferant dem aber nicht zustimmt. Eine Gefährdung von dessen Herausgabeansprüchen ist nicht ersichtlich. Vielmehr ist davon auszugehen, dass der Verwalter das Vorbehaltseigentum dem Gesetz entsprechend respektiert und herausgibt.

OLG Düsseldorf ZIP 1983, 1097.

375 Allerdings sind Gegensteuerungsmöglichkeiten zu Gunsten des vorläufigen Verwalters in der Insolvenzordnung angelegt: Diese ergeben sich zwar nicht aus § 107 Abs. 2 InsO, da diese Norm erst im Zeitraum nach Verfahrenseröffnung eingreift und im Zeitraum davor keine Wirkungen, auch nicht mittelbar, hat.

A. A. *Rendels*, EWiR 2001, 279, 280.

376 Jedoch entfalten einstweilige Verfügungen und Urteile auf Herausgabe nur begrenzte Wirkung, wenn das Insolvenzgericht Maßnahmen der Zwangsvollstreckung gegen den Schuldner untersagt oder einstweilen einstellt (§ 21 Abs. 2 Nr. 3 InsO), um bis zur Entscheidung über den Insolvenzantrag eine den Gläubigern nachteilige Veränderung der Vermögenslage des Schuldners zu verhüten.

377 **Praxistipp:**

Definitiv rechtswidrig ist dagegen das eigenmächtige Abholen von Gegenständen, die auf Baustellen angeliefert worden sind. Je nach Interessen- und Beweislage werden sich solche Vorgänge allerdings manchmal nach dem Motto „Wo kein Kläger, da kein Richter" erledigen. Wer dagegen als Lieferant/Unternehmer bereits eingebaute Gegenstände, an denen der Grundstückseigentümer gemäß §§ 946 ff BGB Eigentum erlangt hat, wieder ausbaut und von der Baustelle entfernt, macht sich auch strafrechtlich verantwortlich und kann kaum auf Gnade hoffen.

3. Absonderungsrecht des Lieferanten aufgrund verlängerten Eigentumsvorbehalts (§ 51 Nr. 1 InsO)

Nur noch ein Absonderungsrecht steht dem Lieferanten zu, wenn die unter Vorbehaltseigentum gelieferten Waren vom Schuldner verarbeitet und eingebaut worden sind. Das Absonderungsrecht erfasst die gegen den Endkunden des Schuldners gerichtete Forderung.   378

Die Beweislast dafür, dass eine Forderung an ihn abgetreten ist, trifft den Lieferanten. Das gilt auch, wenn der Schuldner entgegen einer vertraglichen Verpflichtung keine Aufzeichnungen über die Endkunden gemacht hat. Diese Vertragsverletzung verleiht dem Lieferanten lediglich einen – als einfache Insolvenzforderung praktisch wertlosen – Schadensersatzanspruch (§ 280 Abs. 1 Satz 1 BGB). Diese schuldhafte Verletzung einer Nebenpflicht durch den Schuldner führt aber nicht zu einer Beweislastumkehr. Insbesondere ist es dem Lieferanten verwehrt, beliebige Forderungen des Schuldners gegen Endkunden in Anspruch zu nehmen und dem Verwalter die Beweislast dafür zuzuweisen, dass diese Forderungen nicht vom verlängerten Eigentumsvorbehalt erfasst seien.   379

BGH NJW 1978, 1632.

In derartige Beweisschwierigkeiten gerät der Lieferant in der Bauinsolvenz nicht, wenn er direkt an die jeweilige Baustelle anliefert und die nötigen Angaben (Adresse, Name des Endkunden) sich auf den Lieferscheinen/ Rechnungen/Auftragsbestätigungen des Lieferanten finden. Größere bis unlösbare Schwierigkeiten treten allerdings auf, wenn die Lieferungen an ein zentrales Lager des Schuldners erfolgten und nicht rekonstruierbar ist, auf welchen Baustellen das Material verbaut wurde.   380

Steht die Abtretung einer Forderung an den Lieferanten fest, stellen sich weitere Probleme: Die vom Schuldner oder später vom Verwalter gestellte Rechnung enthält neben den auf den Lieferanten entfallenden Anteilen im Regelfall Anteile anderer Lieferanten (mögen diese ebenfalls durch einen verlängerten Eigentumsvorbehalt abgesichert sein oder nicht), den Wert der Arbeitsleistung (Lohn- und Gehaltskosten sowie Leistungen der Subunternehmer), Geräte- und Baustelleneinrichtungskosten, allgemeine Geschäftskosten, Wagnis und Gewinn usw. Beim Pauschalpreisvertrag ohnehin nicht, im Regelfall aber auch beim Einheitspreisvertrag nicht werden die unter Eigentumsvorbehalt gelieferten und verarbeiteten Baustoffe in der Rechnung separat 1 : 1 ausgewiesen. Für die notwendige Aufteilung der das Material erfassenden Werklohnforderung des Schuldners wendet die Rechtsprechung § 471 BGB a. F. analog an.   381

BGH NJW 1959, 1681, 1682 r. Sp.;
BGH ZIP 1988, 175, 181;
dazu EWiR 1988, 241 (*M. Wolf*)
(auch zur Beweislast).

382 Dabei wird es in der Praxis ausreichen, vom Rechnungswert der in der jeweiligen Rechnung eingestellten Materialien auszugehen und diesen ins Verhältnis zum Gesamtbetrag zu setzen.

383 **Beispiel:**

Unter verlängertem Eigentumsvorbehalt gelieferter Beton mit einem Rechnungswert von 10.000 € fließt mit anderen schuldnerischen Leistungen in die vom Verwalter gelegte Schlussrechnung von 50.000 € ein. Anteil des Lieferanten gemäß § 471 BGB a. F. analog: 20 %.

384 Ob der Lieferant aus Rechungen (anteilige) Zahlung an sich beanspruchen kann, hängt entscheidend davon ab, ob und in welchem Zeitpunkt der Endkunde des Schuldners Zahlungen auf die Rechnungen leistet, die die Lieferungen umfassen. Aufgrund von Liquiditätsengpässen vor der förmlichen Insolvenzantragstellung ist der Schuldner meist bestrebt, seine Leistungen zeitnah mit Abschlagsrechnungen abzurechnen und schnellen Ausgleich durch den Endkunden zu erreichen. Wenn derartige Rechnungen die unter verlängertem Eigentumsvorbehalt gelieferten Baustoffe, die bereits eingebaut wurden, erfassen und der Endkunde hierauf Zahlung leistet, so ist die entsprechende Forderung des Vorbehaltsverkäufers erloschen (§§ 362 Abs. 1, 407 Abs. 1 BGB).

A. A. *Munz*, BauR 2003, 621, 624.

385 Der Lieferant hat deshalb gegen den Verwalter nur dann einen Anspruch auf anteilige Befriedigung aus der zur Insolvenzmasse gezogenen Restzahlung des Endkunden, wenn damit von ihm gelieferte Materialien bezahlt werden, die nicht schon durch die vorhergehenden Abschlagszahlungen vollständig getilgt worden sind.

LG Hamburg ZIP 1982, 87;
ähnlich für eine atypische Abtretungsklausel
LG Tübingen MDR 1990, 248.

386 Der vom LG Hamburg behandelte Fall war allerdings insoweit ungewöhnlich, als der Endkunde den offenen Restbetrag aus der Schlussrechnung ungeschmälert in die Insolvenzmasse bezahlte. Im Regelfall werden die Endkunden eine solche Schlussrechnung mit allen Einwendungen bekämpfen und allenfalls gekürzte Zahlungen leisten. Da der dem Lieferanten vorausabgetretene Forderungsteil mit der gesamten Restforderung untrennbar verbunden ist, wirkt sich diese Kürzung auf die dem Lieferanten zustehende Forderung aus: Zahlungen des Endkunden werden gemäß § 366 Abs. 2 BGB analog auf die Teilforderungen des Schuldners und des Lieferanten verhältnismäßig angerechnet.

BGH NJW 1991, 2629, 2630 l. Sp.

Anders ist es nur, wenn – praktisch kaum denkbar – der Endkunde eine 387
abweichende Tilgungsbestimmung trifft oder Schuldner und Lieferant etwas anderes, z. B. eine Rangabrede zu Gunsten des Lieferanten, vereinbaren.

Für den Lieferanten ist allerdings ein solcher Vorrang **ambivalent**, da er zu einem völligen Ausfall führen kann, wenn der Lieferant von den vor Antragstellung beim Schuldner eingegangenen Zahlungen nichts erhält, zugleich aber der Endkunde gemäß § 407 BGB von seiner Schuld freigeworden ist. Nützlich ist dagegen ein Vorrang, wenn es um Anspruchskürzungen und verzögerte Fälligkeit (z. B. Sicherheitseinbehalt) geht.

> BGH NJW 1991, 2629, 2630 r. Sp.

Um zu prüfen, welcher Betrag dem Lieferanten zusteht, ist also in drei 388
Schritten vorzugehen:

(1) Es ist zu klären, in welchem Umfange die Vorbehaltsware schon früher verarbeitet und (in Abschlagsrechnungen) abgerechnet worden ist und ob der Vertragspartner des Schuldners hierauf vor Insolvenzverfahrenseröffnung gezahlt hat. Falls ja, sind Ansprüche des Lieferanten erloschen.

(2) Falls nein, ist weiter zu prüfen, mit welchem Anteil (§ 471 BGB a. F. analog) zuletzt verarbeitete Vorbehaltsware in (Abschlags- oder Schluss-)Rechnungen des Schuldners abgerechnet ist, auf die der Vertragspartner des Schuldners noch **nicht** gezahlt hat.

(3) Dieser Betrag ist in dem Verhältnis zu kürzen, in dem der Vertragspartner des Schuldners überhaupt noch Zahlung auf die Restforderung an die Masse leistet (§ 366 Abs. 2 BGB analog).

Beispiel: 389

Der Baustofflieferant L. liefert unter verlängertem Eigentumsvorbehalt dem Schuldner Baustoffe im Rechnungswert von 10.000 €; eine Rangabrede zu Gunsten des L. wird nicht getroffen. Der Schuldner stellt keine Abschlagsrechnungen. Nach Verfahrenseröffnung legt der Verwalter gegenüber dem Endkunden des Schuldners Schlussrechnung über 70.000 €. Hiergegen erhebt der Endkunde berechtigte Einwendungen wie folgt: Sicherheitseinbehalt 3.500 €; Vertragsstrafe 7.000 €; Schadensersatzansprüche wegen Mängeln 20.000 €; Restfertigstellungsmehrkosten 11.500 €. Den Restbetrag von 28.000 € bezahlt der Endkunde an die Masse, den Sicherheitseinbehalt bezahlt er auf ein gemeinsames Sperrkonto. Aus dem an die Masse geflossenen Betrag steht dem L. sofort ein Teilbetrag von 4.000 € zu ([10.000 € : 70.000 €] x 28.000 €).

Wird später der Sicherheitseinbehalt vom Endkunden ungeschmälert freigegeben, steht hieraus wiederum dem L. ein Teilbetrag von 1/7 zu, also 500 €.

Dem Lieferanten stehen in diesem Zusammenhang auch Auskunftsansprü- 390
che gegen den Verwalter zu, die er notfalls klageweise durchsetzen muss. Bedenklich weit ist zu Gunsten des Lieferanten der Bundesgerichtshof,

> BGH ZIP 2000, 1061, 1064 f,

in einem zur Gesamtvollstreckungsordnung entschiedenen Fall gegangen: Demnach muss der Verwalter grundsätzlich Auskunft über den Verbleib der vom Lieferanten an den Schuldner unter Eigentumsvorbehalt gelieferten Waren erteilen, ohne dass in dem Urteil eine Beschränkung auf einen bestimmten Zeitraum der Lieferungen ersichtlich ist. In der Konsequenz der Entscheidung liegt es, dass der Verwalter sich mit hohem Aufwand über weit vor Antragstellung erfolgte und weiterverarbeitete/-veräußerte Lieferungen informieren müsste. Dies begründet der Bundesgerichtshof damit, dass eine Auskunftspflicht durch die zwischen dem Lieferanten und dem Schuldner geschlossenen Lieferverträge begründet worden ist. Derartige vor Eröffnung des Verfahrens begründete Verpflichtungen des Schuldners hat während des Verfahrens der Verwalter zu erfüllen.

391 Dabei wird jedoch verkannt, dass grundsätzlich schuldrechtliche Verpflichtungen des Schuldners in der Insolvenz keine Handlungspflicht des Verwalters auslösen, sondern allenfalls einfache, zur Tabelle anzumeldende Insolvenzforderungen darstellen. Der Lieferant müsste also seine nicht bezahlten Kaufpreisforderungen anmelden. Folgen kann man dem Bundesgerichtshof hingegen insoweit, als sich die Auskunftspflicht auf den Verbleib von Gegenständen bezieht, die nach Antragstellung noch im Besitz des Schuldners waren und hinsichtlich derer der Lieferant zeitnah dem vorläufigen Verwalter gegenüber sein vorbehaltenes Eigentum substantiiert hat.

392 Außerdem gestattet der Bundesgerichtshof dem Verwalter ausnahmsweise, den auskunftsberechtigten Lieferanten darauf zu verweisen, sich die verlangten Informationen durch Einsichtnahme in die Geschäftsunterlagen selbst zu beschaffen, wenn die Auskunftserteilung mit einem für ihn, den Verwalter, unzumutbaren Zeit- und Arbeitsaufwand verbunden wäre.

393 Die Entscheidung dürfte jedoch unter Geltung der Insolvenzordnung nicht aufrechtzuerhalten sein, da nunmehr § 167 Abs. 1 Satz 2, Abs. 2 InsO die diskutierten Fragen regelt.

Johlke/Schröder, EWiR 2001, 177, 178.

Insoweit sei zu den grundlegenden Neuregelungen der Insolvenzordnung in §§ 165 ff InsO folgendes angemerkt:

394 Der Verwalter darf die an den Vorbehaltsverkäufer zur Sicherung vorausabgetretenen Forderungen einziehen oder in anderer Weise verwerten (§ 166 Abs. 2 InsO). Zugleich hat er jedoch dem Vorbehaltsverkäufer auf Verlangen Auskunft über die Forderung zu erteilen oder ihm zu gestatten, Einsicht in die Bücher und Geschäftspapiere des Schuldners zu nehmen (§ 167 Abs. 2 InsO). Außerdem soll der Vorbehaltsverkäufer über § 169 InsO vor einer verzögerten Verwertung geschützt werden; es ist jedoch nicht recht ersichtlich, dass diese Vorschrift auch auf den ohnehin höchst schwierigen Forderungseinzug in der Bauinsolvenz sinnvoll anwendbar wäre.

Der Erlös ist gemäß §§ 170, 171 InsO zu verteilen, wobei die dort ausge-   395
wiesenen Pauschalbeträge von 4 % als Feststellungskosten und 5 % als
Verwertungskosten nicht etwa aus der gesamten zur Masse gezogenen
Werklohnforderung vorab zu berechnen und zu entnehmen sind, sondern
allein aus dem nach obigen Ausführungen zu berechnenden, dem Vorbehaltsverkäufer zustehenden Forderungsteil. Der außerdem gemäß § 171
Abs. 2 Satz 3 InsO anzusetzende Umsatzsteuerbetrag spielt dagegen keine
Rolle, da in der Einziehung einer zur Sicherung abgetretenen Forderung
kein steuerbarer Umsatz liegt.

Kübler/Prütting/Kemper, InsO, § 171 Rz. 15;
Landfermann, in: HK-InsO, § 171 Rz. 9.

Die Formulierung von § 171 Abs. 2 Satz 2 InsO zeigt, dass die pauschalen   396
Verwertungskosten von 5 % des Verwertungserlöses nach oben oder unten zu korrigieren sind, wenn sie tatsächlich erheblich niedriger/höher waren. Beweisbelastet ist die hierdurch jeweils begünstigte Seite.

Praxistipp: 397

Wegen der Einschaltung von Bausachverständigen, von spezialisierten
Rechtsanwälten usw. durch den einziehenden Verwalter liegen in der Bauinsolvenz die tatsächlichen und nachweisbaren Kosten oft weit über 5 % des
Verwertungserlöses. Es ist aber nicht nur eine Stilfrage, sondern meines Erachtens eine rechtliche Obliegenheit, den Lieferanten (ebenso den Global-
zessionar) über absehbare, ganz beträchtliche Erhöhungen von vornherein
zu informieren und ihn nicht erst nach Abschluss des Forderungseinzugs
erstmals mit außerordentlich hohen Kosten zu konfrontieren. Jedenfalls bei
beträchtlich über 5 % des absehbaren Verwertungserlöses liegenden Kosten
muss meines Erachtens der Lieferant/Globalzessionar das Recht haben, die
Verwertung eigenständig und kostengünstiger durch Personen seines Ver-
trauens durchzuführen.

4. **Schadensersatzansprüche gegen den (vorläufigen) Verwalter bei
schuldhafter Verletzung von Aus- oder Absonderungsrechten
(§§ 60 f, 21 Abs. 2 Nr. 1 InsO)**

a) **Haftung des Verwalters (§§ 60 f InsO)**

Die direkte Anwendung der §§ 60 f InsO gegen den Verwalter persönlich   398
wird eher selten relevant werden. Zieht er an den Lieferanten kraft verlängertem Eigentumsvorbehalt abgetretene Forderungen ein, so hat er den
Erlös gemäß §§ 170, 171 InsO auszukehren (vgl. §§ 51 Nr. 1, 50 InsO).
Daneben begründet der Verwalter durch die Einziehung eine Masseverbindlichkeit (§ 55 Abs. 1 Nr. 3 InsO, § 816 Abs. 2 BGB).

Kübler/Prütting/Pape, InsO, § 55 Rz. 63.

Bei dieser alternativen Anspruchsgrundlage sind allerdings zur Vermeidung   399
von Wertungswidersprüchen die §§ 170, 171 InsO analog anzuwenden.
Der Anspruch des Lieferanten ist also entsprechend zu kürzen.

400 Befinden sich vom Lieferanten unter Eigentumsvorbehalt gelieferte Waren bei Verfahrenseröffnung noch in der Masse und werden sie veräußert, so kann der Lieferant die Abtretung des Rechts auf die noch ausstehende Gegenleistung verlangen (§ 48 Satz 1 Alt. 2 InsO). Ist die Gegenleistung in die Insolvenzmasse geflossen und in der Masse unterscheidbar vorhanden, kann er sie aus der Masse verlangen (Ersatzaussonderung gemäß § 48 Satz 2 InsO). Auch wenn der Erlös auf ein im Kontokorrent geführtes allgemeines Konto des Verwalters gelangt, so unterliegt er der Ersatzaussonderung bis zur Höhe des in der Zeit danach eingetretenen niedrigsten Tagessaldos, wobei zwischenzeitliche Rechnungsabschlüsse mit Saldoanerkennung nicht entgegenstehen.

> BGH ZIP 1999, 626;
> dazu EWiR 1999, 707 (Canaris).

401 Fehlt es an der Unterscheidbarkeit i. S. d. § 48 Satz 2 InsO, entsteht jedenfalls eine Masseverbindlichkeit (§ 55 Abs. 1 Nr. 3 InsO, § 816 Abs. 1 Satz 2 BGB).

402 §§ 60 f InsO werden in diesen Fällen vor allem relevant, wenn sich in der Masse nicht mehr die notwendigen Mittel zum Ausgleich der gegen sie bestehenden Ansprüche des Lieferanten befinden und der Verwalter diesen Zustand schuldhaft herbeigeführt hat.

403 Beispiel:

> Der Verwalter V. zieht Forderungen ein, die an L. kraft verlängerten Eigentumsvorbehalts abgetreten waren. L. hat **davor** V. zeitnah und substantiiert über sein Absonderungsrecht informiert. Gleichwohl nimmt V. in der Folge Verteilungen an die Insolvenzgläubiger vor mit der Folge, dass er die berechtigten Ansprüche des L. nicht mehr aus der Masse bedienen kann. V. haftet aufgrund jedenfalls fahrlässigen Fehlverhaltens.
>
> Dagegen haftet V. nicht, wenn L. erstmals nach Abschluss der Verteilung sein Absonderungsrecht untermauert, da es am Verschulden fehlt – V. war das Absonderungsrecht nicht bekannt; eine eigenständige Nachforschungspflicht bestand nicht.

b) Haftung des vorläufigen Verwalters (§ 21 Abs. 2 Nr. i. V. m. §§ 60 f InsO analog)

404 Größere Bedeutung gewinnt die Haftung des vorläufigen Verwalters für schuldhaftes Fehlverhalten in der Phase zwischen Antragstellung und Verfahrenseröffnung. Dies liegt daran, dass durch Zahlungseingänge auf z. B. an einen Lieferanten abgetretene Forderungen, die in dieser Phase (also vor Verfahrenseröffnung) an den Schuldner und damit an die vorläufige Insolvenzmasse erfolgen, gegen die spätere (endgültige) Insolvenzmasse weder ein Anspruch des Lieferanten auf Ersatzaussonderung (§ 48 InsO) noch auf Erstattung einer ungerechtfertigten Bereicherung (§ 55 Abs. 1 Nr. 3 InsO, § 816 Abs. 2 BGB) begründet wird.

VIII. Sonderprobleme in der Insolvenz des Architekten

BGH ZIP 1998, 655, 658 l. Sp.;
dazu EWiR 1998, 695 (Undritz);
a. A. Kübler/Prütting/Prütting, InsO, § 48 Rz. 28.

Ungeachtet dessen hat der vorläufige ebenso wie der endgültige Verwalter **405**
die insolvenzspezifische Pflicht, die Rechte von Aus- und Absonderungsberechtigten zu wahren.

BGH ZIP 1998, 655, 658 r. Sp.;
BGH ZIP 2000, 895, 896 r. Sp.

In der Praxis scheitert eine Haftung des vorläufigen Verwalters jedoch **406**
häufig am fehlenden Verschulden.

Mangels eigener Nachforschungspflicht
fällt ihm Verschulden nur zur Last, wenn er zum Zeitpunkt der Veräuße-
rung eines im Vorbehaltseigentum des Lieferanten stehenden Gegenstands
oder des Geldeingangs zum Ausgleich einer abgetretenen Forderung das
Aus- oder Absonderungsrecht kennt oder fahrlässig (weil er z. B. die vom
Lieferanten substantiiert und rechtzeitig davor gegebenen Hinweise rechtlich falsch bewertet oder die Sachlage unzureichend aufklärt),

zu diesen beiden Aspekten
BGH ZIP 1998, 655, 658 r. Sp.,

nicht kennt. Dies zeigt erneut, wie wichtig es für Lieferanten ist, sofort
nach Antragstellung ihre Rechte gegenüber dem vorläufigen Verwalter
substantiiert und vollständig nachzuweisen.

VIII. Sonderprobleme in der Insolvenz des Architekten

§ 157 VVG gewährt dem Geschädigten in der Insolvenz seines Vertrags- **407**
partners eine privilegierte Rechtsstellung mit der Folge, dass der Geschädigte nicht mit einer quotalen Befriedigung durch die Masse und/oder den
Haftpflichtversicherer abgespeist, sondern – vorbehaltlich auch ihm gegenüber greifender versicherungsrechtlicher Einwendungen des Versicherers
aus dem Deckungsverhältnis –,

dazu etwa BGH VersR 1981, 328, 328 r. Sp.,

voll befriedigt wird. Wegen § 173 Abs. 1 InsO steht abweichend von
§§ 166 ff InsO das Verwertungsrecht nicht dem Verwalter, sondern dem
Geschädigten selbst zu.

In der Insolvenz eines Bauunternehmens hilft dies dem Geschädigten je- **408**
doch nur in Ausnahmefällen – die wirtschaftlich mit Abstand am bedeu-
tendsten Ansprüche wegen Mängeln sind nicht Gegenstand der Haftpflichtversicherung. Dagegen hat sie grundsätzlich für Fehlleistungen des
Architekten (z. B. fehlerhafte Planung oder Bauüberwachung) einzustehen, die sich in dem nach Vorgaben des Architekten errichteten Bauwerk
niederschlagen.

Kniffka/Koeble, 9. Teil, Rz. 125.

409 Indes tritt die Haftpflichtversicherung nicht für Ansprüche des Bestellers wegen Bauzeitproblemen (A IV 1 BBR) und wegen Kostenüberschreitungen/falscher Kostenermittlung (A IV 2 und 3 BBR) ein.

410 Für die Geltendmachung des Anspruchs aus § 157 VVG hat die Rechtsprechung dem zur Verwertung berechtigten (§ 173 Abs. 1 InsO) Geschädigten zwei „klassische" Wege eröffnet:

411 1. Der Geschädigte kann direkt gegen den Verwalter Zahlungsklage, allerdings beschränkt auf die Leistung aus der Versicherungsforderung, einreichen; eine vorherige Anmeldung der Forderung zur Insolvenztabelle ist nicht erforderlich.

> BGH ZIP 1989, 857, 857 r. Sp.;
> dazu EWiR 1989, 659 (*Littbarski*);
> OLG Hamburg OLGR 1997, 53, 54.

412 2. Der Geschädigte kann aber auch die Forderung zur Insolvenztabelle anmelden und nach Bestreiten durch den Verwalter auf Feststellung zur Insolvenztabelle gegen den Verwalter und parallel gegen den Versicherer auf Feststellung klagen, dass dieser zur Entschädigungszahlung verpflichtet ist, sobald der Anspruch vom Verwalter bzw. nach Verfahrensabschluss vom Schuldner anerkannt worden ist. Erst die rechtskräftige Feststellung der Forderung zur Insolvenztabelle ermöglicht es nämlich dem absonderungsberechtigten Geschädigten, gemäß § 154 Abs. 1 Satz 1 VVG Leistung des Versicherers an sich zu fordern.

> BGH VersR 1991, 414, 415.

Der Vorteil dieses Vorgehens liegt in Folgendem: Da das deutsche allgemeine Haftpflichtversicherungsrecht keinen Direktanspruch des Geschädigten gegen den Versicherer kennt, muss der Geschädigte zunächst den Haftpflichtprozess gegen den Schädiger selbst führen. Erst nach erfolgreichem Abschluss dieses Prozesses kann der Geschädigte sich die Ansprüche des Schädigers gegen den Versicherer aus dem Haftpflichtversicherungsvertrag pfänden und überweisen lassen, um nun den Haftpflichtversicherungsprozess gegen den Versicherer zu führen. Dieses letztere Erfordernis entfällt wegen § 157 VVG in der Insolvenz des Schädigers.

> *Johannsen*, r+s 1997, 309, 317 l. Sp.

413
> **Praxistipp:**
> Der Verwalter hat sowohl bei der Prüfung und Feststellung angemeldeter Forderungen als auch bei gerichtlicher Inanspruchnahme durch den Geschädigten die Obliegenheiten aus § 5 Nr. 5 AHB zu beachten, ist also im Ergebnis den Weisungen des Versicherers unterworfen. Anderenfalls riskiert er, dass – vorbehaltlich der Gegenregel des § 154 Abs. 2 VVG (Beispiel: BGH VersR 1981, 328, 329 r. Sp.) – der Deckungsschutz verloren geht (*Baumann*, in: Berliner Kommentar, VVG, § 157 Rz. 8; *Johannsen*, r+s 1997, 309, 317 l. Sp.)

Darüber hinaus bestehen weitere Klagemöglichkeiten des Geschädigten, 414
die jedoch nur unter deutlich größeren Schwierigkeiten zum erstrebten
wirtschaftlichen Erfolg – der Zahlung des Versicherers – führen und daher nicht empfehlenswert sind:

3. Der Geschädigte kann auf die Teilnahme am Insolvenzverfahren ver- 415
zichten und direkt gegen den Schuldner/Schädiger klagen. Dieser Klage
fehlt nicht das allgemeine Rechtsschutzbedürfnis, da der Verwalter die
Versicherungsforderung freiwillig aus der Insolvenzmasse freigeben
kann und ohnehin der Insolvenzbeschlag endet, wenn das Verfahren
aufgehoben oder eingestellt wird. Den Belangen des Versicherers wird
dadurch genügt, dass auch der Schuldner die Obliegenheiten kraft des
Versicherungsvertrags zu wahren hat.

> BGH ZIP 1996, 842;
> dazu EWiR 1996, 751 (*Pluta/Seichter*).

4. Ferner kann der Geschädigte gegen den Verwalter auf Abtretung der 416
Ansprüche aus dem Versicherungsvertrag mit dem Versicherer an sich
klagen.

> OLG Brandenburg ZInsO 2003, 183, 184 r. Sp.

Das OLG Brandenburg hat nicht erörtert, ob einem solchen Klagean-
trag trotz des Abtretungsverbots des § 7 Nr. 3 AHB stattgegeben werden darf. Aufgrund der dargestellten Funktion des § 157 VVG in der
Insolvenz des Schädigers dürfte dies aber zu bejahen sein.

Da aber durch ein solches Urteil die versicherungsrechtliche Bindungs- 417
wirkung des § 154 Abs. 1 Satz 1 VVG nicht herbeigeführt wird, droht
dem Geschädigten, einen weiteren Prozess gegen den Versicherer führen zu müssen.

> *Stiller*, ZInsO 2003, 207, 209.

Schwierig ist es für den Geschädigten, die im Verhältnis zwischen Ver- 418
sicherer und Schädiger/Verwalter laufende allgemeine kurze Verjährung
des § 12 Abs. 1 VVG in den Griff zu bekommen. Da das Verjährenlassen
des Haftpflichtversicherungsanspruchs durch den Schädiger/Verwalter
keine Verfügung i. S. v. § 156 Abs 1 Satz 1 VVG darstellt, ist der Geschädigte der vom Versicherer erhobenen Einrede der Verjährung ausgesetzt.

> *Johannsen*, r+s 1997, 309, 312 r. Sp.

Noch schwieriger ist die Behandlung von Erklärungen des Versicherers, in 419
denen dieser gemäß § 12 Abs. 3 Satz 2 VVG gegenüber dem Verwalter den
erhobenen Anspruch unter Angabe der mit dem Fristablauf verbundenen
Rechtsfolge ablehnt. Wird der Anspruch nicht innerhalb von sechs Monaten gerichtlich geltend gemacht, wird der Versicherer von der Leistungs-
pflicht frei (§ 12 Abs. 3 Satz 1 VVG).

420 Der Verwalter kann dazu verpflichtet sein, diese Erklärung des Versicherers schnellstmöglich an den Geschädigten weiterzuleiten, damit dieser seine Rechte wahren kann (wobei in dieser besonderen Situation wohl beide oben skizzierten „klassischen" Vorgehensweisen eine gerichtliche Geltendmachung i. S. v. § 12 Abs. 3 Satz 1 VVG darstellen, sicherer – da eher dem Wortlaut des Gesetzes entsprechend – aber der zweite Weg ist). Damit der Verwalter in Großinsolvenzen nicht über Gebühr mit allein im Interesse des Aussonderungsberechtigten liegenden Nachforschungen belastet wird, besteht diese Verpflichtung nur, wenn der Geschädigte dem Verwalter rechtzeitig und substantiiert belegt hat, dass er vom Schuldner in einem Sachverhalt geschädigt wurde, für den nach allgemeinen Erfahrungswerten ein Haftpflichtschutz besteht. Eine Aussage hierzu im Rahmen der Forderungsanmeldung reicht nicht aus, da dem Verwalter deren Überprüfung auf solche Informationen nicht zumutbar ist. Es bedarf vielmehr eines separaten Anschreibens mit deutlichem Hinweis.

421 Unterlässt der Verwalter dann gleichwohl die Information des Geschädigten, haftet er persönlich gemäß § 60 InsO, falls tatsächlich eine Forderung des Geschädigten durchsetzbar gewesen wäre. Rechtsprechung zu diesen Fragen existiert, soweit ersichtlich, nicht.

422 Aktiv vor den Gefahren aufgrund des § 12 Abs. 3 VVG und der allgemeinen Verjährung schützen kann sich der Geschädigte durch die vorweggenommene Deckungsklage gegen den Versicherer: Er muss beantragen festzustellen, dass der Versicherer dem Schädiger (also dem an die Stelle des Schuldners gerückten Verwalter) Deckungsschutz zu gewähren habe. Das Feststellungsinteresse liegt z. B. darin, dass wegen Untätigkeit des Versicherungsnehmers (Schuldners/Verwalters) die Gefahr besteht, dem Geschädigten könne der Deckungsanspruch als Befriedigungsobjekt verloren gehen. In diesem vorweggenommenen Deckungsprozess ist grundsätzlich auf die Behauptungen des Geschädigten abzustellen und nicht über den Haftpflichtanspruch selbst zu entscheiden.

BGH NJW-RR 2001, 316.

423 Konsequenterweise hat der Geschädigte auch einen direkten Anspruch gegen den Versicherer auf Auskunft über den Gegenstand und Umfang des Versicherungsschutzes, zumal wenn die sonstigen Voraussetzungen eines Anspruchs auf abgesonderte Befriedigung gemäß § 157 VVG bereits feststehen.

OLG Düsseldorf NZI 2002, 262.

B. Insolvenz des Bestellers

I. Vorbemerkung

Für Unternehmer hat die Insolvenz des Bestellers meist wesentlich **424** schwerwiegendere Konsequenzen als in der umgekehrten, oben behandelten Konstellation, was an der faktischen Vorleistungspflicht (Bauen auf fremdem Grund mit originärem Eigentumsübergang auf den Grundstückseigentümer; Abschlags- und Schlusszahlungszufluss erst im Nachgang zur Leistungserbringung) liegt. Deshalb bestehen in der Regel bei Insolvenzen fast immer erhebliche Zahlungsrückstände; die dem Besteller gegebenen Aufrechnungs- bzw. Verrechnungsmöglichkeiten hat der Unternehmer nicht. Umso wichtiger ist eine frühzeitige Absicherung der Ansprüche durch vertraglich vereinbarte oder auf Grundlage von § 648a BGB gestellte Sicherheiten bzw. wenigstens durch eine Kreditversicherung.

II. Handlungsmöglichkeiten des Unternehmers im Zeitraum nach Antragstellung und vor Verfahrenseröffnung

In diesem Zeitraum besteht das Vertragsverhältnis unverändert fort. Ebenso **425** wie der Besteller in der Insolvenz des Unternehmers hat aber der Unternehmer das Bedürfnis, Klarheit über seine Leistungspflichten zu erhalten, um größere Schäden zu vermeiden und Personal und Materialien anderweitig einsetzen zu können.

§ 16 Nr. 5 Abs. 5 VOB/B gewährt dem Unternehmer ein Leistungsverwei- **426** gerungsrecht, solange der Besteller trotz Nachfristsetzung fällige (Abschlags-)Rechnungen nicht bezahlt hat. Eine endgültige Klärung durch Kündigung kann jedoch der Unternehmer nur über § 9 VOB/B erreichen, wenn

(1) der Besteller eine fällige Zahlung nicht leistet oder sonst in Schuldnerverzug gerät,

(2) der Unternehmer dem Besteller ohne Erfolg eine angemessene Frist zur Vertragserfüllung setzt und erklärt, dass er nach fruchtlosem Ablauf der Frist den Vertrag kündigen werde, und

(3) der Unternehmer die Kündigung schriftlich erklärt.

Weder die VOB/B noch das BGB sehen vor, dass allein wegen des Insol- **427** venzantrags des Bestellers ein Unternehmer dazu berechtigt ist, den Bauvertrag fristlos zu kündigen. Insbesondere die VOB/B kennt keine dem § 8 Nr. 2 VOB/B nachgebildete, zu Gunsten des Unternehmers geltende Klausel. Abzulehnen ist daher und wegen der nachfolgend dargestellten Spezialvorschriften des BGB die ältere Rechtsprechung des OLG München,

OLG München BauR 1988, 605, 606 l. Sp.;
i. E. zust. zu OLG München dagegen
Heidland, Rz. 144a,

dass eine Vergleichsanmeldung (nach altem Recht, vergleichbar einem Insolvenzantrag) des Bestellers die weitere Vertragsdurchführung mit unzumutbaren Risiken belastet und eine Kündigung des Unternehmers aus
wichtigem Grund rechtfertigt.

428 In korrekter Weise, allerdings deutlich langsamer vom Vertrag lösen kann
sich der Unternehmer indes über § 648a BGB (ähnliche Funktionsweise:
§ 321 BGB). Hieraus ergibt sich das unabdingbare Recht des Unternehmers, vom Besteller (von den Personengruppen gemäß Absatz 6 abgesehen) Sicherheit für die von ihm zu erbringenden Vorleistungen zu verlangen, indem er dem Besteller zur Leistung der Sicherheit eine angemessene
Frist mit der Erklärung setzt, dass er nach Ablauf der Frist seine Leistung
verweigern werde. Sofern der vorläufige Verwalter und der Schuldner nicht
besonderes Interesse an der weiteren Leistung des Unternehmens haben
und entsprechende Klärungen erzielt werden können, wird die Frist
fruchtlos verstreichen. Dies berechtigt den Unternehmer zunächst nur zur
Leistungsverweigerung. Der Unternehmer kann jedoch gemäß §§ 648a
Abs. 5 Satz 1, 643 BGB Nachfrist zusammen mit der Erklärung setzen,
dass er den Vertrag kündige, wenn die Sicherheit nicht bis zum Ablauf der
Nachfrist geleistet werde. Mit fruchtlosem Fristablauf gilt der Vertrag
dann als aufgehoben (§ 643 Satz 2 BGB); einer zusätzlichen Kündigungserklärung bedarf es nicht, wenn auch eine solche unschädlich ist.

429 Der Unternehmer ist also nicht darauf angewiesen, eine spätere Erfüllungswahl des Verwalters abzuwarten; er hat Anspruch auf Vergütung der
geleisteten Arbeit, Ersatz der in der Vergütung nicht inbegriffenen Auslagen und Anspruch auf Ersatz des Schadens, den er dadurch erleidet, dass
auf die Gültigkeit des Vertrags vertraut hat (§§ 648a Abs. 5 Sätze 2 und 4,
645 Abs. 1 BGB).

430 Bei Vertragsketten eröffnen § 9 Nr. 1 a), Nr. 2 VOB/B, §§ 642 Abs. 1, 643
BGB dem Nachunternehmer die Möglichkeit, sich sehr schnell vom Vertrag mit dem Besteller = Generalunternehmer zu lösen. Hat der Bauherr
seinen Vertrag mit dem Generalunternehmer gemäß § 8 Nr. 2 Abs. 1
VOB/B gekündigt, haben zwangsläufig der Generalunternehmer und die
ihm zuzurechnenden Nachunternehmer keinen Anspruch mehr darauf, die
Baustelle noch zum Zwecke der Baufertigstellung zu betreten. Da mithin
der Generalunternehmer gegenüber dem Nachunternehmer nicht mehr
seiner Bereitstellungspflicht hinsichtlich des Grundstücks genügen kann,
ist der Anwendungsbereich der zitierten Regelungen eröffnet. Da die
Baustelle schnell fortzuführen ist und Vertragsfristen laufen, kann der
Nachunternehmer enge Fristen setzen zusammen mit der Ankündigung,
dass er nach fruchtlosem Ablauf den Verrag kündigen werde, und nach
Fristablauf den Vertrag berechtigt kündigen.

Praxistipp: 431

Dringend abzuraten ist von öffentlichkeitswirksamen Baustellenräumungen, wie sie im November 1999 anlässlich des ersten, später wieder zurückgenommenen Insolvenzantrags der Philipp Holzmann AG von verärgerten Subunternehmern vor laufender Kamera vorgeführt wurden. Ohne rechtlich abgesichertes Leistungsverweigerungsrecht oder berechtigte Kündigung sind solche Aktionen rechtswidrig, was gravierende Schadensersatzforderungen nach sich ziehen kann, wenn der totgesagte Besteller länger lebt.

Ebenso ist es rechtswidrig, wenn der Unternehmer die von ihm im Auftrag des Schuldners bereits eingebauten Materialien, die wesentliche Bestandteile des Gebäudes (§ 94 Abs. 2 BGB) geworden sind (Folge: originärer Eigentumsübergang auf den Grundstückseigentümer), wegen des Insolvenzantrags des Schuldners wieder ausbaut: Der Grundstückseigentümer hat dann einen Schadensersatzanspruch gegen den Unternehmer in Höhe der Kosten, die zur Wiederherstellung bei wirtschaftlich vernünftigem Vorgehen aufgewendet werden müssen (OLG Düsseldorf NZI 2002, 102).

III. Vertragssuspendierung gemäß § 103 InsO

Grundsätzlich gelten die Ausführungen zur Insolvenz des Unternehmers 432
entsprechend (siehe Rz. 76 ff).

Sofern der Unternehmer sich in der Phase vor Verfahrenseröffnung in der 433
soeben beschriebenen Weise bereits vom Vertrag gelöst hat, ist für § 103
InsO (analog) nur noch ein schmaler Anwendungsbereich eröffnet, nämlich insoweit, als den bis zum Zeitpunkt der Kündigung erbrachten Leistungen des Unternehmers Mängel anhaften, hinsichtlich derer der Besteller
einen Nacherfüllungsanspruch hat.

Ingenstau/Korbion/Locher/Vygen, VOB, § 9 Nr. 3 B Rz. 6.

Besteht der Vertrag als solcher noch, so kommt § 105 Satz 1 InsO beson- 434
dere Bedeutung zu:

Der Verwalter kann seine Erfüllungswahl auf die ausstehende Restleistung 435
des Unternehmers beschränken und ist lediglich zur Zahlung des hierauf
entfallenden Vergütungsteils verpflichtet; die Rückstände aus dem davor
liegenden Zeitraum haben nur den Rang einer Insolvenzforderung. Dieses
Recht des Verwalters kann der Unternehmer dadurch vereiteln, dass er vor
Verfahrenseröffnung den Vertrag kündigt.

Beispiel: 436

Bei einem Vertrag über Fensterbauarbeiten sind 200 Fenster eingesetzt, wobei der Besteller hierauf noch 100.000 € zu bezahlen hat. Gemäß Vertrag
sind weitere 50 Fenster noch zu erledigen, wobei nach den Vertragspreisen
dies inklusive Nebenkosten 30.000 € kosten wird. Wenn der Verwalter vom
Unternehmer die Teilerfüllung verlangt, muss er die Restleistung in voller
Höhe aus der Masse bezahlen, während die Forderung für die Leistungen
davor einfache Insolvenzforderung ist und lediglich zur Tabelle angemeldet
werden kann.

IV. Forderungsanmeldung und Sicherheitseinbehalt

1. Förmliche Anforderungen an die Forderung

437 Der Unternehmer ist auch in der Insolvenz des Bestellers nicht der Mühe enthoben, eine prüffähige Rechnung gemäß § 14 Nr. 1 VOB/B als Grundlage seiner Forderungsanmeldung einzureichen. Dabei kann er folgende Positionen geltend machen:

(1) Ist der Vertrag vom Unternehmer vor Verfahrenseröffnung gemäß § 9 VOB/B gekündigt worden, kann er die bisherige Leistung nach den vertraglichen Preisen abrechnen und muss bei einem Pauschalpreisvertrag die Grundsätze der BGH-Rechtsprechung (siehe Rz. 117 ff) beachten. Außerdem kann er einen Anspruch auf angemessene Entschädigung gemäß § 642 BGB und weitergehende Ansprüche geltend machen.

(2) Hat der Unternehmer auf Grundlage von §§ 648a Abs. 5, 643 BGB vor Verfahrenseröffnung gekündigt, kann er mit Schlussrechnung und Forderungsanmeldung den der geleisteten Arbeit entsprechenden Teil der Vergütung und Ersatz der in der Vergütung nicht inbegriffenen Auslagen verlangen sowie Ersatz des Schadens begehren, den er dadurch erlitten hat, dass er auf die Gültigkeit des Vertrags vertraut hat. Letzter Anspruch berechnet sich nach der gesetzlichen Vermutung des § 648a Abs. 5 Satz 4 BGB mit 5 % der Vergütung.

(3) Wird der Vertrag erst mit Verfahrenseröffnung gemäß § 103 InsO suspendiert und wählt der Verwalter keine Erfüllung, so kann der Unternehmer seinen Schadensersatzanspruch wegen Nichterfüllung geltend machen. Hierfür erscheint es sachgerecht, die Maßstäbe des § 649 BGB heranzuziehen, so dass der Unternehmer die gesamte vereinbarte Vergütung abzüglich ersparter Aufwendungen und anderweitig erwerbbaren Verdiensts geltend machen kann. Die Anforderungen an die Abrechnung des Unternehmers hat der Bundesgerichtshof zuletzt etwas zurückgeschraubt.

> BGH ZIP 1999, 536;
> dazu EWiR 2000, 165 (*Wenner*).

438 Formaljuristisch erweist sich also die Rechtsfolge für den Unternehmer in der Fallgruppe (3) günstiger als in den Fallgruppen (1) und (2). Da es sich jedoch nach jeder Betrachtungsweise nur um Insolvenzforderungen handelt, für die allenfalls eine geringe Quote zu erwarten ist, dürfte es für den Unternehmer wesentlich wichtiger sein, dass er in den Fallgruppen (1) und (2) schneller Klarheit über das weitere Schicksal seines Vertrags erlangt. Ohnehin sind die Anforderungen der Rechtsprechung an die Darlegung ersparter Aufwendungen sehr hoch, so dass der Unternehmer sich meist auf die Abrechnung der erbrachten Leistung beschränken kann.

Praxistipp:

439

Es zeigt sich immer wieder, dass Insolvenzgläubiger mit einer korrekten Forderungsanmeldung überfordert sind und deshalb völlig vermeidbarer Schriftwechsel nötig wird. Zu beachten ist folgendes: Die Anmeldung kann erst **nach** Eröffnung des Verfahrens erfolgen, also nicht bereits nach Antragstellung. Anders als unter Geltung der Konkursordnung ist nach der Insolvenzordnung die Anmeldung beim Insolvenzverwalter vorzunehmen. Gemäß § 174 Abs. 1 Satz 2, Abs. 2 InsO sind die Forderungen dem Grund und der Höhe nach detailliert darzulegen, wobei Belege beizufügen sind. Unterbleibt dies, ist die Anmeldung zwar nicht unwirksam; sie kann – und wird in der Regel – aber vom Verwalter zulässigerweise bestritten werden (OLG Hamburg KTS 1975, 43, 44).

Für die formell unangreifbare Anmeldung von Unternehmerforderungen genügt also nicht die bloße Vorlage der Rechnung, sondern ist auch mindestens der Vertrag komplett vorzulegen (umfängliche Aufmaßunterlagen dagegen erst, wenn sie vom Verwalter erbeten werden). Bei nicht erledigten Mängelansprüchen genügt es nicht, wenn der Besteller als Insolvenzgläubiger lediglich ein Blatt mit einer Kostenschätzung vorlegt; vielmehr ist auch zu dem Bauvertrag, der Abnahme, den Mängelsymptomen vorzutragen. Nach geltendem Recht besteht nämlich keine Pflicht des Verwalters, sich diese Unterlagen zusammenzusuchen; er ist dazu angesichts unvollständiger/nicht auffindbarer Akten des Schuldners oft nicht in der Lage. Im Übrigen versenden jedenfalls erfahrene und große Verwalter an die aus den Unterlagen des Schuldners ersichtlichen Insolvenzgläubiger Formblätter mit Hinweisen zur Anmeldung, die im Interesse beschleunigter Abwicklung zu beachten sind.

Wird die Anmeldefrist versäumt, führt dies – anders als früher nach § 14 GesO – nicht zum Rechtsverlust. Für nachträgliche Anmeldungen ist gegebenenfalls ein gesonderter Prüfungstermin anzuberaumen, wobei dessen Kosten u. U. der verspätet Anmeldende zu tragen hat.

Da anders als die Konkursordnung die Insolvenzordnung keine Vorrechte z. B. des Fiskus mehr kennt, scheint prinzipiell denkbar, dass auch in den chronisch massearmen Bauinsolvenzen eine minimale Quote auf einfache Insolvenzforderungen entfällt. Großer Aufwand im Zusammenhang mit der Forderungsanmeldung (insbesondere Einholung baubetriebswirtschaftlicher oder Mängelgutachten) sollte jedoch vermieden werden, da meistens die Kosten in keinem Verhältnis zum tatsächlichen Ertrag (Insolvenzquote) stehen.

2. Behandlung eines Sicherheitseinbehalts und der vom Unternehmer gestellten Bürgschaften

War zwischen Unternehmer und Schuldner ein Sicherheitseinbehalt ver-   440
einbart, scheint auf den ersten Blick § 41 InsO einschlägig, so dass der hierauf entfallende Betrag abzuzinsen wäre. Tatsächlich kann aber der Unternehmer auch diesen Betrag in voller Höhe anmelden und muss der Verwalter ihn vollständig anerkennen. Dies ergibt sich aus folgendem:

Gemäß § 17 Nr. 6 Abs. 3 Satz 2 VOB/B, der in der Regel nicht abbe-   441
dungen ist, kann der Unternehmer durch Nachfristsetzung die sofortige Fälligkeit des Sicherheitseinbehalts herbeiführen, wenn der Besteller ihn nicht auf ein gemeinsames Sperrkonto einbezahlt. Eine solche Nachfrist

könnte der Unternehmer auch gegenüber dem Verwalter mit der sicher absehbaren Folge setzen, dass der Verwalter keine Zahlung leistet, da hierin die 100 %ige Sicherstellung einer Insolvenzforderung liegen würde. Der Verwalter würde wegen seiner zwingenden gesetzlichen Pflichten einer solchen Nachfristsetzung nicht entsprechen dürfen. Mithin ist die Fallgruppe einschlägig, dass die Nachfristsetzung als fruchtlose Förmlichkeit entbehrlich ist, wenn das Verhalten des Bestellers erkennen lässt, dass er zur Einzahlung des Einbehalts auf ein Sperrkonto nicht bereit ist.

> *Staudinger/Peters*, BGB, § 641 Rz. 60.

442 Daher muss der Verwalter die Forderung des Unternehmers, sofern prüffähig abgerechnet, in **voller** Höhe zur Tabelle feststellen.

> I. E. ebenso *Bähr/Hermann*, Rz. 192.

443 Gegen diese Lösung hat *Heidland*,

> *Heidland*, Rz. 321,

eingewandt, sie verkenne, dass die Forderung auf Einzahlung des Einbehalts auf Sperrkonto selbst nur eine Insolvenzforderung sei, und es widerspreche insolvenzrechtlichen Grundsätzen, dass der Schuldner durch die Verfahrenseröffnung Rechte gegenüber dem Unternehmer als Gläubiger verliere. Diese Kritik ist unzutreffend: Gerade weil es sich um eine Insolvenzforderung handelt, kann der Verwalter sie nicht erfüllen – und deshalb ist eine Nachfristsetzung des Unternehmers entbehrlich. Auch kommt es nicht durch die Verfahrenseröffnung zum Rechtsverlust des Verwalters, sondern durch die an das Parteiverhalten anknüpfende, wirksam vor Verfahrenseröffnung vereinbarte Fälligkeitsregelung des § 17 Nr. 6 Abs. 3 Satz 2 VOB/B, an die der Verwalter gebunden ist, der den Vertrag so hinnehmen muss, wie er ihn vorfindet.

444 Übergibt der Unternehmer dem Schuldner vor Verfahrenseröffnung eine Mängelbürgschaft zur Ablösung des Sicherheitseinbehalts, den der Schuldner nicht ausbezahlt, kann der Unternehmer nach Auffassung des OLG München,

> OLG München NJW-RR 1998, 992,

vom Verwalter nicht die Herausgabe der Bürgschaftsurkunde verlangen, sondern lediglich das Anerkenntnis, dass Ansprüche aus der Bürgschaft nicht bestehen. Wegen der Nichtauszahlung des Sicherheitseinbehalts hatte der Unternehmer gegen den Schuldner vor Verfahrenseröffnung einen Anspruch aus ungerechtfertigter Bereicherung, gerichtet auf Rückgabe der Bürgschaftsurkunde, der allerdings in der Insolvenz kein Aussonderungsrecht verleiht, sondern eben nur den Anspruch auf das Anerkenntnis. Hingegen bejaht das OLG Brandenburg,

> OLG Brandenburg ZIP 1999, 116;
> dazu EWiR 1998, 1049 (*C. Schmitz*);
> ebenso LG Bremen BauR 2003, 1914, 1915,

einen Anspruch des Unternehmers gegen den Verwalter auf Herausgabe der Originalbürgschaftsurkunde. Da die Bürgschaft nur noch eine wirtschaftlich wertlose Formalposition darstellt, ist die Weigerung des Verwalters, sie herauszugeben, eine unzulässige Rechtsausübung (§ 242 BGB).

Wenn auch die Rechtsprechung des OLG München dogmatisch eher über- 445 zeugt, ist dem OLG Brandenburg in seiner wirtschaftlichen Betrachtungsweise zuzustimmen. Da die Unternehmer durch die Insolvenz des Bestellers ohnehin genug geschädigt sind, sollte es vornehmste Aufgabe eines Verwalters sein, unaufgefordert möglichst umgehend nach Verfahrenseröffnung nicht ausbezahlte Mängelbürgschaften an die betroffenen Unternehmer zurückzugeben.

Anders verhält es sich mit ordnungsgemäß ausbezahlten Mängel- 446 bürgschaften. Aus der Insolvenz des Bestellers folgt kein Anspruch des Unternehmers auf vorzeitige Rückgabe. Vielmehr muss er den Ablauf der Verjährungsfrist für die Mängelansprüche abwarten (§ 17 Nr. 8 Abs. 2 VOB/B).

Praxistipp: 447

Um eine schnelle Rückgabe durch den Verwalter zu erlangen, sollte der Unternehmer mit seiner Anforderung folgende Unterlagen in Kopie vorlegen:

– Bürgschaft;

– Abnahmeprotokoll oder sonstige Unterlagen, aus denen sich der Beginn der Verjährungsfrist ergibt (z. B. Fertigstellungsanzeige, Schlussrechnungsprüfung durch den Schuldner mit zur Auszahlung anerkanntem Betrag);

– vertragliche Regelungen zur Verjährung, falls eine Verjährung unterhalb der üblichen fünf Jahre vereinbart worden war.

---

3. Bauabzugsteuer bei der Quotenauszahlung

Die §§ 48 ff EStG (vgl. Rz. 146 ff) sind auch auf die Quotenauszahlung 448 durch den Verwalter anzuwenden.

Heidland, ZInsO 2001, 1095, 1096;
Drenckhan, ZInsO 2003, 405, 407 ff.

Maßgeblich für die Frage (vgl. § 48 Abs. 2 Satz 1 Nr. 2 EStG), ob der Abzug vorzunehmen ist, ist nicht der angemeldete Betrag, sondern die zur Auszahlung gelangende Quote.

Beispiel: 449

Im 2003 eröffneten Insolvenzverfahren über das Vermögen von S melden dessen frühere Unternehmer Forderungen für die 2002 erbrachten Bauleistungen mit (vom Verwalter festgestellten) Ausgangsbeträgen von brutto 200.000 € (G 1) bzw. 100.000 € (G 2) an. Die Quote beträgt 3 %. Mithin ist nur für G 1 der maßgebliche Schwellenwert von 5.000 € überschritten, so dass auf ihn die §§ 48 ff EStG anzuwenden sind.

450 Unterstellt, dass §§ 48 ff EStG auch in mehreren Jahren noch gelten, hat dies folgende missliche Konsequenz: G 1 und andere betroffene Gläubiger werden in der Regel eine Freistellungsbescheinigung erhalten. Legen sie diese bereits mit der Forderungsanmeldung vor, so wird die Geltungsdauer der Freistellungsbescheinigung (vgl. § 48b Abs. 3 Nr. 3 EStG) zum Zeitpunkt der Quotenauszahlung meist abgelaufen sein, da sich die Abwicklung jedenfalls größerer Bauinsolvenzen oft über deutlich mehr als fünf Jahre hinzieht. Zur Vermeidung einer Eigenhaftung (§ 48a Abs. 3 Satz 1 EStG) muss daher der Verwalter vor Auszahlung aktuelle Freistellungsbescheinigungen anfordern oder, falls diese nicht vorgelegt werden, das für den 15 %igen Abzug zuständige Finanzamt des Gläubigers ermitteln.

451 | Praxistipp:
Damit die steuerlichen Pflichten bei Ausschüttung und Verfahrensabschluss gegenwärtig sind, sind die Forderungen für erbrachte Bauleistungen in der Insolvenztabelle zu kennzeichnen (*Drenckhan*, ZInsO 2003, 405, 407).

452 Nicht unter die §§ 48 ff EStG fallen hingegen Schadensersatzforderungen wegen Nichterfüllung (§ 103 Abs. 2 InsO) und aus anderen Rechtsgründen.

Drenckhan, ZInsO 2003, 405, 409.

453 Besondere Probleme stellen sich, wenn der Verwalter oder der anmeldende Auftragnehmer bei unter §§ 48 ff EStG fallenden Bauforderungen die Aufrechnung erklärt.

Dazu detailliert
Drenckhan, ZInsO 2003, 405, 407.

V. Besonderheiten für den Subunternehmer in der Insolvenz seines Auftraggebers

1. Direktzahlungen des Bauherrn an den Subunternehmer des insolventen Unternehmers

454 Typisch für die heutige Baupraxis sind die „Kettenverträge" (z. B. Bauherr – Generalunternehmer – Subunternehmer – Sub-Subunternehmer). Aufgrund zwingenden Insolvenzrechts kommt es hier nach Verfahrenseröffnung über das Vermögen des Generalunternehmers oft zu Rechtsfolgen, die aus Sicht des Subunternehmers schwer nachvollziehbar sind.

455 Dazu folgendes Beispiel:
Der Schuldner hat als Generalunternehmer mit dem Bauherrn einen Vertrag über die Erbringung von Kanalbauarbeiten geschlossen auf Grundlage der VOB/B. Das Vertragsvolumen beläuft sich auf 700.000 € brutto. Die Leistungen werden vom Generalunternehmer vollständig an einen Subunternehmer weitervergeben, der sie zu Vertragspreisen von 650.000 € brutto (also mit dem üblichen Abschlag zu Gunsten des Generalunternehmers) ausführen soll und dies tatsächlich auch erledigt, ohne jedoch durch Vorauszahlungen oder Bürgschaften abgesichert zu sein. Ist die Leistung ordnungsge-

mäß erbracht, kann der Verwalter über das Vermögen des Generalunternehmers den vollen Werklohn von 700.000 € vom Bauherrn fordern und zur Masse ziehen, während der Subunternehmer, der die Leistungen tatsächlich erbracht hat, lediglich eine Insolvenzforderung zur Tabelle anmelden kann.

Einen Lösungsweg für den Subunternehmer scheint (der in der VOB/B 456 2002 grundlegend geänderte) § 16 Nr. 6 VOB/B aufzuzeigen: Demnach kann der Subunternehmer an den Auftraggeber des Generalunternehmers herantreten und diesen darum bitten, unter Einhaltung der dortigen formalen Voraussetzungen Zahlungen für Leistungen des Subunternehmers direkt an ihn mit befreiender Wirkung gegenüber dem Generalunternehmer zu leisten.

Möglich ist ein solches Vorgehen jedoch nur, wenn die VOB/B als Ganzes 457 in den betreffenden Bauvertrag zwischen Bauherrn und Generalunternehmer einbezogen worden ist, da § 16 Nr. 6 VOB/B sonst gegen gesetzliche Leitbilder verstößt und gemäß § 307 BGB unwirksam ist.

BGH ZIP 1990, 1004 = BauR 1990, 727;
dazu EWiR 1991, 197 (Siegburg).

Ebenso hat der Bundesgerichtshof entschieden, dass die Möglichkeit des 458 Bauherrn, mit für ihn befreiender Wirkung an den Subunternehmer Zahlung zu leisten, mit der Eröffnung des Insolvenzverfahrens über das Vermögen des Unternehmers endet.

BGH BauR 1986, 454.

Aber auch im Zeitraum vor förmlicher Verfahrenseröffnung erlischt das 459 Recht des Bauherrn, mit schuldtilgender Wirkung an Subunternehmer des Generalunternehmers zu leisten, wenn das Insolvenzgericht gegen letzteren ein allgemeines Veräußerungsverbot erlässt und der Bauherr das Veräußerungsverbot kennt:

Die vertragliche Ermächtigung nach § 16 Nr. 6 VOB/B allein lässt die 460 Werklohnforderung noch nicht aus dem Vermögen des Generalunternehmers ausscheiden. Dieser bleibt Inhaber der Forderung, bis der Bauherr von der Ermächtigung, sie durch Zahlung an den Subunternehmer des Generalunternehmers zum Erlöschen zu bringen, Gebrauch macht. Erst hierin liegt eine Verfügung über die Forderung. Da ihre Wirksamkeit auch auf der Ermächtigung durch den Generalunternehmer beruht, darf dieser in dem Zeitpunkt, in dem der Bauherr an den Subunternehmer zahlt, in seiner Verfügungsbefugnis nicht beschränkt sein. Nur beides zusammen – Verfügung und Ermächtigung – können die Änderung der Rechtslage herbeiführen.

BGH ZIP 1999, 1269.

Im vom Bundesgerichtshof entschiedenen Fall wusste der Besteller vom 461 Veräußerungsverbot, so dass der Bundesgerichtshof offen lassen konnte, wie bei (fahrlässiger) Nicht-Kenntnis des Bestellers zum Zeitpunkt der Zahlung zu entscheiden wäre. Sofern man in dieser Fallgruppe der Zahlung des Bestellers befreiende Wirkung im Verhältnis zur Insolvenzmasse beimessen wollte, sind jedoch die §§ 24 Abs. 1, 21 Abs. 2 Nr. 2 i. V. m. § 82 InsO zu prüfen. Bei Zahlung nach öffentlicher Bekanntmachung (§ 23 Abs. 1 Satz 1 InsO) des Beschlusses, der das Veräußerungsverbot anordnet, muss also der Besteller beweisen, dass er vom Veräußerungsverbot nicht wusste (§ 82 Satz 2 InsO). Außerdem bleibt dem Verwalter, falls er gegen den Besteller keine Zahlung mehr durchsetzen kann, die Möglichkeit, gegen den Subunternehmer als Zahlungsempfänger unter dem Gesichtspunkt der Insolvenzanfechtung vorzugehen (Rz. 495 ff).

2. Mängelansprüche des Verwalters gegen den Subunternehmer

462 Zu den Grundregeln des privaten Baurechts gehört, dass bei von ihm zu vertretenden Mängeln der Unternehmer nicht nur eine **Nacherfüllungspflicht**, sondern auch ein **Nacherfüllungsrecht** hat.

Locher, Rz. 153.

463 In der Insolvenz des Generalunternehmers wird jedoch diese Grundregel zu Lasten des Subunternehmers überspielt durch § 13 Nr. 6 zweite Alternative VOB/B, da regelmäßig die Beseitigung des Mangels aus insolvenzrechtlichen Gründen „unmöglich" ist:

464 Hat der Schuldner als Generalunternehmer fungiert, so hat der Subunternehmer die Leistung an einem Objekt erbracht, welches im Eigentum des früheren Bauherrn bzw. eines Erwerbers steht. Zeigen sich Mängel der Leistung des Subunternehmers, so würde jenseits der Insolvenz der Generalunternehmer diese Mängelrügen an den Subunternehmer weitergeben mit der Aufforderung, die Mängel vor Ort am Objekt zu beseitigen. Bei ordnungsgemäßer Nacherfüllung wäre mithin sowohl im Verhältnis Generalunternehmer/Bauherr als auch im Verhältnis Subunternehmer/Generalunternehmer der jeweilige vertragliche Mängelanspruch erfüllt. In der Insolvenz des Generalunternehmers hat jedoch der Bauherr wegen auftretender Mängel nur noch einen Schadensersatzanspruch in Höhe der Nacherfüllungskosten, falls nicht der atypische Fall der vollständigen Erfüllungswahl durch den Verwalter vorliegt und deshalb der Verwalter zur Mängelbeseitigung verpflichtet bleibt. Dieser Schadensersatzanspruch ist also nicht mehr auf Nacherfüllung in natura gerichtet, sondern auf anteilsmäßige Befriedigung im Range einer Insolvenzforderung (siehe Rz. 346). Würde der Verwalter gleichwohl Nacherfüllung vor Ort durch den zur Nacherfüllung verpflichteten Subunternehmer vornehmen lassen, wäre dies eine unzulässige bevorzugte Befriedigung eines einzelnen Insolvenzgläubigers auf Kosten der übrigen Gläubiger; hierzu folgendes

465 Beispiel:

Die zur Verteilung an die Gläubiger verfügbare Insolvenzmasse beträgt 100.000 €. Die Summe der Insolvenzforderungen beläuft sich auf 1 Mio. €, darunter die berechtigte Anmeldung eines Bauherrn wegen eines Mangels:

Es geht um mangelhafte Dachdeckerarbeiten mit Beseitigungskosten von 50.000 €. Lässt der Verwalter diesen Mangel vollständig durch den verantwortlichen Subunternehmer beseitigen, so ist die Anmeldung des Bauherrn nicht mehr zu berücksichtigen. Die Masse von 100.000 € kann mithin auf Insolvenzforderungen von 950.000 € verteilt werden, die Quote beträgt also 10,53 %.

Verlangt dagegen der Verwalter insolvenzrechtlich korrekt vom Subunternehmer die notwendigen Nacherfüllungskosten direkt zur Masse, so fließt dieser ein Betrag von 50.000 € zu. Es stehen also 150.000 € zur Verteilung bereit, so dass sich bei unveränderter Gesamtsumme der berechtigten Forderungsanmeldungen eine Quote von 15 % für jeden einzelnen Gläubiger ergibt, der betroffene Bauherr also 7.500 € erhält.

Der Verwalter kann also gemäß § 13 Nr. 6 zweite Alternative VOB/B vom Subunternehmer Minderung verlangen. **466**

> AG München ZIP 1998, 1884;
> *Feuerborn*, ZIP 1994, 14, 17 f;
> *Heidland*, Rz. 1134 a.

Dabei ist der Minderwert in der Regel der Geldbetrag, der aufgewendet werden muss, um die Mängel zu beseitigen (siehe Rz. 154 ff). **467**

Die gegenteilige Auffassung des OLG Düsseldorf, **468**

> OLG Düsseldorf NZI 2002, 317, 318 f (n. rkr.),

erging zu einem Sachverhalt, in dem die Verträge des Schuldners/Generalunternehmers sowohl mit dem Bauherrn als auch mit Subunternehmer beiderseits nicht vollständig erfüllt waren. Das OLG Düsseldorf bewertet unzutreffend die klar auf Zahlung eines Minderungsbetrags gerichtete Erklärung des Verwalters an den Subunternehmer als Erfüllungswahl i. S. v. § 103 InsO und erachtet die Nacherfüllung in natura durch den Subunternehmer als weder rechtlich unmöglich noch als für den Verwalter unzumutbar. Der Verwalter kann nach Auffassung des Oberlandesgerichts durch die Nacherfüllung einen Werklohnanteil im Verhältnis zum Bauherrn einredefrei fällig stellen. Die damit auch im Verhältnis zum Bauherrn gegebene Erfüllungswahl bedeutet keine unzumutbaren Risiken für den Verwalter.

Damit oktroyiert das Oberlandesgericht dem Verwalter eine zweifache Erfüllungswahl auf, die angesichts der herrschenden Meinung in der Literatur zur Behandlung von Mängelansprüchen (siehe Rz. 308 ff) entgegen der Meinung des Oberlandesgerichts unvertretbare Risiken beinhaltet, soweit es um den Vertrag mit dem Bauherrn geht, und mithin dem Verwalter nicht abverlangt werden kann. Träfe die Auffassung des Oberlandesgerichts zu, müsste ein verantwortungsbewusster Verwalter jegliche Bemühung unterlasssen, vom mangelhaft arbeitenden Subunternehmer einen Ausgleich in Form eines Minderungsbetrags zu erhalten. Die Folge wäre, dass der Subunternehmer ohne Belastung davonkäme und die Gläubigergesamtheit das Nachsehen hätte. **469**

470 Auch wenn man entgegen dem OLG Düsseldorf der obigen Auffassung folgt, liegt die Schwierigkeit für den Verwalter darin, dass mit zunehmender Zeitdauer im Verhältnis zum Subunternehmer Verjährung eintreten kann und er mangels eigener Sachkunde qualifizierte Mitarbeiter braucht, welche die notwendigen Informationen zusammenstellen. Im Übrigen darf der Subunternehmer weder aus dem betroffenen noch aus anderen Bauvorhaben offene Restforderungen gegen den Schuldner haben, da er sonst aufrechnen kann: Sowohl seine offenen Forderungen als auch der Minderungsanspruch des Verwalters rühren aus vorinsolvenzlichen Leistungen her, so dass die Aufrechnung zulässig ist (§ 94 InsO).

471 Wegen der Unwägbarkeiten der oft von Sachverständigengutachten abhängigen Prozesse gegen Subunternehmer ist es in der Praxis verbreitet, dass Verwalter etwa bestehende Mängelansprüche ohne Haftung für die Durchsetzbarkeit an die jeweiligen Bauherren gegen Zahlung einer angemessenen Entschädigung abtreten. Eine Abtretung ohne Gegenleistung durch die jeweiligen Bauherrn ist dagegen aus obigen Gründen verfehlt.

C. Bautypische Probleme des Insolvenzanfechtungsrechts

I. Vorbemerkung

Das Insolvenzanfechtungsrecht ist nunmehr in §§ 129 ff InsO geregelt. 472
Gegenüber der alten Rechtslage nach der Konkursordnung ist das Anfechtungsrecht im Interesse der Masse teilweise zu Gunsten des Verwalters verschärft worden. Dabei ist von besonderer Praxisrelevanz, dass die bisherige knappe Ausschlussfrist von einem Jahr für die Anfechtung (§ 41 KO), die von Amts wegen zu prüfen war, in § 146 InsO nun als Verjährungsfrist von zwei Jahren ausgestaltet worden ist mit der weiteren Folge, dass die allgemeinen Vorschriften über Hemmung und Neubeginn der Verjährung anwendbar sind (§§ 203 ff BGB).

Zweck des Insolvenzanfechtungsrechts ist es, das Grundprinzip des Insol- 473
venzrechts, die Gläubigergleichbehandlung, für den Zeitraum vor förmlicher Verfahrenseröffnung durchzusetzen. Das Insolvenzanfechtungsrecht ist jedoch nur anwendbar, wenn ein Verfahren eröffnet wird; wird ein Antrag mangels Masse abgewiesen, greifen allenfalls zu Gunsten einzelner Gläubiger die Vorschriften des Anfechtungsgesetzes ein.

Im Kern bedeutet das Insolvenzanfechtungsrecht, dass Rechtshandlungen, 474
die vor Verfahrenseröffnung vorgenommen worden sind und zu einer objektiven Gläubigerbenachteiligung geführt haben, bei Vorliegen bestimmter Zeit- und/oder Umstandsmomente zu Gunsten der Masse rückabgewickelt werden können.

II. Einzelne bautypische Fallgruppen

1. Abtretungen (§§ 131, 133 Abs. 1 InsO)

Die Rechtsprechung hat sich ständig mit Sachverhalten zu befassen, in de- 475
nen Gläubiger (Subunternehmer, Lieferanten) des Schuldners in der Endphase vor förmlicher Antragstellung zwar nicht Zahlungen auf ihre Forderung, aber wenigstens Abtretungen von Forderungen des Schuldners gegen Dritte (aus anderen oder demselben Bauvorhaben) erreichen konnten und anschließend (teilweise) die abgetretenen Forderungen auch einzogen.

> BGH ZIP 1998, 2008;
> OLG Brandenburg ZIP 1998, 1367;
> dazu EWiR 1998, 839 (App).

Derartige (nachträgliche, aufgrund des Vertrags nicht geschuldete) Abtre- 476
tungen stellen eine inkongruente Deckung dar, da dem Gläubiger eine Leistung oder Sicherung gewährt wird, die dieser nicht in dieser Art verlangen konnte. Der Gläubiger hat gegen den Schuldner Anspruch auf Zahlung, nicht aber auf Abtretung von Forderungen gegen Dritte erfüllungshalber.

OLG Brandenburg ZIP 1998, 1367, 1368 l. Sp.;
LG Dresden ZIP 2001, 1428, 1429 l. Sp.;
dazu EWiR 2002, 1099 (*Undritz*).

477 Die Entscheidung des LG Dresden ist deshalb richtig, weil die Abtretung unmittelbar vor dem Insolvenzantrag des Schuldners erfolgte, **nachdem** der Unternehmer bereits die Leistung erbracht und Schlussrechnung gelegt hatte. Der Anfechtungsgegner konnte sich deshalb nicht mit Erfolg auf § 648a BGB berufen. Damit § 648a BGB das vom Gesetzgeber gewünschte Druckmittel für den Unternehmer darstellen kann, eine Sicherheit zu erlangen, muss der Unternehmer seine Leistung noch nicht vollständig erbracht haben. Bei lebensnaher Betrachtung hat nämlich kein Besteller mehr Veranlassung, eine Sicherheit zu stellen, wenn der Unternehmer die Leistung abgeschlossen hat und damit die Ankündigung, weitere Leistungen zu verweigern, ins Leere geht.

478 Hieraus folgt die gebotene Abgrenzung: Erhält der Gläubiger als Unternehmer während der Leistungserbringung eine Sicherheit, nachdem er zuvor dem Schuldner Frist gemäß § 648a Abs. 1 BGB gesetzt hat, handelt es sich um eine kongruente Sicherheit, die nur unter den Voraussetzungen des § 130 InsO anfechtbar ist. Der Umstand, dass der Unternehmer durch § 648a BGB keinen klagbaren Anspruch auf Stellung einer Sicherheit hat, sondern eben nur mit der Leistungsverweigerung drohen kann, ändert daran nichts. Erhält dagegen der Gläubiger die Sicherheit erst nach vollständiger Leistungserbringung, weicht dies ersichtlich vom Modell und der gängigen Praxis zu § 648a BGB ab, so dass die Sicherheit inkongruent ist.

> Ähnlich *Undritz*, EWiR 2002, 1099, 1100;
> z. T. abweichend *Mundt*, NZBau 2003, 527.

479 Wurde die Handlung im letzten Monat vor dem Antrag auf Eröffnung des Insolvenzverfahrens oder sogar nach diesem Antrag vorgenommen, führt allein die Inkongruenz dazu, dass die Anfechtung Erfolg hat; weiterer objektiver oder subjektiver Merkmale bedarf es nicht (§ 131 Abs. 1 Nr. 1 InsO).

480 **Beispiel:**

> Insolvenzantrag des Schuldners am 1. Juni. Am 5. Mai hat der Schuldner einem Gläubiger Forderungen gegen einen Bauherrn in Höhe von 50.000 € abgetreten. Nach Offenlegung der Abtretung hat der Bauherr an den Gläubiger am 29. Mai diesen Betrag ungeschmälert bezahlt. Auf Insolvenzanfechtung hin muss der Gläubiger das Erlangte (50.000 €) als inkongruente Deckung zurückerstatten. Aufgrund der zeitlichen Abläufe bedarf es keiner Feststellungen zu subjektiven Merkmalen.

481 Wurde dagegen die Handlung innerhalb des zweiten oder dritten Monats vor dem Insolvenzantrag vorgenommen, ist weitere objektive Voraussetzung für den Tatbestand des § 131 Abs. 1 Nr. 2 InsO, dass der Schuldner zur Zeit der Handlung zahlungsunfähig war. Dabei ist unerheblich, ob diese Zahlungsunfähigkeit dem späteren Anfechtungsgegner bekannt war oder nicht.

Variation des obigen Beispiels: **482**
Grundsätzlich gleiche Daten, jedoch Abtretung am 5. März und Zahlung des
Bauherrn am 25. März. Die Insolvenzanfechtung hat Erfolg, wenn der
Schuldner zur Zeit der Abtretung zahlungsunfähig war.

Äußeres Zeichen der Zahlungsunfähigkeit ist die Zahlungseinstellung.   **483**
Diese liegt vor, wenn für die beteiligten Verkehrskreise erkennbar geworden ist, dass der Schuldner wegen eines voraussichtlich dauernden Mangels
an Zahlungsmitteln seine fälligen und ernsthaft eingeforderten Verbindlichkeiten nicht mehr erfüllen kann. Dass der Schuldner noch einzelne
Gläubiger befriedigt, schließt die Zahlungseinstellung nicht aus. Dabei sind
an das Merkmal des ernsthaften Einforderns geringe Anforderungen zu
stellen. Es bezweckt lediglich, gestundete Forderungen aus der Prüfung
der Zahlungsunfähigkeit auszunehmen. Jede außergerichtliche Mahnung
oder sogar die bloße Übersendung einer Rechnung mit der Bitte um Begleichung genügt bereits.

> BGH ZIP 1998, 2008, 2009 r. Sp.

Als dritte Alternative verbleibt § 131 Abs. 1 Nr. 3 InsO: Ist die Handlung   **484**
innerhalb des zweiten oder dritten Monats vor dem Eröffnungsantrag vorgenommen worden, hat die Insolvenzanfechtung Erfolg, wenn dem Gläubiger zur Zeit der Handlung bekannt war, dass sie die Insolvenzgläubiger
benachteiligte. Dabei steht jedoch der Kenntnis der Benachteiligung die
Kenntnis von Umständen gleich, die zwingend auf die Benachteiligung
schließen lassen (§ 131 Abs. 2 Satz 1 InsO).

Ist eine inkongruente Deckung gewährt worden, fällt es meist dem Verwal-   **485**
ter nicht schwer, auch dieses (geringfügige) subjektive Merkmal nachzuweisen: Die Rechtsprechung sieht in der Gewährung einer inkongruenten
Deckung in aller Regel ein starkes Beweisanzeichen dafür, dass der Schuldner in Benachteiligungsabsicht gehandelt und der Anfechtungsgegner dies
erkannt hat. Dies begründet die höchstrichterliche Rechtsprechung le-
bensnah wie folgt: Schuldner sind im Geschäftsverkehr regelmäßig nicht
bereit, etwas anderes oder mehr zu gewähren als das, wozu sie vertraglich
verpflichtet sind. Tun sie es dennoch, müssen dafür im allgemeinen besondere Gründe vorliegen.

> BGH ZIP 1993, 1653, 1655 l. Sp.;
> dazu EWiR 1994, 373 (*Henckel*);
> BGH ZIP 1998, 2008, 2011 l. Sp.

Diese Betrachtung ist um den Hinweis zu ergänzen, dass auch Gläubiger   **486**
regelmäßig nicht bereit sind, an Stelle einer Zahlung lediglich die Abtretung von Forderungen gegen Dritte mit zusätzlichem Beitreibungsaufwand
entgegenzunehmen.

Rechtsfolge einer erfolgreichen Anfechtung der Abtretung ist gemäß § 143   **487**
Abs. 1 Satz 1 InsO, dass der Anfechtungsgegner etwa vom Dritten einge-
zogene Beträge an die Masse bezahlen muss, ansonsten aber die anfechtbar

erlangte Forderung rückabtreten muss (bei gleichzeitiger Herausgabe der Abtretungsurkunde).

OLG Brandenburg ZIP 1998, 1367, 1368 r. Sp./1369 l. Sp.

488 Die oben wiederholt zitierten Entscheidungen befassten sich mit Fällen, in denen zum Zeitpunkt der Abtretung die abgetretenen Forderungen fällig waren. Werden dagegen Forderungen abgetreten, die zum Zeitpunkt der Abtretung noch gar nicht fällig sind, also z. B. künftige Forderungen, ist maßgeblicher Zeitpunkt für die anfechtungsrechtliche Betrachtung nicht der Zeitpunkt der Abtretung, sondern der Entstehungszeitpunkt der Forderung.

BGH ZIP 1997, 513, 514 l. Sp.;
Breutigam/Tanz, ZIP 1998, 717, 720 r. Sp.

489 § 131 InsO ist dagegen nicht anwendbar, wenn die Abtretung von Anfang an im Bauvertrag zwischen dem Schuldner und dem Unternehmer vereinbart und mithin Voraussetzung dafür war, dass der Unternehmer überhaupt die Arbeiten aufnahm. Inkongruenz besteht dann nicht.

BGH ZIP 2001, 1250, 1251 r. Sp.;
dazu EWiR 2002, 75 (*Homann*).

490 In einem solchen Fall einer kongruenten Sicherung ist zu Gunsten des mit einer Insolvenzanfechtung überzogenen Unternehmers auch § 142 InsO anwendbar, da für die Leistung des Schuldners (Abtretung) unmittelbar eine gleichwertige Gegenleistung (Leistungserbringung des Vertragspartners) in sein Vermögen gelangt. Auch daran scheitert eine Insolvenzanfechtung, es sei denn, der Tatbestand von § 133 InsO ist erfüllt. Ebenso dürfte die Fallgruppe zu beurteilen sein, in der ohne schriftliche Festlegung von Anfang an der Bauherr Direktzahlungen auf Rechungen des Unternehmers mit befreiender Wirkung gegenüber dem Besteller leistet und der Besteller dies akzeptiert.

491 Genauso scheitert die Insolvenzanfechtung gegenüber einem Lieferanten, dem aufgrund eines wirksamen verlängerten Eigentumsvorbehalts Forderungen bereits mit Vertragsschluss und später in der kritischen Zeit nochmals mit separater Vereinbarung abgetreten wurden. Die zweite Abtretung ging ins Leere; im Übrigen fehlt es an der objektiven Gläubigerbenachteiligung als Grundvoraussetzung jeder Insolvenzanfechtung, wenn der Schuldner über einen Gegenstand verfügt, dessen er sich bereits vorher wirksam entäußert hat.

BGH ZIP 2000, 932, 933.

492 Erfolgte die Abtretung vor dem für § 131 InsO maßgeblichen Drei-Monats-Zeitraum, bleibt dem Verwalter noch die bis maximal zehn Jahre vor Insolvenzantrag zurückgreifende Anfechtung gemäß § 133 Abs. 1 InsO. Die dortigen strengeren subjektivenVoraussetzungen (Vorsatz des Schuldners, seine Gläubiger zu benachteiligten; Kenntnis des Anfechtungsgeg-

ners hiervon) sind zu bejahen, wenn der Schuldner als Generalunternehmer seine Forderungen gegen den Bauherrn in inkongruenter Weise an einen Nachunternehmer teilweise abtritt und dieser weiß, dass der Schuldner in finanziellen Schwierigkeiten steckt.

OLG Naumburg IBR 2002, 611.

2. Abschlagszahlungen vor Fälligkeit oder auf Rechnungen ohne beigefügte prüfbare Aufstellung

Anspruch auf Abschlagszahlungen hatte ein Unternehmer vor Inkrafttre- 493
ten des § 632a BGB nur unter den Voraussetzungen des § 16 Nr. 1 VOB/B bei Einbeziehung der VOB/B in den Vertrag. Demnach werden solche Forderungen (spätestens) nach 18 Werktagen (nach Zugang beim Besteller) fällig, und ist den Abschlagsrechnungen eine prüfbare Aufstellung zum Nachweis der Leistungen beizufügen. Fehlt es an einer dieser Voraussetzungen und erhält der Unternehmer gleichwohl eine Zahlung des Bestellers, so handelt es sich – vorbehaltlich abweichender (vor der Krise getroffener) Vereinbarungen der Bauvertragspartner zur Fälligkeit und zu den notwendigen Nachweisen – um eine inkongruente Deckung.

BGH ZIP 2002, 1408, 1410.

Konsequenterweise ist bei neueren BGB-Bauverträgen unter Geltung des 494
§ 632a BGB eine inkongruente Deckung anzunehmen, wenn eine Abschlagszahlung erfolgt, obwohl die Tatbestandsmerkmale des § 632a BGB zum Zeitpunkt des Zahlungseingangs beim Unternehmer gar nicht erfüllt waren.

3. Direktzahlungen des Bestellers an Gläubiger des Unternehmers gemäß § 16 Nr. 6 VOB/B

Erfolgen solche Direktzahlungen des Bestellers im Zeitraum nach Erlass 495
eines allgemeinen Veräußerungsverbots (von dem der Besteller Kenntnis hat) oder nach Verfahrenseröffnung, so hat die Zahlung im Verhältnis zum Verwalter keine befreiende Wirkung, so dass der Besteller weiterhin zur ungeschmälerten Zahlung an die Insolvenzmasse verpflichtet bleibt; das Insolvenzanfechtungsrecht ist also nicht einschlägig (siehe Rz. 454 ff).

Zahlt dagegen der Besteller im Zeitraum vor Erlass eines allgemeinen Ver- 496
äußerungsverbots bzw. förmlicher Verfahrenseröffnung an einen Gläubiger des Unternehmers, so handelt es sich um eine inkongruente Befriedigung des Zahlungsempfängers. Eine solche Zahlung verschafft nämlich dem Gläubiger eine Befriedigung, auf welche er deshalb keinen Anspruch hatte, weil § 16 Nr. 6 VOB/B dem Besteller zwar eine Zahlungsbefugnis, nicht aber dem Dritten einen Zahlungsanspruch gegen den Besteller verschafft. Auch die nachlassende Zahlungsmoral im Baugewerbe hat nicht dazu geführt, dass eine solche Direktzahlung dem Verkehrsüblichen entspricht.

OLG Dresden ZIP 1999, 2161, 2165 f;
dazu EWiR 2000, 253 (*C. Schmitz*);
bestätigt von BGH BauR 2002, 1408
(Nichtannahme der Revision);
Dähne, BauR 1976, 29, 33;
Motzke, in: Beck'scher VOB-Kommentar,
§ 16 Nr. 6 B Rz. 11;
a. A. *Brauns*, BauR 2003, 301, 311 ff.

497 Soweit die weiteren objektiven und subjektiven Merkmale des § 131 InsO vorliegen, ist also die inkongruente Deckung anfechtbar, und muss der begünstigte Gläubiger als Anfechtungsgegner den erlangten Betrag an die Konkursmasse zurückerstatten.

498 Dagegen hat eine Insolvenzanfechtungsklage gegen den Besteller, der die Direktzahlung vornimmt, keinen Erfolg, da er aufgrund der in § 16 Nr. 6 VOB/B liegenden Ermächtigung und mangels eines Veräußerungsverbots mit befreiender Wirkung zahlen konnte.

OLG Dresden ZIP 1999, 2161, 2162 f;
dazu EWiR 2000, 253 (*Schmitz*).

499 Dass § 16 Nr. 6 VOB/B in der Fassung 2002 geändert worden ist, ändert an der Übertragbarkeit dieser zur alten Fassung ergangenen Rechtsprechung nichts.

4. Weitergabe von Kundenschecks durch den Schuldner an seine Gläubiger

500 Ebenfalls häufig anzutreffen ist in der wirtschaftlichen Krise des Unternehmers folgende Praxis: Da der Unternehmer fällige Rechnungen seiner Gläubiger nicht mehr aus liquiden Mitteln durch Überweisungen oder Übersendung eigener Scheck ausgleichen kann, übergibt er Gläubigern Kundenschecks (z. B. von Bauherrn für andere Bauvorhaben), die dann von den Gläubigern eingelöst werden, so dass der Betrag des Kundenschecks zu keinem Zeitpunkt in das Vermögen des Schuldners gelangt. Eine solche Weitergabe von Kundenschecks – im Gegensatz zu eigenen Schecks – ist ebenfalls regelmäßig eine inkongruente Erfüllungshandlung.

BGH ZIP 1993, 1653, 1654 r. Sp.;
dazu EWiR 1994, 373 (*Henckel*).

5. Exkurs: Fehlende Gläubigerbenachteiligung bei auf Rückgewähr von Baugeld gerichtetem Anfechtungsanspruch?

501 In jüngster Zeit wird verstärkt diskutiert, ob der Anfechtungsgegner in den vorstehenden Fallgruppen (C II 1–4) die Anfechtung des Verwalters mit dem Argument abwehren kann, es sei ihm Baugeld im Sinne des GSB,

allgemein zum GSB
C. Schmitz, Sicherheiten, VI.2,

gezahlt worden und seine Privilegierung als Baugläubiger habe auch in der Insolvenz des Bestellers Bestand.

Das LG Dresden, 502

LG Dresden ZIP 2002, 91;
dazu EWiR 2002, 717 (v. *Gleichenstein*),

ist dem gefolgt: Die an sich tatbestandlich gegebene Anfechtung scheitert an § 242 BGB, wenn der Verwalter aufgrund § 1 Abs. 1 GSB dazu verpflichtet wäre, den zurückgewährten Betrag unverzüglich wieder dem Anfechtungsgegner zurückzuzahlen. Der Verwalter ist an die vorgefundene Rechtslage hinsichtlich des Baugelds gebunden und unterliegt ebenso wie der Schuldner der strafbewehrten Baugeldverwendungspflicht.

Dogmatisch überzeugender, aber im Ergebnis übereinstimmend setzt 503 Kirchhof beim Tatbestandsmerkmal „Gläubigerbenachteiligung" an und verneint eine solche, wenn der Schuldner Baugeld bestimmungsgemäß ausgegeben hat.

MünchKomm-*Kirchhof*, InsO, § 129 Rz. 106.

Die wohl überwiegende Meinung sieht hingegen keinen Anlass dazu, entgegen dem Grundsatz der Gläubigergleichbehandlung einen Baugläubiger in der Insolvenz zu privilegieren.

Nach *Hagenloch* ruht die Baugeldverwendungspflicht in der Insolvenz und 504 lebt erst wieder auf, wenn dem Schuldner – etwa infolge einer Einstellung des Verfahrens – das Baugeld zur uneingeschränkten Verfügungsbefugnis zufließt. Der Verwalter darf im Verfahren auch Baugeld quotal an die Gläubiger verteilen; dadurch geht die Baugeldeigenschaft genauso verloren, wie wenn Gläubiger in Baugeld pfänden und es ihnen ausgezahlt wird. Außerdem schließt es das insolvenzrechtliche Verteilungsverfahren aus, dass das Baugeld in noch unterscheidbarer Weise in der Insolvenzmasse vorhanden ist.

Hagenloch, Rz. 85 i. V. m. Rz. 78 f.

Gleichenstein und *Heidland* betonen, dass die Insolvenzordnung keinen 505 Ansatzpunkt dafür bietet, die Baugläubiger als besonders privilegierte Gläubigergruppe zu behandeln oder ihnen der Sache nach ein Aus- oder Absonderungsrecht zu gewähren. Das GSB selbst ist insoweit nicht weiterführend, da Vorschriften i. S. d. „Zweiten Abschnitt[s]: Dingliche Sicherung der Bauforderungen" seit 1909 nicht erlassen worden sind. Auch kann die gegenteilige Auffassung nicht erklären, wie einzelne Baugläubiger in voller Höhe, andere dagegen doch nur quotal befriedigt werden dürfen. Schließlich hat der Bundesgerichtshof auch für die ebenfalls gesetzlich besonders geschützten Arbeitnehmerbeitragsanteile zur Sozialversicherung eine Anfechtbarkeit bejaht.

Gleichenstein, EWiR 2002, 717, 718;
Heidland, Rz. 437;
i. E. ebenso, aber widersprüchlich und mit
teilweise fehlerhafter Terminologie
Weise, Rz. 739–742.

506 Der Bundesgerichtshof hat den Diskussionsstand in einem Urteil knapp
referiert, aber seine eigene Auffassung nicht erkennen lassen.

BGH ZIP 2001, 1376, 1379 f.

Zuzustimmen ist der wohl überwiegenden Meinung: Die Insolvenzordnung von 1994, vollständig in Kraft getreten 1999, ist lex posterior zum
GSB von 1909, so dass die dortigen Regelungen Vorrang haben. Eine Privilegierung der Baugläubiger ist der Insolvenzordnung nicht zu entnehmen.
Dieses Argument lässt sich nicht entkräften mit dem Einwand, dass das
GSB lex specialis zur Insolvenzordnung ist. Dies würde voraussetzen, dass
das GSB eine Regelung zur dinglichen Sicherung der Ansprüche der Baugläubiger enthält, was gerade nicht der Fall ist. Außerdem ist nicht einsichtig, warum der Schutz des Baugläubigers in der Insolvenz des Vertragspartners weiter gehen soll, als er wäre, wenn vor Verfahrenseröffnung
ein anderer Gläubiger in das Baugeld vollstreckt und es erlangt hätte.

6. Verknüpfung einer notwendigen Leistung im Eröffnungsverfahren mit der Befriedigung von Insolvenzforderungen

507 In der Bauinsolvenz ist der vorläufige Verwalter relativ häufig mit Fallkonstellationen konfrontiert wie im folgenden

508 **Beispiel:**

Ein Gläubiger macht gegenüber dem vorläufigen Verwalter die Durchführung einer mit dem Schuldner bereits vereinbarten, für die Betriebsfortführung notwendigen Leistung nicht nur von der Zahlung der hierfür vereinbarten Vergütung abhängig, sondern darüber hinaus von der Bezahlung einer alten Forderung, die aus der Zeit vor Insolvenzantrag stammt. Da der vorläufige Verwalter sich in einer Notlage befindet, weil die Arbeiten schnell
durchgeführt werden müssen, überweist er den geforderten Gesamtbetrag,
hinsichtlich der Altforderung jedoch unter dem Vorbehalt der Rückforderung und Anfechtung.

509 Der Bundesgerichtshof hat zwar Zweifel, ob § 130 InsO den Anfechtungs-
anspruch begründet, da der Verwalter als vorläufiger Verwalter der Zahlung zugestimmt hat. Er lässt die Anfechtung aber auf Grundlage von
§ 132 Abs. 1 Nr. 2 InsO durchgreifen. Dabei spricht er sich explizit gegen
eine „Erpressung [des vorläufigen Verwalters] durch marktstarke, etwa mit
einer Monopolstellung ausgestattete Geschäftspartner" aus.

BGH ZIP 2003, 810, Zitat: 812 r. Sp.;
dazu EWiR 2003, 719 (*Huber*);
ebenso BGH ZIP 2003, 855;
angelegt schon in BGH WM 1984, 1194.

7. Sicherungsübereignungen durch den Schuldner

Diese Fallgruppe lag einem weiteren Urteil des Bundesgerichtshofs zu- 510
grunde.

> BGH ZIP 1997, 1509;
> dazu EWiR 1997, 897 (*Huber*).

Der anfechtbar Begünstigte lieferte dem späteren Schuldner für dessen
Dachdeckerbetrieb Schiefer und hatte offene Forderungen von zuletzt
82.000 €. Circa sieben Wochen vor Antragstellung übereignete der
Schuldner diesem Lieferanten eine größere Anzahl bestimmter Inventarge-
genstände, wobei der Schuldner das Nutzungsrecht behielt.

Der Bundesgerichtshof ließ die Anfechtung des Verwalters auf Grundlage 511
von § 30 Nr. 2 KO durchgreifen und machte wiederum sehr lebensnahe
Ausführungen: Dass der Verhandlungsführer des Schuldners die schlechte
finanzielle Situation seines Unternehmens nicht offen legte, sondern seine
Gläubiger stattdessen mit dem Hinweis auf eine günstigere Auftragslage
und auf Außenstände vertröstete, entspricht der üblichen Hinhaltetaktik
von Schuldnern in dieser Lage; erfahrene Gläubiger lassen sich dadurch
nicht täuschen.

Nach heutigem Recht wäre die Anfechtung erfolgreich gewesen auf 512
Grundlage von § 131 Abs. 1 Nr. 2 InsO, da auch diese Sicherungsübereignung eine inkongruente Sicherung darstellt und nach den Feststellungen
des Bundesgerichtshofs Zahlungsunfähigkeit des Schuldners zum Zeitpunkt der Übereignung zu bejahen war.

8. Die Eintragung einer (Vormerkung für eine) Bauhandwerker-
sicherungshypothek (§ 130 InsO)

Eine Bauhandwerkersicherungshypothek kann eingetragen werden, wenn 513
der Besteller/Schuldner, der zugleich Eigentümer des durch Bauleistungen
bereicherten Grundstücks sein muss, dies bewilligt. Einseitig und schnell
kann der Vertragspartner des Schuldners eine einstweilige Verfügung zur
Erlangung einer Vormerkung erwirken. Bei rechtzeitiger Eintragung kann
der Vertragspartner vom Verwalter Befriedigung seines Anspruchs verlangen (§ 106 Abs. 1 Satz 1 InsO), falls nicht der Verwalter die Eintragung
anfechten kann.

Generell sind nach ganz herrschender, verfestigter Meinung in Rechtspre- 514
chung und Literatur durch Zwangsvollstreckung erlangte Deckungen inkongruent i. S. v. § 131 InsO. Dies ist fragwürdig, da die staatlich organi-
sierte Zwangsvollstreckung das rechtsstaatlich angemessene Instrumenta-
rium für den Gläubiger ist und da durch diese unter erleichterten Bedingungen durchsetzbare Anfechtung die Insolvenzgläubiger eines Schuldners
begünstigt werden, der trotz eines Titels nicht zahlt und damit weit mehr
gegen das Recht verstößt als der Schuldner, welcher freiwillig zahlt mit der

Folge, dass letztere Rechtshandlung nur unter den erschwerten Voraussetzungen von § 130 InsO anfechtbar ist.

Kübler/Prütting/Paulus, InsO, § 130 Rz. 23 m. z. N.
zur gegenläufigen herrschenden Meinung.

515 Doch auch die bisherige Rechtsprechung wendet auf die Sicherungshypothek (inklusive der im Weg der einstweiligen Verfügung erlangten Vormerkung) gemäß § 648 BGB § 131 InsO nicht an, da es sich um einen gesetzlichen Sicherungsanspruch, nicht um eine inkongruente Sicherung handelt.

BGH WM 1961, 174, 176 f.

516 Eine Anfechtung durch den Verwalter auf Grundlage von § 130 Abs. 1 InsO ist daher nur möglich, wenn der Verwalter darlegen und beweisen kann, dass der Subunternehmer die Zahlungsunfähigkeit des Schuldners oder den Eröffnungsantrag kannte bzw. grob fahrlässig nicht erkannte (§ 130 Abs. 2 InsO).

517 Maßgeblicher Zeitpunkt ist die Eintragung der Vormerkung.

BGH WM 1984, 265, 266 l. Sp.

518 In der Instanzrechtsprechung waren Anfechtungsklagen des Verwalters nicht immer vom Erfolg gekrönt.

OLG Stuttgart ZIP 1994, 722, 723 (erfolgreich);
dazu EWiR 1994, 589 *(Brehm)*;
LG Konstanz IBR 1997, 102 (erfolglos).

519 Wenn man aber von der herrschenden Meinung ausgeht und Zwangsvollstreckungsmaßnahmen anfechtungsrechtlich unter § 131 InsO subsumiert, dann ist diese Privilegierung der über § 885 BGB erwirkten Vormerkung für die Einräumung einer Bauhandwerkersicherungshypothek systemwidrig und nicht haltbar, so dass vermutlich der Bundesgerichtshof unter Geltung der Insolvenzordnung seine ältere Rechtsprechung überprüfen wird.

Kreft, in: HK-InsO, § 131 Rz. 15;
noch eindeutiger
MünchKomm-*Kirchhof*, InsO, § 131 Rz. 29;
Gerhardt/Kreft, Rz. 353.

520 Nicht erforderlich ist für den Verwalter eine Insolvenzanfechtung, sofern die – anders als nach dem früheren § 7 Abs. 3 GesO – zeitlich beschränkte „Rückschlagsperre" des § 88 InsO eingreift. Eine Sicherung, die ein Insolvenzgläubiger im letzten Monat vor dem Antrag auf Verfahrenseröffnung oder nach diesem Antrag durch Zwangsvollstreckung erlangt hat, wird mit Verfahrenseröffnung unwirksam. Eine durch einstweilige Verfügung erlangte Vormerkung gemäß § 648 BGB fällt unter diese Vorschrift.

521 Mit Verfahrenseröffnung wird daher das Grundbuch unrichtig, wenn die Voraussetzungen des § 88 InsO vorliegen. Der Verwalter kann das Grundbuchberichtigungsverfahren (§ 22 Abs. 1 GBO) betreiben, wobei es reicht,

wenn er eine beglaubigte Abschrift des Eröffnungsbeschlusses und des Insolvenzantrags (§ 29 Abs. 1 Satz 2 GBO) vorlegt.

> BGH ZIP 2000, 931, 932 l. Sp. = ZfIR 2000, 458;
> dazu EWiR 2000, 771 (*Messner*)
> (zu § 7 Abs. 3 GesO);
> ebenfalls grundsätzlich zu § 7 Abs. 3 GesO
> BGH ZIP 1999, 1490;
> dazu EWiR 2000, 81 (*Gerhardt*);
> zu § 88 InsO:
> BayObLG ZIP 2000, 1263;
> dazu EWiR 2000, 887 (*Hintzen*);
> LG Meiningen ZIP 2000, 416 = ZfIR 2000, 373;
> dazu EWiR 2000, 831 (*Runkel*).

Die rückwärts zu berechnende Einmonatsfrist beginnt auch dann zu lau-   522
fen, wenn der Insolvenzantrag mangelhaft war oder bei einem unzuständigen Gericht gestellt wurde, sofern er zur Verfahrenseröffnung führt.

> BayObLG ZIP 2000, 1263, 1264 l. Sp.

Strittig ist, wann eine Sicherung, in unserem Zusammenhang also die Vor-   523
merkung gemäß § 648 BGB, „erlangt" ist. *Lüke* will § 140 Abs. 2 InsO
analog anwenden und erachtet deshalb den Zeitpunkt der Antragstellung
beim Grundbuchamt für maßgeblich. Der Gläubiger soll nicht durch die
für ihn nicht beeinflussbaren Arbeitsabläufe beim Grundbuchamt belastet
werden.

> *Kübler/Prütting/Lüke*, InsO, § 88 Rz. 17.

Überzeugender ist die Gegenansicht: Abzustellen ist auf den Zeitpunkt, in   524
dem die Vormerkung im Grundbuch eingetragen wird. Der Wortlaut von
§ 88 InsO lässt eine direkte Anwendung von § 140 Abs. 2 InsO nicht zu.
Gegen eine Analogie spricht, dass die Norm den Betroffenen bei Eintragungen aufgrund eines abgeschlossenen Rechtsgeschäfts schützen soll, die
Interessenlage bei einseitiger zwangsweiser Durchsetzung jedoch nicht
vergleichbar ist.

> LG Berlin ZIP 2001, 2293, 2293 f;
> MünchKomm-*Breuer*, InsO, § 88 Rz. 21;
> i. E. ebenso *Eickmann*, in: HK-InsO, § 88 Rz. 8.

9. Kündigung des Bestellers gemäß § 8 Nr. 2 Abs. 1 VOB/B

Wenn – wie unter Rz. 321 ff dargelegt – im Stadium nach Verfahrenser-   525
öffnung und Erfüllungswahl des Verwalters der Besteller wegen §§ 103,
119 InsO nicht mehr wirksam mit der Folge des § 8 Nr. 2 Abs. 2 Satz 2
VOB/B kündigen kann, stellt sich wegen dieses vorrangigen Unwirksamkeitsgrunds die Frage nach einer Insolvenzanfechtung nicht. Dagegen
kommt es auf die §§ 129 ff InsO an, wenn – wie unter Rz. 52 ff erörtert –
eine Bestellerkündigung gemäß § 8 Nr. 2 Abs. 1 VOB/B im Stadium nach
Antragstellung für wirksam erachtet wird.

526 *Schwörer* bejaht eine solche Anfechtbarkeit auf Grundlage von § 133 Abs. 1 Satz 1 (i. V. m. § 96 Abs. 1 Nr. 3) InsO: Anfechtbare Rechtshandlung ist die vertragliche Einräumung des Lösungsrechts, nicht erst die Kündigung selbst. Subjektiv reicht beim Schuldner bedingter Vorsatz, der gegeben ist, wenn er eine Gläubigerbenachteiligung als Folge seines Handelns billigend in Kauf nimmt. Als Ergebnis der erfolgreichen Anfechtung ist die Masse in die Lage zu versetzen, in der sie sich befände, wenn die Kündigung unterblieben wäre, so dass der Verwalter einem zur Verrechnung eingeführten Schadensersatzanspruch des Bestellers die Einrede der anfechtbaren Begründung entgegenhalten kann.

> *Schwörer*, Rz. 517 ff;
> vgl. auch *Wortberg*, ZInsO 2003, 1032, 1035 ff.

527 Hierzu ist zunächst – wohl in Einklang mit Schwörer, der sich explizit zu dieser Differenzierung nicht äußert – klarzustellen, dass mit dem anfechtbar begründeten Schadensersatzanspruch nur die Restfertigstellungsmehrkosten gemeint sein können, die nach Kündigung des Vertrags bei Fortführung durch einen teureren Zweitunternehmer auflaufen (vgl. Rz. 190 ff); die weiteren Positionen des Abrechnungsverhältnisses wie Ansprüche wegen Mängeln und Verzugs haben mit der insolvenzbedingten Kündigung nichts zu tun, sondern haften dem schuldnerischen Teilwerk so oder so an und wären deshalb auch bei Fortführung des Vertrags gegen Ansprüche der (vorläufigen) Masse verrechnet worden.

528 *Schwörers* Argumentation, entwickelt in enger Anlehnung an einen im November 1993 vom Bundesgerichtshof entschiedenen, nicht baurechtlich geprägten Fall,

> BGH ZIP 1994, 40;
> dazu EWiR 1994, 169 (*Haas*),

trägt jedoch meines Erachtens jedenfalls insoweit nicht, als es um die subjektiven Merkmale des § 133 Abs. 1 Satz 1 InsO geht.

529 Auch wenn auf Seiten des Schuldners bedingter Vorsatz reicht, sind die Umstände des Einzelfalls zu würdigen: Bauverträge werden tagtäglich massenhaft geschlossen; die mehr oder minder vollständige Einbeziehung der VOB/B gehört zum Standard, ohne dass die Vertragsparteien sich über die Auswirkungen von § 8 Nr. 2 bei Vertragsschluss Gedanken machen oder gar auf eine Begünstigung des Bestellers und eine Benachteiligung der (späteren) Gläubiger des Schuldners/Unternehmers spekulieren. Der Besteller kann also den vom Bundesgerichtshof ausdrücklich zugelassenen Einwand erheben, dass der Schuldner und er selbst bei Vertragsschluss den Insolvenzfall nicht konkret erwogen haben. Dabei wird für die Richtigkeit seiner Behauptung sprechen, dass – anders als im vom Bundesgerichtshof entschiedenen Fall – die Bestimmung nicht ausnahmsweise gerade für diesen VOB/B-Vertrag entwickelt und ausgehandelt wurde, sondern im Baubereich ständig eingesetzten, quasi „bereitliegenden" AGB entstammt.

BGH ZIP 1994, 40, 42 r. Sp., 44 r. Sp.

Hinzu kommt der ständige Rollenwechsel zahlreicher Bauunternehmen, 530
die oft bei ein und demselben Bauvorhaben einerseits als Besteller – gegenüber Subunternehmern –, andererseits als (General-)Unternehmer – gegenüber dem Bauherrn – fungieren und deshalb durch die dauernde Einbeziehung von § 8 Nr. 2 VOB/B gleichermaßen begünstigt wie benachteiligt
werden.

Außerdem waren die Rechtsfolgen im vom Bundesgerichtshof entschiede- 531
nen Fall wesentlich negativer zu Lasten der Masse, als es beim Abrechnungsverhältnis gemäß § 8 Nr. 2 VOB/B der Fall ist. Dort enthielt nämlich
der Vertrag ein außerordentliches Kündigungsrecht zu Gunsten des An-
fechtungsgegners/Vertragspartners des Schuldners, wobei infolge einer
solchen Kündigung sehr wertvolle technische, in Grundstücken des Anfechtungsgegners verlegte Einrichtungen entschädigungslos in das Eigentum des Anfechtungsgegners übergehen sollten. Der Verwalter trug einen
Wert der Anlagen von rund 380.000 € vor.

BGH ZIP 1994, 40, 40 f.

Im Abrechnungsverhältnis nach § 8 Nr. 2 VOB/B ist dagegen der Vergü- 532
tungsanspruch des Schuldners für das erbrachte Teilwerk einzustellen, zu
verrechnen allerdings mit den Restfertigstellungsmehrkosten und sonstigen, nicht mit der Kündigung kausal zusammenhängenden Rechnungsposten. Dass der Besteller sein Vermögen auf Kosten des Schuldners (und von
dessen Gläubigern) mehrt, ist nicht feststellbar – er kann bestenfalls, wenn
seine Schadenspositionen sich im Rahmen halten, sein durch §§ 249 ff BGB
grundsätzlich anerkanntes Integritätsinteresse schützen und die Insolvenz
des Unternehmers ohne Vermögensschaden (aber eben auch ohne Gewinn
– einen verbleibenden Saldo im Abrechnungsverhältnis zu Gunsten des
Verwalters muss er auszahlen) überstehen. Dies spricht entscheidend
gegen eine vom Besteller erkannte Benachteiligungsabsicht des Schuldners
i. S. v. § 133 Abs. 1 Satz 1 InsO.

Schließlich lässt sich gegen Schwörers Argumentation auch einwenden, 533
dass seine Annahme, ohne Kündigung könne der Schuldner den kalkulierten Gewinn durch Fertigstellung der Arbeiten verdienen,

Schwörer, Rz. 523,

mit der konkreten Entwicklung auf Baustellen von Schuldnern im Stadium
nach Antragstellung nicht unbedingt vereinbar ist, da sich oft Fehlleistungen, Demotivationserscheinungen von Mitarbeitern und Leistungsverwei-
gerungen von Subunternehmern häufen. Hier zeigt sich eine generelle
Problematik des Anfechtungsrechts, das sehr gut in der Lage ist, das mit
festen Konturen ausgestattete Weggegebene (die abgetretene Forderung,
den sicherungsübereigneten Gegenstand usw.) als Gegenstand des Rück-
gewähranspruchs zu bestimmen (§ 143 Abs. 1 Satz 1 InsO), dem es aber
schwerfällt, dynamische und in die Zukunft gerichtete Prozesse wie einen

nicht abgeschlossenen Bauvertrag in den Griff zu bekommen. Auch wenn im Insolvenzanfechtungsrecht grundsätzlich auf das reale Geschehen abzustellen ist, wenn dies möglich ist,

Kreft, in: HK-InsO, § 129 Rz. 63,

müsste – wollte man Schwörers Argumentation folgen – der Verwalter substantiiert darlegen, dass der Schuldner den Bauvertrag fristgerecht und auch sonst ordnungsgemäß hätte fortführen können, wäre nicht die Kündigung erfolgt.

534 Daneben stimmt die von Schwörer entwickelte Rechtsfolge – entgegen seiner sonstigen Orientierung an diesem Urteil – prima facie nicht überein mit

BGH ZIP 1994, 40, 45.

Demnach ist Rückgewähr so zu leisten, als ob der Vertrag ohne die benachteiligende Klausel abgeschlossen worden wäre. Wenn man allerdings die herrschende Meinung zugrunde legt, außerordentliche Besteller-Kündigungen beim Bauvertrag unter bestimmten Umständen wie eine freie Besteller-Kündigung mit den Rechtsfolgen des § 8 Nr. 1 Abs. 2 VOB/B zu behandeln, so löst sich diese in der Begründung bestehende Differenz im Ergebnis auf.

535 Ein anderer Ansatz geht dahin, die durch die Kündigung herbeigeführte Auf- bzw. Verrechnungslage anzufechten.

Angedeutet von
Kirchhof, WM 1996, Beilage 2, S. 11.

536 Maßgebliche Rechtshandlung wäre dann aber nicht isoliert die Kündigungserklärung selbst, sondern die Herbeiführung der Verrechnungslage.

Kübler/Prütting/Paulus, InsO, § 130 Rz. 14.

Das heißt, auf die Entgegennahme der (durch Verrechnung zum Erlöschen gebrachten) schuldnerischen Leistungen im Zeitraum vor Antragstellung/Kündigung abzustellen. Insoweit fehlt es aber an den subjektiven Merkmalen (§ 130 Abs. 1 InsO) beim Besteller, da dieser die Zahlungsunfähigkeit des Schuldners nicht gekannt hat. Nimmt dagegen der Besteller in Kenntnis der Zahlungsunfähigkeit des Schuldners dessen weitere Arbeiten entgegen, ist dies über §§ 96 Abs. 1 Nr. 3, 130 Abs. 1 InsO zu Gunsten der Masse abzuwickeln (Rz. 267 ff); auf § 8 Nr. 2 VOB/B kommt es dann nicht an.

10. Entgegennahme von Leistungen des Schuldners in der Krise (§ 96 Abs. 1 Nr. 3 i. V. m. §§ 130, 131 InsO)

537 Nur wegen des Sachzusammenhangs sei dieser Punkt nochmals kurz gestreift. Anders als nach der Konkursordnung ist diese Fallgruppe nun unter den Aufrechnungsverboten geregelt, wobei jedoch nach dem klaren

Wortlaut des § 96 Abs. 1 Nr. 3 InsO ein Anfechtungstatbestand Voraussetzung dafür ist, dass das Verbot greift. Details hierzu finden sich unter Rz. 262 ff.

D. Besonderheiten der Bauträgerinsolvenz

I. Die Sicherung des Eigentumsübertragungsanspruchs am Grundstück durch eine Vormerkung (§ 106 Abs. 1 InsO)

Beim Bauträgervertrag handelt es sich um einen einheitlichen Vertrag, der **538** neben werk- und werklieferungsvertraglichen auch (soweit der Grundstückserwerb in Rede steht) kaufvertragliche Elemente sowie – je nach den Umständen des Einzelfalls – Bestandteile aus dem Auftrags- und Geschäftsbesorgungsrecht enthält.

> BGH NJW 1986, 925, 926 l. Sp.;
> dazu EWiR 1986, 251 (*Locher*).

Da der Erwerber die vom Bauträger erbrachte Bauleistung in Abschlägen **539** schon vor Verschaffung des Grundstückseigentums bezahlt und hierin die Gefahr einer nachhaltigen Vermögensschädigung des Erwerbers liegt, hat der Verordnungsgeber den Bauträgern kraft zwingenden Rechts (§ 12 MaBV) zum Schutz des Erwerbers Sicherungspflichten auferlegt. Kernstück dieser Pflichten ist, dass der Erwerber (vorbehaltlich des Bürgschaftsmodells von § 7 MaBV) die vom Baufortschritt abhängigen Abschlagszahlungen erst zu leisten braucht, wenn zu seinen Gunsten eine Auflassungsvormerkung eingetragen worden ist, und dass der Bauträger sich ein vertragliches Rücktrittsrecht nicht vorbehalten darf (§ 3 Abs. 1 Satz 1 Nr. 2 und Nr. 1 MaBV).

> BGH NJW 1986, 925, 927 l. Sp.

Diese Sicherungen gewähren allerdings in der Insolvenz des Bauträgers **540** keinen umfassenden Schutz. Je nach Verhalten der Bauträgerbank (Rz. 562 ff) ist der Erwerber wegen seiner bereits geleisteten Zahlungen nur insoweit gesichert, als er deren Rückzahlung (jedoch ohne Ausgleich von Schäden wie z. B. Finanzierungskosten, Eigenleistungen) oder die Übereignung des Grundstücks mit dem darauf befindlichen, von ihm fertig zu stellenden Teil-Bauwerk gegen Anrechnung der geleisteten Zahlung verlangen kann.

> *Wudy*, MittBayNot 2000, 489, 490 l. Sp.

Der Anspruch auf Übereignung auch in der Insolvenz des Bauträgers ist **541** unter den Voraussetzungen des § 106 Abs. 1 Satz 1 InsO durchsetzbar. Gemäß dieser Norm kann der Erwerber für seinen Anspruch auf Übereignung des Grundstücks Befriedigung direkt aus der Insolvenzmasse verlangen, sofern die Auflassungsvormerkung rechtzeitig – d. h.: die bindende Bewilligung und der **Eintragungsantrag** erfolgten vor Verfahrenseröffnung und vor Erlass eines allgemeinen Verfügungsverbots (§§ 878 BGB, 91 Abs. 2, 21 Abs. 2 Nr. 2 InsO) –,

> *Kübler/Prütting/Tintelnot*, InsO, § 106 Rz. 5, 11,

zu seinen Gunsten eingetragen worden ist. Unschädlich ist dabei (hinsichtlich der werkvertraglichen Komponente des Bauträgervertrags), dass der Bauträger dem Erwerber gegenüber weitere Verpflichtungen übernommen hat und diese nicht oder nicht vollständig erfüllt sind (§ 106 Abs. 1 Satz 2 InsO). Der Erwerber hat trotz der Insolvenz des Bauträgers ein erzwingbares Recht auf die Übereignung des Grundstücks und braucht sich nicht auf die Quote verweisen zu lassen. Allerdings ist notwendiges Korrelat die Verpflichtung des Erwerbers, den Kaufpreis für den Grundstücksanteil zu bezahlen.

BGH ZIP 1981, 250, 252 l. Sp.

542 Die Vormerkung stellt den Erwerber also so, als ob das Bauwerk auf einem ihm bereits gehörenden Grundstück errichtet würde.

BGH NJW 1986, 925, 927 r. Sp.

543 Allerdings läuft dieser Schutz leer, wenn z. B. wegen unterbliebener Beurkundung wesentlicher Vertragselemente oder wegen Schwarzgeldabreden der Bauträgervertrag nichtig ist und deshalb der Erwerber keinen Anspruch auf Eigentumsübertragung erworben hat, denn die Vormerkung ist streng akzessorisch zum gesicherten Anspruch (zum gleichgelagerten Problem, wenn nachträglich der gesicherte Anspruch entfällt, siehe Rz. 561). In solchen Fällen kann der Verwalter gemäß § 894 BGB einredefrei Löschung der Vormerkung und Herausgabe des Grundstücks verlangen. Selbst beträchtliche Zahlungen des Erwerbers an den Bauträger verleihen ersterem kein insolvenzbeständiges Zurückbehaltungsrecht. Gemäß § 51 Nr. 2, 3 InsO sind nämlich nur die dort genannten Zurückbehaltungsrechte insolvenzfest.

BGH ZIP 2002, 858 = ZfIR 2002, 539
(m. Anm. *Volmer*, S. 543).

544

> **Praxistipp:**
>
> Beruht die unzureichende Beurkundung auf einem Fehler des Notars, haftet dieser auf Schadensersatz, vor allem auf Erstattung der Erwerberzahlungen, wobei im Gegenzug dem Notar die Insolvenzforderung gegen den Verwalter über das Vermögen des Bauträgers abzutreten ist.

545 Die Verfahrenseröffnung und eine Schadensersatzwahl des Erwerbers hinsichtlich der werkvertraglichen Komponente, nachdem der Verwalter insoweit Erfüllung abgelehnt hat, lassen deshalb die Grundstücksübereignungsverpflichtung unberührt und beschränken sich auf die weiteren Komponenten, insbesondere den die Bauleistung betreffenden Teil des Vertrags. § 106 Abs. 1 InsO bewirkt folglich kraft Gesetzes die Aufteilung des Vertrags im Sinne einer Teilleistungsvereinbarung.

BGH ZIP 1981, 250, 251 r. Sp.

546 Damit der Erwerber seinen Eigentumsübertragungsanspruch gegen den Verwalter durchsetzen kann, muss geklärt werden, ob er die Gegenleistung

bereits erbracht hat bzw. was er noch bezahlen muss. Im ersten Schritt ist zu ermitteln, welcher Anteil des gesamten im Bauträgervertrag vereinbarten Preises auf das Grundstück entfällt. Ist ausnahmsweise im Bauträgervertrag ein Grundstückspreis gesondert ausgewiesen, ist dieser maßgebend, auch wenn er nach steuerlichen Gesichtspunkten bemessen worden ist und die Grundstücksveräußerung und Bauwerkserrichtung für den Bauträger in der Regel aus kalkulatorischen und bautechnischen Gründen untrennbar sind.

> KG BauR 2000, 114, 116.

Wenn eine gesonderte Ausweisung fehlt, ist die Bestimmung vorrangig 547 durch (ergänzende) Vertragsauslegung vorzunehmen, anderenfalls auf dem durch §§ 316, 315 BGB vorgezeichneten Weg.

> BGH ZIP 1981, 250, 252 l. Sp.

Im zweiten Schritt ist zu prüfen, was der Erwerber auf diesen Grund- 548 stückskaufpreis bereits bezahlt hat und nötigenfalls noch bezahlen muss. Probleme stellen sich deshalb, weil beiden Vertragsparteien vor Verfahrenseröffnung eine gedankliche Aufspaltung des Bauträgervertrags in eine kaufvertragliche und eine werkvertragliche Komponente fremd war und zumeist bis zur Verfahrenseröffnung auf dem Vertragsobjekt auch Bauleistungen erbracht worden sind, hinsichtlich derer sich im Abrechnungsverhältnis entweder Schadensersatzansprüche zu Gunsten des Erwerbers oder aber Zahlungsansprüche zu Gunsten des Verwalters ergeben können.

§ 3 Abs. 2 Satz 2 Nr. 1 MaBV zeigt indessen deutlich, dass jedenfalls die 549 erste Abschlagszahlung des Erwerbers in Höhe von 30 % der Vertragssumme bereits vor werterhöhenden Bauleistungen „mit dem ersten Spatenstich" zu entrichten ist und nach der Intention des Verordnungsgebers von diesem Abschlag gerade auch die Grundstückskosten erfasst sein sollen.

> *Marcks*, MaBV, § 3 Rz. 30 f.

Es erscheint daher richtig, den vom Erwerber gezahlten ersten Abschlag 550 grundsätzlich **vollständig** auf den nachträglich ermittelten Grundstückskaufpreis anzurechnen. (Dem Verwalter muss allerdings der Gegenbeweis eröffnet sein, dass aus diesem ersten Abschlag der Bauträger auch Architekten- und Baubetreuungsleistungen und sonstige anfangs auflaufende Kosten,

> vgl. zu diesen *Marcks*, MaBV, § 3 Rz. 31,

bezahlt hat; gelingt ihm dieser Beweis, ist der auf den Grundstückskaufpreis anzurechnende Betrag entsprechend zu kürzen.) Sofern in Ausnahmefällen ein überschießender Restbetrag zu Gunsten des Verwalters verbleiben sollte – weil das Objekt in besonders teurer Wohnlage oder in Ballungsgebieten mit überdurchschnittlich hohen Grundstückspreisen errichtet wird –,

Brych/Pause, Rz. 147,

erscheint es allein sachgerecht, weitere Abschlagszahlungen des Erwerbers primär auf den Grundstückskaufpreis anzurechnen. Einen danach immer noch offenen Restbetrag muss der Erwerber ungeschmälert an die Insolvenzmasse bezahlen, um das Leistungsverweigerungsrecht des Verwalters aus § 320 BGB abzuwenden.

> So wohl im Ergebnis auch
> BGH NJW 1986, 925, 927 l. Sp.

551 Beispiel:

Nach dem Bauträgervertrag hat der Erwerber für das Grundstück in bester Lage, einen schlüsselfertigen Bau und sonstige Nebenleistungen 1 Mio. € zu bezahlen. Gemäß MaBV, der der Vertrag folgt, beträgt der erste Abschlag 300.000 €, der zweite 280.000 €. Der auf das Grundstück entfallende Kaufpreisanteil lässt sich nachträglich gemäß den oben aufgeführten Kriterien mit 400.000 € festlegen. Hat der Erwerber vor Verfahrenseröffnung die ersten beiden Abschläge in voller Höhe an den Bauträger überwiesen, so ist der Grundstückskaufpreisanteil vollständig bezahlt. Hat dagegen der Erwerber lediglich den ersten Abschlag überwiesen, so muss er zur vollständigen Tilgung des Grundstückskaufpreisanteils noch 100.000 € bezahlen.

552 Vollkommen unabhängig hiervon sind die Rechtsbeziehungen zwischen Verwalter und Erwerber hinsichtlich der Bauleistungen. Wählt der Verwalter insoweit Erfüllung, gelten die allgemeinen Regeln ebenso wie in der häufigeren Fallgruppe, dass eine Erfüllungswahl des Verwalters ausbleibt. In letzterem Fall gelten dann die Grundsätze über das Abrechnungsverhältnis, sofern der Erwerber einen Schadensersatzanspruch wählt (siehe Rz. 76 ff). Eine Schadensersatzforderung kann mithin der Erwerber zur Tabelle anmelden. Bestehen Mängel am Sondereigentum, so hat der Erwerber in Höhe von 100 % der notwendigen Beseitigungskosten einen Schadensersatzanspruch gemäß § 103 Abs. 2 InsO.

553 Wegen Mängeln am Gemeinschaftseigentum ist nach der einen Auffassung der Gesamtbetrag, der zur Beseitigung aufzubringen ist, zu ermitteln. Der individuelle (zur Verrechnung gegenüber einer Forderung des Verwalters geeignete) Schadensersatzanspruch wird anhand der nach dem Miteigentumsanteil des Erwerbers bestimmten Quote des Gesamtbetrags ermittelt.

> BGH (V. Zivilsenat) ZIP 1996, 426, 427 r. Sp.;
> dazu EWiR 1996, 343 (*Voss*);
> zust. noch Voraufl., Rz. 454 f.

Dem kann jedoch nicht gefolgt werden.

> Eingehend *Greiner*, ZfBR 2001, 439;
> ihm zust. nun *Werner/Pastor*, Rz. 515.

554 Der VII. Zivilsenat des Bundesgerichtshofs beurteilt den Schadensersatzanspruch, der dem Erwerber wegen eines Mangels des Gemeinschaftseigentums zusteht, dahin, dass dieser Anspruch auf den Ersatz der gesamten

Kosten gerichtet ist, die zur Mängelbeseitigung aufzuwenden sind. Allerdings kann der einzelne Erwerber nur Zahlung des Schadensersatzanspruchs an die Wohnungseigentümergemeinschaft insgesamt verlangen.

BGH ZIP 1999, 754, 755;
dazu EWiR 2000, 279 (*Wenner*).

Diese Grundsätze gelten auch in der Insolvenz des Bauträgers: Vor Verfahrenseröffnung hat der Erwerber gegen den Bauträger einen originär ihm zustehenden Anspruch auf vollständige Beseitigung von Mängeln des Gemeinschaftseigentums. Nach Verfahrenseröffnung und unterbleibender Erfüllungswahl des Verwalters steht fest, dass die – automatisch alle Wohnungseigentümer begünstigende – Nacherfüllung am Gemeinschaftseigentum durch den Verwalter nicht erfolgt. Wegen der Gemeinschaftsbezogenheit dieses Anspruchs müssen die anderen Wohnungseigentümer damit einverstanden sein, dass ein einzelner Erwerber wegen der für ihn gegenüber dem Verwalter gegebenen Verrechnungsmöglichkeit einen Schadensersatzanspruch geltend macht.   555

Gegen dieses Einverständnis der weiteren Wohnungseigentümer kann sich der Verwalter nicht mit dem Aufrechnungsverbot des § 96 Abs. 1 Nr. 2 InsO wenden. § 96 Abs. 1 Nr. 2 InsO soll eine Ausplünderung der Insolvenzmasse durch einen „frivolen" Ankauf von Passiven, auf die ansonsten nur eine Quote entfallen würde, unterbinden.   556

BGH ZIP 1997, 1496, 1498 r. Sp.,

Daher ist § 96 Abs. 1 Nr. 2 InsO nicht anwendbar, wenn die zur Verrechnung gestellte Gegenforderung von einem aufrechnungsberechtigten Gesamtschuldner auf einen Mitschuldner übergeht.   557

BGH ZIP 1997, 1496, 1498 r. Sp.

Nichts anderes kann dann aber für den ohnehin von Anfang an dem einzelnen Erwerber zustehenden, obzwar gemeinschaftsbezogenen Nacherfüllungsanspruch gelten.   558

A. A. MünchKomm-*Brandes*, InsO, § 94 Rz. 4,
der sich jedoch exakt auf das von
BGH ZIP 1997, 1496, revidierte Urteil des
OLG Düsseldorf ZIP 1996, 1749, beruft.

Dieses für den Verwalter unerfreuliche Ergebnis folgt aus dem im Bauträgervertrag ursprünglich bereits angelegten Ungleichgewicht: Während der Bauträger seine Werkleistung in Bezug auf das gesamte Bauwerk schuldet, sind die Erwerber je nur anteilig in Höhe des vertraglichen Erwerbspreises verpflichtet.   559

BGH ZIP 1999, 754, 756.

Ergibt sich ungeachtet dieser weitreichenden Verrechnungsmöglichkeiten des Erwerbers ein Saldo zu Gunsten der Masse (bzw. aufgrund der üblichen Abtretung zu Gunsten der Bauträgerbank), kann der Verwalter ihn   560

geltend machen. Er kann jedoch hieraus kein Leistungsverweigerungsrecht
(§ 320 BGB) gegenüber dem Übereignungsanspruch des Erwerbers ableiten, da dies mit § 106 Abs. 1 InsO und der vom Gesetzgeber gewollten
strikten Aufspaltung des Vertragsverhältnisses nicht vereinbar wäre: Wenn
der Erwerber durch § 106 Abs. 1 InsO so gestellt werden soll, als ob das
Bauwerk auf einem ihm gehörenden Grundstück errichtet würde
(Rz. 542), wäre es inkonsequent, dem Verwalter gleichwohl insoweit ein
Leistungsverweigerungsrecht einzuräumen.

> Wie hier und insoweit zutr.
> OLG Stuttgart, Urt. v. 18. 8. 2003
> – 5 U 62/03 –, S. 10 (n. rkr.; unveröff.);
> wohl a. A.
> *Uhlenbruck/Berscheid*, InsO, § 106 Rz. 39 a. E., 41;
> *Wudy*, MittBayNot 2000, 489, 498 l. Sp.

561 Praxistipp:

In der anwaltlichen Beratungspraxis stellt sich häufig das Problem, dass Erwerber als Mandanten wegen Verzugs und/oder sonstiger Fehlleistungen des
Bauträgers energische Schritte wünschen. Da solche Erscheinungen oft Indizien für eine schwere wirtschaftliche Krise des Bauträgers sind und ein Insolvenzantrag bevorstehen kann, ist große Vorsicht geboten, um nicht den
Mandanten des Schutzes des § 106 Abs. 1 Satz 1 InsO zu berauben.

(1) Grob fehlerhaft ist es, wegen des Vertrags als ganzen dem Bauträger eine
Frist zur Leistung oder Nacherfüllung zu setzen und nach deren fruchtlosem Ablauf Schadensersatzansprüche geltend zu machen oder den Rücktritt vom gesamten Vertrag zu erklären (§ 281 Abs. 1 Satz 1, Abs. 4 oder
§ 323 Abs. 1 BGB). Damit entfällt der Anspruch des Mandanten auf Erfüllung, also auch der Anspruch auf Grundstücksübereignung – und damit
die stetig akzessorische Vormerkung. Der nominal hohe Schadensersatz-
oder Rückgewähranspruch des Mandanten ist faktisch wertlos, da er nur mit
der Quote – wenn überhaupt – bedient wird. Soweit der Mandant bis zur
Rückvergütung seiner Zahlungen ein Zurückbehaltungsrecht am Grund-
buchberichtigungsanspruch hinsichtlich der Auflassungsvormerkung hat
(*Brych/Pause*, Rz. 259), ist dieses in der Insolvenz des Bauträgers als persön-
liches Recht nicht zu berücksichtigen (Umkehrschluss aus § 51 Nr. 2, Nr. 3
InsO; BGH ZIP 2002, 858). Ein Haftungsprozess des Mandanten gegen seinen Anwalt ist vorprogrammiert.

(2) Den unter (1) geschilderten, unter Geltung des dort relevanten § 326
Abs. 1 BGB a. F. noch gesteigerten Gefahren trug das OLG Celle (OLGR
2001, 113) in einer Entscheidung Rechnung, die es für ausreichend erachtet,
dass der vertragstreue Erwerber den Bauträger ergebnislos dazu auffordert,
den Bau fortzusetzen, und anschließend den Bau mit anderen Unternehmern
vollendet, ohne gegenüber dem Bauträger zu kündigen. Der Erwerber kann
uneingeschränkte Übereignung des Grundstücks mit dem fertigen Gebäude
an sich verlangen. Dieses Urteil ist dogmatisch angreifbar, so dass der darin
aufgezeigte Weg nicht als hinreichend rechtssicher gelten kann.

(3) Am ehesten empfehlenswert erscheint der zum vor dem 1. 1. 2002 geltenden Recht von der höchstrichterlichen Rechtsprechung (BGH NJW
1986, 925, 927 l. Sp.; ferner KG BauR 2000, 114, 115 r. Sp.) aufgezeigte Weg:
Zwar kann der Erwerber wegen der Besonderheiten des Bauträgervertrags

keine freie Kündigung gemäß § 649 BGB aussprechen. Die Regel, dass ein Bauträgervertrag einheitlich abzuwickeln ist, verlangt aber eine Ausnahme, wenn der Bauträger dem Erwerber einen wichtigen Grund zur Kündigung der **Bauleistung** gibt. Dann kann es geboten sein, dem Erwerber sowohl das Recht zur Kündigung zu gewähren als auch den Anspruch auf **Grundstücksübereignung** zu belassen. Auch nach neuem Recht dürfte dieses Vorgehen möglich sein, wobei in der Literatur (z. B. *Boldt*, NZBau 2002, 655 m. w. N.) noch heftig umstritten ist, ob bei Werkverträgen überhaupt noch eine außerordentliche Kündigung (unter analoger Anwendung von § 314 BGB) in Betracht kommt oder ob nicht vielmehr der Besteller den gesetzlich eröffneten Weg des Teilrücktritts (§ 323 Abs. 5 Satz 1 BGB) beschreiten muss. Allerdings müssen das Vorliegen eines wichtigen Grunds und die Verflechtungen mit den Interessen anderer Erwerber bei einer Wohnanlage äußerst sorgfältig analysiert werden; kleinere Mängel genügen genauso wenig wie der bloße Umstand, dass der Bauträger Insolvenzantrag stellt (zu Details *Brych/Pause*, Rz. 260 f; *Koeble*, Kapitel 24 Rz. 14 ff)

II. Vorrangige Grundpfandrechte der finanzierenden Banken

Die oben diskutierten rechtlichen Probleme stellen sich in der Praxis allerdings so gut wie nie in dieser Zweidimensionalität (Erwerber – Verwalter), da meist ein „magisches Dreieck" für Komplikationen sorgt.   562

Vogel, BauR 1999, 992.

Dies liegt daran, dass kaum eine Bauträgermaßnahme denkbar ist, die nicht vollständig von der Hausbank des Bauträgers finanziert wird. Die Bank sichert sich durch Grundpfandrechte, die vorrangig vor Auflassungsvormerkungen der Erwerber eingetragen sind. Allerdings muss gemäß § 3 Abs. 1 Satz 1 Nr. 3 MaBV die Freistellung des Vertragsobjekts von allen Grundpfandrechten, die der Vormerkung im Range vorgehen oder gleichstehen und nicht übernommen werden sollen, gesichert sein, und zwar auch für den Fall, dass das Bauvorhaben nicht vollendet wird. Die Anforderungen an die von der Hausbank des Bauträgers abzugebende Erklärung ergeben sich aus § 3 Abs. 1 Satz 2 MaBV. Es muss also gewährleistet sein, dass die nicht zu übernehmenden Grundpfandrechte im Grundbuch gelöscht werden, und zwar, wenn das Bauvorhaben vollendet wird, unverzüglich nach Zahlung der geschuldeten Vertragssumme, anderenfalls unverzüglich nach Zahlung des dem erreichten Bautenstand entsprechenden Teils der geschuldeten Vertragssumme durch den Erwerber.   563

Zu Details
Basty, Rz. 285 ff;
Vogel, BauR 1999, 992.

Jedoch kann sich der Kreditgeber für den Fall, dass das Bauvorhaben nicht vollendet wird, gemäß § 3 Abs. 1 Satz 3 MaBV vorbehalten, an Stelle der Freistellung alle vom Erwerber vertragsgemäß im Rahmen des § 3 Abs. 2 MaBV bereits geleisteten Zahlungen bis zum anteiligen Wert des Vertragsobjekts zurückzuzahlen; zu den Spezialproblemen, falls eine Bürgschaft gemäß § 7 MaBV gestellt wurde, vgl. Rz. 638 ff).   564

565 Klargestellt hat die Rechtsprechung,

> BGH ZIP 1994, 1705;
> dazu EWiR 1995, 277 (*Mönning*);
> OLG Koblenz VersR 1982, 250,

dass § 106 Abs. 1 InsO nicht den Anspruch auf lastenfreie Übertragung des Eigentums sichert. § 106 Abs. 1 InsO will **nur** den durch die Vormerkung gesicherten Anspruch des Erwerbers auf Eigentumsverschaffung in der Insolvenz bevorrechtigen, nicht aber auch den schuldrechtlichen Anspruch des Erwerbers gegen den Bauträger, das Grundstück von Lasten freizustellen. Ist die Auflassungsvormerkung zum Grundpfandrecht der Bauträgerbank nachrangig, sichert sie nur den Anspruch auf Eigentumsübertragung in dem zum Zeitpunkt der Eintragung der Vormerkung bestehenden Umfang, also mit der Belastung durch die vorrangigen Grundpfandrechte.

566 In der Praxis sind die durch Grundpfandrechte gesicherten Banken aus wirtschaftlichen Gründen meist nicht daran interessiert, gemäß § 3 Abs. 1 Satz 3 MaBV vorzugehen und anschließend ungehindert von der Auflassungsvormerkung die Zwangsvollstreckung zu betreiben.

> Zu diesem Weg
> *Jaeger/Henckel*, KO, § 24 Rz. 46.

567 Vielmehr können in den meisten Fällen wirtschaftlich sinnvolle Lösungen erzielt werden im dreiseitigen Verhältnis der Beteiligten: Der Erwerber zahlt noch einen angemessenen Restbetrag an die Bank oder an die Insolvenzmasse. Die Bank stellt das Vertragsobjekt von ihrem Grundpfandrecht frei. Der Verwalter erklärt die Auflassung, bewilligt die Eigentumsumschreibung im Grundbuch und erhält aus der geleisteten Zahlung noch einen Masseanteil, während der Rest der Bank verbleibt und auf offene Darlehensforderungen gegen den Bauträger angerechnet wird.

> Zu einer konsensualen Abwicklungsvereinbarung
> vgl. *Wudy*, ZNotP 2001, 142.

III. Freistellungsansprüche des Erwerbers wegen Erschließungs- und Anliegerbeiträgen

568 Weiterhin sind die meisten Bauträgerverträge so gestaltet, dass im Schlüsselfertigpreis – ausdrücklich oder kraft Auslegung – Erschließungs- und Anliegerbeiträge enthalten sind, jedenfalls für Maßnahmen, die bis zum Zeitpunkt des Vertragsabschlusses von der Gemeinde eingeleitet worden sind, egal, wann später die Abrechnung durch förmliche Beitragsbescheide erfolgt. Das hiermit verbundene Kostenrisiko muss der Bauträger kalkulieren und in den Gesamtpreis einstellen.

> OLG Karlsruhe ZIP 1986, 1404, 1405 r. Sp.;
> dazu EWiR 1986, 1223 (*Brehm*).

Misslich für den Erwerber ist es, wenn er seine abschließenden Zahlungen **569** an den später insolventen Bauträger zeitlich weit vor dem förmlichen Beitragsbescheid, der ihm als Eigentümer des Grundstücks zugestellt wird, leistet: Zwar hat dann der Erwerber aus dem Bauträgervertrag einen Freistellungsanspruch gegen den Bauträger, gerichtet auf direkte Zahlung der Beitragssumme an die Gemeinde oder unter den Voraussetzungen des § 281 Abs. 1 BGB direkt an ihn.

BGH NJW 1993, 2232, 2233.

Dieser Freistellungsanspruch ist jedoch in der Insolvenz des Bauträgers **570** wertlos, so dass im Ergebnis der Erwerber doppelt zahlt: einmal an den Bauträger, ein weiteres Mal an die Gemeinde.

Doch selbst wenn zum Zeitpunkt des Beitragsbescheids noch offene For- **571** derungen des Verwalters im Raume stehen, ist die Rechtslage für den Erwerber kaum besser:

Es ist dann § 103 InsO anwendbar, **572**

OLG Karlsruhe ZIP 1986, 1404, 1405 r. Sp.,

so dass bei ausbleibender Erfüllungswahl der Erwerber einen Schadensersatzanspruch geltend machen kann. Der Freistellungsanspruch gegen den Bauträger wird jedoch normalerweise erst im selben Zeitpunkt wie die Beitragspflicht des Erwerbers fällig. Diese wiederum ist im Regelfall einen Monat nach der Zustellung der Beitragsbescheide durch die Gemeinde fällig.

BGH NJW 1993, 2232, 2233 l. Sp.

Die Restforderung der Insolvenzmasse aus dem Bauträgervertrag wegen **573** des erbrachten (Teil-)Werks wird dagegen (spätestens) mit der Verfahrenseröffnung fällig; die Zuleitung einer Rechnung ist nach der hier vertretenen Auffassung (siehe Rz. 138 f) keine Fälligkeitsvoraussetzung. Liegt dieser Zeitpunkt vor der Fälligkeit des Freistellungsanspruchs, so ist dem Erwerber die Aufrechnung verwehrt (§ 95 Abs. 1 Satz 3 InsO; siehe Rz. 275 f).

Vor diesem rechtlichen Hintergrund wird das Insolvenzrisiko zu Gunsten **574** des Erwerbers verringert, wenn er – bei entsprechender Reduzierung des Gesamtpreises – im Bauträgervertrag die Kosten für Erschließungs- und Anliegerabgaben selbst übernimmt. Er zahlt dann von vornherein einen verringerten Betrag an den Bauträger, profitiert davon, dass die Abgaben erst später zu bezahlen sind, und schaltet das Risiko aus, zweimal bezahlen zu müssen.

Basty, IBR 1999, 167.

E. Prozessuale Fragen

I. Prozessunterbrechung

Gemäß § 240 Satz 1 ZPO werden die die Insolvenzmasse betreffenden 575
Rechtsstreitigkeiten unterbrochen, bis sie nach den für das Insolvenzverfahren geltenden Vorschriften aufgenommen werden oder das Insolvenzverfahren beendet wird. Dies entspricht der bisherigen Rechtslage.

Neu ist jedoch, dass gemäß § 240 Satz 2 ZPO es auch vor förmlicher Eröff- 576
nung des Insolvenzverfahrens zur Unterbrechung kommt, wenn die Verwaltungs- und Verfügungsbefugnis über das Vermögen des Schuldners auf einen vorläufigen Verwalter übergegangen sind (§ 22 Abs. 1 Satz 1 InsO).

Hierfür muss das Insolvenzgericht dem Schuldner ein allgemeines Verfü- 577
gungsverbot auferlegen.

Die Auferlegung des Zustimmungsvorbehalts gemäß § 21 Abs. 2 Nr. 2 578
Fall 2 InsO reicht dagegen für die Anwendung von § 240 Satz 2 ZPO nicht aus, weil dadurch die Verwaltungs- und Verfügungsbefugnis über das Vermögen des Schuldners nicht auf den vorläufigen Verwalter übergeht.

BGH ZIP 1999, 1314, 1315 l. Sp.

Gerade große Streitigkeiten werden im Baubereich häufig vor Schiedsge- 579
richten ausgetragen. Nach ganz herrschender Meinung gilt jedoch § 240
ZPO für Schiedsverfahren nicht.

Zöller/Geimer, ZPO, § 1042 Rz. 48;
Stein/Jonas/Schlosser, ZPO, § 1029 Rz. 35; § 1042 Rz. 35.

Sehr einsichtig erscheint dies nicht, da gerade in **Aktiv**prozessen der Ver- 580
walter die Chance haben muss, sich – wie bei Rechtsstreitigkeiten vor den
staatlichen Gerichten – in die Angelegenheit einzuarbeiten, das Prozess-
und Kostenrisiko abzuwägen, die Abstimmung mit dem Gläubigeraus-
schuss herbeizuführen usw. Richtigerweise ist daher von einer Unterbrechung auszugehen. In **Passiv**prozessen gilt nichts anderes, wobei auch die
herrschende Meinung anerkennt, dass ungeachtet von ihr verneinter Unterbrechung ein Gläubiger im Schiedsspruch festgestellte (vorinsolvenzlich
begründete) Rechte nur zur Insolvenztabelle anmelden kann.

Zöller/Geimer, ZPO, § 1060 Rz. 16.

Gerade dies zeigt aber die Fragwürdigkeit der herrschenden Meinung: 581
Welchen Sinn soll für den Insolvenzgläubiger der Abschluss eines Schieds-
verfahrens haben, wenn dadurch weitere, von ihm zu bezahlende Kosten
des Schiedsgerichts entstehen und er diese und die Rechte aus dem
Schiedsspruch nur mit Hoffnung auf quotale Befriedigung anmelden kann?
Auch für den klagenden Insolvenzgläubiger wäre eine Unterbrechung mit
der Möglichkeit der Anmeldung und der damit verbundenen schnelleren
und kostengünstigeren Klärung – falls der Verwalter anerkennt – vorzugs-

würdig; anderenfalls muss er nach Bestreiten das Schiedsverfahren mit geänderten Anträgen aufnehmen.

Krit. zur h. M. auch
Lenzen, NZBau 2003, 428, 430.

II. Sonderprobleme des selbständigen Beweisverfahrens

582 Für das selbständige Beweisverfahren sind vier Konstellationen zu unterscheiden, wenn man die richtigen Antworten auf folgende Fragen erhalten will: Welche Auswirkungen haben die im selbständigen Beweisverfahren getroffenen Feststellungen? Wird ein selbständiges Beweisverfahren durch die Verfahrenseröffnung unterbrochen (§ 240 Satz 1 ZPO)? Kann der Beteiligte, der im selbständigen Beweisverfahren dem Schuldner und/oder dem Verwalter gegenüber steht, aus der Masse Erstattung ihm entstandener Kosten verlangen oder handelt es sich um einfache Insolvenzforderungen?

1. Der Schuldner als Antragsgegner in einem vor Verfahrenseröffnung eingeleiteten selbständigen Beweisverfahren

583 Selbständige Beweisverfahren zu Bauverträgen dienen in aller Regel dazu, Mängel des vom Unternehmer erbrachten Werks festzustellen. Bejaht ein Gutachter in einem vor Verfahrenseröffnung gegen den Schuldner als Antragsgegner/Unternehmer abgeschlossenen selbständigen Beweisverfahren die Mängelbehauptungen des Antragstellers/Bestellers, so kann der Besteller dieses Beweisergebnis im Insolvenzverfahren verwerten wie folgt:

584 Hat der Besteller den Werklohn bereits vollständig an den Schuldner bezahlt, kann er gemäß § 45 Satz 1 InsO eine Insolvenzforderung in Höhe der Nachbesserungskosten zur Tabelle anmelden. Alternativ kann er eine etwa vorhandene Mängelbürgschaft in Anspruch nehmen, wobei jedoch das Ergebnis des selbständigen Beweisverfahrens den Bürgen in keiner Weise bindet, genauso wenig, wie ein rechtskräftiges Urteil gegen den Schuldner oder Verwalter den Bürgen binden würde.

BGH ZIP 1989, 427.

585 Auch die mit dem selbständigen Beweisverfahren verbundenen Kosten (eigene anwaltliche Vertretung, Kosten für das Gutachten und Gerichtskosten), zu ersetzen als Verzugs- oder sonstiger Schadensersatzanspruch, haben den Status einer einfachen Insolvenzforderung, da das selbständige Beweisverfahren dadurch ausgelöst wurde, dass der Schuldner die von ihm vorinsolvenzlich verursachten Mängel nicht beseitigte bzw. deren Vorhandensein bestritt. Steht dem Besteller eine Bürgschaft zur Verfügung, kann er bis zum verbürgten Höchstbetrag auch diese Kosten vom Bürgen ersetzt verlangen (§ 767 Abs. 1 Satz 2 BGB).

Ist dagegen der Vertrag beiderseits nicht vollständig erfüllt, so besteht kein   586
Anspruch des Bestellers auf Mängelbeseitigung gegen den Verwalter
(anders ist es nur, falls der Verwalter Erfüllung wählt und man ihn damit
als auch für die Beseitigung von Mängeln des davor erstellten Teilwerks
verantwortlich ansieht [siehe Rz. 309]). Der Besteller kann jedoch eine
Schadensersatzforderung sowohl wegen nicht erledigter Mängelbeseitigung
als auch wegen der Kosten des selbständigen Beweisverfahrens im Abrechnungsverhältnis verrechnen.

Bestätigt das Gutachten nach Einschätzung des Verwalters die Behauptun-   587
gen des Antragstellers/Bestellers nicht, wird der Verwalter Interesse daran
haben, dass die vom Schuldner aufgewendeten Kosten (eigene anwaltliche
Vertretung im selbständigen Beweisverfahren) vom Antragsteller zur Insolvenzmasse ersetzt werden. Grundsätzlich ergeht im selbständigen Beweisverfahren keine Kostengrundentscheidung. Vielmehr wird über die
Kosten des selbständigen Beweisverfahrens in der Kostengrundentscheidung der anschließenden Hauptsacheklage mitentschieden. Da der Besteller eine solche bei für ihn ungünstigem Beweisergebnis nicht führt, kann
der Verwalter ihn über § 494a Abs. 1 i. V. m. Abs. 2 ZPO zur Kostener-
stattung zwingen. Dies setzt voraus, dass zunächst auf Antrag des Verwalters hin gemäß § 494a Abs. 1 ZPO das Gericht dem Besteller Frist zur
Klageerhebung setzt.

Will der Besteller zur Vermeidung von Kostennachteilen dieser Fristset-   588
zung nachkommen, muss er Folgendes bedenken: Eine Klage gegen den
Verwalter, gerichtet auf Nacherfüllung oder sonstige 100 %ige Befriedigung (z. B. auf Zahlung von Schadensersatz), scheidet wegen der zwischenzeitlichen Eröffnung des Verfahrens aus. Denkbar ist einzig eine
Klage gegen den Verwalter auf Feststellung zur Tabelle (§§ 180 ff InsO).
Eine solche Klage ist jedoch nur zulässig, wenn vorab der Besteller seine
vermeintliche Forderung zur Tabelle angemeldet und der Verwalter sie
nach Prüfung bestritten hat. Von Amts wegen zu prüfende Sachurteilsvor-
aussetzung ist deshalb die Vorlage des beglaubigten Auszugs aus der Tabelle (§ 179 Abs. 3 Satz 1 InsO).

> BGH ZIP 2000, 705, 706;
> dazu EWiR 2000, 589 (*Schuschke*).

Stellt der Verwalter die angemeldete Forderung fest, so ist für eine Kos-   589
tenentscheidung zu Lasten des Bestellers gemäß § 494a Abs. 2 Satz 1 ZPO
kein Raum mehr. Lässt dagegen der Besteller die gesetzte Frist verstreichen, so ergeht auf weiteren Antrag des Verwalters gegen ihn eine
Kostengrundentscheidung gemäß § 494a Abs. 2 Satz 1 ZPO. Die anschließend festgesetzten Kosten muss der Besteller an die Insolvenzmasse bezahlen.

Das Kammergericht hat entschieden, dass ein Antrag auf Klageerhebung   590
gemäß § 494a Abs. 1 ZPO unzulässig ist, wenn die Forderung nur zur Ta-

belle angemeldet werden kann, und hat deshalb einen Kostenausspruch zu Gunsten des Schuldners abgelehnt.

KG ZInsO 2003, 802, 803 l. Sp.
(n. rkr., Az. BGH: VII ZB 23/03).

591 Im Ergebnis trifft diese Entscheidung zu, weil nach Eröffnung des Insolvenzverfahrens nicht mehr der Schuldner – der dies aber tat –, sondern nur der Verwalter einen Kostenantrag gemäß § 494a Abs. 2 ZPO stellen kann. Unzutreffend ist aber die Auffassung des KG, wonach es reicht, wenn der Gläubiger ankündigt, seine Forderung zur Tabelle anzumelden. Wie ausgeführt, stellen in der Insolvenz des Antragsgegners die Anmeldung zur Tabelle und eine etwa notwendige Feststellungsklage die „Hauptsacheklage" i. S. d § 494a Abs. 1 ZPO dar. Dem Gläubiger ist es auch zumutbar, die Anmeldung zur Tabelle innerhalb einer vom Gericht gesetzten Frist tatsächlich vorzunehmen anstatt sie bloß anzukündigen.

592 Der Besteller kann nicht mit dem Einwand gehört werden, die Fristsetzung sei schikanös und eine Klage sei aus wirtschaftlichen Gründen nunmehr sinnlos.

OLG Dresden ZIP 1999, 1814, 1815;
LG Göttingen BauR 1998, 590;
a. A. OLG Rostock BauR 1997, 169;
KG ZInsO 2003, 802, 803 r. Sp.
(n. rkr., Az. BGH: VII ZB 23/03) (obiter dictum);
OLG Karlsruhe BauR 2003, 1931, 1932 r. Sp.
(vermögensloser Antragsgegner, kein förmliches Insolvenzverfahren).

593 | **Praxistipp:**
|
| Problematisch kann für den Besteller werden, dass er zwar innerhalb der gemäß § 494a Abs. 1 ZPO gesetzten Frist seine Forderung zur Tabelle anmeldet, der Verwalter jedoch zeitnah nicht reagiert und schon deshalb der Besteller eine Feststellungsklage gemäß §§ 180 ff InsO nicht zulässig führen kann. In solchen Fällen muss der Besteller, wenn der untätige Verwalter gleichwohl Antrag gemäß § 494a Abs. 2 Satz 1 ZPO stellt, das Gericht darauf hinweisen, dass ihm die Möglichkeit einer zulässigen Klage durch die Untätigkeit des Verwalters versperrt ist und deshalb vor einer endgültigen Entscheidung des Verwalters eine Kostengrundentscheidung zu Lasten des Bestellers nicht gefällt werden darf.

594 Bestreitet der Verwalter die angemeldete Forderung, kann der Besteller zulässigerweise Feststellungsklage gemäß §§ 180 ff InsO anhängig machen. Eine Kostengrundentscheidung gemäß § 494a Abs. 2 Satz 1 ZPO unterbleibt.

595 Aus vorstehenden Überlegungen ergibt sich, dass das selbständige Beweisverfahren nicht gemäß § 240 Satz 1 ZPO durch die Verfahrenseröffnung unterbrochen wird, da es dem Besteller die Möglichkeit der **Beweissicherung** geben soll. Es dient zur Klärung von Vorfragen in tatsächlicher Hinsicht in rascher und kostengünstiger Weise und ermöglicht in der Regel

eine anschließende Einigung ohne Rechtsstreit. Diesen Zwecken stünde eine Verfahrensunterbrechung entgegen. Sie rechtfertigt sich auch nicht dadurch, dass im selbständigen Beweisverfahren eine Kostengrundentscheidung zu Lasten der Insolvenzmasse ergehen oder anderweitig die Insolvenzmasse belastet werden kann.

> OLG Hamm ZIP 1997, 552;
> dazu EWiR 1997, 431 (*Holzer*);
> OLG Frankfurt/M. BauR 2002, 1886;
> OLG Frankfurt/M. IBR 2003, 285;
> OLG Brandenburg BauR 2003, 1433
> (n . rkr.; Az. BGH: VII ZB 14/03);
> a. A. OLG Hamburg ZInsO 2001, 132 (mit
> generellen Ausführungen, allerdings zu einem
> selbständigen Beweisverfahren ergangen, in
> dem der Schuldner Antragsteller war);
> OLG München BauR 2002, 983;
> OLG Frankfurt/M. ZInsO 2003, 229;
> OLG Frankfurt/M. ZIP 2003, 2043;
> LG Karlsruhe NZI 2001, 603;
> LG Neuruppin BauR 2002, 1887;
> LG Stuttgart ZInsO 2002, 1196;
> *Lenzen*, NZBau 2003, 428, 429.

Dem OLG Hamm und der ihm folgenden Ansicht lässt sich nicht entge- **596** genhalten, dass im Einzelfall nach Vorlage des Gutachtens auch der Antragsgegner – also der an die Stelle des Schuldners gerückte Verwalter – Nachfragen an den Gutachter richten kann, die – wenn ihnen vom Gericht stattgegeben wird – mit entsprechender Vorschusspflicht des Nachfragenden verbunden sind. Es liegt allein in der Entscheidungsgewalt des Verwalters, ob er solche Nachfragen stellen möchte oder nicht; die damit verbundenen Kosten sind überschaubar und führen nicht dazu, dass insgesamt die Kosten des selbständigen Beweisverfahrens, gerade auch soweit sie beim Besteller aufgelaufen sind, den Status einer Masseforderung erlangen würden.

Wenig konsequent ist der Ansatz des LG Neuruppin, **597**

> LG Neuruppin BauR 2003, 1081;
> der Sache nach – ohne förmliche Aufhebung
> – korrigiert von OLG Brandenburg BauR 2003, 1433
> (n. rkr.; Az. BGH: VII ZB 14/03),

das einerseits von der Anwendbarkeit des § 240 Satz 1 ZPO ausgeht, andererseits es aber ins Belieben des Antragstellers legt, durch bloße Erklärung ohne weitere Voraussetzungen das Beweisverfahren wieder aufzunehmen. Die Begründung, ein Grund für die Unterbrechung des Beweisverfahrens ist es, dem Antragsteller Zeit zu geben zu prüfen, ob er ein kostenaufwendiges Verfahren trotz Insolvenz des Antragsgegners weiterführen will, ist verfehlt, da § 240 ZPO vielmehr die Funktion hat, dem Insolvenzverwalter Bedenkzeit zu geben.

598 Wer schon eine Unterbrechung des selbständigen Beweisverfahrens bejaht, muss konsequenterweise verlangen, dass eine Fortführung nur nach den allgemeinen Regeln der §§ 87, 180 ff InsO (siehe Rz. 613 ff) in Betracht kommt.

2. Vom Schuldner als Antragsteller vor Verfahrenseröffnung eingeleitetes selbständiges Beweisverfahren

599 Bestätigt das vom Schuldner/Besteller/Antragsteller gegen einen Unternehmer/Antragsgegner eingeleitete selbständige Beweisverfahren die Beweisbehauptungen des Schuldners z. B. wegen Mängeln, so kann der Verwalter sich das Ergebnis des selbständigen Beweisverfahrens zunutze machen und unter Einhaltung der sonstigen Formalien einen Anspruch gegen den Unternehmer zur Masse ziehen.

600 Sofern der Verwalter dies nicht tut, kann der Antragsgegner gemäß § 494a ZPO eine Kostengrundentscheidung erlangen. Hier ist jedoch bei der abschließenden Kostengrundentscheidung des § 494a Abs. 2 Satz 1 ZPO klarzustellen, dass der Kostenerstattungsanspruch des Antragsgegners nicht den Status einer Masseforderung, sondern nur einer Insolvenzforderung hat. Dies ergibt sich daraus, dass auch in dieser Fallkonstellation das selbständige Beweisverfahren sich auf vorinsolvenzliche Vorgänge bezogen hat und es im Zeitraum vor Verfahrenseröffnung vom Schuldner eingeleitet worden ist; ein eine Masseforderung i. S. v. §§ 55 Abs. 1, 85 Abs. 1 InsO auslösender Beitrag des Verwalters ist nicht ersichtlich.

I. E. übereinstimmend
OLG Dresden NZI 2002, 688.

601 Dies gilt auch dann, wenn der Verwalter nach Vorlage des Gutachtens Nachfragen an den Gutachter richtet und den deshalb vom Gericht verlangten Vorschuss einzahlt. Forderungen der Justiz gegen den Schuldner/Antragsteller als Kostenschuldner des selbständigen Beweisverfahrens erleiden das gleiche Schicksal: Da sich die Justiz nach geltender Rechtslage (§ 65 Abs. 1 Satz 1 GKG ist auf selbständige Beweisverfahren nicht anwendbar) nicht bei der Einleitung des selbständigen Beweisverfahrens durch vom Antragsteller einzuzahlende Vorschüsse auf die Gerichtsgebühr absichern kann, haben die offenen Forderungen der Justiz wegen dieser Verfahrenskosten nur den Rang einer einfachen Insolvenzforderung. Wegen der Kosten des Gutachters schützt sich hingegen die Justiz durch von § 68 Abs. 1 GKG ausdrücklich vorgesehene Vorschussanforderungen beim Antragsteller.

602 Aus diesen Überlegungen ergibt sich, dass wiederum für eine Verfahrensunterbrechung gemäß § 240 ZPO keine Veranlassung besteht.

A. A. OLG Hamburg ZInsO 2001, 132;
OLG Hamm, Beschl. v. 20. 11. 2003
– 21 W 28/03 (bisher unveröff.);

OLG Dresden NZI 2002, 688 für die Fallgruppe, dass die Beweiserhebung bei Verfahrenseröffnung bereits beendet ist.

3. Nach Verfahrenseröffnung gegen den Verwalter eingeleitetes selbständiges Beweisverfahren

Der insolvenzrechtliche Status der Forderung des Antragstellers/Bestel- 603
lers, zu dessen vorbereitender Klärung das selbständige Beweisverfahren
dient, hängt davon ab, ob es um Mängel aus einer vorinsolvenzlich vom
Schuldner erbrachten Leistung **oder** aus einer vom Verwalter erbrachten
Leistung geht, die dieser zu einem von ihm zur Erfüllung gewählten oder
neu mit ihm abgeschlossenen Vertrag abliefert. In der ersten Fallgruppe
haben Forderungen des Antragstellers nur den Status einer Insolvenzforderung, da es nicht in der Rechtsmacht des Antragstellers liegt, einseitig
durch den Antrag auf Durchführung eines selbständigen Beweisverfahrens
eine vorinsolvenzlich angelegte Forderung zur Masseverbindlichkeit zu erheben. In der zweiten Fallgruppe dagegen folgt die Haftung der Masse aus
§ 55 Abs. 1 Nr. 1, Nr. 2 InsO, so auch wegen hieraus entspringender Män-
gelprobleme.

In dieser Fallgruppe bereitet auch die Einordnung eines Kostenerstat- 604
tungsanspruchs des Antragstellers keine Schwierigkeiten: Der Antragsteller hat einen Verzugs- oder sonstigen Schadensersatzanspruch gegen den
Verwalter, der – falls der Verwalter nicht zahlt – selbständig einzuklagen
ist oder in die Kostengrundentscheidung eines etwa notwendigen Haupt-
sacherechtsstreits einfließt.

Betreffen dagegen die Beweisbehauptungen des Antragstellers die vorinsol- 605
venzliche Leistung des Schuldners, so ist zu differenzieren: Leitet der Antragsteller quasi aus heiterem Himmel das selbständige Beweisverfahren
gegen den Verwalter ein, so haftet der Verwalter nicht aus der Masse, da er
weder durch Verzug noch sonstige Handlungen Anlass zur Einleitung des
selbständigen Beweisverfahrens gegeben hat. Ansprüche des Antragstellers
wegen seiner Kosten haben daher nur den Status einer einfachen Insolvenzforderung.

Hat hingegen der Antragsteller zunächst eine Forderung ordnungsgemäß 606
zur Tabelle angemeldet, der Verwalter sie jedoch bestritten, so steht der
Antragsteller vor der Entscheidung, ob er sogleich einen Feststellungsstreit gemäß §§ 180 ff InsO führt oder den zentralen Streitpunkt in tatsächlicher Hinsicht durch ein selbständiges Beweisverfahren klären lässt.
Tut er Letzteres und kann er anschließend einen doch noch notwendigen
Feststellungsstreit gemäß §§ 180 ff InsO gegen den Verwalter erfolgreich
abschließen, so erfasst die dortige Kostengrundentscheidung auch die
(meist in Anbetracht der Insolvenzquote völlig unverhältnismäßigen) Kosten des selbständigen Beweisverfahrens. Diese muss der Verwalter aus der
Masse tragen, weil er durch sein unbegründetes Bestreiten der Forderungs-

anmeldung Anlass zur Einleitung des selbständigen Beweisverfahrens gegeben hat. Nichts anderes kann gelten, wenn der Verwalter nach Vorlage des Gutachtens nachgibt und die bestrittene Forderung nachträglich anerkennt. Auch dann hat er die mit dem selbständigen Beweisverfahren verbundenen Kosten dem Antragsteller zu erstatten.

607 **Praxistipp:**

Dient das selbständige Beweisverfahren allein dazu, eine Bürgschaft in Anspruch zu nehmen, ist kein Grund ersichtlich, weshalb es gegen den Verwalter gerichtet werden soll; richtiger Antragsgegner ist dann der Bürge. Um die Verjährung der Hauptschuld zu „unterbrechen", muss allerdings in unverjährter Zeit der Mangel gegenüber dem Verwalter zugangssicher gerügt werden (Rz. 740).

608 Umgekehrt kann der Verwalter nach den oben bereits beschriebenen Grundsätzen eine für sich günstige Kostengrundentscheidung gemäß § 494a Abs. 2 Satz 1 ZPO erwirken. Will der Antragsteller auf eine Fristsetzung gemäß § 494a Abs. 1 ZPO hin Klage einreichen, so ist wiederum zu differenzieren: Bezog sich das selbständige Beweisverfahren auf eine wegen Vertragserfüllung/Neuabschluss vom Verwalter selbst erbrachte Leistung, so ist nach den einschlägigen materiellrechtlichen Grundlage auf Mängelbeseitigung, Schadensersatz o. Ä. gegen den Verwalter zu klagen. War Gegenstand der Beweissicherung dagegen die vorinsolvenzliche Leistung des Schuldners, gelten die oben zu Rz. 588 ff ausgeführten Grundsätze entsprechend.

609 Eine Prozessunterbrechung gemäß § 240 ZPO kommt unter keinen Umständen in Betracht, da das selbständige Beweisverfahren erst nach Verfahrenseröffnung beantragt wurde.

4. Verwalter ist Antragsteller eines nach Verfahrenseröffnung eingeleiteten selbständigen Beweisverfahrens

610 Werden in einem solchen selbständigen Beweisverfahren die Behauptungen des Verwalters bestätigt, kann er die hieraus resultierenden Ansprüche gegen den Antragsgegner zur Masse ziehen.

611 Der Antragsgegner kann eine für ihn günstige Kostengrundentscheidung über § 494a ZPO herbeiführen. Da in dieser Konstellation der Verwalter selbst nach Verfahrenseröffnung das selbständige Beweisverfahren beantragt, er mithin hierdurch beim Antragsgegner Kosten insbesondere wegen anwaltlicher Vertretung ausgelöst hat, haftet der Verwalter aus der Masse für einen solchen Kostenerstattungsanspruch des Antragsgegners (§ 55 Abs. 1 Nr. 1 InsO).

612 Auch hier ist § 240 ZPO nicht anwendbar, da das selbständige Beweisverfahren erst nach Verfahrenseröffnung beantragt wurde.

III. Sonstige ausgewählte Probleme

1. Feststellungsstreit des Insolvenzgläubigers gegen den Verwalter (§§ 87, 180 ff InsO)

Unabdingbare Voraussetzung einer solchen Feststellungsklage sind die 613
vorige Anmeldung der Forderung zur Tabelle, die Prüfung durch den Verwalter und sein Bestreiten. Die Zuständigkeit liegt beim bisher mit der
Sache befassten Gericht, falls ein wegen § 240 ZPO unterbrochener Prozess wieder aufgenommen wird (§ 180 Abs. 2 InsO); die Anträge sind zu
ändern.

Praxistipp: 614

Auch der Umstand, dass gegen den Schuldner ein Prozess anhängig war, ent-
hebt den Gläubiger nicht der Mühe, bei der Forderungsanmeldung gemäß
§ 174 InsO alle notwendigen Angaben zu machen und alle Unterlagen vorzulegen. Der Verwalter ist nicht gehalten, in die Gerichtsakten Einsicht zu
nehmen, um Unklarheiten der Forderungsanmeldung aufzuhellen (Rz. 439).

Ansonsten ist der (auch bei Wiederaufnahme) nach § 182 InsO zu bemes- 615
sende Streitwert maßgeblich für die Zuständigkeitsabgrenzung zwischen
Amts- und Landgericht (§ 180 Abs. 1 InsO). Die zu erwartende Quote ist
für den Zeitpunkt der Klageeinreichung bzw. Wiederaufnahme zu berechnen. Besteht keine Quotenaussicht, gilt der Auffangstreitwert von zur Zeit
300 €. Keine Rolle spielt es, dass der Feststellungsstreit der Inanspruchnahme einer Sicherheit oder einer Kreditversicherung dient.

Praxistipp: 616

Aufgrund dieser Umstände werden die regulär berechneten Gerichts- und
Anwaltskosten (und die letztlich bei Obsiegen dem Besteller zufließende
Quote) weit unterhalb dessen liegen, was in die während des Prozesses ein-
zuholenden Sachverständigengutachten zu investieren ist. Dabei trägt der im
Prozess Unterliegende die vollen Kosten der Beweiserhebung. Sowohl
Gläubiger als auch Verwalter sollten sich daher gerade bei Bauinsolvenzen
um Augenmaß (und Kompromisse) bemühen, um wirtschaftlich völlig un-
sinnige Streitigkeiten zu vermeiden.

Benötigt der Gläubiger ein stattgebendes Feststellungsurteil, um eine Sicherheit in Anspruch nehmen zu können (z. B. § 648a Abs. 2 Satz 2 BGB),
so muss sein Anwalt vor Prozessführung eine Gegenstandswertvereinbarung
treffen, die dem tatsächlichen, aber nach § 182 InsO für den gerichtlichen
Gegenstandswert nicht relevanten Interesse des Gläubigers entspricht, in der
Regel also in Höhe des durch Sicherheit gedeckten Betrags. Im Übrigen
kann sich die paradoxe Lage ergeben, dass die auf Feststellung in Höhe von
1 Mio. € gerichtete Feststellungsklage, die der Inanspruchnahme einer
Bürgschaft gemäß § 648a BGB in gleicher Höhe dient, wegen zu erwartender
„Null-Quote" mit dem Auffangstreitwert von 300 € bewertet wird. Dies ist
vor allem deshalb unbefriedigend, weil damit eine zulassungsfreie Berufung
ausscheidet (§ 511 Abs. 2 Nr. 1 ZPO) und Gründe für die Zulassung der Berufung (§ 511 Abs. 4 ZPO) selten vorliegen werden. Weist das Amtsgericht
rechtskräftig die Feststellungsklage ab, steht damit fest, dass auch der Bürge
über 1 Mio. € nicht haftet.

2. Aufnahme von Aktivprozessen durch den Verwalter (§ 85 InsO)

617 Ob ein Aktivprozess vorliegt, hängt nicht von der (früheren) Parteirolle des Schuldners ab, sondern vom materiellen Gehalt, ob nämlich bei Obsiegen des Verwalters die Insolvenzmasse größer wird.

618 Kontrovers wird neuerdings diskutiert, ob an der überkommenen Auffassung festzuhalten ist, dass im Fall des Unterliegens der Verwalter für die Kosten des gesamten Prozesses in allen Instanzen (Ansprüche der Justiz, Kostenerstattungsanspruch des Prozessgegners) aus der Masse einzustehen hat. Dies wird zutreffend verneint mit Hinweis auf den Rechtsgedanken des § 105 Satz 1 InsO, so dass im Prozess entstandene Kosten nur dann als Masseverbindlichkeiten (§ 55 Abs. 1 Nr. 1 InsO) zu betrachten sind, wenn sie nach Insolvenzverfahrenseröffnung gebührenrechtlich angefallen sind; im Übrigen sind sie Insolvenzforderungen.

> OLG Rostock ZIP 2001, 2145 (n. rkr.);
> zust. dazu EWiR 2002, 77 (Binz);
> LG Köln ZIP 2003, 1310;
> ebenso in einem obiter dictum
> LAG Hamm ZIP 2002, 770, 771 f;
> Heiderhoff, ZIP 2002, 1564;
> Kübler/Prütting/Lüke, InsO, § 85 Rz. 58 f;
> MünchKomm-Schumacher, InsO; § 85 Rz. 19 f;
> Uhlenbruck, ZIP 2001, 1988;
> nun auch Eickmann, in: HK-InsO, § 85 Rz. 10;
> a. A. KG NZI 2002, 606 (zur KO).

619 Nimmt der Verwalter einen Prozess gemäß § 85 InsO auf, so berechtigt das den widerklagenden Beklagten nicht, die Widerklage ebenfalls aufzunehmen. Vielmehr ist wegen der Widerklage nur eine Klageänderung in eine Feststellungsklage möglich, sofern die Voraussetzungen der §§ 87, 180 ff InsO erfüllt sind.

> OLG Düsseldorf BauR 2001, 445, 446 l. Sp.

620 Dagegen kann der Verwalter in einem wegen § 240 ZPO unterbrochenen, gegen den Schuldner gerichteten Rechtsstreit wirksam Widerklage anhängig machen unabhängig davon, ob der klagende Gläubiger den Rechtsstreit als Feststellungsstreit fortführt oder nicht.

> OLG Jena NZI 2002, 112.

3. Fristenprobleme

621 Die Unterbrechung von Aktivprozessen des Schuldners und ihre eventuelle Aufnahme durch den Verwalter weisen für den Anwalt des Prozessgegners Tücken auf.

622 Obsiegt der Schuldner in erster Instanz und legt hiergegen der Beklagte Berufung ein, so unterbricht die Verfahrenseröffnung gemäß § 240 Satz 1 ZPO den Rechtsstreit. Nimmt der Verwalter (als Berufungsbeklagter) den

Rechtsstreit auf, so beginnt für den Berufungskläger/Beklagten die Berufungsbegründungsfrist mit Zustellung des Aufnahmeschriftsatzes des Verwalters von neuem zu laufen.

OLG Celle OLGR 2001, 232.

Legt der in erster Instanz unterlegene Beklagte Berufung gegen ein zu Gunsten des in Insolvenz fallenden Klägers/Schuldners ausgefallenes Urteil ein, so beginnt – mangels Aufnahme des Rechtsstreits durch den Verwalter – die Berufungsbegründungsfrist erst mit der Einstellung des Insolvenzverfahrens zu laufen. Zwar kann in solchen Konstellationen dem Beklagten Wiedereinsetzung in den vorigen Stand wegen Versäumung der Berufungsbegründungsfrist gewährt werden. Allerdings muss der Beklagte bzw. sein Prozessbevollmächtigter alles Zumutbare tun, damit die Frist gewahrt wird. Das OLG Celle verlangt von ihm, dass er in Zweimonatsabständen Anfragen zum Stand des Insolvenzverfahrens an das Insolvenzgericht stellt, ein vor Ort befindliches Anwaltsbüro mit der Überwachung der Frist beauftragt oder eine angebliche Gegenforderung zur Tabelle anmeldet, um auf diese Weise am Verfahren beteiligt zu sein und von der Einstellung in Kenntnis gesetzt zu werden.

623

OLG Celle NZI 2000, 602, 603.

F. Bürgschaften

I. Einleitung

Gerade für den Unternehmer, der über keine Auf- oder Verrrechnungs- **624**
möglichkeiten verfügt, kann eine Bürgschaft (neben einer Kreditversicherung) der letzte Notanker sein, um halbwegs unbeschadet aus der Insolvenz seines Vertragspartners herauszugehen. Aber auch der Besteller benötigt diese Absicherungen, sei es, weil die Auf- oder Verrechnung nicht
weit genug trägt oder gar keine Gegenforderungen des Schuldners bestehen, sei es, weil darüber hinaus ein Schaden entstanden ist.

Die nachfolgenden Ausführungen können eine Monographie zum Bürg- **625**
schaftsrecht,

> als stets aktualisierter Überblick zu den Problemen
> im Überschneidungsgebiet von privatem Bau- und
> Bürgschaftsrecht *C. Schmitz*, Sicherheiten;
> daneben vor allem *Weise*, Sicherheiten im Baurecht,

nicht ersetzen, sollen aber alle in der Insolvenz des Hauptschuldners für
den Bürgschaftsgläubiger, den Bürgen und den Verwalter praxisrelevanten
Fragen ansprechen.

II. Die Sicherungsabrede

Einen Anspruch auf Stellung einer Sicherheit – vor allem einer Bürgschaft **626**
– kann eine Bauvertragspartei nur haben, wenn dies wirksam vereinbart
worden ist. Weder gesetzliche Vorschriften (auch nicht § 648a BGB) noch
die VOB/B begründen eine Verpflichtung, beim Bauvertrag Sicherheiten
zu stellen.

Die Sicherungsabrede ist meist Element des Bauvertrags, wobei sie sich oft **627**
in AGB findet, die der durch die Sicherungsabrede Begünstigte gestellt hat.
Davon zu trennen ist das Sicherungsrecht, d. h. das Recht, das die Sicherung ausmacht, also die Bürgschaft, aber z. B. auch der Einbehalt gemäß
§ 17 VOB/B. Hierzu gesellt sich bei den meisten Sicherheiten ein weiteres
Rechtsverhältnis, bei der Bürgschaft die meist als Geschäftsbesorgungsvertrag einzuordnende Avalkreditvereinbarung zwischen dem Hauptschuld-
ner/zur Bürgschaftsstellung Verpflichteten und dem Bürgen.

> *Quack*, BauR 1997, 754;
> *Thode*, ZfIR 2000, 165, 166, 169;
> *C. Schmitz/Vogel*, ZfIR 2002, 509, 510.

Eine Sicherungsabrede sollte festlegen, welche Vertragspartei welche Si- **628**
cherheit für welchen Sicherungszweck in welcher Höhe zu stellen hat.
Nützlich sind außerdem Regelungen zu dem Sicherungsfall sowie zu dem
Zeitpunkt und den Umständen, unter denen die Sicherheit zurückzugeben
ist. In der Praxis sind die Sicherungsabreden oft wesentlich knapper und
teilweise unzureichend.

> *Thode*, ZfIR 2000, 165, 166.

III. In der Bauwirtschaft verbreitete Bürgschaftstypen

1. Abschlagszahlungs- und Vorauszahlungsbürgschaft/Bürgschaften
   gemäß § 7 MaBV

629 Bei diesen eng miteinander verwandten, teilweise kaum mehr unterscheidbaren Bürgschaftstypen geht es darum, dass der Besteller durch Zahlung in Vorleistung tritt, obwohl eine entsprechende Gegenleistung des Unternehmers noch nicht (vollständig) erbracht ist, und der etwaige vertragliche Rückzahlungsanspruch des Bestellers daher abzusichern ist.

630 Eine Abschlagszahlungsbürgschaft kommt gemäß § 16 Nr. 1 Abs. 1 Satz 3 VOB/B in Betracht, wenn der Unternehmer für die geforderte Leistung eigens Bauteile angefertigt und bereitgestellt bzw. auf die Baustelle Stoffe und Bauteile angeliefert, jedoch noch nicht den Einbau und die Eigentumsübertragung an den Besteller vorgenommen hat. Erst mit Einbau erfüllt der Unternehmer seine Vertragspflichten vollständig, so dass eine davor erfolgende Abschlagszahlung des Bestellers durch Bürgschaft abzusichern ist. Der Besteller hat also einen Anspruch aus der Abschlagszahlungsbürgschaft, wenn er die Abschlagszahlung geleistet, jedoch an den einzubauenden Bauteilen oder Stoffen kein Eigentum erlangt hat.

BGH ZIP 1992, 826;
dazu EWiR 1992, 773 (Tiedtke).

631 Nicht abgesichert sind dagegen Ansprüche des Bestellers, wenn dieser bei der späteren Schlusszahlung eine frühere Abschlagszahlung nicht berücksichtigt und deshalb eine Überzahlung leistet.

BGH ZIP 1992, 826.

632 Wenn Vorauszahlungen zu Gunsten des Unternehmers – auch nach Vertragsschluss – vereinbart werden, so muss der Unternehmer hierfür dem Besteller auf Verlangen gemäß § 16 Nr. 2 Abs. 1 Satz 1 VOB/B ausreichende Sicherheit leisten. Sofern nichts anderes vereinbart ist, sind Vorauszahlungen des Bestellers auf die nächstfälligen Zahlungen anzurechnen, soweit damit Leistungen abzugelten sind, für welche die Vorauszahlungen gewährt worden sind (§ 16 Nr. 2 Abs. 2 VOB/B).

633 Liegen diese Voraussetzungen vor, ist nach hinreichender Leistungserbringung die Vorauszahlungsbürgschaft dem Unternehmer zurückzugeben.

634 Kommt es dagegen insolvenzbedingt zu einer vorzeitigen Beendigung des Bauvertrags, so findet eine Gesamtabrechnung der vom Unternehmer erbrachten Leistung statt. Dabei ist die Haftung aus einer Vorauszahlungsbürgschaft auf den Betrag begrenzt, der sich aus der Differenz der vom Besteller geleisteten Vorauszahlungen einerseits, des Werts der vom Unternehmer erbrachten Teilwerks andererseits ergibt. Dies gilt auch dann, wenn gemäß Vertrag die Vorauszahlungen erst gegen Ende der Bauzeit abgebaut werden sollten, es dazu jedoch wegen der insolvenzbedingten Kündigung des Bestellers nicht mehr gekommen ist.

BGH ZIP 1999, 995;
dazu EWiR 1999, 943 (*C. Schmitz*).

Beispiel: 635

Der Besteller leistet bei einem Vertrag über 1 Mio. € eine Vorauszahlung
von 200.000 €. Er kündigt gemäß § 8 Nr. 2 Abs. 1 VOB/B. Die anerkannte
Leistung des Unternehmers zu diesem Zeitpunkt beläuft sich auf 250.000 €,
Mängel werden vom Besteller nicht gerügt. Da der Besteller Bauleistungen
erhalten hat, die den Wert seiner Vorauszahlung übersteigen, hat er aus der
Vorauszahlungsbürgschaft keinen Anspruch. Sofern dem Besteller aufgrund
der Insolvenz des Unternehmers Restfertigstellungsmehrkosten entstehen
gemäß § 8 Nr. 2 Abs. 2 Satz 2 VOB/B, sind Ansprüche auf deren Ersatz von
der Vorauszahlungsbürgschaft nach dem bisherigen Stand der höchstrichterlichen Rechtsprechung nicht abgedeckt (siehe aber die abweichende Betrachtung zu Bürgschaften gemäß § 7 MaBV unter Rz. 643).

Mängel des Teilwerks, welches der Unternehmer vor Vertragsbeendigung   636
erbracht hat, fließen – zu Lasten des Unternehmers und seines Bürgen –
ebenfalls in die Gesamtabrechnung ein.

BGH ZIP 2000, 123, 125 f;
dazu EWiR 2000, 1147 (*C. Schmitz*).

Weitergehend vertritt das OLG Schleswig zu einer Vorauszahlungsbürg-   637
schaft auf erstes Anfordern bei einem VOB/B-Vertrag die Auffassung,
dass hierdurch Ansprüche des Bestellers wegen Schadensersatz (Mietaus-
falls) und Mängeln abgesichert sind. Der Besteller darf nicht schlechter
gestellt werden, als wenn er gar keine Vorauszahlung geleistet hätte und
deshalb vom Werklohn die geltend gemachten Forderungen hätte abziehen
bzw. dem Werklohn ein Leistungsverweigerungsrecht wegen Mängeln
hätte entgegensetzen können.

OLG Schleswig IBR 1997, 284;
ähnlich
OLG Frankfurt/M. ZIP 1995, 369, 370 r. Sp.
(Anspruch des Bestellers auf Ersatz seiner Anzahlung
in der Insolvenz des Unternehmers gesichert).

Eine derart weitreichende Aussage hat der Bundesgerichtshof bisher zu   638
klassischen Vorauszahlungsbürgschaften noch nicht getroffen. Allerdings
haben verschiedene Senate des Bundesgerichtshofs – der VII., der IX. und
der XI. – in den letzten Jahren eine Vielzahl von Streitfragen zu Bürgschaften gemäß § 7 MaBV, die der Bürge dem Erwerber stellte, um dessen volle
Vorauszahlung zu ermöglichen, entschieden und dabei in Abkehr von der
früher sehr restriktiven Betrachtungsweise im Schrifttum den Sicherungsumfang solcher Bürgschaften sehr weit ausgelegt.

Aktuelle Überblicksdarstellungen zur
Entwicklung der Rechtsprechung:
Kunze, ZfIR 2003, 540;
Riemenschneider, ZfIR 2002, 949;
Vogel, BTR 2002, 2.

639 Diese Rechtsprechung setzte ein mit einer Entscheidung des IX. Senats zu einer formularmäßigen Vorauszahlungsbürgschaft. In dieser Bürgschaft waren – wie meist in diesen Fällen unter wörtlicher Übernahme von § 7 Abs. 1 Satz 1 MaBV – alle Ansprüche des Erwerbers „auf Rückgewähr oder Auszahlung der (vorausgeleisteten) Vermögenswerte" abgesichert. Laut Bundesgerichtshof, der dies auch mit § 305c Abs. 2 BGB begründet, sind dadurch Ansprüche des Erwerbers für Aufwendungen zur Mängelbeseitigung abgesichert. Dies ergibt sich aus dem Wortlaut und dem Sinn und Zweck der Bürgschaft. Der Erwerber soll gegenüber allen Risiken abgesichert werden, die sich aus seiner sofortigen vollen Erwerbspreiszahlung statt der an sich gesetzlich vorgegebenen Abschlagszahlung nach Baufortschritt ergeben. Bei der gesetzlichen Abwicklung hätte der Erwerber in jeder Phase wegen Mängeln ein Leistungsverweigerungsrecht gehabt (§ 320 BGB) und einen Anspruch auf Aufwendungsersatz gemäß § 637 Abs. 1 BGB verrechnen können.

> BGH ZIP 1999, 394;
> zust. *Thode*, ZfIR 2000, 165, 175;
> *Blank*, ZfIR 2001, 785, 787 r. Sp;
> krit. dagegen *Siegburg*, EWiR 1999, 941, 942;
> *Pause*, BauR 1999, 1270, 1272 ff.

640 In einem weiteren Urteil vom 19. Juli 2001 bestätigte der IX. Senat diese Rechtsprechung und sah auch Minderungsansprüche des Erwerbers als abgesichert an, die sich daraus ergeben, dass die Fläche des zu errichtenden Gebäudes geringer als vereinbart ist, wenn diese Ansprüche vor Abnahme geltend gemacht wurden.

> BGH ZIP 2001, 1664, 1666 = ZfIR 2001, 725.

641 Ganz auf dieser Linie lag das Urteil des XI. Senats vom 18. Juni 2002: Die Bürgschaft gemäß § 7 MaBV sichert Ansprüche auf Ersatz von Aufwendungen für Mängelbeseitigung und auch Ansprüche auf Rückgewähr der Vorauszahlung ab, die aus einer auf Mängel gestützten Rückabwicklung des Vertrags oder aus einem Schadensersatzanspruch wegen (Teil-)Nichterfüllung resultieren.

> BGH ZIP 2002, 1405.

642 Restriktiv hat demgegenüber der XI. Senat am 22. Oktober 2002 entschieden, dass Mängelansprüche nicht mehr vom Sicherungsumfang der Bürgschaft gemäß § 7 MaBV erfasst sind, wenn der Erwerber das Werk mangelfrei abgenommen hat.

> BGH ZIP 2002, 2262, 2264.

643 Diese Entscheidung steht in deutlichem Widerspruch,

> *Kunze*, ZfIR 2003, 540, 544, konstatiert eine
> vom XI. Senat missachtete Vorlagepflicht
> gemäß § 132 Abs. 3 GVG,

zu der am 2. Mai 2002 erfolgten Vorlage des VII. Senats an den Europäischen Gerichtshof. Dabei legt der Bundesgerichtshof eine Bürgschaft gemäß § 7 MaBV dahin aus, dass sie alle Ansprüche sichert, die sich aus einer Störung des Gleichgewichts zwischen den geschuldeten oder geleisteten Zahlungen und dem Wert der geschuldeten oder erbrachten Bautenstände ergeben. Gesichert sind sämtliche Geldansprüche des Erwerbers, die ihm wegen mangelhafter oder unterlassener Vertragserfüllung durch den Bauträger zustehen. Ausdrücklich erwähnt der Bundesgerichtshof auch den Schadensersatzanspruch des Erwerbers bei unterbleibender Erfüllungswahl des Verwalters in der Insolvenz des Bauträgers (§ 103 InsO).

BGH ZIP 2002, 1197.

Erst relativ spät, nämlich mit Urteil vom 11. März 2003, hat der XI. Senat **644** versucht, das in allen Entscheidungen jüngster Zeit aufscheinende Äquivalenzprinzip genauer zu definieren: Ein Anspruch des Erwerbers muss ein unselbständiger Rechnungsposten im Rahmen der Schlussabrechnung sein, damit er zu einer durch die Bürgschaft „gemäß § 7 MaBV" gesicherten Rückzahlungsforderung führen kann. In die Schlussabrechnung des Bauvorhabens sind grundsätzlich nur solche Ansprüche einzustellen, die auf einer Minderung der Gebrauchstauglichkeit oder des Werts der Unternehmerleistung, also einer Äquivalenzstörung, beruhen und das im Bauträgervertrag angelegte Gleichgewicht der gegenseitigen Leistungen wiederherstellen sollen. Allein bei ihnen besteht nämlich die Gefahr, dass der um sein Leistungsverweigerungsrecht gebrachte Erwerber im Falle der Insolvenz des Bauträgers oder vergleichbarer Leistungshindernisse nicht das erhält, was ihm nach dem Bauträgervertrag zusteht. Ein Verzugsschadensersatzanspruch ist seiner Natur nach nicht auf die Herstellung einer Gleichwertigkeit von (Voraus-)Leistung und Gegenleistung gerichtet, sondern auf Ersatz eines selbständigen, weitergehenden Verzögerungsschadens. Infolgedessen tritt er neben etwaige Ansprüche des Erwerbers wegen Nicht- oder Schlechterfüllung des Bauträgervertrags und bleibt von einem Rücktritt des Gläubigers vom Vertrag unberührt.

BGH BauR 2003, 1220, 1221.

Nochmals zu betonen ist, dass bei dieser Formel schwer verständlich ist, **645** wie darunter der nach Auffassung des VII. Senats auch abgesicherte Schadensersatzanspruch wegen insolvenzbedingter Nichterfüllung gefasst werden können soll.

In der kasuistischen Herangehensweise auf Grundlage dieses Äquivalenz- **646** prinzips sind folgende Ansprüche von Erwerbern als vom Bürgen gemäß § 7 MaBV nicht erstattungspflichtig angesehen worden:

• erwartete Steuervorteile und Nutzungen,

BGH ZIP 2002, 1405,

- ein vom Bauträger nicht erfüllter Freistellungsanspruch wegen einer öffentlich-rechtlichen Sanierungsabgabe,

  BGH ZIP 2002, 2262, 2263 r. Sp.,

- vor allem aber auch nicht ein Schadensersatzanspruch wegen eines Mietausfallschadens,

  BGH ZIP 2002, 2262, 2264 l. Sp.,

- oder sonstige Verzugsschadensersatzansprüche,

  BGH ZIP 2003, 430;
  BGH BauR 2003, 1220, 1221.

647 **Praxistipp:**

Die Aufwertung der Vorauszahlungsbürgschaft – erst recht der Bürgschaft gemäß § 7 MaBV bei Bauträgerverträgen – in der jüngsten Rechtsprechung ist eindeutig. Da der Bundesgerichtshof sich mit der Kritik im Schrifttum zuletzt überhaupt nicht mehr auseinander setzt, ist diese erst 1999 eingeleitete Rechtsprechung als „zementiert" zu betrachten. Während früher gemeinhin die Bürgschaft gemäß § 7 MaBV als Unterfall der Vorauszahlungsbürgschaften behandelt wurde, scheinen heute die Abweichungen als zu weitreichend, als dass an einer einheitlichen Betrachtungsweise festzuhalten wäre. Jedenfalls für klassische Vorauszahlungsbürgschaften gemäß § 16 VOB/B dürfte es weiterhin nicht in Betracht kommen, eine Haftung des Bürgen auch für Schadensersatzansprüche gemäß § 8 Nr. 2 Abs. 2 VOB/B oder § 103 InsO anzunehmen. Anderenfalls wäre ein Unterschied zwischen der Reichweite einer Vorauszahlungs- und einer Vertragserfüllungsbürgschaft nicht mehr feststellbar.

Die Rechtsprechung zu Bürgschaften gemäß § 7 MaBV ist demgegenüber weiterreichend, was wohl auch durch die Verbraucherschutzbestimmungen der MaBV motiviert ist, obwohl diese gewerberechtlichen Normen nicht den Bürgen als Adressaten im Blick haben. Die weitere Entwicklung der Rechtsprechung, vor allem wegen der erkennbaren Differenzen zwischen dem VII. und dem XI. Senat, bleibt mit Spannung abzuwarten.

2. Vertragserfüllungs- und Mängelbürgschaft

a) Abgrenzung

648 Eine sehr klare Differenzierung hat das OLG Karlsruhe vorgenommen,

OLG Karlsruhe NJW-RR 1998, 533:

Eine Vertragserfüllungsbürgschaft, in der sich der Bürge für die Ansprüche des Bestellers aus noch auszuführenden Arbeiten gemäß Werkvertrag verbürgt, erfasst Mängelansprüche nicht. Obwohl die Nacherfüllung rechtsdogmatisch noch zur Erfüllung gehört, ist der übliche Sprachgebrauch im Rechtsverkehr und im Bauwesen maßgeblich. Mithin soll eine Erfüllungsbürgschaft mit der Abnahme der Bauleistung ihre Wirksamkeit verlieren.

649 Derartige rigide Abgrenzungen haben vor neuerer Rechtsprechung des Bundesgerichtshofs keinen Bestand. Für eine Bürgschaft zur Sicherung der

fristgerechten Erfüllung der dem Unternehmer obliegenden Mängelbeseitigung erachtet zwar der Bundesgerichtshof,

BGH ZIP 1998, 378, 379 r. Sp.,

die Abnahme für erheblich. War die VOB/B vereinbart, entstehen Mängelansprüche gemäß § 13 VOB/B erst mit der Abnahme. Die Haftung des Bürgen umfasst daher nicht Ansprüche des Bestellers aus § 4 Nr. 7 VOB/B. Beim BGB-Werkvertrag dagegen konnten Gewährleistungsansprüche nach altem Recht (§§ 634, 635 BGB a. F.) schon vor Abnahme, jedoch nur unter den in § 634 BGB a. F. bezeichneten Voraussetzungen entstehen.

BGH ZIP 1998, 378, 379 r. Sp.;
zust. *Thode*, ZfIR 2000, 165, 177 l. Sp.;
Weise, S. 18.

Wie die Rechtslage nach neuem Recht zu beurteilen ist, ist strittig. Die **650** besseren Gründe sprechen dafür, die in § 634 BGB genannten Mängelansprüche auch vor Abnahme für anwendbar zu erachten.

C. Schmitz, Sicherheiten, II.1.1b).

In der Entscheidung des Bundesgerichtshofs, **651**

BGH ZIP 1998, 1907, 1909 r. Sp.;
dazu EWiR 1999, 17 (*Nielsen*),

ging es um eine Bürgschaft, durch welche die Ausführung der dem Unternehmer übertragenen Lieferungen/Leistungen abgesichert war. Nach den Feststellungen des Bundesgerichtshofs standen dem Besteller aus dem offenbar reinen BGB-Werkvertrag zum Zeitpunkt der Abnahme fällige Mängelbeseitigungsansprüche gemäß § 633 Abs. 2 Satz 1 BGB a. F. gegen den Unternehmer zu. Diese Ansprüche sind durch die Abnahme nicht entfallen, sondern beschränken sich nunmehr lediglich auf das abgenommene Werk und rechtfertigen die Inanspruchnahme der Bürgschaft.

Man kann diese Entscheidungen wie folgt zusammenfassen:

Die Abnahme hat weiterhin zentrale Bedeutung. Beim VOB/B-Vertrag **652** kann eine Mängelbürgschaft erst nach Abnahme beansprucht werden, beim BGB-Vertrag sichert sie auch Mängelansprüche vor Abnahme, wenn man auch vor Abnahme diese im neuen Recht als gegeben ansieht.

Indessen bedeutet – vorbehaltlich abweichender Regelungen in der Siche- **653** rungsabrede, im Bauvertrag oder in der Bürgschaft selbst – die Abnahme **allein** nicht zwingend, dass der Bürgschaftsgläubiger eine Vertragserfüllungs- oder Ausführungsbürgschaft zurückgeben muss. Jedenfalls wegen der vor/bei Abnahme gerügten Mängel kann der Besteller weiterhin die Erfüllungsbürgschaft in Anspruch nehmen, wobei dies entsprechend für eine bei der Abnahme vorbehaltene Vertragsstrafe gelten dürfte. Mithin ist genau zu differenzieren zwischen den vor/bei Abnahme gerügten Mängeln (Ansprüche hieraus sind von einer Vertragserfüllungsbürgschaft abgesichert) und den nach Abnahme gerügten Mängeln (Ansprüche hieraus sind von einer Vertragserfüllungsbürgschaft nicht mehr erfasst).

Kainz, IBR 1999, 59.

654 Wegen der Vertragserfüllung selbst (also noch ausstehender Restfertigstellungsleistungen) Vorbehalte zu erheben, gleichwohl aber das Werk abzunehmen und anschließend die Erfüllungsbürgschaft in Anspruch zu nehmen, könnte ein widersprüchliches Verhalten (§ 242 BGB) darstellen, sofern es sich um fehlende Leistungen von Gewicht handelt. Wenn der Besteller der Auffassung ist, es stünden noch bedeutende Restleistungen aus, darf er das Werk eben nicht abnehmen. Hierzu ist jedoch, soweit ersichtlich, Rechtsprechung noch nicht ergangen.

655 Die Abgrenzungsprobleme zwischen den beiden Bürgschaftstypen lassen sich dadurch umgehen, dass der Bürgschaftsgläubiger auf eindeutigen Formulierungen besteht, wonach die Bürgschaft eben nicht nur Vertragserfüllungs-, sondern auch Mängelansprüche absichert, wie es z. B. die öffentliche Hand in ihren Standardbürgschaftsformularen fordert.

656 Ausreichend sind auch Klauseln, nach denen der Bürge für die Erfüllung sämtlicher Verpflichtungen aus dem Vertrag haftet, wobei wiederum die öffentliche Hand dies oft durch die Aufzählung einzelner Ansprüche exemplifiziert (z. B. „insbesondere die vertragsgemäße Ausführung der Leistung einschließlich Abrechnung, Nacherfüllung und Schadensersatz sowie die Erstattung von Überzahlungen einschließlich der Zinsen").

657 Gegenläufig ist das Interesse des Bürgen, der durch Befristungen (allerdings prinzipiell beim VOB/B-Vertrag nicht zulässig, § 17 Nr. 4 Satz 2 Halbs. 2) oder durch sonstige einschränkende Formulierungen seine Haftung einzugrenzen versucht.

b) Umfang der Vertragserfüllungsbürgschaft

658 Eine Vertragserfüllungsbürgschaft sichert die Ansprüche des Bestellers auf die vollständige, rechtzeitige und (zum Zeitpunkt der Abnahme) mängelfreie Erbringung der vertraglich geschuldeten Werkleistung.

659 Abgedeckt ist ein Schadensersatzanspruch des Bestellers wegen (insolvenzbedingter) Nichterfüllung. Dies gilt gerade auch dann, wenn der Schuldner mit den Arbeiten nicht einmal begonnen hat und der Besteller die Arbeiten an ein anderes Unternehmen vergeben und – unter Verlust einer an den Schuldner bereits geleisteten Vorauszahlung – neu bezahlen muss.

BGH ZIP 1988, 222, 224 l. Sp.;
dazu EWiR 1988, 253 (*Brink*).

Nichts anderes gilt für die Ansprüche des Bestellers aus § 8 Nr. 2 Abs. 2   660
Satz 2 VOB/B oder aus § 103 InsO, sofern sein Schaden die zu Gunsten
des Verwalters einzustellenden Positionen übersteigt.

Wenn der Schuldner gemäß Werkvertrag zur Einhaltung fester Termine   661
verpflichtet ist und sich einer Vertragsstrafe unterworfen hat, berührt dies
unmittelbar die Ausführung der Arbeiten, so dass hieraus resultierende
Ansprüche von einer Vertragserfüllungsbürgschaft abgedeckt sind. Sofern
der Bürge nicht ausdrücklich eine Risikoeinschränkung im Bürgschaftstext
vornimmt, muss er daher eine vom Schuldner verwirkte Vertragsstrafe an
den Besteller auszahlen.

> BGH NJW 1982, 2305, 2305 r. Sp.;
> BGH NJW-RR 1990, 811.

Ebenso erfasst sind konkret berechnete Schadensersatzansprüche des Be-   662
stellers wegen Verzugs des Schuldners (§ 767 Abs. 1 Satz 2 BGB). Auch
für die Kosten, die dem Besteller entstehen, wenn er gemäß § 14 Nr. 4
VOB/B die Schlussrechnung des Unternehmers selbst erstellt, hat der
Bürge einzustehen.

> OLG Stuttgart NZBau 2000, 134, 135 r. Sp.

Restriktiv ist dagegen die Rechtsprechung bisher hinsichtlich des bei Bau-   663
verträgen stets vorhandenen Überzahlungsrisikos. In der Formulierung,
dass der Bürge für die Erfüllung der vom Schuldner übernommenen Verbindlichkeiten inklusive Nacherfüllung einsteht, sieht diese Rechtsprechung keine hinreichenden Anhaltspunkte für eine solche erweiterte Haf-
tungsübernahme durch den Bürgen.

> BGH ZIP 1980, 354, 355 l. Sp.;
> BGH ZIP 1980, 637, 638 r. Sp.;
> OLG Celle BauR 1997, 1057.

Da gerade wegen eventueller Überzahlungen ein hohes Absicherungsbe-   664
dürfnis besteht, kann dem Besteller nur empfohlen werden, auf eindeutigen Formulierungen in der vom Unternehmer beizubringenden Bürgschaft
zu bestehen. Im Übrigen bereitet die Abgrenzung dieser Fallgruppe zu der
des Schadensersatzanspruchs wegen Nichterfüllung gewisse Schwierigkeiten, die durch frühere Ausführungen des Bundesgerichtshofs noch nicht
befriedigend gelöst sind.

> BGH ZIP 1988, 222, 224 l. Sp.

c) Bürgschaft für Mängelansprüche nach Abnahme ("Mängelbürgschaft")

Mängelbürgschaften decken typischerweise nur das „Geldinteresse" des   665
Bestellers ab, geben also keinen Anspruch auf Nacherfüllung in natura
durch den Bürgen. Abgedeckt sind also die auf Zahlung gerichteten An-

sprüche auf Vorschuss für die Mängelbeseitigung, auf Selbstvornahmekosten und auf Schadensersatz.

666 Dass der Bürge auch einen Kostenvorschussanspruch zahlen muss, wenn der Unternehmer mit der Nacherfüllung in Verzug ist, hat zutreffend festgehalten

BGH BauR 1984, 406, 407 r. Sp.

667 Hat sich der Bürge ohne Einschränkungen für die Erfüllung der Mängelansprüche verbürgt, so haftet er auch für solche Baumängel, die bereits vor der Abnahme aufgetreten sind.

OLG Frankfurt/M. NJW-RR 1987, 82.

668 Die Kreditwirtschaft hat hierauf reagiert: So findet sich in manchen Mängelbürgschaften die Formulierung, dass für die vertragsgemäße Erfüllung der Nacherfüllungsverpflichtungen für fertig gestellte und mängelfrei abgenommene Arbeiten gebürgt werde. Ist im zugrunde liegenden Bauvertrag ausdrücklich eine förmliche Abnahme vorgesehen, setzt deshalb die Inanspruchnahme des Bürgen voraus, dass eine förmliche Abnahme ohne Feststellung von Mängeln stattgefunden hat.

OLG Hamburg NJW-RR 1991, 1304;
einschränkend aber
OLG Hamburg BauR 2002, 645, 646.

669 Der Besteller ist jedoch grundsätzlich nicht verpflichtet, derartige Einschränkungen des Bürgschaftsumfangs zu akzeptieren. Unspezifische Vereinbarungen, dass der Unternehmer zur Ablösung eines Sicherheitseinbehalts eine Mängelbürgschaft stellen kann, sind nämlich unter Berücksichtigung der beiderseitigen Interessenlage und der Verkehrssitte dahingehend auszulegen, dass eine unbedingte Mängelbürgschaft zu stellen ist, die alle rügefähigen Mängel des Bauwerks umfasst, und zwar unabhängig davon, ob diese bei der Abnahme gerügt wurden oder erst später in Erscheinung getreten sind.

OLG Dresden BauR 1997, 484, 484 l. Sp.;
a. A. wohl OLG Brandenburg BauR 1998, 1267 r. Sp.

670 Nicht abgedeckt von einer Gewährleistungsbürgschaft nach altem Recht waren Ansprüche wegen so genannter entfernter Mangelfolgeschäden und Schadensersatzansprüchen des Bestellers wegen sonstiger, nicht mit einem Mangel zusammenhängender (positiver) Vertragsverletzungen, also z. B. für die unterbliebene Bezahlung einer weiteren Prüfstatik durch den Unternehmer trotz Absprache im Vertrag,

BGH ZIP 1998, 378, 379 r. Sp.;
dazu EWiR 1998, 303 (Siegburg);
OLG Saarbrücken BauR 2001, 266, 268 f,

genauso wenig sonstige allgemeine Schadensersatzansprüche des Bestellers etwa aus § 10 Nr. 2–4 VOB/B. Das neue Recht erfasst unter Mängelansprüchen wegen der Verweisung in §§ 634 Nr. 4, 636 BGB auf das allgemeine Leistungsstörungsrecht auch die früheren so genannten Mangelfolgeschäden insgesamt. Dagegen sind sonstige Ansprüche nach Abnahme, die nicht mit einem Mangel zusammenhängen, wie bisher von einer Mängelbürgschaft nicht erfasst.

3. Zahlungs- oder sonstige Vertragserfüllungsbürgschaft zu Gunsten des Unternehmers

Bezogen sich die bisher erörterten Bürgschaftstypen auf Sicherungen zu **671** Gunsten des Bestellers, so geht es nun um die in der Insolvenz des Bestellers nicht minder wichtigen Sicherheiten zu Gunsten des Unternehmers.

Von zentraler Bedeutung ist § 648a BGB. Zwar gibt diese unabdingbare **672** Vorschrift dem Unternehmer kein einklagbares Recht auf Stellung einer Zahlungsbürgschaft. Leistet jedoch der Besteller trotz angemessener Frist keine Sicherheit (im Regelfall als Bürgschaft), kann bei entsprechender vorangegangener Ankündigung der Unternehmer seine Leistung verweigern. Erhält er dagegen eine Zahlungsbürgschaft gemäß § 648a Abs. 2 BGB, so ist dadurch sein Vergütungsanspruch abgesichert.

Vorzugswürdig sind Vereinbarungen der Bauvertragsparteien, aufgrund **673** derer der Besteller eine Zahlungsbürgschaft zu stellen hat. Derartige Nebenleistungspflichten des Bestellers können selbständig eingeklagt werden, selbst noch im Stadium nach Fertigstellung und Schlussrechnungslegung.

OLG Düsseldorf BauR 1982, 592;
OLG Nürnberg NJW-RR 1989, 1296.

Damit aber eine solche Verpflichtung des Bestellers ihren Zweck erfüllt, **674** für den späteren Insolvenzfall den Unternehmer abzusichern, sollte er sich nicht auf derartige spätere Klagen einlassen, sondern die Bürgschaft vor Aufnahme der Arbeiten fordern und bei Nichtbringung die Leistung verweigern (§§ 273 Abs. 1, 320 Abs. 1 BGB).

IV. Sonderprobleme bei Bürgschaften auf erstes Anfordern (aeA)

1. Definition und erleichterte Inanspruchnahme

Nach ständiger Rechtsprechung dient eine Bürgschaft aeA dazu, anstelle **675** des früher gebräuchlichen Bardepots dem Bürgschaftsgläubiger sofort liquide Mittel zuzuführen. Dieser Zweck wird nur erreicht, wenn alle Streitfragen tatsächlicher und rechtlicher Art, die die Begründetheit der Hauptforderung betreffen, in den Rückforderungsprozess verwiesen werden, sofern nicht ausnahmsweise klar auf der Hand liegt, dass der Gläubiger eine formelle Rechtsstellung missbraucht.

BGH ZIP 1996, 172.

676 Deshalb kann der Bürgschaftsgläubiger die Bürgschaft aeA dadurch in Anspruch nehmen, dass er erklärt, was als Anforderungsvoraussetzung in der Bürgschaft selbst niedergelegt ist.

> BGH ZIP 1993, 1851 = NJW 1994, 380;
> dazu EWiR 1994, 131 (*Schütze*).

677 Der Bürge hat grundsätzlich kein Prüfungsrecht, sondern muss zahlen und in einem Rückforderungsprozess geltend machen, dass in Wirklichkeit der vom Bürgschaftsgläubiger behauptete Anspruch nicht bestand. Eine Ausnahme gilt allerdings bei Mängelbürgschaften aeA: Der Bürgschaftsgläubiger muss die Mängel, die Grundlage der Inanspruchnahme sind, hinreichend individualisieren. Dies gilt nicht nur bei befristeten Bürgschaften,

> für diese Konstellation
> OLG München NJW-RR 1995, 498, 499;
> generell a. A.
> OLG Köln BauR 1998, 555, 556 r. Sp.,

sondern generell, da anderenfalls der Bürgschaftsgläubiger nach Belieben erst später erkannte Mängel zur Untermauerung der ursprünglich unberechtigten Inanspruchnahme nachschieben und dadurch die Befristung und/oder die Verjährung der Hauptschuld leer laufen lassen könnte.

678 Im Rückforderungsprozess gelten die allgemeinen Regeln der Darlegungs- und Beweislast, so dass der Bürgschaftsgläubiger die von ihm behauptete Forderung nachweisen muss. Allerdings trägt in der Zwischenzeit der Bürge bzw. aufgrund dessen Rückgriffsmöglichkeiten der Hauptschuldner das Risiko, dass der Bürgschaftsgläubiger vermögenslos wird und der ihm ausbezahlte Betrag nicht mehr zurückfließt. Diese Risiken lassen sich nicht dadurch abmildern, dass der Bürge/Hauptschuldner den Rückforderungs- als Urkundenprozess führt und dadurch eine schnelle Vollstreckungsmöglichkeit ohne Sicherheitsleistung (§ 708 Nr. 4 ZPO) erlangt.

> BGH ZIP 2001, 1871, 1873 f;
> a. A. LG München I IBR 2000, 433
> (die dortigen Parteien verglichen sich nach
> Abschluss der 1. Instanz);
> *Lang*, WM 1999, 2329;
> *Breyer*, BauR 2001, 1192, 1194.

2. Verteidigungsmöglichkeiten des Bürgen im Erstprozess

679 Wegen dieser enorm erleichterten „Abrufmöglichkeit" laden Bürgschaften aeA zum Missbrauch ein. In der BGH-Rechtsprechung (des VII., des IX. und des für seit 1. Januar 2001 in Bürgschaftsfällen eingelegte Revisionen zuständigen XI. Senats) ist seit geraumer Zeit die Tendenz erkennbar, diese Gefahren einzuschränken, indem zum einen AGB, in denen Bürgschaften aeA gefordert werden, einer strengen Kontrolle unterzogen werden (Rz. 691 ff), zum anderen dadurch, dass – unter engen Voraussetzungen – Verteidigungsmöglichkeiten dem Bürgen auch im Erstprozess gewährt werden.

a) Bürgschaftsumfang

Der Bürge kann einwenden, dass die Bürgschaft nicht die dem Zahlungsbe- **680** gehren des Gläubigers zu Grunde liegende Hauptforderung sichert, sofern sich dies durch Auslegung aus der Bürgschaftsurkunde selbst ergibt.

> BGH ZIP 1996, 172;
> OLG Braunschweig IBR 1998, 370.

Dies ist z. B. der Fall, wenn eine für Mängelansprüche hingegebene Bürg- **681** schaft in Anspruch genommen wird mit dem Vorbringen, der Hauptschuldner habe seine Leistung nicht rechtzeitig erbracht und deshalb eine Vertragsstrafe verwirkt. Der Anspruch auf Zahlung einer Vertragsstrafe ist durch eine Mängelbürgschaft aeA nicht verbürgt.

b) Sonstige Einwendungen

Einwendungen können im Erstprozess nur berücksichtigt werden, wenn **682** sie sich aus dem unstreitigen Sachverhalt (§ 138 Abs. 3 ZPO) oder dem Inhalt der Vertragsurkunden ohne weiteres ergeben, also liquide sind. Eine Beweisaufnahme durch Sachverständige, Zeugeneinvernahme o. Ä. scheidet aus, da dies mit dem Wesen der Bürgschaft aeA nicht vereinbar wäre.

> BGH ZIP 2001, 833 = ZfIR 2001, 186
> = BauR 2001, 1093;
> dazu EWiR 2001, 617 (*Tiedtke*);
> BGH ZIP 2002, 658;
> weitergehend
> OLG Düsseldorf BauR 2001, 1940, 1943 f (Beweis
> des ersten Anscheins, allerdings im einstweiligen
> Verfügungsverfahren und ausdrücklich **nur** zu
> Gunsten des Hauptschuldners).

In der Rechtsprechung der jüngeren Zeit haben Bürgen aeA mit folgenden **683** liquiden Einwendungen Erfolg gehabt:

- die Bürgschaft ist aufgrund einer gemäß § 307 BGB unwirksamen, vom Bürgschaftsgläubiger gestellten Sicherungsabrede hingegeben worden und deshalb als ungerechtfertigte Bereicherung zurückzugeben

  > BGH ZIP 2001, 833;

- die Bürgschaft ist befristet und zum Zeitpunkt der Inanspruchnahme bereits erloschen

  > LG Berlin NZBau 2001, 94;

- der durch die Bürgschaft gesicherte Mängelanspruch (Hauptschuld) ist verjährt

  > LG Berlin NZBau 2001, 94;

- die Voraussetzungen der gegen den Vertragserfüllungsbürgen geltend gemachten Vertragsstrafe fehlen mangels Vorbehalts bei der Abnahme, und das Erfordernis des Vorbehalts ist auch nicht wirksam abbedungen worden

> OLG Brandenburg BauR 2002, 127;

- gemäß der (wirksamen) Sicherungsabrede hat der Bürgschaftsgläubiger nur Anspruch auf eine einfache Bürgschaft, nicht aber auf eine Bürgschaft aeA.

> grundsätzlich anerkannt von
> BGH ZIP 2000, 576, im konkreten Fall allerdings
> wegen Fehlern der bürgenden Bank nicht erfolgreich;
> dazu auch EWiR 2000, 619 (*Büchler*);
> in BGH ZIP 2002, 1633, zwar nach dem Urkunden-
> inhalt nahe liegend, aber im Erstprozess doch nicht
> berücksichtigt, da der Gläubiger eine abweichende
> mündliche Abrede behauptete, also der Einwand
> nicht liquide war;

- ein fälliger Anspruch aus der Zahlungsbürgschaft setzt einen Zahlungsanspruch, dieser wiederum eine Schlussrechnungsstellung voraus, an der es jedoch fehlt

> BGH NZBau 2002, 669.

684   Eingeschränkt hat schließlich der Bundesgrichtshof die Rechtsstellung des Bürgschaftsgläubigers, wenn die Durchsetzung eines Rückforderungsanspruchs gegen ihn objektiv gefährdet ist. Um jedoch die Funktionsfähigkeit der Bürgschaft aeA nicht einzuschränken, gilt diese Ausnahme nur in zwei klar konturierten Fallgruppen, nämlich dann, wenn der Gläubiger sich in masseloser Insolvenz befindet oder wenn der ihn nun repräsentierende Insolvenzverwalter Masseunzulänglichkeit angezeigt hat. Dem Gläubiger bleibt es allerdings unbenommen, die Rechte aus einer gewöhnlichen Bürgschaft geltend zu machen.

> BGH ZIP 2002, 1633.

Unbeachtlich ist dagegen der allgemeine Einwand des Bürgen aeA, der Gläubiger befinde sich in Vermögensverfall oder der Rückforderungsanspruch sei gefährdet, wenn die obigen Fallgruppen nicht vorliegen. So kann sich ein Bürge aeA nicht dagegen wenden, dass der Insolvenzverwalter des Bürschaftsgläubigers Zahlung aeA verlangt, solange keine Masseunzulänglichkeit angezeigt ist. Dies ergibt sich schon daraus, dass ein Rückforderungsanspruch des Bürgen aeA eine zu 100 % zu bedienende Masseverbindlichkeit darstellt (§ 55 Abs. 1 Nr. 1 InsO, wenn man den Rückforderungsanspruch zutreffend als vertraglichen Anspruch behandelt, anderenfalls § 55 Abs. 1 Nr. 3 InsO).

> Unzutreffend daher der Leitsatz 1 von
> OLG Brandenburg ZInsO 2002, 882.

Praxistipp:	**685**

Solange er nicht Masseunzulänglichkeit angezeigt hat, kann ein Verwalter eine nach sorgfältiger Prüfung ihm begründet erscheinende Forderung durchsetzen, indem er Zahlung vom Bürgen aeA verlangt, der sich für den Forderungsschuldner verbürgt hat. Allerdings muss der Verwalter zur Vermeidung einer Haftung aus § 61 InsO sicherstellen, dass ein Rückforderungsanspruch des Bürgen aeA nicht besteht bzw. nicht mehr durchsetzbar ist, bevor er die Zahlung des Bürgen aeA als Bestandteil der Insolvenzmasse mit Verfahrensabschluss an die Gläubiger verteilt. Dazu stehen dem Verwalter folgende Möglichkeiten zur Verfügung:

– Er obsiegt rechtskräftig in einem vom Bürgen aeA eingeleiteten Rückforderungsprozess oder in einem von ihm selbst eingeleiteten negativen Feststellungsprozess.

– Der Rückforderungsanspruch des Bürgen aeA verjährt. Da der Anspruch mit Zahlung entsteht, verjährt er mit Ablauf des dritten darauf folgenden Jahres (§§ 195, 199 Abs. 1 BGB).

Diese Ausführungen dürfen aber nicht darüber hinwegtäuschen, dass es im **686** Regelfall außerordentlich schwierig und wenig erfolgversprechend ist, die Inanspruchnahme einer Bürgschaft aeA bereits im Erstprozess abzuwehren.

c) Unterstützung des Bürgen durch den Hauptschuldner/Verwalter durch Antrag auf Erlass einer einstweiligen Verfügung

Allgemein anerkannt ist inzwischen, dass grundsätzlich der Hauptschuld- **687** ner als letztlich wirtschaftlich Belasteter gegen den Bürgschaftsgläubiger im Wege einer einstweiligen Verfügung vorgehen und beantragen kann, diesem zu untersagen, die Bürgschaft aeA in Anspruch zu nehmen. Unterschiedlich sind allerdings die Anforderungen der Tatsachengerichte an den Verfügungsgrund (§ 935 ZPO). Nach der einen, zutreffenden Auffassung genügt es bereits, die unrechtmäßige Auszahlung des Bürgschaftsbetrags und das damit verbundene Risiko des Bürgschaftsgläubigers während des Rückforderungsprozesses auszuschließen.

Z. B. OLG Jena OLGR 2000, 421.

Nach der anderen Auffassung dagegen muss der Hauptschuldner gravie- **688** rende weitere Nachteile über die Auszahlung des Betrags hinaus nachweisen, damit ein Verfügungsgrund besteht.

Z. B. OLG Frankfurt/M. IBR 1999, 8.

Ansonsten gelten für das Verfahren der einstweiligen Verfügung im we- **689** sentlichen die gleichen Prinzipien wie für den Erstprozess; allerdings sind die Einwendungen glaubhaft zu machen (§ 294 ZPO). Der Hauptschuldner, der sich auf eine gemäß §§ 307 ff BGB unwirksame Sicherungsabrede beruft, muss also glaubhaft machen, dass vom Bürgschaftsgläubiger gestellte allgemeine Geschäftsbedingungen vorliegen. Dies gelingt nicht immer.

Z. B. nicht in OLG Hamm IBR 2000, 376;
insoweit erfolgreich dagegen der Verfügungskläger in
OLG München ZfIR 2001, 465;
dazu EWiR 2001, 785 (*Siegburg*);
großzügig, indem es den Beweis des ersten Anscheins
zulässt, OLG Düsseldorf BauR 2001, 1940, 1943 f.

V. Wirksamkeit von AGB-Abreden über die Stellung von Sicherheiten

1. Vorbemerkung

690 Die AGB-Kontrolle von Sicherungsabreden ist gegenwärtig einer der Schwerpunkte der Rechtsprechung sowohl der Tatsachengerichte als auch des Bundesgerichtshofs. Deren Kenntnis ist in der Insolvenz des Hauptschuldners von besonderer Bedeutung, da Bürgen (und Verwalter) mit diesen rechtlich strukturierten Einwendungen Bürgschaftsinanspruchnahmen wesentlich leichter abwehren können, als wenn sie sich auf einen von Sachverständigen dominierten Streit um Tatsachen einlassen müssen.

2. Unwirksamkeit von Vereinbarungen in allgemeinen Geschäftsbedingungen

691 Prüfungsmaßstab ist § 307 BGB mit der Folge, dass eine allgemeine Geschäftsbedingung des Verwenders unwirksam ist, wenn sie den Vertragspartner entgegen den Geboten von Treu und Glauben unangemessen benachteiligt, insbesondere von wesentlichen Grundgedanken einer gesetzlichen Regelung massiv abgewichen wird. Insoweit richtet sich dann der Inhalt des Vertrags nach den gesetzlichen Vorschriften (§ 306 Abs. 2 BGB); da das Gesetz für den Bauvertrag keine Pflicht einer Vertragspartei zur Stellung einer Sicherheit vorsieht, genauso wenig die VOB/B, die ohnehin kein Gesetz ist, besteht also grundsätzlich überhaupt kein Anspruch mehr auf Sicherheitsleistung.

Zu differenzieren ist nach den einzelnen Bürgschaftstypen:

a) Mängelbürgschaft

692 Maßgeblicher Bezugspunkt i. S. v. § 307 Abs. 2 Nr. 1 BGB ist die gesetzliche Regelung, wonach der Werklohn des Unternehmers bei der Abnahme des Werks zu entrichten ist (§ 641 Abs. 1 Satz 1 BGB). Demnach stellt zunächst jede Regelung, wonach der Unternehmer für einen bestimmten Teil der Werklohnforderung eine Mängelsicherheit zu stellen hat und vor deren Erbringung der Werklohn nicht fällig wird, eine massive Abweichung vom gesetzlichen Leitbild dar. Zugleich erkennt jedoch die Rechtsprechung das Interesse des Bestellers an einer angemessenen Sicherheit für etwaige Mängelansprüche nach Abnahme des Werks als schutzwürdig an, da kaum ein Bauwerk völlig mangelfrei errichtet wird und sich oft erst weit nach Abnahme, jedoch innerhalb laufender Verjährungsfrist, Mängel

zeigen. Ohne Sicherheit müsste der Besteller während dieser Zeit uneingeschränkt das Risiko tragen, dass der Unternehmer insolvent wird.

BGH BauR 1997, 829, 830.

Bei dieser für beide Seiten zutreffend skizzierten Interessenlage kommt es **693** für die Frage, ob die Vereinbarung einer Mängelsicherheit wirksam ist, entscheidend auf folgende Kriterien an:

* Wie hoch ist der Betrag, für den eine Mängelsicherheit gestellt werden muss?

* Für welchen Zeitraum beansprucht der Besteller diese Sicherheit?

* Welche Möglichkeiten hat der Unternehmer, den als Sicherheit vereinbarten Betrag gleichwohl vorzeitig – vor Ablauf der vereinbarten Frist – ausbezahlt zu bekommen? Wird ihm insoweit eine faire Alternative eingeräumt?

In diesem Zusammenhang hat das Gesamtsystem von § 17 VOB/B ent- **694** scheidende Bedeutung. Dies gilt, obwohl die VOB/B selbst kein Gesetz, sondern nur allgemeine Geschäftsbedingung ist und daher als „Auffangregelung" i. S. d. § 306 Abs. 2 BGB ausscheidet.

BGH ZfIR 2001, 129.

Dieses Gesamtkonzept, wenn es von den Vertragsabreden nicht angetastet **695** wird, kann stets als fair gelten. Demnach ist nämlich der Unternehmer nicht zwangsläufig gehalten, eine Bürgschaft zu stellen; er hat vielmehr ein Austausch- und Wahlrecht gemäß § 17 Nr. 3 VOB/B, wonach er entweder eine Bürgschaft stellt oder den Betrag aus eigenem Vermögen auf ein Sperrkonto durch Einzahlung hinterlegt, wobei über das Sperrkonto beide Vertragsparteien nur gemeinsam verfügen können (§ 17 Nr. 5 VOB/B), oder aber der Besteller Einbehalte vornimmt, die er jedoch ungeschmälert, spätestens auf Nachfristsetzung hin, auf ein Sperrkonto einbezahlen muss, über das wiederum beide Vertragsparteien nur gemeinsam verfügen können (§ 17 Nr. 6, Nr. 7 VOB/B). Dieses System der VOB/B zeigt zugleich die wesentlichen Gesichtspunkte aus Sicht des Unternehmers auf: Wenn er die Sicherheit durch taugliche Bürgschaft leistet, fließt ihm der vereinbarte Betrag zu; jedoch muss der Unternehmer beim Bürgen die laufenden Avalzinsen bezahlen und belastet außerdem seine Kreditlinie in Höhe des Bürgschaftsbetrags, da inzwischen Bürgschaftsbeträge meistens in voller Höhe auf Kreditlinien angerechnet werden. Wenn der Unternehmer nicht in voller Höhe des verbürgten Betrags dem Bürgen Rücksicherheit leisten muss, entspricht diese Lösung seinem **Liquiditätsinteresse,** da ihm die Mittel kurzfristig zufließen. Die beiden weiteren Lösungen – der in der Praxis so gut wie nicht anzutreffende Weg der Hinterlegung durch den Unternehmer soll jedoch in der Folge vernachlässigt werden – dienen dagegen dem Interesse des Unternehmers, **Insolvenzrisiken** hinsichtlich des Bestellers dadurch auszuschalten, dass der Betrag nicht mehr Vermögensbestandteil des Bestellers ist, sondern bei einer dritten Stelle gebunden und mithin vor einseitigem Zugriff einer Vertragspartei bzw. von deren Gläubigern oder Insolvenzverwalter gesichert ist. Dies wird dadurch erreicht, dass der Besteller den wegen nicht geleisteter Sicherheit einbehaltenen Betrag auf ein Sperrkonto (als so genanntes Und-Konto) bei einem Geldinstitut einbezahlt (Rz. 234 ff).

696 In einer Vertragskonstellation, in welcher der interessengerechte Regelungszusammenhang der VOB/B aufrechterhalten bleibt, können sich Bedenken aus § 307 BGB nur dann ergeben, wenn die Höhe der Sicherheit oder die Dauer der Verpflichtung zur Sicherheitsstellung unangemessen hoch ist. Feste Zahlen haben sich hier nicht herausgebildet. Die in § 14 Nr. 2 Satz 3 VOB/A genannten 3 % der Abrechnungssumme binden private Besteller auch nicht mittelbar als Gerechtigkeitsmaßstab. Unanfechtbar dürfte die – übliche – Festlegung von 5 % der Schlussrechnungssumme netto auf die Dauer von fünf Jahren nach Abnahme sein. Eine Verdoppelung des Prozentbetrags ist als unwirksam anzusehen.

> *Korbion/Locher*, S. 139;
> wohl auch OLG München BauR 1995, 859 (der Senat
> stellte allerdings daneben maßgeblich auf das Ablösungsrecht nur durch Bürgschaft aeA ab);
> a. A. jedoch OLG Frankfurt/M. IBR 1993, 150.

697 Was den Zeitraum, während dessen die Sicherheit zu stellen ist und nicht zurückverlangt werden kann, anbelangt, so dürften im Ausgangspunkt fünf Jahre ab Abnahme unbedenklich sein (vgl. § 634a Abs. 1 Nr. 2, Abs. 2 BGB). Zulässig dürfte es aber auch sein, wegen besonders mängelanfälliger Gewerke (z. B. Flachdacharbeiten) oder wegen noch nicht hinreichend erprobter Techniken und Anwendungen eine längere Frist von bis zu zehn Jahren für die Verjährung der Mängelansprüche und mithin auch für die Pflicht zur Sicherheitsstellung zu vereinbaren. Sind jedoch solche besonders risikoanfälligen Leistungen Teile eines Gesamtwerks, so empfiehlt sich eine Reduzierung der Sicherheitsleistung nach Ablauf der Verjährungsfrist für die sonstigen, unbedenklicheren Teile.

698 **Beispiel:**

> Der Unternehmer erfüllt einen Pauschalvertrag zu 1 Mio. €, wovon ca. 10 % auf die Dachdeckerarbeiten entfallen. Für die Dachdeckerarbeiten beträgt die Verjährung zehn Jahre, für die restlichen Arbeiten fünf Jahre; Mängelsicherheit ist zu stellen in Höhe von 5 % der Schlussrechnungssumme. Mithin ist zu vereinbaren, dass nach Ablauf von fünf Jahren unter den sonstigen Voraussetzungen des § 17 Nr. 8 Abs. 2 VOB/B sich die Mängelsicherheit reduziert auf den Anteil der risikoanfälligen Dachdeckerarbeiten, also auf 5 % aus 100.000 €, mithin auf 5.000 €.

Die eigentlichen und heiß diskutierten Probleme treten auf, wenn vom vorerwähnten Regelungszusammenhang der VOB/B abgewichen wird:

Dabei ist aufgrund der Leitentscheidung des Bundesgerichtshofs,   **699**

> BGH BauR 1997, 829;
> bestätigt von
> BGH BauR 2000, 1052;
> BGH ZIP 2001, 833;
> BGH ZIP 2002, 166, 167,

klar, dass eine allgemeine Geschäftsbedingung unwirksam ist, wonach der Unternehmer den auf fünf Jahre vereinbarten Mängeleinbehalt von 5 % nur und ausschließlich durch eine Bürgschaft auf erstes Anfordern ablösen kann und die sonstigen Regelungen von § 17 VOB/B ausdrücklich ausgeschlossen sind.

Die vom Unternehmer einzig und allein verlangte Bürgschaft auf erstes Anfordern stellt für diesen nämlich keine faire Alternative dar, da bei einer solchen Bürgschaft der Besteller sehr schnell Zahlung erreichen kann und anschließend in höchst mühsamer Weise der Unternehmer bei unberechtigter Inanspruchnahme versuchen muss, den Betrag zurückzuerlangen. Ein anderer angemessener Ausgleich, z. B. durch Einzahlung auf ein Sperrkonto, ist dem Unternehmer ausdrücklich nicht eingeräumt, da § 17 VOB/B im Übrigen ausgeschlossen wurde.

In einem späteren Nichtannahmebeschluss gegen ein Urteil des OLG   **700** München hat der Bundesgerichtshof klargestellt, dass eine Klausel über einen Bareinbehalt zur Sicherung von Mängelansprüchen, der ausschließlich durch eine Bürgschaft auf erstes Anfordern abgelöst werden kann, generell unwirksam ist, und zwar grundsätzlich unabhängig von Höhe und Dauer des Bareinbehalts.

> BGH BauR 2002, 1110
> (zu OLG München BauR 2002, 1109).

An der oben dargestellten Leitentscheidung des Bundesgerichtshofs aus   **701** dem Jahre 1997 hat sich nun eine heftige Diskussion entsponnen, ob prinzipiell Bürgschaften auf erstes Anfordern in allgemeinen Geschäftsbedingungen nicht mehr verlangt werden dürfen oder unter bestimmten Voraussetzungen doch noch.

Eindeutig ist eine Nebenbemerkung des Bundesgerichtshofs,   **702**

> BGH BauR 1997, 829, 830 unter II. 1. b) cc),

so zu interpretieren, dass keine Bedenken bestanden hätten, wenn der Unternehmer wenigstens die Möglichkeit gehabt hätte, vom Besteller die Einzahlung des Einbehalts gemäß § 17 Nr. 6 VOB/B auf ein Sperrkonto verlangen zu können.

Eine solche Vertragsgestaltung ist allerdings wohl ebenfalls als unwirksam   **703** zu betrachten aus folgenden Gründen,

> a. A. *Thode*, ZfIR 2000, 165, 168.

Zwar bleibt das Austausch- und Wahlrecht als solches gemäß § 17 Nr. 3   **704** VOB/B bestehen. Allerdings gibt der Besteller für die in der Praxis besonders wichtige Art der Sicherheit (Bürgschaft) spezielle Modalitäten vor, die von § 17 Nr. 4 Satz 3 VOB/B abweichen und für den Unternehmer sehr risikoreich sind. Alternativ kann der Unternehmer Einzahlung des Einbehalts auf ein gemeinsames Sperrkonto verlangen. Dies bedeutet indes für den Unternehmer keinen Liquiditätszuwachs, den er aber dringend benötigt und den auch § 641 Abs. 1 Satz 1 BGB voraussetzt. Die Absicherung des Betrags auf dem gemeinsamen Sperrkonto ist hierfür kein hinreichender Ausgleich; die Ablösung durch eine normale Bürgschaft ist dem Unternehmer verwehrt.

> *Hogrefe*, BauR 1999, 111, 112 f;
> *Belz*, ZfBR 1998, 1;
> *Brauns*, BauR 2002, 704, 709 f;
> *C. Schmitz/Vogel*, ZIP 2002, 1200, 1203 l. sp.;
> a. A. z. B. *Bomhard*, BauR 1998, 179;
> OLG Hamm BauR 1998, 135;
> OLG München ZfIR 2001, 465.

705 Einen anderen Lösungsansatz in diesem Zusammenhang, die Klausel über die Stellung einer Bürgschaft auf erstes Anfordern zu reduzieren auf die Verpflichtung des Unternehmers zur Stellung einer „normalen" Bürgschaft, hat der Bundesgerichtshof zutreffend verworfen.

> BGH ZIP 2001, 833;
> BGH ZIP 2002, 166, 167;
> a. A. nun aber BGH ZIP 2002, 1690, 1692 für
> AGB-Sicherungsabreden zur Stellung einer **Vertragserfüllungs**bürgschaft auf erstes Anfordern
> (siehe Rz. 714 f).

706 Relativ sicher kann hingegen folgende Fallgestaltung beurteilt werden: Es wird vereinbart, dass der Besteller einen Betrag von 5 % der Schlussrechnungssumme für einen bestimmten Zeitraum ab Abnahme/letzter Zahlung unverzinslich, gegebenenfalls aber auch verzinslich, einbehält. Derartige Klauseln sind unwirksam, da der prinzipiell fällige Werklohnanspruch des Unternehmers nicht ausbezahlt und vielmehr vom Besteller als Bestandteil eigenen Vermögens behandelt wird; damit trägt der Unternehmer das volle Risiko der Insolvenz seines Bestellers.

> OLG Brandenburg BauR 2001, 1450, 1452 f;
> w. N. bei *Glatzel/Hofmann/Frikell*, S. 356 b,
> S. 357 c und d.

707 Ebenfalls unwirksam sind Klauseln, wonach der Unternehmer einen Sicherheitseinbehalt ausschließlich und nur durch Stellung einer (normalen) Bankbürgschaft ablösen kann, durch die also sein Austausch- und Wahlrecht beschnitten wird. Gerade in Fällen, in denen der Unternehmer zur Stellung einer solchen Bürgschaft nicht in der Lage ist, bleibt de facto der Sicherheitseinbehalt dauernder Vermögensbestandteil des Bestellers, so dass wiederum allein der Unternehmer das Insolvenzrisiko trägt.

Das Austausch- und Wahlrecht aus § 17 Nr. 3 VOB/B ist in den AGB des **708** Bestellers ausgeschlossen, wenn nach einer zur einbezogenen VOB/B vorrangigen Klausel der Unternehmer den Einbehalt durch eine Bürgschaft **auf erstes Anfordern** ablösen kann, dagegen diese Klausel das Recht des Unternehmers, die Einzahlung des Einbehalts auf ein Sperrkonto zu verlangen, nicht anspricht.

> BGH ZfIR 2002, 896;
> vgl. auch
> BGH ZfIR 2001, 129, 131 r. Sp. (obiter dictum);
> BGH ZIP 2000, 2103, 2104 l. Sp. (obiter dictum);
> dazu EWiR 2000, 1103 (*C. Schmitz*).

Es ist nicht ersichtlich, warum diese Rechtsprechung nicht übertragbar sein **709** sollte auf die Fallgruppe, dass der Besteller vorgibt, der Einbehalt könne durch eine gewöhnliche Bürgschaft abgelöst werden, und wiederum das Recht des Unternehmers, Einzahlung auf ein Sperrrkonto zu verlangen, nicht erwähnt wird. Damit ist die weit verbreitete AGB-Klausel: „Sicherheitseinbehalt 5 % der Schlussrechnungssumme für die Dauer bis zur Verjährung der Mängelansprüche, Ablösung durch Bankbürgschaft" unwirksam.

> OLG Hamburg IBR 1996, 363;
> OLG Dresden BauR 2002, 807;
> OLG Braunschweig OLGR 1994, 180 (jedoch
> mit fehlerhafter Rechtsfolge);
> offen gelassen von *Thode*, ZfIR 2000, 165, 168;
> a. A. nun für eine vergleichbare Klausel
> BGH, Urt. v. 13. 11. 2003 – VII ZR 57/02
> (bisher unveröff.);
> OLG Hamm IBR 2000, 21;
> *Weise*, Rz. 180 = S. 65;
> *Schulze-Hagen*, IBR 1996, 363.

Ebenfalls unwirksam ist eine Klausel über einen Mängeleinbehalt von 5 %, **710** der durch eine Bürgschaft nach dem Muster des Bestellers (dem Vertrag nicht beigegeben) ablösbar ist, wenn im Übrigen § 17 VOB/B ausgeschlossen ist. Hier bleibt unklar, mit welcher Art der Bürgschaft der Einbehalt vom Unternehmer ersetzt werden kann. Gemäß § 305c Abs. 2 BGB ist davon auszugehen, dass eine Bürgschaft auf erstes Anfordern gemeint ist.

> BGH BauR 2000, 1052;
> ähnlich der Sachverhalt bei
> OLG Brandenburg, Urt. v. 6. 12. 2000
> – 7 U 23/00 (unveröff.);
> dazu EWiR 2001, 717 (*Nielsen*).

b) Vertragserfüllungsbürgschaft

Als übliche Höhe haben sich 10 % der vorläufigen Auftragssumme (brut- **711** to) eingependelt; insoweit sind Bedenken nicht ersichtlich.

> BGH ZfIR 2001, 129.

712 Eine Klausel, es sei eine Bürgschaft auf erstes Anfordern zu stellen, ist unwirksam. Eine solche Bürgschaft hat nicht nur Sicherungsfunktion, sondern erlaubt dem Besteller, sich liquide Mittel zu verschaffen, und zwar auch dann, wenn der Sicherungsfall noch gar nicht eingetreten ist. Daher kann der Unternehmer durch den Rückgriff des Bürgen belastet werden, ohne dass der Anspruch des Bestellers besteht. Dadurch werden die Sicherungsrechte des Bestellers über sein anerkennenswertes Interesse unangemessen ausgedehnt.

> BGH ZIP 2002, 1198, 1200;
> vgl. auch als Vorinstanz
> OLG Dresden BauR 2001, 1447;
> a. A. OLG München ZfIR 2001, 465.

713 Die Richtigkeit dieser Rechtsprechung erweist sich an folgenden Überlegungen: Anders als für die Mängelsicherheit (§ 641 Abs. 1 BGB) gibt es für die Vertragserfüllungsbürgschaft keine unmittelbar passende gesetzliche Regelung, zu der i. S. v. § 307 Abs. 2 Nr. 1 BGB ein wesentliches Abweichen von Grundgedanken geprüft werden könnte. Jedoch dürfen gemäß § 307 Abs. 2 Nr. 2 BGB nicht wesentliche Rechte oder Pflichten, die sich aus der Vertragsnatur ergeben, so eingeschränkt werden, dass die Erreichung des Vertragszwecks gefährdet ist. Eine Vertragserfüllungsbürgschaft ist im Gesamtzusammenhang des Bauvertrags zu sehen: Ein Besteller ist anders als nach Abnahme nicht gleichermaßen schutzbedürftig, da der Unternehmer Vorleistungen erbringt, die vom Besteller geleisteten Abschlagszahlungen mithin bei vorhergehender Prüfung des Leistungsstands und der Mängelfreiheit immer der erbrachten Bauleistung „hinterherhinken" und der Besteller bei auftretenden Problemen durch Leistungsverweigerungsrechte (§ 320 BGB) und Aufrechnungsmöglichkeiten geschützt ist.

714 Allerdings hat der Bundesgerichtshof in einem Folgeurteil die wirtschaftlichen Konsequenzen seiner Rechtsprechung eingeschränkt: Aufgrund ergänzender Vertragsauslegung ist der Unternehmer verpflichtet, eine gewöhnliche (unbefristete und selbstschuldnerische) Vertragserfüllungsbürgschaft zu stellen, sofern die Sicherungsabrede vor Bekanntwerden dieses Folgeurteils – also etwa vor Mitte Juli 2002 – getroffen worden ist.

> BGH ZIP 2002, 1690.

715 Diese Rechtsprechung ist abzulehnen, da sie auf eine unzulässige geltungserhaltende Reduktion unwirksamer AGB-Klauseln hinausläuft, in Widerspruch zu der strengeren Rechtsprechung für Klauseln über Mängelsicherheiten (siehe Rz. 705) steht und damit eine erhebliche Rechtsunsicherheit herbeiführt.

> C. *Schmitz/Vogel*, ZIP 2002, 1693;
> a. A. *Schulze-Hagen*, BauR 2003, 785.

Unwirksam sind Klauseln, wonach der Unternehmer einerseits eine   716
10 %ige Vertragserfüllungsbürgschaft stellen muss, andererseits zusätzlich
der Besteller bei fälligen Abschlagszahlungen Einbehalte von 10 % vornimmt. Es ergibt sich eine nicht mehr zu rechtfertigende Sicherheit von
20 %, ohne dass ein Sicherungsbedürfnis des Bestellers in gleicher Höhe
ersichtlich wäre.

> *Korbion/Locher*, S. 139;
> noch krasser der Sachverhalt bei
> OLG Brandenburg BauR 2001, 1450, 1451 f;
> a. A. KG IBR 1997, 235.

c) Vorauszahlungsbürgschaft

Diese Bürgschaften sind eng bezogen auf eine vor Fälligkeit und vollstän-   717
diger Leistungserbringung geleistete Zahlung des Bestellers. Daher mag
man geneigt sein zu argumentieren, es bestünden gegen eine Vorauszahlungsbürgschaft auf erstes Anfordern keine Bedenken. Bei genauer Betrachtung erscheint dies aber fragwürdig: Auch wenn der Unternehmer die
vorausbezahlte Leistung vollständig und mängelfrei erbracht hat, kann
gleichwohl wegen der speziellen Struktur der Bürgschaft auf erstes Anfordern der Besteller diese mit einfachem Forderungsschreiben in Anspruch
nehmen mit der Folge, dass wiederum der Unternehmer mühsam einen
Rückforderungsprozess anstrengen muss und das Risiko der Insolvenz des
Bestellers trägt. Deshalb sprechen auch hier die besseren Argumente dafür,
eine AGB-Klausel mit der Pflicht, eine Bürgschaft auf erstes Anfordern zu
stellen, für unwirksam zu erachten.

> A. A. wohl BGH ZIP 2001, 1871, 1873 l. Sp.
> (obiter dictum).

d) Zahlungsbürgschaft zu Gunsten des Unternehmers

Auch eine Bürgschaft, in der der volle Werklohnanspruch des Unterneh-   718
mers abgesichert wird, ist nicht zu beanstanden. Dies lässt sich aus der
Wertung des § 648a Abs. 1 BGB ableiten. Allerdings ist die Bürgschaft in
Höhe geleisteter Abschlagszahlungen freizugeben, da anderenfalls der
Unternehmer übersichert wäre.

Aber auch dem Unternehmer ist nicht zuzugestehen, dass er in allgemei-   719
nen Geschäftsbedingungen eine Bürgschaft auf erstes Anfordern in voller
Höhe seines Werklohns beansprucht, da auch insoweit die Missbrauchsge-
fahr zu groß ist. Eine solche Klausel ist daher unwirksam.

3. Rechtsfolgen einer unwirksamen Vereinbarung über die Stellung von Sicherheiten

Der Verpflichtete muss keine Sicherheit stellen, da es keine gesetzliche Re-   720
gelung gibt, die ihn hierzu anhalten würde (§ 306 Abs. 2 BGB).

A. A. BGH ZIP 2002, 1690 für „Altfälle" zu
Sicherungsabreden über Vertragserfüllungsbürgschaften (Rz. 714).

721 Ein ansonsten durch seine Verpflichtung zur Sicherheitsleistung blockier-
ter Zahlungsbetrag ist fällig. Hat der (scheinbar) Verpflichtete zunächst Sicherheit geleistet, so hat er gegen seinen Vertragspartner einen Anspruch
aus ungerechtfertigter Bereicherung (§ 812 Abs. 1 Satz 1 Alt. 1 BGB) auf
Rückgabe des Erlangten, also entweder auf Rückgabe der Bürgschaft oder
auf Einwilligung in die Auszahlung eines auf einem Sperrkonto hinterleg-
ten Betrags. In der Insolvenz des Sicherungsgebers steht gemäß § 80
Abs. 1 InsO dieser Anspruch dem Insolvenzverwalter zu. Dass der Inhaber der Bürgschaftsurkunde in solchen Situationen ein besonderes Schutzbedürfnis verspüren mag, ändert an dieser Rechtslage nichts – er hat die
Rückgabepflicht durch seine mit §§ 307 ff BGB nicht zu vereinbarende
Vertragsgestaltung selbst verursacht. Ist die Sicherheit bereits verwertet
worden (z. B. durch Zahlung des Bürgen an den Bürgschaftsgläubiger), so
haben der Hauptschuldner, auf dessen Veranlassung die Bürgschaft gestellt
wurde und der den Bürgen wegen der Zahlung befriedigt hat, ansonsten
der Bürge, ggf. beide als Gesamtgläubiger Anspruch auf Herausgabe
dessen, was der Bürgschaftsgläubiger aufgrund des erlangten Rechts erworben hat, also auf Rückzahlung der Bürgschaftssumme (§ 818 Abs. 1 BGB).
So für den parallel gelagerten Fall der Zahlung aus einer Sicherungsgrund-
schuld, welche ohne rechtlichen Grund eingetragen worden war

BGH ZIP 1990, 31;
dazu EWiR 1990, 251 (Clemente);
Staudinger/Lorenz, BGB, § 818 Rz. 17 (S. 286).

722 Allerdings darf der Bürgschaftsgläubiger im Regelfall mit Gegenansprüchen aufrechnen, also z. B. mit auf Geldzahlung gerichteten Mängelansprüchen, wobei aber §§ 94 f InsO zu beachten sind (Rz. 250 ff). Verlangt
der Besteller die Einwilligung in die Auszahlung eines auf Sperrkonto ein-
bezahlten Betrags, so kann der durch eine unwirksame Abrede benachteiligte Unternehmer dies verweigern (§ 821 BGB) und umgekehrt die
Auszahlung des auf dem Sperrkonto befindlichen Betrags an sich verlangen.

VI. Durchsetzung von Ansprüchen in der Insolvenz
des Hauptschuldners

1. Sicherungsfall

723 Auch wenn der Sicherungsfall in den Sicherungsabreden meist gar nicht
oder nur unzulänglich geregelt wird, gilt nach allgemeinen Grundsätzen,
dass der Bürgschaftsgläubiger im Verhältnis zum Vertragspartner die Bürgschaft nur in Anspruch nehmen und verwerten darf, wenn eine vom vereinbarten Sicherungszweck umfasste Forderung fällig geworden ist. Bei
einer Mängelbürgschaft ist demnach der Sicherungsfall regelmäßig erst ge-

geben, wenn der Bürgschaftsgläubiger einen auf Geldzahlung gerichteten Mängelanspruch (z. B. auf Vorschuss oder Erstattung der Kosten einer Selbstvornahme) hat.

BGH ZIP 2000, 2103.

Machte der Besteller einen Zahlungsanspruch wegen nicht erledigter Ge-   724
währleistung im Anwendungsbereich von § 103 Abs. 2 Satz 1 InsO geltend, nahm das OLG Frankfurt,

OLG Frankfurt/M. ZIP 1995, 369, 370,

unter Geltung der vom Bundesgerichtshof inzwischen aufgegebenen „Erlöschenstheorie" zutreffend an, dass sich ein beiderseits noch nicht vollständig erfüllter Vertrag mit Verfahrenseröffnung automatisch umgestaltet und ein Schadensersatzanspruch des Bestellers wegen nicht erbrachter Gewährleistung auflösend bedingt entsteht.

Aufgrund der Rechtsprechungswende des Bundesgerichtshofs hin zur   725
„Suspensivtheorie" (siehe Rz. 76 ff) gilt dies nun nicht mehr. Sowohl bei Vertragserfüllungs- als auch bei Mängelbürgschaften muss der Besteller –
falls er nicht schon vor Verfahrenseröffnung einen auf Geldzahlung gerichteten Anspruch herbeigeführt hat – nach Verfahrenseröffnung dem Verwalter Frist zur Erfüllungswahl setzen. Erst wenn feststeht, dass der Verwalter nicht die Vertragserfüllung wählt, ist der Sicherungsfall eingetreten und kann der Besteller die Bürgschaft in Anspruch nehmen.

C. Schmitz/Vogel, ZfIR 2002, 509, 520 r. Sp.;
Masloff/Langer, ZfIR 2003, 269, 272 l. Sp., 273 r. Sp.

2. Darlegungs- und Beweislast

Wegen § 767 Abs. 1 Satz 1 BGB ist die Bürgschaftsschuld von Grund und   726
Höhe der Hauptverbindlichkeit abhängig. Deshalb muss der Bürgschaftsgläubiger das Entstehen und die Fälligkeit der Hauptverbindlichkeit und damit den Grund für die Haftung des Bürgen aus dem Bürgschaftsvertrag darlegen und beweisen.

BGH NJW 1988, 906;
BGH NJW 1995, 2161, 2162 ;
BGH WM 1999, 1499, 1500 r. Sp.;
BGH ZIP 2002, 297, 298;
Staudinger/Horn, BGB, § 767 Rz. 5;
Bomhard, ZBB 1998, 43, 55.

Wer als Besteller eine Mängelbürgschaft in Anspruch nehmen will, darf   727
sich folglich nicht darauf beschränken, Angaben zu den Mängeln und der Höhe eines auf Geldzahlung gerichteten Mängelanspruchs zu machen. Er muss vielmehr umfassend alle Unterlagen vorlegen, insbesondere den Vertrag mit allen Anlagen (vor allem der Sicherungsabrede), das Abnahmeprotokoll usw., und spezifizierte Angaben zu den Mängeln machen. Als Faustregel kann gelten, dass auch vorprozessual gegenüber dem Bürgen

dieselben Darlegungspflichten gelten wie bei einer schlüssigen Klage. Diese hohen Anforderungen rechtfertigen sich daraus, dass der Bürge wesentliche Unterlagen zum Bauvertrag und dessen Abwicklung meist nicht vorliegen hat, sich deshalb „dumm" stellen darf und ihm durch Zuleitung die Möglichkeit der umfassenden Prüfung gegeben werden muss.

728 Wenn – wie oft – diese Anforderungen nicht erfüllt werden, hat dies die missliche Konsequenz, dass der Bürge nicht in Verzug gerät. Bei den üblichen Höchstbetragsbürgschaften bedeutet dies, dass eine Haftung des Bürgen aus eigenem Verzug (§ 286 BGB), die durch den verbürgten Höchstbetrag nicht eingeschränkt wäre, nicht eintritt.

3. Verteidigungsmöglichkeiten des Bürgen

a) Darlegungs- und Beweislast

729 Auch insoweit gelten die allgemeinen Regeln; der Bürge ist also für Einwendungen jeder Art darlegungs- und beweispflichtig, etwa für die Behauptung, die Hauptschuld sei durch Erfüllung erloschen.

BGH NJW 1988, 906.

b) Ausschluss der Rechte aus § 768 BGB

730 Nach dieser Vorschrift kann der Bürge die dem Hauptschuldner zustehenden Einreden geltend machen. In der Baupraxis legen durch Sicherheiten Begünstigte Wert darauf, diese Vorschrift auszuschalten, indem sie in AGB entweder vorgeben, dass der Bürge auf die Rechte aus § 768 BGB verzichten muss, oder das von ihnen dem Vertragspartner überlassene Bürgschaftsmuster eine solche Klausel enthält. Für letztere Fallkonstellation hat der Bundesgerichtshof zuletzt entschieden, dass wegen Verstoßes gegen § 307 BGB der Ausschluss des § 768 BGB unwirksam ist.

BGH ZIP 2001, 833;
bestätigt von BGH ZIP 2001, 914, 916.

731 In der Logik dieser Entscheidung liegt es, dass auch die Vorgabe in einer in AGB des Begünstigten enthaltenen Sicherungsabrede, der Bürge müsse auf seine Rechte gemäß § 768 BGB verzichten, als unwirksam anzusehen ist. Ungeklärt ist, ob dies zur Unwirksamkeit der Sicherungsabrede insgesamt führt mit der Folge, dass der durch die Klausel Begünstigte insgesamt den Anspruch auf Sicherheitsleistung verliert,

so *Stammkötter*, BauR 2001, 1295, falls es um
eine Bürgschaft auf erstes Anfordern geht,

oder ob nur (meines Erachtens nahe liegender) – wegen sprachlicher und inhaltlicher Abtrennbarkeit – die Regelung zu § 768 BGB entfällt. Gegenwärtig ist dringend zu empfehlen, in Sicherungsabreden in AGB auf derartige Klauseln zu verzichten.

Wirksam ist dagegen der Verzicht auf die Rechte aus § 768 BGB, wenn er   732
Bestandteil der vom Bürgen selbst formulierten Bürgschaftserklärung ist.

OLG Düsseldorf BauR 2002, 492, 492 f.

c) Überblick über in der Praxis besonders bedeutsame, rechtlich strukturierte Verteidigungsmöglichkeiten des Bürgen

aa) Befristung

Auch wenn eine Befristung wegen § 17 Nr. 4 VOB/B unzulässig ist, ändert   733
dies nichts daran, dass bei Insolvenz des Hauptschuldners eine einmal hingegebene Bürgschaft das Rechtsverhältnis zwischen Bürgschaftsgläubiger
und Bürgen bestimmt, da nachträgliche Ansinnen an den Hauptschuldner,
eine korrekte Bürgschaft nachzureichen, ins Leere laufen. Die im Baubereich verbreitete Formulierung: „Unsere Haftung aus dieser Bürgschaft erlischt am 31. Mai 2002, wenn wir nicht vorher schriftlich bei uns eingehend
in Anspruch genommen werden ..." spricht für eine Zeitbürgschaft i. S. v.
§ 777 BGB. Der Bürgschaftsgläubiger muss daher die vor Zeitablauf entstandenen Ansprüche rechtzeitig gegenüber dem Bürgen geltend machen,
da er anderenfalls keine Rechte mehr aus der Bürgschaft hat. Im Einzelfall
kann aber auch eine gegenständlich beschränkte Bürgschaft vorliegen mit
der Folge, dass sich die Bürgenhaftung auf die bis zum Zeitablauf entstandenen Ansprüche beschränkt, unabhängig von der Frage, ob die Bürgschaft
bis zu diesem Zeitpunkt oder erst danach in Anspruch genommen wurde.

Grundlegend
BGH ZIP 1984, 937 = NJW 1984, 2461;
außerdem *Bomhard*, ZBB, 1998, 43, 51 f.

Die mit solchen Befristungen verbundenen Risiken für den Bürgschafts-   734
gläubiger sind erheblich. Der Bürgschaftsgläubiger muss nicht nur die
Bürgschaft förmlich innerhalb der vereinbarten Frist nach den formalen
Vorgaben der Bürgschaft in Anspruch nehmen, außerdem muss auch der
gesicherte Anspruch bis zu diesem Zeitpunkt fällig geworden sein. Daran
ändert eine vom Hauptschuldner zu vertretende Verschiebung des Fällig-
keitstermins nichts.

BGH ZIP 2000, 1610;
dazu EWiR 2001, 223 (*Wissmann*).

Für befristete Mängelbürgschaften ist soweit ersichtlich noch nicht geklärt,   735
ob es reicht, wenn der Bürgschaftsgläubiger rechtzeitig die Bürgschaft in
Anspruch nimmt und zu diesem Zeitpunkt zumindestens ein von ihm gegenüber dem Unternehmer gerügter Mangel hervorgetreten ist oder ob
weitergehend zu diesem Zeitpunkt bereits ein auf Geldzahlung gerichteter
Mängelanspruch gegeben sein muss. Zu bejahen sein dürfte ersteres. Die
Frage wird relevant, wenn kurz vor dem maßgeblichen Datum ein Mangel
erstmals hervortritt und deshalb nicht vorher gerügt werden konnte.

736 Besonderheiten gelten für die im Baubereich allerdings wenig relevanten Ausfallbürgschaften. Bei ihnen gehört der Ausfall des Bürgschaftsgläubigers zum anspruchsbegründenden Tatbestand. Daher kann der Bürgschaftsgläubiger den Bürgen erst in Anspruch nehmen, wenn feststeht, dass die Inanspruchnahme des Hauptschuldners, gegebenenfalls auch die Verwertung anderer Sicherheiten, keinen Erfolg verspricht. Für eine rechtzeitige „Inanspruchnahme" des Bürgen reicht es deshalb, wenn der Bürgschaftsgläubiger ihm vor dem maßgeblichen, in der Bürgschaft festgehaltenen Datum eine krisenhafte Situation anzeigt, die die spätere Inanspruchnahme des Bürgen nahe liegend erscheinen lässt. In der Folgezeit muss allerdings der Bürgschaftsgläubiger die Einziehung der gesicherten Forderung unverzüglich betreiben, das Verfahren ohne wesentliche Verzögerung fortsetzen und unverzüglich nach seiner Beendigung dem Bürgen anzeigen, dass er nunmehr wegen des Ausfalls in Anspruch genommen werde.

> BGH ZIP 2002, 1442, 1443 f.

bb) Bei Mängelbürgschaften: Nichtauszahlung des Sicherheitseinbehalts

737 Nach der BGH-Rechtsprechung,

> BGH ZIP 1998, 829;
> dem folgend OLG Celle NZBau 2001, 93
> (bei Insolvenz des Hauptschuldners);
> das neue Grundsatzurteil BGH ZfIR 2001, 898
> hat an dieser Rechtslage nichts geändert,

kann der Hauptschuldner die Rückgabe der Mängelbürgschaft verlangen, wenn der Sicherheitseinbehalt nicht ausbezahlt wurde. Hierauf kann sich auch der Bürge berufen (§ 768 BGB i. V. m. §§ 812, 821 BGB). Die Darlegungslast für diesen Einwand dürfte im Ausgangspunkt beim Bürgen liegen; allgemein gehaltener Vortrag dürfte jedoch zulässig sein mit der Folge, dass der Bürgschaftsgläubiger konkret darlegen und beweisen muss, den Sicherheitseinbehalt ungeschmälert ausgezahlt zu haben.

cc) Bei Mängelbürgschaften: Fehlende förmliche mangelfreie Abnahme

738 Dieses im Bürgschaftstext enthaltene Erfordernis (Rz. 668) dient dazu, Beweisschwierigkeiten auszuschließen, die bei einer bloß konkludenten Abnahme entstehen können. Es darf jedoch nicht wortwörtlich verlangt werden, dass bei der förmlichen Abnahme nicht der geringste Mangel festgestellt werden darf, da sonst die Bürgschaftserklärung in der Praxis leerliefe. Im Ergebnis schließt diese Klausel daher nur aus, dass der Bürge für solche Mängelsymptome eintreten muss, die bereits bei der Abnahme festgestellt worden waren.

> OLG Hamburg BauR 2002, 645.

dd) Verjährung der Hauptschuld

Wegen der Akzessorietät der Bürgschaft von der Hauptschuld darf sich **739** wiederum über §§ 768, 214 BGB der Bürge darauf berufen, dass im Verhältnis zwischen Bürgschaftsgläubiger und Hauptschuldner Verjährung eingetreten ist. Dies wird aufgrund der drastischen Verkürzung der Verjährungsfristen im neuen Schuldrecht (Erfüllungsansprüche: früher 30 Jahre gemäß § 195 BGB a. F., nunmehr drei Jahre zum Jahresende ab Entstehung des Anspruchs, die meist mit Kenntnis des Gläubigers zusammenfällt) zukünftig noch an Relevanz gewinnen. Kommt es innerhalb laufender Verjährungsfrist für die Hauptschuld nicht zu einem Abschluss der Angelegenheit (Zahlung des geforderten Betrags durch den Bürgen), kann sich nach Eintritt der Verjährung der Hauptschuld der Bürge hierauf berufen. Dies gilt selbst dann, wenn der Bürge rechtskräftig verurteilt worden ist, aber noch nicht bezahlt hat; er kann seine Rechte im Weg der Zwangsvollstreckungsgegenklage geltend machen.

> BGH ZIP 1998, 1478;
> BGH ZIP 1999, 19;
> OLG Celle BauR 2001, 259.

Um diese Rechtsverteidigung des Bürgen auszuschließen, muss der Bestel- **740** ler die Verjährung der Hauptschuld gegenüber dem Unternehmer wirksam hemmen oder mit dem Bürgen vereinbaren, dass dieser auf die Einrede der Verjährung der Hauptschuld verzichtet (was aber wirksam wohl nur individuell vereinbart werden kann). Nach der entgegenkommenden, dogmatisch nicht unproblematischen Rechtsprechung des Bundesgerichtshofs ist es beim VOB/B-Vertrag ausreichend, die Mängel in unverjährter Zeit gegenüber dem Unternehmer zu rügen.

> BGH ZIP 1993, 499;
> dazu EWiR 1993, 509 (*Heiermann*);
> BGH ZIP 1993, 497;
> dazu EWiR 1993, 507 (*Kniffka*).

Nach Verfahreneröffnung sind Mängelrügen zu richten an den Verwalter **741** über das Vermögen des Unternehmers; auch die Anmeldung zur Insolvenztabelle hemmt die Verjährung (§ 204 Abs. 1 Nr. 10, Abs. 2 Satz 1 BGB). Besondere Schwierigkeiten entstehen, wenn nach Abweisung eines Insolvenzantrags mangels Masse der Unternehmer, der eine juristische Person war, vor Ablauf der Verjährungsfrist wegen Vermögenslosigkeit und/oder Löschung im Handelsregister als Rechtsperson untergegangen ist und aus diesem Grund die gegen ihn gerichteten Forderungen weggefallen sind. Nach Auffassung des Bundesgerichtshofs,

> BGH ZIP 2003, 524,

hat auch in dieser Konstellation der Bürge die Einrede der Verjährung der Hauptschuld. Der Bürgschaftsgläubiger ist nicht schutzlos: Bis zur Vollbeendigung der Rechtsperson des Hauptschuldners kann er Maßnahmen

gegen diesen ergreifen. Mit Wegfall des Hauptschuldners und Verselbst-
ständigung der Bürgschaft genügen Unterbrechungsmaßnahmen direkt
gegen den Bürgen.

LG Würzburg WM 1989, 405, 406.

ee) Verjährung der Bürgenschuld

742 Nach altem Recht war die Verjährung der Bürgenschuld reine Theorie, da
die Verjährungsfrist im Verhältnis zum Bürgen selbst 30 Jahre betrug.
Nach neuem Recht bemisst sich die Verjährung der Bürgenschuld gemäß
§§ 195, 199 Abs. 1 BGB, so dass im Regelfall die Verjährung gegenüber
dem Bürgen genauso schnell eintritt wie gegenüber dem Hauptschuldner,
da mit Kenntnis vom fälligen Anspruch gegen den Hauptschuldner der
Bürgschaftsgläubiger auch Kenntnis vom Anspruch gegen den akzessorisch
haftenden Bürgen hat oder jedenfalls haben muss.

C. Schmitz/Vogel, ZfIR 2002, 509, 518 f.

743 Anders kann es in den Fällen sein, in denen zwar ein Anspruch gegen den
Hauptschuldner fällig und dem Bürgschaftsgläubiger bekannt ist, aber seiner Struktur nach gegen den Bürgen nicht geltend gemacht werden kann
(z. B. erfährt der Besteller von einem Mangel, so dass ihm der gegen den
Unternehmer gerichtete, fällige Nacherfüllungsanspruch bekannt ist; der
Bürge haftet indes nicht für Nacherfüllung in natura, sondern nur für einen auf Geldzahlung gerichteten Mangelanspruch, was im Regelfall eine
fruchtlose Fristsetzung an den Unternehmer voraussetzt).

Ausf. *C. Schmitz/Vogel,* ZfIR 2002, 509, 518 f.

ff) „Abtretungsfalle"

744 Verbreitet ist in der Bauwirtschaft die Abtretung von Erfüllungs- und
Mängelansprüchen in einem frühen Stadium an Dritte, so z. B. die finanzierenden Banken. Wird die Bürgschaft erst nach einer solchen Abtretung
erteilt, fallen in dem Zeitpunkt, in dem scheinbar der Bürgschaftsvertrag
zustandekommt, der Gläubiger der Hauptforderung (= Zessionar) und
der Bürgschaftsgläubiger (= Zedent) auseinander. Folge ist, dass im Regelfall keine wirksame Bürgschaftsverpflichtung entsteht.

BGH BauR 2003, 1036, 1038 r. Sp.

745 **Praxistipp:**

Diese äußerst negative Rechtsfolge können Zedent und Zessionar vermeiden, wenn sie im Abtretungsvertrag den Übergang künftiger Sicherheiten
vorsehen, z. B. durch die Formulierung: „abgetreten werden Mängelansprüche gegen X und insoweit bestehende Ansprüche" (BGH BauR 2002,
1849,1850). Diese Formulierung bewirkt zugleich mit der Abtretung der
Hauptforderung die Abtretung künftiger Sicherheiten und macht aufgrund
der vom Bundesgerichtshof vorgenommenen, ausgesprochen großzügigen

„gebotenen wirtschaftlichen Betrachtungsweise" einen separaten Vertrag zwischen Zessionar und Bürgen überflüssig.

gg) Missachtung der „Bei-uns"-Klauseln

Nach derartigen, zulässigen, **746**

> OLG Schleswig OLGR 1996, 194;
> OLG Celle IBR 1999, 316,

Klauseln tritt eine Bürgschaft nur in Kraft, wenn der in der Bürgschaft bezeichnete Begünstigte z. B. eine Vorauszahlung oder einen Mängeleinbehalt auf das in der Bürgschaft genau bezeichnete, meist bei der bürgenden Bank geführte Konto einzahlt. Hintergrund solcher Bestimmungen ist, dass der auf dieses Konto gelangende Betrag von der Bank im Verhältnis zum Hauptschuldner als Sicherheit für Rückgriffsansprüche behandelt wird. Zahlt der Bürgschaftsgläubiger nicht auf dieses Konto, sondern auf andere Konten des Hauptschuldners, kann er aus der Bürgschaft keine Rechte ableiten; dies gilt sogar dann, wenn er zwar auf ein Konto bei der bürgenden Bank, jedoch nicht das im Bürgschaftstext spezifizierte bezahlt hat.

> OLG Stuttgart BB 2001, 957 (n. rkr.);
> dazu EWiR 2001, 663 *(Nielsen).*

VII. Forderungsanmeldungen im Insolvenzverfahren durch den bürgschaftsgesicherten Gläubiger und den Bürgen

1. Verbot der Doppelanmeldung

Die bürgschaftsgesicherte Forderung des Gläubigers gegen den Schuldner **747** und die durch die Befriedigung des Gläubigers aufschiebend bedingte Rückgriffsforderung des Bürgen (§§ 675, 670 BGB; § 774 Abs. 1 Satz 1 BGB) sind jedenfalls bei wirtschaftlicher Betrachtung identisch. Forderung und Rückgriffsforderung dürfen daher im Insolvenzverfahren nicht nebeneinander geltend gemacht werden (Verbot der Doppelanmeldung), um zu verhindern, dass zwar nicht auf den jeweiligen Gläubiger, aber auf die Forderung im Ergebnis eine höhere Dividende entfällt, als sie sich aufgrund der Quote ergäbe.

> BGH NJW 1995, 1159, 1160 r. Sp.;
> *Noack/Bunke,* in: Festschrift Uhlenbruck, S. 335, 356.

Ausdrücklich geregelt ist dies in § 44 InsO. Demnach ist die Geltendma- **748** chung der (aufschiebend bedingten) Rückgriffsforderung des Bürgen vom Verhalten des Gläubigers abhängig. Macht der Bürge seine Ansprüche neben einer Anmeldung des Bürgschaftsgläubigers geltend, hat der Verwalter erstere zu bestreiten. Dagegen kann der Bürge seine Rückgriffsforderung nach den allgemeinen Regeln für aufschiebend bedingte Forderungen verfolgen, wenn und solange der Bürgschaftsgläubiger am Verfahren nicht teilnimmt. Zwar enthält die Insolvenzordnung nur für auflösend bedingte

Forderungen eine ausdrückliche Regelung. Es ergibt sich jedoch aus §§ 77 Abs. 3 Nr. 1, 95 Abs. 1, 191 InsO, dass auch aufschiebend bedingte Forderungen – wie bisher nach der Konkursordnung – am Verfahren teilnehmen können.

749 Meldet zunächst der Bürge an und beteiligt sich danach auch der Bürgschaftsgläubiger, so ist wegen des Vorrangs des Gläubigers die vom Bürgen angemeldete Forderung zu bestreiten. Ist sie bereits festgestellt, muss gemäß § 767 ZPO vorgegangen werden.

Eickmann, in: HK-InsO, § 44 Rz. 3–5, § 42 Rz. 5.

750 **Praxistipp:**

Der Verwalter und seine Mitarbeiter müssen die Forderungsanmeldungen von Bürgen genau darauf überprüfen, ob nicht auch der – vorrangige – Gläubiger der verbürgten Hauptschuld eine Forderung angemeldet hat. Damit dies möglich ist, müssen die Bürgen die einzelnen Bürgschaften, die jeweiligen Bürgschaftsgläubiger und die jeweils verbürgten Forderungen darstellen.

751 Nicht anwendbar ist § 44 InsO schon seinem Wortlaut nach („künftig"), wenn der Bürge den Bürgschaftsgläubiger **vor** Verfahrenseröffnung befriedigt hat. Dann kann der Bürge seine Rückgriffsforderung als Insolvenzforderung anmelden; eine Anmeldung durch den befriedigten Gläubiger scheidet aus.

2. Zahlung des Bürgen an den Bürgschaftsgläubiger nach Insolvenzverfahrenseröffnung

752 Unproblematisch ist die Abwicklung, wenn zur Zeit der vollständigen Befriedigung des Bürgschaftsgläubigers noch keine Forderung zu seinen Gunsten festgestellt ist. Der Bürge kann den aufgrund seiner Zahlung nunmehr unbedingten Rückgriffsanspruch zur Insolvenztabelle anmelden; hat er ihn bereits als bedingten Anspruch angemeldet, kann er nun den Eintritt der aufschiebenden Bedingung dem Verwalter nachweisen.

753 Komplizierter ist die Rechtslage, wenn der Bürgschaftsgläubiger – mit Sperrwirkung zulasten des Bürgen – seine Forderung angemeldet hat und der Verwalter sie festgestellt hat:

754 • Befriedigt der Bürge den Gläubiger in **vollem** Umfang, scheidet der Gläubiger aus dem Insolvenzverfahren aus. Einer neuen Forderungsanmeldung durch den Bürgen bedarf es nicht. Vielmehr ist auf Anzeige und Nachweis des Bürgen hin die Rechtsnachfolge in der Insolvenztabelle festzuhalten.

MünchKomm-*Lwowski/Bitter*, InsO, § 44 Rz. 21.

755 • Ebenso ist die Abwicklung, wenn der Bürge nur für einen **Teil** der Forderung des Gläubigers gegen den Insolvenzschuldner haftet und aus der von ihm hingegebenen Bürgschaft **volle** Zahlung an den Gläubiger

leistet: Der Bürge rückt im Umfang der Zahlung in die Stellung des Gläubigers ein.

BGH NJW 1960, 1295, 1296 l. Sp.;
BGH NJW 1969, 796;
BGH NJW 1997, 1014;
zust. *Noack/Bunke*, in: Festschrift Uhlenbruck, S. 335, 343 f;
a. A. MünchKomm-*Lwowski/Bitter*, InsO,
§ 43 Rz. 30 f, § 44 Rz. 25;
Bitter, ZInsO 2003, 490, 493 ff.

In Reaktion auf diese Rechtsprechung haben gewerbliche Bürgschaftsgläubiger in die von ihnen verwendeten Bürgschaftsformulare Klauseln des Inhalts aufgenommen, dass bei Zahlungen des Bürgen die Rechte des Bürgschaftsgläubigers erst dann auf den Bürgen übergehen, wenn der Bürgschaftsgläubiger wegen aller seiner Ansprüche gegen den Hauptschuldner volle Befriedigung erlangt hat, und dass bis zu diesem Zeitpunkt die Zahlungen des Bürgen nur als Sicherheit gelten.

Der Bundesgerichtshof,

BGH ZIP 1985, 18, 21,

hat diese Klausel als wirksam erachtet, wenn die Bürgschaft sämtliche Forderungen des Bürgschaftsgläubigers aus der Geschäftsverbindung mit dem (Haupt-)Schuldner sichert.

Dagegen hat der Bundesgerichtshof in einem späteren Urteil offen gelassen,

BGH NJW 2000, 1942, 1943 r. Sp.,

ob die Klausel auch dann wirksam ist, wenn die Bürgschaft nur die Forderung des Gläubigers aus einem bestimmten Vertrag absichert.

• Leistet der Bürge aus der Bürgschaft nicht in voller Höhe des verbürg- **756** ten Betrags, sondern nur **teilweise** Zahlung an den Gläubiger, dessen Forderung gegen den Insolvenzschuldner dadurch nicht vollständig befriedigt wird, nimmt weiterhin allein der Gläubiger mit dem vollen von ihm angemeldeten und festgestellten Betrag am Insolvenzverfahren teil. Der Rückgriffsanspruch des Bürgen findet im Insolvenzverfahren keine Berücksichtigung.

BGH NJW 1960, 1295, 1296 l. Sp.

Die Grenze für den Gläubiger liegt da, wo er durch die bereits erfolgte Zahlung des/der Bürgen und sonstiger Mitverpflichteter sowie die bevorstehende Zahlung einer Insolvenzdividende, die sich aus dem vollen angemeldeten und festgetellten Betrag berechnet, mehr als volle Befriedigung – auch für Nebenforderungen wie Zinsen – erlangen würde. In diesem Fall ist die auf den Gläubiger auszuzahlende Insolvenzquote entsprechend zu kürzen und stattdessen der überschießende Betrag an den/die Regressberechtigten auszukehren.

OLG Karlsruhe ZIP 1981, 1231
= ZIP 1982, 1108 (100 %ige Quote im
Insolvenzverfahren);
Noack/Bunke, in: Festschrift Uhlenbruck, S. 335, 344 f;
MünchKomm-*Lwowski/Bitter*, InsO, § 44 Rz. 23
(mit instruktivem Beispiel).

3. Behandlung aufschiebend bedingter Forderungen bei der Schlussverteilung

757 In großen Bauinsolvenzen melden üblicherweise die Bürgschaftsgläubiger ihre Forderung gegen den Schuldner gar nicht zur Tabelle an, weil sie erwarten, ohnehin Befriedigung vom Bürgen zu erlangen, oder weil – bei Mängelbürgschaften – ein Sicherungsfall noch gar nicht eingetreten ist.

758 Daher ist es gerade großen Bürgen möglich, die aus ausgereichten Bürgschaften resultierenden, aufschiebend bedingten Forderungen in vollem Umfang zur Insolvenztabelle anzumelden, da das Verbot der Doppelanmeldung nicht entgegensteht. Schwierigkeiten entstehen bei der Schlussverteilung. Hierzu folgendes

759 **Beispiel:**

Der gewerbliche Baubürge B. meldet in einem großen, am 1. Juni 2003 eröffneten Bauinsolvenzverfahren aufschiebend bedingte Forderungen aus Bürgschaften in Höhe von 3 Mio. € an. Im Sommer 2009 strebt der Verwalter die Schlussverteilung an; eine Nachtragsverteilung möchte er wegen der Vielzahl der Gläubiger, der ohnehin geringen Quote und des deshalb damit verbundenen Aufwands vermeiden. Bis Sommer 2009 sind B Bürgschaften mit einem Volumen von 1,5 Mio. € unbeansprucht zurückgegeben worden, so dass B diese ausgebucht hat. In Höhe von 750.000 € hat B Zahlungen an Bürgschaftsgläubiger geleistet; der daraus resultierende Rückgriffsanspruch (= Eintritt der aufschiebenden Bedingung) ist zwischen B und dem Verwalter unstrittig, so dass auf den ausgezahlten Betrag B eine Insolvenzquote erhält.

Diskussionsbedarf löst die Behandlung des weiteren Bürgschaftsvolumens von 750.000 € aus. Es setzt sich zusammen aus zehn Mängelbürgschaften zu je 50.000 €, ausgestellt im Zeitraum zwischen März 2001 und November 2002, weiter aus zwei Vertragserfüllungsbürgschaften aus dem Jahr 2002 zu je 100.000 € und einer Vorauszahlungsbürgschaft aus dem Jahr 2002 zu 50.000 €.

760 Der Verwalter muss eine aufschiebend bedingte Forderung bei der Schlussverteilung nicht berücksichtigen, wenn die Möglichkeit des Bedingungseintritts so fern liegt, dass die Forderung zur Zeit der Verteilung keinen Vermögenswert hat (§ 191 Abs. 2 Satz 1 InsO).

761 Auch wenn die Beweislast für die Wertlosigkeit der Forderung beim Verwalter liegt,

Uhlenbruck, InsO, § 191 Rz. 7,

kann vorliegend der Verwalter sämtliche bedingten Forderungen des B als wertlos behandeln und muss sie bei der Schlussverteilung nicht berücksichtigen:

• Für die Mängelbürgschaften folgt dies aus den Ausstellungsdaten, die den Schluss zulassen, dass davor die schuldnerischen Leistungen abgenommen worden sind, also die regelmäßig fünfjährige Verjährung der Mängelansprüche bereits vor dem Ausstellungsdatum zu laufen begonnen hat. Da seit dem hieraus zu errechnenden Verjährungseintritt für die zeitlich letzte Bürgschaft fast zwei Jahre verstrichen sind, ist nicht mehr zu befürchten, dass B noch in Anspruch genommen wird. Unbenommen bleibt B die Gegendarlegung, dass ein Besteller ihn, den B, noch rechtzeitig in Anspruch genommen hat und daher er, B, voraussichtlich eine Zahlung leisten muss. In diesem Fall ist ein entsprechender Betrag für eine Nachtragsverteilung zurückzustellen.

• Wegen der Vertragserfüllungsbürgschaften darf der Verwalter sich daran orientieren, dass ein etwa entstandener Schadensersatzanspruch des jeweiligen Bürgschaftsgläubigers vor oder kurz nach Verfahrenseröffnung fällig geworden ist und daher im Jahre 2009 jedenfalls verjährt ist (§§ 195, 199 Abs. 1 BGB). An diesem Ergebnis dürfte die Suspensivtheorie des Bundesgerichtshofs (siehe Rz. 76 ff) nichts ändern. Auch hier bleibt B der Gegenbeweis der rechtzeitigen Inanspruchnahme und andauernden Auseinandersetzung mit dem Besteller unbenommen, die aber der Verwalter eventuell als unbeachtlich beiseite schieben kann, wenn nach dem Text der Bürgschaft die Einrede der Verjährung der Hauptschuld möglich ist (§ 768 BGB, siehe Rz. 739 ff) und der Besteller die Verjährung gegenüber dem Verwalter hat eintreten lassen.

• Auch ein von der Vorauszahlungsbürgschaft gesicherter Rückzahlungsanspruch des Bestellers wird mit Nicht-Fortführung der Arbeiten durch den Schuldner/Verwalter fällig, so dass er gleichfalls im Jahre 2009 verjährt ist.

Akzeptiert B diese Betrachtung nicht, kann er – vor dem Schlusstermin – **762** Einwendungen erheben und bei deren Zurückweisung durch das Insolvenzgericht sofortige Beschwerde einlegen (§§ 197 Abs. 3, 194 Abs. 2, 3 InsO).

Braun/Kießner, InsO, § 191 Rz. 7.

§ 191 Abs. 2 Satz 1 InsO hilft dem Verwalter allerdings nicht weiter, wenn **763** der Bürge durch eine insolvenzfeste und werthaltige Sicherheit (z. B. Verpfändung eines Kontos) vorgesorgt hat und diese erst freigibt, wenn ihm alle Bürgschaftsurkunden im Original mit Enthaftungserklärung zurückgegeben sind. Jedenfalls wegen dieses Komplexes muss der Verwalter den Insolvenzbeschlag aufrechterhalten, sich um die Originalbürgschaftsurkunden bemühen und anschließend wegen der frei werdenden Sicherheit eine Nachtragsverteilung vornehmen.

764 Wegen sonstiger Details zum Geschäftsbesorgungsvertrag, aufgrund dessen der Bürge sich zu Gunsten des Schuldners verbürgt hat, und zu dessen Abwicklung in der Insolvenz des Schuldners sei verwiesen auf

Vosberg, ZIP 2002, 968.

G. Besonderheiten bei Arbeitsgemeinschaften (ARGEN)

I. Einleitung

1. Definitionen

Eine ARGE ist ein Zusammenschluss von mindestens zwei Bauunterneh- **765** mern auf vertraglicher Grundlage. Diese regelt die im Verhältnis der ARGE-Partner zueinander bestehenden Rechte und Pflichten im Hinblick auf den Zweck der ARGE, (mindestens) einen erteilen Bauauftrag ordnungsgemäß abzuwickeln, wobei insbesondere die jeweiligen Beiträge und Leistungen der ARGE-Partner festgelegt werden.

> *Burchardt*, Rz. 4;
> *Ingenstau/Korbion/Locher/Vygen/Korbion*,
> Anhang 3, Rz. 9 f.

Eine ARGE hingegen, die selbst keine Leistungen erbringt, sondern den **766** vom Besteller erteilten Auftrag in einzelne, streng getrennte Leistungsbereiche (Lose) aufteilt, wird als Dach-ARGE bezeichnet. Eine Dach-ARGE überlässt im Rahmen eigenständiger Nachunternehmerverträge die Lose ihren eigenen Partnern zur Ausführung mit der Folge, dass die hieraus resultierenden Bauvertragsverhältnisse zwischen den Dach-ARGE-Partnern und der Dach-ARGE einerseits und die gesellschaftsrechtlichen Beziehungen innerhalb der Dach-ARGE zwischen den Partnern andererseits zu unterscheiden sind.

> OLG Hamm NZBau 2001, 28, 29 l. Sp.;
> insoweit von BGH BauR 2003, 529 nicht revidiert;
> *Langen*, in: Jahrbuch Baurecht 1999, S. 64, 70.

Die nachfolgenden Ausführungen beschränken sich aus Platzgründen auf die (normale) ARGE, wobei jedoch wesentliche Vertragselemente bei der Dach-ARGE identisch sind, so dass die Ausführungen auf diese übertragbar sind.

2. Vertragsgrundlagen

Erfahrene Bauunternehmer bedienen sich zur Regelung ihres Innenver- **767** hältnisses seit jeher des vom Hauptverband der Deutschen Bauindustrie e. V. und vom Zentralverband des Deutschen Baugewerbes e. V. herausgegebenen Mustervertrags, bezeichnet als „Arbeitsgemeinschaftsvertrag" und aktuell vorliegend in der Fassung 2000. In der Folge wird wiederholt auf diese Vertragsgrundlage Bezug genommen, und zwar in der Fassung 2000, wobei diese Vertragsgrundlage stets als „Mustervertrag" bezeichnet wird. Die Abweichungen der Fassung 2000 zu den vorhergehenden Fassungen (die letzte Fassung davor war von 1995) sind im hiesigen Zusammenhang marginal und größtenteils redaktioneller Natur.

Für die Dach-ARGE existiert ebenso ein von denselben Verbänden her- **768** ausgegebener Mustervertrag, Fassung 2002.

769 Ein ARGE-Partner, für den sich eine Regelung des Mustervertrags als nachteilig erweist, kann sich nicht auf den Schutz der §§ 307 ff BGB berufen. Üblicherweise wollen sämtliche Partner einer ARGE ihr Innenverhältnis auf Grundlage des bewährten und ständig weiter entwickelten Mustervertrags regeln. Damit ist kein Partner „Verwender" i. S. v. § 305 Abs. 1 Satz 1 BGB.

> BGH ZIP 1983, 438, 439 f;
> OLG München BauR 2002, 1409, 1410 l. Sp.;
> ähnlich LG Bremen, Urt. v. 13. 12. 2000
> – 11 O 614/99, S. 7 (unveröff.).

770 Hinzu kommt, dass die §§ 307 ff BGB generell nicht auf Gesellschaftsverträge anwendbar sind (§ 310 Abs. 4 Satz 1 BGB), da das AGB-Recht nicht auf derartige Verträge zugeschnitten ist.

> Staudinger/Habermeier, BGB, § 705 Rz. 15.

771 Unabhängig davon hat die Rechtsprechung Kontrollmaßstäbe für die in der Insolvenz besonders wichtigen Abfindungsregelungen entwickelt.

> Allgemein dazu
> Staudinger/Habermeier, BGB, § 738 Rz. 22 ff;
> Bamberger/Roth/Timm/Schöne, BGB, § 738 Rz. 29 ff.

772 Das OLG München hat die in der Insolvenz besonders relevante pauschale Bewertung des Gewährleistungsrisikos (vgl. Rz. 808 ff) einer eingehenden Überprüfung anhand dieser Maßstäbe unterzogen und festgehalten, dass die maßgeblichen Grenzen ersichtlich nicht tangiert werden.

> OLG München BauR 2002, 1409, 1410.

Auch für andere Bestimmungen des Mustervertrags, die in der Insolvenz eines Partners relevant werden, lässt sich eine Unwirksamkeit anhand der von der Rechtsprechung entwickelten Kontrollmaßstäbe nicht erkennen.

773 Soweit im Einzelfall der Mustervertrag Lücken lässt, sind diese durch Anwendung der Vorschriften des BGB zur Gesellschaft bürgerlichen Rechts zu schließen (§§ 705 ff BGB). Außerdem können im Einzelfall die Vorschriften über die OHG (§§ 123 ff HGB) relevant werden, gerade soweit es um das Außenverhältnis der ARGE gegenüber dem Besteller und dem allgemeinen Rechtsverkehr geht.

3. Die Rechtsnatur der ARGE

774 In einer zu einer ARGE ergangenen Grundsatzentscheidung hat der Bundesgerichtshof der Außengesellschaft bürgerlichen Rechts Rechtsfähigkeit zuerkannt, soweit sie durch Teilnahme am Rechtsverkehr eigene Rechte und Pflichten begründet. In diesem Rahmen ist die Außengesellschaft bürgerlichen Rechts zugleich im Zivilprozess aktiv und passiv parteifähig. Soweit der Gesellschafter für die Verbindlichkeiten der Gesellschaft bürgerlichen Rechts persönlich haftet, entspricht das Verhältnis zwischen der

Verbindlichkeit der Gesellschaft und der Haftung des Gesellschafters demjenigen bei der OHG (Akzessorietät).

BGH ZIP 2001, 330.

Die darin zum Ausdruck kommende Entscheidung des Bundesgerichtshofs   775
für die Theorie der akzessorischen Mithaftung, wie sie für die OHG in den
§§ 128 ff HGB verankert ist,

Staudinger/Habermeier, BGB, Vorbem. zu
§§ 705–740 Rz. 32, 35,

determiniert allerdings noch nicht die Beantwortung der Frage, ob die
ARGE heutzutage weiterhin als Gesellschaft bürgerlichen Rechts oder ob
sie als OHG anzusehen ist. Die vom Bundesgerichtshof nun befürwortete
Theorie der akzessorischen Mithaftung führt nämlich zunächst nur zu
einer entsprechenden Anwendung der §§ 128 ff HGB, ohne damit zugleich
die ARGE generell dem Recht der OHG zu unterstellen.

Dem herkömmlichen Verständnis entspricht es – weiterhin –, die ARGE   776
ungeachtet der Komplexität des Bauvorhabens, welches im Auftrag des
Bestellers abzuwickeln ist, und der Dauer der Bauleistung (inklusive der
Erledigung von Mängelansprüchen des Bestellers im Zeitraum nach Abnahme) als Gesellschaft bürgerlichen Rechts anzusehen.

Burchardt, Rz. 13 ff.

Dieser Auffassung sind nicht zuletzt wegen der Neufassung von § 1 Abs. 2   777
HGB einzelne Stimmen entgegengetreten.

OLG Dresden BauR 2002, 1414;
Joussen, in: Festgabe Kraus, S. 73.

II. Auswirkungen der Insolvenz eines Partners auf das Innenverhältnis der ARGE

Um die nachfolgenden Ausführungen nicht durch umständliche Varian-   778
tenbildungen zu überfrachten, ist stets eine zweigliedrige ARGE vorausge-
setzt, deren einer Partner insolvent wird. Mit den entsprechenden Modifi-
kationen lassen sich die Ausführungen auf eine mehrgliedrige ARGE
übertragen.

1. Ausscheiden eines Partners aufgrund seiner Insolvenz

a) Eigeninsolvenzantrag

Gemäß § 23.51 Mustervertrag kann ein Gesellschafter den anderen Gesell-   779
schafter aus der ARGE durch Erklärung ausschließen, wenn letzterer die
Zahlungen eingestellt oder die Eröffnung des Insolvenzverfahrens über
sein Vermögen beantragt oder seinen Gläubigern einen außergerichtlichen
Vergleichsvorschlag unterbreitet hat. Diese zum Teil § 8 Nr. 2 Abs. 1
VOB/B entsprechende Regelung ist sprachlich eindeutig, indem klarge-

stellt ist, dass nur ein Eigeninsolvenzantrag eines Gesellschafters den Ausschluss rechtfertigen kann.

780 In der Praxis führt der für den verbliebenen ARGE-Partner unschwer überprüfbare Umstand des Eigeninsolvenzantrags (§ 23.51 Alt. 2 Mustervertrag) regelmäßig zum Ausschluss des insolventen Partners. Als Zeitpunkt des Ausscheidens gilt in dieser Fallgruppe der Tag, an dem die Erklärung über den Ausschluss dem auszuschließenden Gesellschafter zugegangen ist (§ 23.73 Mustervertrag).

781 Gemäß § 23.8 Mustervertrag kann sich gegen die Ausschlusserklärung der betroffene Gesellschafter nur innerhalb eines Monats, gerechnet vom Tag des Zugangs des Beschlusses an, durch Klage wehren. Unterbleibt die rechtzeitige Klageerhebung – dazu auch § 23.81 Mustervertrag –, gilt der Ausschluss als vom betroffenen Gesellschafter gebilligt (§ 23.82 Mustervertrag).

782 Eine solche Klage hat jedoch keine Erfolgsaussicht, wenn der Tatbestand des § 23.51 Mustervertrag gegeben ist. Mit der Beantragung eines Insolvenzverfahrens über das Vermögen eines Partners können der Zweck der ARGE und ihr Bestand wesentlich beeinträchtigt bzw. gefährdet sein. Diese objektive Gefährdungslage rechtfertigt bereits sachlich den Ausschluss.

OLG Naumburg ZfIR 2002, 453, 454 r. Sp.

783 Gelegentlich wird der Mustervertrag dergestalt abgeändert, dass ein Partner automatisch – ohne dass es einer förmlichen Erklärung des anderen Partners bedürfte – aus der ARGE ausscheidet, wenn er Insolvenzantrag stellt. Auch derartige Vereinbarungen sind wirksam.

Zoll, ZfIR 2002, 456, 458 r. Sp.

b) Eröffnung des Insolvenzverfahrens über das Vermögen eines Partners

784 Gemäß § 23.62 Mustervertrag scheidet ein Gesellschafter zwangsläufig aus der ARGE aus, wenn über sein Vermögen das Insolvenzverfahren eröffnet oder die Eröffnung mangels Masse abgelehnt wird.

785 Auch gegen diese Regelung können Wirksamkeitsbedenken nicht vorgebracht werden, da sie der gesetzlichen Regelung entspricht: Zwar führt grundsätzlich die Eröffnung eines Insolvenzverfahrens über das Vermögen eines Gesellschafters dazu, dass die Gesellschaft bürgerlichen Rechts aufgelöst wird (§ 728 Abs. 2 Satz 1 BGB). Das Gesetz lässt jedoch in § 736 Abs. 1 BGB so genannte Fortsetzungsabreden zu mit der Folge, dass unter anderem bei Eröffnung des Insolvenzverfahrens über das Vermögen eines Partners dieser aus der Gesellschaft ausscheidet und die Gesellschaft von dem verbliebenen Partner fortgeführt wird. Der Mustervertrag enthält eine solche Fortsetzungsabrede in § 24.1.

Zoll, ZfIR 2002, 456, 458.

Als Zeitpunkt des Ausscheidens gilt in dieser Fallgruppe der Tag der Eröffnung oder Ablehnung des Insolvenzverfahrens (§ 23.77 Mustervertrag).

2. Anwachsung

Der verbliebene ARGE-Partner führt die Geschäfte der ARGE zu Ende.   786
Er übernimmt ohne besonderen Übertragungsakt mit dinglicher Wirkung
die Anteile des ausgeschiedenen Partners (§ 24.1 Mustervertrag; § 738
Abs. 1 Satz 1 BGB).

Der ARGE gehörende Gegenstände gehören ihr also nach wie vor, wäh-   787
rend der Wert der Beteiligung des verbliebenen Partners an der ARGE sich
auf 100 % erhöht.

Staudinger/Habermeier, BGB, § 738 Rz. 4.

Der verbliebene Partner kann daher Forderungen der ARGE gegen den   788
Besteller allein durchsetzen (zu den Problemen bei bereits anhängigen Prozessen, die beide Partner als Kläger eingeleitet haben, vgl. Rz. 880).

OLG Hamm BauR 1986, 462.

Der Verwalter über das Vermögen des ausgeschiedenen Partners ist auf-   789
grund des Eigentums der ARGE dazu verpflichtet, die ihr gehörenden Gegenstände dem verbliebenen Partner herauszugeben. Diese dingliche
Rechtsstellung des verbliebenen Partners ist insolvenzfest, so dass er auch
eine einstweilige Verfügung erwirken kann.

LG Essen, Beschl. v. 24. 6. 2002
– 4 O 224/02 (unveröff.).

Der Verfügungsgrund liegt darin, dass Unterlagen wie Ergebnisübersich-   790
ten, Salden- und offene-Posten-Listen, Originalbelege wie Rechnungen
usw., Verträge mit Nachunternehmern, Pläne, Zeichnungen usw. benötigt
werden, um die bruchlose Fortführung des Bauvorhabens gegenüber dem
Besteller sicherzustellen.

Auch auf die ARGE ausgestellte, beim ausgeschiedenen Partner befindliche   791
Bürgschaftsurkunden (z. B. seitens der Nachunternehmer oder der ARGE-
Partner) sind herauszugeben, da der Bürgschaftsgläubiger, also die ARGE,
auch Eigentümer der Urkunden ist (§ 952 BGB).

Staudinger/Gursky, BGB, § 952 Rz. 3.

3. Die aufgrund des Ausscheidens des insolventen Partners gebotene Aufstellung der Auseinandersetzungsbilanz

a) Vorbemerkung

Am Ergebnis der ARGE hat der ausgeschiedene Partner allein teil auf   792
Grundlage einer Auseinandersetzungsbilanz. Unter teilweise großer Ab-

weichung von den §§ 738 ff BGB enthält hierzu § 24.2 bis 24.6 Mustervertrag eingehende Regelungen. Diesen Bestimmungen liegen gerade auch Erfahrungen zugrunde, die ab 1979 im Konkurs der „Beton- und Monierbau AG" gesammelt wurden, da sich die seinerzeitigen Klauseln des Mustervertrags aus Sicht der verbleibenden ARGE-Partner als nicht praxisgerecht erwiesen. Ziel der sodann eingeleiteten Änderungen, wie sie auch im Mustervertrag 2000 ihren Niederschlag gefunden haben, ist es, der Auseinandersetzungsbilanz einen endgültigen Charakter zu geben und jahrelange Streitigkeiten mit dem ausgeschiedenen Gesellschafter oder dessen Insolvenzverwalter auszuschließen.

Fahrenschon/Burchardt, ARGE, § 24 Rz. 2 f;
LG Bremen, Urt. v. 13. 12. 2000
– 11 O 614/99, S. 6 (unveröff.).

793 Weiter wird für die bei Erstellung der Auseinandersetzungsbilanz notwendigen Schätzungen angeregt, in die Angemessenheitsüberlegungen die vorrangig zu behandelnden Interessen des verbliebenen Partners aufzunehmen. Dies wird damit begründet, dass der insolvenzbedingt ausgeschiedene Partner die Umstände, die zum Ausscheiden führten, allein zu vertreten hat. Er darf dafür, dass er den verbliebenen Partner bei der Ausführung der werkvertraglichen Leistung gegenüber dem Besteller im Stich gelassen und ihm das gesamte Risiko aufgebürdet hat, nicht noch belohnt werden. Daher sollen die Interessen des verbliebenen Partners in bestimmten, allerdings sorgsam abzuwägenden Fällen einen gewissen Vorrang genießen.

Fahrenschon/Burchardt, ARGE, § 24 Rz. 12.

794 Diesen Ausführungen kann so nicht gefolgt werden. § 24.2 bis 24.5 Mustervertrag enthält zahlreiche – wirksame – Regelungen, durch die sichergestellt ist, dass die Interessen des verbliebenen Partners gebührend berücksichtigt werden. Darüber hinaus bei wenigen nicht explizit geregelten Punkten die nach dem Mustervertrag und dem Gesetz (§ 738 Abs. 2 BGB, § 252 HGB) notwendige Schätzung und Bewertung einseitig zu Gunsten des Verbliebenen vorzunehmen, besteht keine Veranlassung.

795 Wegen der Vielzahl der Fallgestaltungen der Praxis können hier nur Grundlinien dargestellt werden; eine Vielzahl von praxisrelevanten Konstellationen ist erläutert von

Haller/Mielicki, Bauwirtschaft 1997, 6, 7 f.

b) Einzelprobleme

aa) Stichtagsprinzip und Einfluss nachträglicher Erkenntnisse

796 Die Auseinandersetzungsbilanz ist zum Stichtag des Ausscheidens zu erstellen (§ 24.2 Satz 1 Mustervertrag), auch wenn es in der Praxis unmöglich ist, dass der verbliebene Partner unmittelbar nach dem Zeitpunkt des

Ausscheidens des anderen Partners (§ 23.7 Mustervertrag) die Auseinandersetzungsbilanz vorlegt. Er muss gleichwohl die damals gegebenen objektiven Erkenntnisse einarbeiten, weshalb es sich empfiehlt, die Bauleistung gegenüber dem Besteller am Tag des Ausscheidens bzw. unmittelbar danach zu erfassen.

Haller/Mielicki, Bauwirtschaft 1998, 10, 11.

Besonders streitträchtig ist dieses Stichtagsprinzip wegen Nachträgen, die **797** zum Zeitpunkt des Ausscheidens bereits vollständig ausgeführt waren, aber sowohl dem Grunde als auch der Höhe nach gegenüber dem Besteller im Streit standen.

Beispiel: **798**

Die aus A und B bestehende ARGE hat wegen grundlegend geänderter Ausführungsbedingungen und daraus resultierender Erschwernisse einen Nachtrag über 1 Mio. € beim Besteller eingereicht, der die Bezahlung grundsätzlich ablehnt mit dem Argument, derartige Erschwernisse seien nach dem bestehenden Vertrag zwischen dem Besteller und der ARGE vom vereinbarten Pauschalpreis erfasst; im Übrigen lägen die Erschwernisse tatsächlich nicht vor und sei der angebotene Nachtragspreis weder schlüssig dargelegt noch der Höhe nach auch nur ansatzweise berechtigt. Intensive Verhandlungen mit dem Besteller bleiben bis zum 1. April 2003, dem Stichtag des Ausscheidens des B aus der ARGE, erfolglos. A setzt daher diese strittige Nachtragsposition in der Auseinandersetzungsbilanz nicht als Aktivposten an, wogegen der Verwalter form- und fristgerecht Einspruch einlegt. Aufgrund eines detaillierten Gutachtens eines erfahrenen und angesehenen Baurechtsanwalts, der auch die Unvereinbarkeit maßgeblicher Vertragsklauseln des Bestellers mit § 307 BGB herausarbeitet, und eines ergänzenden baubetrieblichen Gutachtens eines renommierten Sachverständigen einigen sich schließlich die durch A repräsentierte ARGE und der Besteller in weiteren intensiven Verhandlungen auf einen Vergleich über 400.000 €, die der Besteller am 15. November 2003 an A bezahlt. Der Insolvenzverwalter über das Vermögen von B erfährt hiervon und verlangt eine Korrektur der Auseinandersetzungsbilanz.

Eine strikte Ablehnungshaltung des Bestellers gegenüber geltend gemach- **799** ten Nachtragsforderungen allein rechtfertigt es nicht, eine Nachtragsforderung in der Auseinandersetzungsbilanz mit 0 anzusetzen. Eine derartige Verweigerungshaltung ist für die Mehrzahl der Bauherrn gerade bei großen Bauvorhaben, die ARGEN typischerweise durchführen, typisch. Es kommt vielmehr auf die rückwirkend zum Stichtag zu beurteilende sachliche Berechtigung der Verweigerungshaltung des Bestellers an. Zu analysieren sind die Durchsetzbarkeit des Nachtrags insbesondere unter rechtlichen (Vertragsauslegung, Einhaltung etwaiger formaler Erfordernisse gemäß Vertrag oder VOB/B; Preisbildung usw.) sowie tatsächlichen (sorgfältige Dokumentation, Beweisbarkeit usw.) Kriterien und der daraus resultierende, im Lichte von § 252 Abs. 1 Nr. 4 HGB angemessene Wertansatz. Bei sehr zweifelhaften Forderungen ist es gerechtfertigt, deren Wert in der Bilanz mit 0 € anzusetzen.

BGH BauR 1999, 1471, 1472.

800 Ist eine zum Stichtag erfolgte Bewertung einer zweifelhaften Forderung mit 0 € nicht angreifbar, ändern hieran auch nachträgliche Erkenntnisse – also z. B. die nachträgliche (Teil-)Durchsetzung gegen den Besteller – nichts.

Derartige nachträgliche Erkenntnisse aufgrund der tatsächlichen Entwicklung führen nicht zu einer Korrektur der als solches nicht angreifbaren Schätzung, und zwar weder zu Gunsten noch zu Lasten des ausgeschiedenen Partners.

BGH WM 1974, 129, 130 f.

801 In einer weiteren Entscheidung hat der Bundesgerichtshof ausgesprochen, dass in der Auseinandersetzungsbilanz zwar grundsätzlich Vermögensgegenstände mit dem Wert anzusetzen sind, den sie beim Ausscheiden des Gesellschafters haben; jedoch ist es nicht ausgeschlossen, nachträglich gewonnene Erkenntnisse für die Bewertung heranzuziehen, wenn sie Rückschlüsse auf die Werte am Stichtag erlauben.

BGH WM 1981, 452, 453 l. Sp.

802 Die drei vorerwähnten Urteile des II. Senats des Bundesgerichtshofs sind nicht zu ARGEN ergangen. Zusammenfassend wird man aus ihnen ableiten dürfen: Eine zum Zeitpunkt des Stichtags sehr zweifelhafte Forderung gegen den Besteller ist in der Auseinandersetzungsbilanz mit 0 € anzusetzen. Kann die Forderung später gegen den Besteller doch durchgesetzt werden, ändert sich hieran nichts. Allerdings sind interessengeleitete subjektive Zweifel des verbleibenden ARGE-Partners und Bilanzaufstellers unwirksam; in einem Rechtsstreit sind daher die objektiven Bewertungskriterien zum Stichtag des Ausscheidens gegebenenfalls sachverständig zu ermitteln, wobei auch interne Bewertungen der ARGE und eingeholte Expertisen rechtlicher und technischer Art, soweit sie vor dem Stichtag des Ausscheidens vorlagen, eine Rolle spielen können.

803 Gerade dann, wenn eine Forderung, obwohl dies objektiv nicht gerechtfertigt war, mit 0 € angesetzt worden ist, oder wenn ein angesetzter positiver Betrag sich bei Überprüfung der Schätzung als willkürlich erweist, besteht ein „Einfallstor" für nachträglich gewonnene Erkenntnisse, wobei es jedoch verfehlt ist, das nachträgliche Ergebnis der Forderungsdurchsetzung gegenüber dem Besteller 1 : 1 als Position der Auseinandersetzungsbilanz nunmehr festzuschreiben. Ein derartiges Vorgehen wäre mit Sinn und Zweck einer Schätzung, die zwangsläufig der späteren Entwicklung nicht entsprechen kann, nicht vereinbar.

bb) Bewertung der bis zum Ausscheiden des insolventen Partners „ausgeführten Arbeiten"

804 Diese Position ist zumeist der wesentliche Aktivposten in der Auseinandersetzungsbilanz und regelmäßig streitträchtig. Im Ausgangspunkt ist klar, dass „unter ausgeführten Arbeiten" der jeweilige Fertigstellungsstand der im Rahmen der Baudurchführung gegenüber dem Besteller tatsächlich

erbrachten Leistung zu verstehen ist, wobei es unerheblich ist, ob die Bauleistung völlig – also abnahmereif – oder nur zum Teil erbracht wurde. § 24.2 Satz 2 Mustervertrag erfasst sowohl den Fall, dass der insolvente Partner vor dem Abschluss der Bauarbeiten ausscheidet, als auch den, dass er nach dem Abschluss dieser Arbeiten, aber vor dem Ablauf der Verjährungsfrist für Mängelansprüche des Bestellers aus der ARGE ausscheidet.

BGH BauR 1991, 624, 625 l. Sp.

Voraussetzung für eine korrekte Bewertung ist eine zeitnahe Leistungsstandsabgrenzung zum Zeitpunkt des Ausscheidens des insolventen Partners, da jedenfalls im Stadium vor Abnahme durch den Besteller der verbliebene Partner das Bauwerk unverzüglich fortführen muss, um Verzugsschadensersatzansprüche des Bestellers u. Ä. zu verhindern. Es ist angemessen, die Darlegungs- und Beweislast für den Leistungsstand zum Zeitpunkt des Ausscheidens des insolventen Partners nach den Grundsätzen zu verteilen, wie sie im Verhältnis zwischen Besteller und Unternehmer bei Vertragskündigung gemäß § 8 Nr. 2 Abs. 1 VOB/B gelten. Bei dieser Betrachtungsweise rückt der ausgeschiedene Partner an die Stelle des gekündigten Unternehmers, während der verbliebene Partner an die Stelle des Bestellers rückt. Der Anspruch des wirksam ausgeschlossenen insolventen Partners darauf, Feststellungen zum Leistungsstand zu treffen und hierfür die Baustelle zu betreten, ergibt sich aus der nachwirkenden gesellschaftsvertraglichen Treuepflicht des verbliebenen Partners. Im Einzelnen darf auf die übertragbaren Ausführungen zu § 8 Nr. 6 VOB/B verwiesen werden (Rz. 39, 63).

Zu bewerten sind die „ausgeführten Arbeiten" nach dem Preissystem im Verhältnis der ARGE zum Besteller. Es ist eine Abrechnung so vorzunehmen, als ob der Besteller zum Stichpunkt des Ausscheidens den Bauvertrag mit der ARGE gekündigt hätte. Ist mit dem Besteller seitens der ARGE ein Pauschalpreis vereinbart, sind die Grundsätze der Rechtsprechung zur Abrechnung des gekündigten Pauschalpreisvertrags heranzuziehen (vgl. Rz. 117 ff). Eine abweichende Berechnung kann zwischen dem verbliebenen und dem insolventen Partner vereinbart werden, aber nicht einseitig durchgesetzt werden: Eine Bewertung etwa nach dem tatsächlichen Aufwand der ARGE bis zum Stichtag des Ausscheidens für das erstellte Teilwerk oder nach dem objektiven Wert des Teilwerks würde daran vorbeigehen, dass die „ausgeführten Arbeiten" nur insoweit einen Aktivposten in der Auseinandersetzungsbilanz begründen, als hieraus eine Forderung nach dem mit dem Besteller bestehenden Vertrag durchsetzbar ist.

cc) Finanzielle Verhältnisse des Bestellers

Für die Bewertung der maßgeblichen Aktivposition in der Auseinandersetzungsbilanz, nämlich der „ausgeführten Arbeiten" (inklusive hieraus resul-

805

806

807

tierender Nachtragsansprüche), sind die finanziellen Verhältnisse des Bestellers ein nicht zu unterschätzender Faktor.

BGH WM 1974, 129, 130 f.

Eine ernsthafte, objektivierbare Sorge zum Zeitpunkt des Ausscheidens des insolventen Partners, dass der Besteller offene Forderungen nicht mehr oder nicht mehr vollständig bezahlen können werde, rechtfertigt es daher, in der Auseinandersetzungsbilanz Abschläge vorzunehmen. Dabei ist jedoch sorgfältig zu prüfen, inwieweit schwierige wirtschaftliche Verhältnisse des Bestellers durch bestehende Sicherheiten (z. B. Bürgschaften gemäß § 648a BGB) oder durch sonstige Sicherungsmittel (Eintragung einer Bauhandwerkersicherungshypothek bzw. einer hierauf gerichteten Vormerkung an aussichtsreicher Rangstelle am bebauten Bestellergrundstück) kompensiert werden.

dd) „Bewertung des Gewährleistungsrisikos"

808 Diese in § 24.2 Sätze 5 und 6 Mustervertrag geregelte Problematik ist der Passivposten, mit dem in der Insolvenz des ausgeschiedenen Partners nahezu jede Auseinandersetzungsbilanz steht bzw. aus Sicht des Insolvenzverwalters fällt. Diese Position soll durch eine von Anfang an für beide Partner verbindliche Schätzung das Risiko des verbliebenen ARGE-Partners, Aufwendungen für die Erfüllung von Mängelansprüchen des Bestellers tätigen zu müssen, abdecken. Dabei wird die Position selbst noch heute in zahlreichen Auseinandersetzungsbilanzen fälschlicherweise als „Rückstellung" bezeichnet, obwohl es gerade Sinn und Zweck der nunmehrigen Regelung ist, spätere Streitigkeiten, die mit der Auflösung einer (vorläufigen) Rückstellung verbunden sein könnten, dauerhaft durch eine einmalige endgültige Bewertung auszuschließen.

Burchardt, Rz. 125.

809 Die Fehlbezeichnung als „Rückstellung" in einer heute verfassten Auseinandersetzungsbilanz ist jedoch unschädlich, da maßgeblich die vertragliche Regelung des § 24.2 Sätze 5 und 6 Mustervertrag ist. Gemäß § 24.2 Satz 5 Mustervertrag ist die von Anfang an im ARGE-Vertrag festgelegte Bewertung **unabhängig vom Stand des Bauvorhabens** im Zeitpunkt des Ausscheidens, so dass der vereinbarte Prozentsatz auch dann anzusetzen ist, wenn zum Zeitpunkt des Ausscheidens das Bauvorhaben von der ARGE gegenüber dem Besteller bereits fertig gestellt, von diesem abgenommen ist sowie die Verjährungsfrist für Mängelansprüche des Bestellers vor dem Ablauf steht. Der Mustervertrag selbst sieht in § 24.2 Satz 6 Mustervertrag einen Prozentsatz von 2 % des Auftragswerts netto der zum Stichtag erbrachten und vertragsgemäß noch zu erbringenden Leistungen als angemessen an, wobei es den Partnern ausdrücklich freigestellt bleibt, einen anderen Prozentsatz einzusetzen. Hiervon wird regelmäßig Gebrauch gemacht, indem stattdessen ein Satz von 5 % vereinbart wird.

Die Rechtsprechung hat auch gegen die Vereinbarung eines Satzes von 5 %   810
keine Bedenken geäußert, dies auch nicht unter dem Aspekt, dass der
verbliebene ARGE-Partner durch gegen Nachunternehmer der ARGE bestehende, durch Bürgschaften abgesicherte Mängelansprüche teilweise abgesichert sein könnte.

> OLG München BauR 2002, 1409, 1410 f.

Auch den abschließenden Charakter dieser pauschalierten Bewertung, die   811
also nicht wie eine Rückstellung später nochmals aufgerollt und abgerechnet werden muss, hat die Rechtsprechung betont.

> Implizit OLG München BauR 2002, 1409;
> ausdrücklich LG Bremen, Urt. v. 29. 9. 2000
> – 13 O 616/99 A, S. 5 (unveröff.).

Aus einer älteren Entscheidung des OLG Celle,   812

> OLG Celle BauR 1993, 612, 613 r. Sp.,

ergibt sich nichts Abweichendes: Zwar hat das Oberlandesegricht dort
offen gelassen, ob dem insolventen Partner eventuell das Recht zusteht,
nicht verbrauchte Rückstellungen zurückzufordern. Diese Entscheidung
ist jedoch auf den Mustervertrag 2000 nicht übertragbar, da sie zu einer
älteren Fassung ergangen ist, in der in der Tat noch von Rückstellungen
die Rede war.

ee) Bewertung sonstiger Risiken

Gemäß § 24.2 Satz 5 Mustervertrag ist auch eine angemessene Bewertung   813
sonstiger Risiken (über das Risiko wegen Mängelansprüchen des Bestellers
hinaus) vorzunehmen. Droht aufgrund der Insolvenz des ausgeschiedenen
Partners, dass der verbliebene Partner das Bauvorhaben nicht innerhalb
einer verbindlichen Fertigstellungsfrist gegenüber dem Besteller abschließen kann und deshalb der Besteller eine wirksam vereinbarte Vertragsstrafe
geltend macht, ist dieses Risiko auf der Passivseite der Bilanz zu bewerten.

Genauso sind zu bewerten Kostenumlagerungen und erkennbare Verluste   814
bei der weiteren Abwicklung des Bauvorhabens, die aufgrund der Ver-
tragsstrukturen und der Kalkulationsannahmen nicht im Wege eines Nachtrags auf den Besteller umgelegt werden können.

> Beispiele bei
> *Haller/Mielicki*, Bauwirtschaft 1997, 6, 7.

ff) Schwebende Geschäfte

Gemäß § 24.2 Satz 2 Halbs. 2 nimmt der insolvenzbedingt ausgeschiedene   815
Partner nicht teil am Gewinn und Verlust noch auszuführender Arbeiten
und schwebender Geschäfte, mit Ausnahme bereits erkennbarer Verluste.

816 Der Begriff der „schwebenden" Geschäfte ist regelmäßig streitträchtig bei der zum Stichtag des Ausscheidens bereits laufenden gerichtlichen Auseinandersetzung mit dem Besteller wegen vermeintlicher Nachtragsforderungen.

817 **Beispiel:**

A und B einigen sich nach fruchtlosen außergerichtlichen Verhandlungen, Klage wegen eines Bauzeitverlängerungsnachtrags aus einer überfälligen Abschlagsrechnung gegen den Besteller vor dem Landgericht anhängig zu machen, was am 1. Februar 2003 geschieht. Am 26. September 2003 scheidet B insolvenzbedingt aus der ARGE aus. Der Besteller wird zwei Jahre später durch rechtskräftig werdendes Urteil zur Zahlung von 500.000 € (50 % der eingeklagten Forderung) verurteilt. In der Auseinandersetzungsbilanz vom 15. Dezember 2003 setzt A diese Forderung mit 0 € an, wogegen der Insolvenzverwalter über das Vermögen des B form- und fristgerecht Einspruch erhebt. Der Verwalter möchte nun angesichts der sonst ausgeglichenen und nicht beanstandungsfähigen Auseinandersetzungsbilanz in Höhe von 50 % am Ertrag des Prozesses abzüglich Kosten partizipieren, während A dies zurückweist mit dem Argument, der Prozess habe ein „schwebendes Geschäft" i. S. v. § 24.2 Satz 2 Halbs. 2 Mustervertrag dargestellt.

818 Ein schwebendes Geschäft i. S. v. § 740 BGB – für den Mustervertrag ist eine abweichende Definition nicht geboten – ist ein unternehmensbezogenes Rechtsgeschäft, an das im Zeitpunkt des Ausscheidens des insolventen Partners die ARGE schon gebunden war, das aber beide Vertragspartner (die ARGE und der Besteller) bis dahin noch nicht voll erfüllt hatten.

BGH NJW 1993, 1194 m. w. N.

Die Nachtragsforderung, die Gegenstand des am 26. September 2003 noch nicht abgeschlossenen Prozesses war, war ihrem tatsächlichen Substrat nach seitens der ARGE zum Zeitpunkt des Ausscheidens bereits vollständig erbracht, aber vom Vertragspartner, dem Besteller, noch nicht bezahlt. Insoweit lag also kein „schwebendes Geschäft" vor. Ob der Prozess ein „schwebendes Geschäft" darstellen kann, scheint höchst zweifelhaft, kann aber dahinstehen. Maßgeblich ist alleine die zu Grunde liegende Leistungserbringung, nicht der nachträgliche, noch nicht abgeschlossene Versuch der gerichtlichen Durchsetzung.

819 Der verbliebene Partner muss daher die im Verhältnis zum Besteller strittige Nachtragsforderung in der Auseinandersetzungsbilanz als Aktivposten ansetzen.

Ähnlich für einen vergleichbaren Sachverhalt
Haller/Mielicki, Bauwirtschaft 1997, 6, 7;
wohl auch stillschweigend
Burchardt/Pfülb, ARGE, § 24 Rz. 34;
a. A. *Fahrenschon/Burchardt*, ARGE, § 24 Rz. 3.

Da die ARGE vor Ausscheiden des B die angesichts der damit verbundenen Kosten folgenschwere Entscheidung getroffen hat, die Nachtragsforderung gerichtlich durchzusetzen, ist ein Bewertungsansatz mit 0 € so gut wie ausgeschlossen. Der verbliebene Partner A darf aber auch die mit der prozessualen Durchsetzung verbundenen Kosten etwa des eigenen Anwalts und bei Gericht ansetzen.

gg) Isolierte Behandlung von besonderen Positionen

Grundsätzlich fließen in die Auseinandersetzungsbilanz sämtliche Aktiv- **820** und Passivposten ein. Es ist also grundsätzlich ausgeschlossen, dass der verbliebene oder der ausgeschiedene Partner isoliert Ansprüche aus einer einzelnen Position geltend macht.

BGH NJW-RR 1988, 997.

Zulässig ist es aber, abweichend zu vereinbaren, dass ein Anspruch auch im **821** Falle der Auseinandersetzung der ARGE seine Selbständigkeit behalten soll, etwa dann, wenn die Partner eine beiderseits gleichbleibende Liquiditätsbelastung weitestgehend sicherstellen wollen.

KG NZG 2001, 556
(nicht rechtskräftig; Az. BGH: II ZR 354/01).

Der Mustervertrag enthält in § 11.3 die Festlegung, dass die in Rückstand **822** befindlichen Partner auf Anforderung unverzüglich zur Bareinlage zwecks Kontenangleichung verpflichtet sind, falls die verfügbaren Geldmittel nicht zur monatlichen Angleichung der Gesellschafterkonten ausreichen sollten. In der Insolvenz eines Partners erlangt diese Regelung Relevanz in Verbindung mit § 11.25 Mustervertrag, wonach nachrangig noch verfügbare liquide Geldmittel an die Partner entsprechend dem Beteiligungsverhältnis auszuzahlen sind, wobei auf – regelmäßig erfolgendes – Verlangen auch nur eines Partners Bürgschaften als Sicherheit zu stellen sind.

Die mithin auf Grundlage von § 11.25 Mustervertrag mögliche, übliche **823** und durch Bürgschaft (meist auf erstes Anfordern) abgesicherte Auszahlung von Geldmitteln (so genannte Ausschüttung), obwohl mangels Schlussbilanz der endgültige Auszahlungsbetrag an den jeweiligen Partner noch nicht feststeht, löst gerade in der Insolvenz eines Partners erhöhten Liquiditätsbedarf aus. Dieser kann allerdings nur gedeckt werden, wenn eine Bürgschaft zur Verfügung steht, da ansonsten nur eine einfache Insolvenzforderung vorliegt.

Die Verselbständigung dieses Anspruchs aus § 11.3 Mustervertrag führt **824** bei negativem Kapitalkontostand des ausgeschiedenen insolventen Partners zu einer sofort fälligen Forderung gegen ihn und damit auch zum bürgschaftsrechtlichen Sicherungsfall. Ergibt die spätere Auseinandersetzungsbilanz, dass das negative Kapitalkonto durch einen positiven Saldo zu Gunsten des insolventen Partners kompensiert wird, hat der Verwalter bzw. der Bürge einen Rückforderungsanspruch gegen den verbliebenen ARGE-Partner.

201

c) Zustellung und Feststellung der Bilanz
aa) Zustellung

825 § 24.2 Satz 8 Mustervertrag regelt, dass Einsprüche gegen die Auseinandersetzungsbilanz nur in schriftlicher Form mit Begründung innerhalb von drei Monaten nach Zustellung erhoben werden können. In welcher Weise sich diese „Zustellung" zu vollziehen hat, ist im Mustervertrag nicht geregelt. In der Praxis versendet der verbliebene ARGE-Partner die von ihm erstellte Auseinandersetzungsbilanz mit „Einschreiben/Rückschein" an den Verwalter über das Vermögen des ausgeschiedenen Partners. Jedoch genügt auch jede andere Art der Zuleitung, die sicherstellt, dass die Auseinandersetzungsbilanz in den Machtbereich des Verwalters gelangt.

Burchardt/Pfülb, ARGE, § 1 Rz. 9.

826 Nicht in Gang gesetzt wird der Lauf der Dreimonatsfrist dadurch, dass der verbliebene ARGE-Partner eine Forderung zur Insolvenztabelle anmeldet, die auf der Auseinandersetzungsbilanz passiert und der zur Illustration die Auseinandersetzungsbilanz (erstmals) beigefügt ist. Die einschneidenden Rechtsfolgen bei einspruchslosem Fristablauf lassen sich nur rechtfertigen, wenn die Aufmerksamkeit des einspruchsberechtigten Verwalters unmissverständlich auf die Auseinandersetzungsbilanz selbst gelenkt wird. Das ist bei einer regelmäßig nur routinemäßig zur weiteren Bearbeitung abgelegten Forderungsanmeldung erkennbar nicht der Fall.

827 Im Hinblick auf die klare vertragliche Regelung des Mustervertrags in § 24.2 Sätze 8 und 9 ist es nicht erforderlich, dass der verbliebene Partner den Verwalter förmlich dazu auffordert, die Zustimmung zur Auseinandersetzungsbilanz zu erklären.

A. A. *Burchardt/Pfülb*, ARGE, § 24 Rz. 59;
widersprüchlich und insoweit zutreffend hingegen
ebendort § 8 Rz. 100 f, wo dieses Erfordernis für
die gleichlaufende Problematik der Schlussbilanz
nicht angesprochen ist.

bb) Feststellung der Auseinandersetzungsbilanz durch bloßen Fristablauf

828 § 24.2 Satz 9 Mustervertrag bestimmt, dass nach Eintritt der Feststellungswirkung (Ablauf der im vorhergehenden Satz 8 angesprochenen Frist) alle in der Auseinandersetzungsbilanz enthaltenen Ansätze und Bewertungen abschließend und endgültig sind.

829 Die Feststellungswirkung wird verhindert durch einen rechtzeitigen schriftlichen Einspruch des Verwalters. Zu hohe Anforderungen an die Substantiierung des Einspruchs sind nicht zu erheben.

OLG München BauR 2002, 1409, 1410 l. Sp.;
Burchardt, Rz. 132.

Allerdings reichen Aussagen des Verwalters, er sei mit der Auseinanderset-   830
zungsbilanz nicht einverstanden oder die Auseinandersetzungsbilanz sei
falsch, nicht aus. Der Verwalter muss wenigstens andeutungsweise klarma-
chen, gegen welche Positionen der Bilanz er sich wendet und welche Korrektur er erwartet.

> *Burchardt/Pfülb*, ARGE, § 8 Rz. 100 und § 24 Rz. 58.

Das Schriftformerfordernis des § 24.2 Satz 8 Mustervertrag ist konstitutiv.   831
Es ist nicht erkennbar, dass es lediglich der Beweissicherung oder Klarstel-
lung dient; der verbliebene ARGE-Partner soll bei fruchtlosem Fristablauf
dauerhafte Gewissheit haben, dass die Bilanz festgestellt ist, und hierauf
weitere Handlungen aufbauen können. Übertragbar ist die Rechtsprechung
des Bundesgerichtshofs zu einer Schriftformklausel für eine fristlose Kündigung eines Transport- und Speditionsvertrags, so dass ein vom Verwalter
zwar fristgerecht, aber lediglich mündlich/telefonisch erhobener Einspruch
wirkungslos ist (§ 125 Satz 2 BGB). Ausreichend ist hingegen die rechtzeitige Einspruchserhebung per Telefax.

> BGH NJW-RR 2000, 1560, 1561 l. Sp.

Fraglich ist, ob ein frist- und formgerecht erhobener Einspruch des Ver-   832
walters nur für diejenigen Positionen eine Feststellungswirkung verhindert, gegen die sich der Verwalter wendet, oder ob insgesamt aufgrund
eines zu einzelnen Ansätzen der Bilanz erhobenen Einspruchs der Verwalter nach Ablauf der Einspruchsfrist auch andere Positionen in Streit stellen
kann. Da insgesamt eine Auseinandersetzungsbilanz überschaubar ist,
spricht mehr für die erste Auffassung. Dem Verwalter ist zuzumuten, fristgerecht deutlich zu machen, gegen welche Ansätze er sich wendet.

Vertreten wird, dass die dreimonatige Frist nicht nur den Einspruch als   833
solchen betrifft, sondern auch alle anderen Arten von Ansprüchen, die der
ausgeschiedene Gesellschafter aus der Auseinandersetzungsbilanz ableiten
möchte, so dass die Frist auch für daraus in Betracht kommende Klagen
gilt.

> *Burchardt/Pfülb*, ARGE, § 24 Rz. 59.

Dem kann nicht gefolgt werden, weil der Mustervertrag in § 24.2 Satz 8
einen Einspruch in schriftlicher Form genügen lässt und nicht darüber
hinaus dem ausgeschiedenen Gesellschafter bzw. dessen Verwalter auferf-
legt, innerhalb dieser Frist auch noch eine Klage anhängig zu machen.

Praxistipp: 834

Der Verwalter über das Vermögen des ausgeschiedenen Partners muss zu
ihm zugestellten Auseinandersetzungsbilanzen die Einspruchsfrist unter
Fristenkontrolle nehmen. Den Einspruch muss er persönlich unterzeichnen
oder den von ihm bevollmächtigten Einspruchsführer durch Originalvoll-
machtsurkunde legitimieren; anderenfalls droht das Risiko der Zurückweisung des Einspruchs durch den verbliebenen Partner (§ 174 Satz 1 BGB). Er

---

folgt diese Zurückweisung unverzüglich und ist inzwischen die Einspruchsfrist abgelaufen, kann der Mangel nicht mehr behoben werden (vgl. *Linnertz*,
ZfIR 2003, 624).

cc) Feststellung der Auseinandersetzungsbilanz durch Einigung oder gerichtliche Klärung

835 Ein fristgerecht erhobener Einspruch des Verwalters führt in der Regel dazu, dass der Verwalter und der verbliebene Partner sich zunächst außergerichtlich um eine Einigung bemühen, die bei gegenseitigem Nachgeben
einen Vergleich hinsichtlich der strittigen Positionen darstellt.

Burchardt/Pfülb, ARGE, § 24 Rz. 62.

Ist eine außergerichtliche Lösung nicht möglich, so ist zu unterscheiden:

836 Behauptet der verbliebene Partner aus der von ihm erstellten Auseinandersetzungsbilanz einen Ausgleichsanspruch gegen den ausgeschiedenen Partner, so ist dieser Anspruch wegen der zwischenzeitlichen Verfahrenseröffnung lediglich eine einfache Insolvenzforderung. Es kann daher dahinstehen, ob eine Klage des verbliebenen Partners auf Feststellung der Auseinandersetzungsbilanz bzw. Zustimmung des Verwalters grundsätzlich
möglich wäre,

wohl bejahend
Burchardt/Pfülb, ARGE, § 24 Rz. 64;
wohl verneinend
Staudinger/Habermeier, BGB, § 738 Rz. 19,

da es jedenfalls am allgemeinen Rechtsschutzbedürfnis fehlen dürfte: Der
verbliebene Partner kann eine Klärung durch Anmeldung zur Insolvenztabelle und nötigenfalls anschließende Klage (§§ 174 ff InsO) erlangen und
hat bei Obsiegen auch an der Insolvenzquote teil. Für eine vorgelagerte allgemeine Feststellungs- oder Zustimmungsklage ist deshalb ein Bedürfnis
nicht zu erkennen.

837 Aus denselben Gründen ist dem Verwalter, der einzelne Positionen der
vom verbliebenen Partner aufgestellten Bilanz angreift und – nach der gebotenen Korrektur – einen Zahlungsanspruch für die Insolvenzmasse re-
klamiert, ebenfalls eine allgemeine Feststellungsklage verwehrt.

Staudinger/Habermeier, BGB, § 738 Rz. 19.

838 Der Verwalter ist auf die vorrangige Leistungsklage, gerichtet auf Zahlung,
zu verweisen: Im Rahmen dieser Zahlungsklage ist anhand des Vortrags
des Verwalters zu entscheiden, ob und in welcher Höhe bestimmte Aktiv-
oder Passivposten bei der Berechnung des Abfindungsguthabens zu berücksichtigen sind.

BGH NJW-RR 1987, 1386, 1386 r. Sp.;
ähnlich BGH NJW-RR 1988, 997.

dd) Feststellung der Auseinandersetzungsbilanz und §§ 174 ff InsO

Bähr/Herrmann, 839

Bähr/Herrmann, Rz. 160,
sehen einen Widerspruch zwischen § 24.2 Sätze 8 und 9 Mustervertrag und §§ 174 ff InsO. Nach ihrer Auffassung haben die letztgenannten Normen gegenüber den Regelungen des Mustervertrags Vorrang, so dass der unterlassene/verfristete Einspruch seitens des Verwalters gegen die Auseinandersetzungsbilanz zu keinem Präjudiz hinsichtlich der Forderungsfeststellung zur Tabelle führt.

Dieser Auffassung kann nur teilweise gefolgt werden: Richtig ist, dass die 840
§§ 174 ff InsO jedenfalls durch § 24.2 Sätze 8 und 9 Mustervertrag nicht außer Kraft gesetzt werden können, soweit das Gesetz Rechte anderer Personen als des Verwalters regelt. Ein Insolvenzgläubiger hat gemäß § 178 Abs. 1 Satz 1 InsO das Recht, im Prüfungstermin gegen die vom verbliebenen Partner angemeldete Insolvenzforderung aus der Auseinandersetzungsbilanz Widerspruch zu erheben. Dadurch, dass der Verwalter im Verhältnis zum verbliebenen Partner die von dort erarbeitete Auseinandersetzungsbilanz festgestellt hat – sei es durch unterlassenen/verfristeten Widerspruch, sei es durch außergerichtliche Einigung nach fristgerechtem Einspruch –, kann die Position eines Insolvenzgläubigers nicht beeinträchtigt werden, da er an diesen Auseinandersetzungen zwischen Verwalter und verbliebenem Partner nicht beteiligt war.

Dem Verwalter selbst steht dagegen kein Widerspruchsrecht mehr zu. 841
Aufgrund der ihm gegenüber erfolgten Feststellung der Auseinandersetzungsbilanz ist er gebunden.

d) Handlungsmöglichkeiten des Verwalters bei Nicht-Erstellung der Auseinandersetzungsbilanz durch den verbliebenen Partner

Der verbliebene Partner erstellt unter Umständen keine Auseinanderset- 842
zungsbilanz, weil er weiß oder befürchtet, dass sich hieraus einzig und allein ein Zahlbetrag zu Gunsten der Insolvenzmasse ergibt. Hierdurch ist jedoch der Verwalter nicht rechtlos gestellt:

Der Verwalter kann den verbliebenen Partner darauf verklagen, eine Aus- 843
einandersetzungsbilanz zum Stichtag des Ausscheidens des Schuldners zu erstellen. Dabei muss das Gericht nicht aussprechen, welche einzelnen Handlungen der verbliebene Partner vorzunehmen hat. Die endgültige Entscheidung hierüber kann dem Vollstreckungsverfahren überlassen werden.

OLG Koblenz NJW-RR 2002, 827.

Zielführender ist es für den Verwalter jedoch, einen Anspruch im Wege der 844
Stufenklage (§ 254 ZPO) geltend zu machen, wobei die Klage in der ersten

Stufe auf Vorlage einer Auseinandersetzungsbilanz, in der zweiten Stufe auf Zahlung des Auseinandersetzungsguthabens gerichtet ist.

OLG Karlsruhe BB 1977, 1475.

e) Fälligkeit des Anspruchs aus der Auseinandersetzungsbilanz

845 Die Frage, wann der Anspruch des jeweils begünstigten Partners aus der Auseinandersetzungsbilanz gegen den anderen Partner fällig wird, ist sehr umstritten.

Staudinger/Habermeier, BGB, § 738 Rz. 9 m. w. N.

846 Eine – von mir geteilte – Auffassung argumentiert mit der allgemeinen Fälligkeitsregel des § 271 Abs. 1 BGB. Demnach wird der Anspruch mit Ausscheiden des einen Partners fällig, da die Auseinandersetzungsbilanz selbst keine Fälligkeitsvoraussetzung ist und der Anspruch bereits mit dem Ausscheiden bestimmbar ist.

Palandt/Sprau, BGB, § 738 Rz. 6.

847 Eine vermittelnde Auffassung folgt dem im Wesentlichen, leitet aber aus den Umständen i. S. v. § 271 Abs. 1 BGB ab, dass sich der Fälligkeitszeitpunkt um die für die Erstellung der Auseinandersetzungsbilanz voraussichtlich benötigte Zeitdauer verschiebt.

MünchKomm-Ulmer, BGB, § 738 Rz. 20;
Staudinger/Habermeier, BGB, § 738 Rz. 9.

848 Nach einer weiteren Auffassung tritt Fälligkeit erst ein, wenn die Auseinandersetzungsbilanz erstellt ist, da davor die Forderung der Höhe nach nicht feststeht und deshalb nicht fällig sein kann.

Hörstel, NJW 1994, 2268, 2271.

849

> **Praxistipp:**
>
> Die praktische Relevanz dieser Streitfrage ist in der Insolvenz des ausgeschiedenen Partners nicht allzu hoch, da der verbliebene Partner die Forderung aus der Auseinandersetzungsbilanz regelmäßig rechtzeitig zur Insolvenztabelle anmeldet und dadurch die Verjährung der Forderung jedenfalls gehemmt ist (§ 204 Abs. 1 Nr. 10 BGB). Haftet allerdings ein Bürge ausnahmsweise auch für Ansprüche des verbliebenen Partners gegen den ausgeschiedenen Schuldner aus der Auseinandersetzungsbilanz, kann es wegen § 768 Abs. 1 Satz 1 BGB auf die Verjährung ankommen. Bis zur abschließenden Klärung der Streitfrage durch den Bundesgerichtshof sollte daher ein verbliebener Partner in der Auseinandersetzung mit den Bürgen die Verjährung der Hauptschuld stets im Blick haben und als „sichersten Weg" die dreijährige Ultimoverjährung der §§ 195, 199 Abs. 1 BGB vom Zeitpunkt des Ausscheidens des Schuldners an berechnen.

3. Sicherheiten zu Gunsten des verbliebenen ARGE-Partners

a) Bürgschaften

aa) Unterbürgschaften

Unterbürgschaften, die von bauerfahrenen Bürgen seit Jahren angeboten 850
werden, stehen bei ARGEN im Zusammenhang mit der Hauptbürgschaft.
Die Hauptbürgschaft ist die von der ARGE gegenüber dem Besteller aus-
gereichte Sicherheit entweder für die Vertragserfüllung und/oder die Mängelansprüche des Bestellers im Zeitraum nach Abnahme. Die zusätzliche
Absicherung der ARGE-Partner im Verhältnis zueinander erfolgt sodann
durch die mit der Hauptbürgschaft betragsmäßig verknüpften Unterbürgschaften, indem nach dem jeweiligen Anteil der Partner diese der ARGE
Bürgschaften des gleichen (Haupt-)Bürgen stellen. Diese Unterbürgschaften sichern die Ansprüche ab, die auch Gegenstand der Hauptbürgschaft
sind. Die Verknüpfung der Hauptbürgschaft mit den Unterbürgschaften
erfolgt dadurch, dass die ARGE eine Unterbürgschaft nur in Anspruch
nehmen kann, wenn der Besteller die Hauptbürgschaft ohne Inanspruchnahme an den Bürgen zurückgegeben hat. Diese Verknüpfung ermöglicht
es dem Bürgen, die Haupt- und die Unterbürgschaft gegenüber den
ARGE-Partnern zu bevorzugten Konditionen zu gewähren.

Bezieht sich die Unterbürgschaft bei der zweigliedrigen ARGE auf die 851
Vertragserfüllung, sind mangels einschlägiger Rechtsprechung und aufgrund unterschiedlicher Texte, die in der Praxis verwendet werden, generelle Aussagen über den verbürgten Anspruch des verbliebenen Partners
gegen den insolvenzbedingt ausscheidenden Schuldner schwer möglich.
Ungeachtet dessen kann aber Folgendes festgehalten werden:

Ein Anspruch des verbliebenen ARGE-Partners gegen den Bürgen aus der 852
für den ausgeschiedenen Partner hingegebenen Unterbürgschaft kann nur
fällig werden, wenn aufgrund der erfolgreichen Bemühungen des verblie-
nen Partners der Besteller die dort befindliche Hauptbürgschaft ohne Inanspruchnahme an den Bürgen zurückgegeben hat. Alle in der Praxis verbreiteten Unterbürgschaften enthalten eine entsprechende Klausel.

Ausgeschlossen ist es im Regelfall, aus der Unterbürgschaft Zahlungsan- 853
sprüche gegen den Bürgen abzuleiten, die mit einem Verlustausgleichsan-
spruch gegen den ausgeschiedenen Partner gemäß Auseinandersetzungsbilanz zusammenhängen. Sinn und Zweck der Unterbürgschaften ist es, den
verbliebenen Partner trotz des insolvenzbedingten Ausscheidens des anderen Partners schadlos zu halten, so dass auf die gesellschaftsrechtlichen
Ausgleichsansprüche anhand der konkreten Aufwendungen des verblie-
nen Partners, nicht auf Bilanzpositionen (maßgeblich dominiert durch die
pauschale Bewertung des Gewährleistungsrisikos) abzustellen ist.

Eine auf das Vertragserfüllungsstadium bezogene Unterbürgschaft deckt, 854
sofern der Text nicht Anhaltspunkte für eine restriktive Auslegung ent-

hält, alle Aufwendungen des verbliebenen ARGE-Partners ab, die damit zusammenhängen, dass er nach dem Ausscheiden des anderen Partners das Bauvorhaben alleine fertig stellen musste. Bei einer (im Verhältnis zum Besteller) „Verlust"-ARGE haftet der Bürge daher in Höhe des Anteils des ausgeschiedenen Partners für den entstehenden Verlust. Ohne das insolvenzbedingte Ausscheiden des Partners hätte dieser nämlich den Verlust anteilig und effektiv (ohne die für das Insolvenzverfahren typische quotale Begrenzung) tragen müssen.

Die Reichweite einer Unterbürgschaft, die sich auf Mängelansprüche nach Abnahme bezieht, sei verdeutlicht anhand folgendem

855 Beispiel:

A und B haben als ARGE-Partner ein Großbauvorhaben fertig gestellt. Die Abnahme durch den Besteller erfolgte am 1. September 2002. Die ARGE übergibt vertragsgemäß eine Bürgschaft über Mängelansprüche nach Abnahme in Höhe von 3 Mio. € an den Besteller (Hauptbürgschaft); außerdem stellt jeder Partner in Höhe seines Anteils von 50 % der ARGE eine Unterbürgschaft zu 1,5 Mio. € Insolvenzbedingt scheidet B am 6. Juni 2003 aus der ARGE aus. Zur Beseitigung eines vom Besteller danach zu Recht gerügten Mangels wendet A 300.000 € auf.

856 In Höhe von 50 % hat der verbliebene Partner gegen den Unterbürgen Anspruch auf Ausgleich, wobei dieser Anspruch erst dann durchsetzbar wird, wenn nach Ablauf der Verjährungsfrist für Mängelansprüche des Bestellers dieser nach Beseitigung aller Mängel die Hauptbürgschaft an den Bürgen zurückgegeben hat.

In diesem Zusammenhang ist allerdings zu prüfen, ob nicht der verbliebene Partner bereits durch die Auseinandersetzungsbilanz einen Ausgleich erlangt hat. Dazu die Fortführung des obigen Beispiels:

857 Die korrekt aufgestellte Auseinandersetzungsbilanz enthält ein Gesamtnegativergebnis von 2,7 Mio. €, wovon auf den ausgeschiedenen Partner ein Verlustanteil von 1,35 Mio. € entfällt. Maßgeblich hierfür ist die korrekt angesetzte Bilanzposition „Bewertung des Gewährleistungsrisikos" von 5 %, vorliegend 3 Mio. €. Ohne diese Position würde die ARGE ein positives Ergebnis von 300.000 € ausweisen, so dass der Verwalter ein Abfindungsguthaben von 150.000 € ausgezahlt bekommen hätte.

858 Bei dieser Sachlage sind konkrete Aufwendungen des A zur Mängelbeseitigung im Zeitraum nach Ausscheiden des B aus der ARGE wirtschaftlich zu 100 % kompensiert durch den Ansatz der pauschalen Position „Bewertung Gewährleistungsrisiko", soweit dadurch in Höhe von 300.000 € das ansonsten positive Ergebnis der ARGE aufgehoben wurde. Damit einher geht, dass ein Abfindungsanspruch des Insolvenzverwalters nicht entstanden ist und der verbliebene ARGE-Partner A an ihn keine Zahlung leisten musste. In gleicher Höhe – Mängelbeseitigungskosten bis zu 300.000 € – muss mithin der Unterbürge nicht bezahlen, da ansonsten der verbliebene Partner A Deckung in Höhe von 200 % erhielte. Alle über 300.000 € hin-

ausgehenden Mängelaufwendungen sind jedoch zu 50 % vom Unterbürgen zu bezahlen, da insoweit A lediglich eine faktisch wertlose Insolvenzforderung hat.

bb) Ausschüttungsbürgschaften

Gemäß § 11.25 zahlt die ARGE nach Erledigung vorrangiger Aufgaben 859 noch verfügbare Geldmittel an die Partner entsprechend dem Beteiligungsverhältnis aus, um dort die Liquidität zu erhöhen, wobei auf – in der Praxis stets erfolgendes – Verlangen auch nur eines Partners Bürgschaften als Sicherheit zu stellen sind. Die Absicherung ist notwendig, weil erst mit der Schluss- oder Auseinandersetzungsbilanz endgültig feststeht, ob die Ausschüttung durch das endgültige Ergebnis der ARGE gerechtfertigt ist oder nicht.

Schmidt/Winzen, S. 62.

Abgesichert durch eine solche Bürgschaft ist allein der Rückzahlungsan- 860 spruch der ARGE gegen den insolvenzbedingt ausgeschiedenen Partner in dem Umfang, in dem die ARGE an diesen effektiv Ausschüttungen getätigt hat; etwa bereits erfolgte Rückzahlungen des ausgeschiedenen Partners sind zu Gunsten des Bürgen zu berücksichtigen. Dagegen haftet der Bürge nicht für Ansprüche des verbliebenen Partners, die sich aus der Auseinandersetzungsbilanz ergeben.

LG Köln ZIP 2003, 1648;
dazu EWiR 2003, 1079 *(Diestel)*.

Weitergehend vertreten *Wölfing-Hamm/Hickl* die Auffassung, 861

Wölfing-Hamm/Hickl, IBR 2003, 481;
ebenso *Diestel*, EWiR 2003, 1079, 1080,

dass ohnehin nach Vorlage einer Auseinandersetzungsbilanz alle vorherigen Einzelforderungen unselbständige Rechnungsposten werden und nicht mehr selbständig durchgesetzt werden können. Das soll auch für den Rückzahlungsanspruch der ARGE hinsichtlich geleisteter Ausschüttungen gelten.

Dem kann nicht gefolgt werden. Aus §§ 11.25, 11.3 des Mustervertrags 862 ergibt sich, dass der Anspruch der ARGE auf Rückführung geleisteter Ausschüttungen auch bei Auflösung der Gesellschaft seine Selbständigkeit behält (Rz. 821 ff). Ohnehin ist die Rechtslage mit der Rechtslage bei Vorauszahlungs- und Abschlagszahlungsbürgschaften vergleichbar, die ihre Funktion behalten, auch wenn nach Kündigung eines Bauvertrags eine Gesamtabrechnung des Bauvorhabens vorzunehmen ist.

C. Schmitz/Vogel, ZfIR 2003, 774, 775 f m. w. N.

cc) Übergang von zu Gunsten des Bestellers hingegebenen Sicherheiten

863 Die ARGE-Partner haften dem Besteller als Gesamtschuldner im Stadium vor Abnahme auf Vertragserfüllung. Scheidet ein Partner insolvenzbedingt aus und führt der andere Partner das Bauvorhaben alleine zu Ende, gehen gemäß §§ 426 Abs. 2 Satz 1, 412, 401 BGB die vom ausgeschiedenen Partner ursprünglich dem Besteller hingegebenen Sicherheiten wegen Vertragserfüllung auf den verbliebenen Partner über.

> BGH ZIP 1990, 1354;
> dagegen hat BGH NJW 1979, 308 in einem inzwischen
> als überholt anzusehenden Urteil eine solche Rechtsfolge
> hinsichtlich einer Vorauszahlungsbürgschaft verneint.

In dem vom Bundesgerichtshof 1990 entschiedenen Fall wurde der Bürge zur Zahlung des vollen Bürgschaftsbetrags verurteilt, den er zu Gunsten des ausgeschiedenen Partners gegenüber dem Besteller übernommen hatte. Undiskutiert hat der Bundesgerichtshof die Frage gelassen, ob nicht der verbliebene ARGE-Partner sich auf die von ihm nach Ausscheiden des anderen Partners getätigten Aufwendungen das anrechnen lassen muss, was er vom Besteller als Werklohn erhalten hat.

864 Außerdem hat der Bundesgerichtshof den bürgschaftsrechtlichen Sicherungsfall darin erblickt, dass der ursprüngliche Erfüllungsanspruch des Bestellers gegen den ausgeschiedenen ARGE-Partner sich zwar nicht durch die Erfüllungsablehnung seitens des vorläufigen Verwalters, wohl aber durch die Konkurseröffnung in eine Schadensersatzforderung wegen Nichterfüllung umgewandelt hat, da der Verwalter nicht von seinem Wahlrecht nach § 17 KO Gebrauch gemacht und Erfüllung verlangt hat.

865 Diese Ausführungen sind angesichts des Wortlauts von § 426 Abs. 2 Satz 1 BGB schwer nachvollziehbar, da es für den Forderungsübergang alleine darauf ankommt, dass ein Gesamtschuldner den Gläubiger befriedigt; das Gesetz verlangt also nicht, dass zunächst der Gläubiger einem Gesamtschuldner erfolglos Frist zur Leistung gesetzt hat. Auch der bürgschaftsrechtliche Sicherungsfall – der dem Besteller gegen die ARGE zustehende Erfüllungsanspruch muss sich in eine auf Geldzahlung gerichtete Forderung umwandeln – hängt hiervon nicht ab. Bei einem Gesamtschuldverhältnis kann es sein, dass der Ausgleichanspruch einen anderen Inhalt hat als der gegen den ausgleichspflichtigen Schuldner bestehende (ursprüngliche) Anspruch des Bestellers als Gläubiger. Das ist der Fall, wenn mehrere als Gesamtschuldner eine unteilbare Sache schulden und die Leistung von dem Einen erbracht wird. Der Ausgleichsanspruch kann nur dahin gehen, dass der Schuldner, der nicht geleistet hat, dem Anderen einen Wertausgleich zahlt.

> BGH NJW 1965, 1175, 1177 l. Sp.;
> *Staudinger/Noack*, BGB, § 426 Rz. 123.

Eine fruchtlose Fristsetzung des Bestellers an den ausgeschiedenen ARGE-   866
Partner ist auch nicht notwendig, damit im Innenverhältnis der verbliebene
ARGE-Partner dazu berechtigt ist, die Leistung alleine auszuführen. Die
Berechtigung hierzu ergibt sich aus den Regelungen des Mustervertrags
über das insolvenzbedingte Ausscheiden.

b) Pfandrecht an den vom ausgeschiedenen Partner überlassenen Geräten und Stoffen

aa) Entstehungsvoraussetzungen

Die Einigung über das Pfandrecht liegt ungeachtet des systematisch etwas   867
missverständlichen Standorts in § 24.9 Satz 2 Mustervertrag.

BGH ZIP 1983, 334, 336 r. Sp.

Nach dem Mustervertrag und dem Gesetz (§ 1205 Abs. 1 Satz 1 BGB)   868
muss der Verpfänder (der später ausscheidende Gesellschafter) Eigentümer
der Geräte und Stoffe sein. Unter den Voraussetzungen von §§ 1207,
932 ff BGB ist jedoch ein gutgläubiger Erwerb des Pfandrechts durch die
ARGE als Gläubiger möglich. Das setzt voraus, dass die ARGE – also der
weitere Partner – zum maßgeblichen Zeitpunkt der Mitbesitzeinräumung
weder weiß noch aus grober Fahrlässigkeit nicht weiß, dass der verpfändende Partner nicht Eigentümer des Stoffs/Geräts ist. Die (zu unterstel-
lende) Liquiditätsschwäche im Baugewerbe rechtfertigt keine allgemeine
Erwartung oder Erfahrung, dass auch acht Jahre alte Baugeräte wie ein
Kran, deren Kaufpreis mit Recht als regelmäßig bezahlt angesehen werden
kann, wegen irgendwelcher Verbindlichkeiten des Verpfänders einem
Dritten sicherungsübereignet sind. Eine solche Annahme, die eine Erkun-
digungspflicht des ARGE-Partners als Pfandgläubigers auslösen könnte,
wäre allenfalls berechtigt, wenn für ihn Anhaltspunkte für besondere
finanzielle Schwierigkeiten des verpfändenden ARGE-Partners erkennbar
wären. Im Streitfall hat der Bundesgerichtshof den gutgläubigen Pfand-
rechtserwerb für einen acht Jahre alten Kran bejaht.

BGH ZIP 1983, 438, 441.

Weitere Entstehungsvoraussetzung ist es, dass der Pfandgläubiger qualifi-   869
zierten Mitbesitz i. S. v. § 1206 BGB erlangt. Dies ist mit der Verbringung
der Geräte des Verpfänders auf die Baustelle der ARGE der Fall, weil der
Verpfänder allein keinen Zugriff auf die Geräte mehr nehmen kann, vielmehr die Aufsichtsstelle der ARGE die Dispositionen über die eingesetzten Baugeräte trifft (vgl. § 14.21 Satz 2 und 14.22 Satz 2 Mustervertrag).

BGH ZIP 1983, 334, 336.

In einer weiteren Entscheidung hat der Bundesgerichtshof präzisiert, dass   870
der verpfändende Partner tatsächlich daran gehindert sein muss, die Sache
dem Mitbesitz der anderen Partner zu entziehen. Diese Voraussetzung hat
der Bundesgerichtshof für einen großen Kran bejaht, dessen Aufbau vier

Tage benötigt, so dass auch der Abbau nicht in kurzer Zeit bewerkstelligt werden kann. Innerhalb des Abbauzeitraums hat der andere ARGE-Partner hinreichend Gelegenheit, das Fortschaffen des Krans zu verhindern.

BGH ZIP 1983, 438, 440;
krit. hierzu *Festge/Seibert*, BB 1983, 1819, 1822 l. Sp.

871 Liegen die obigen Voraussetzungen vor, kann der Verwalter über das Vermögen des ausgeschiedenen Partners die dingliche Rechtsposition des verbliebenen Partners in der Regel nicht durch Insolvenzanfechtung beseitigen. Für die Insolvenzanfechtung einer mehraktigen Rechtshandlung – wie der Pfandrechtsbestellung – ist der Akt maßgeblich, durch den die Masse endgültig geschmälert worden ist. Dabei kann ein Pfandrecht gemäß § 1204 Abs. 2 BGB auch für eine künftige Forderung bestellt werden, wenn die künftige Forderung zumindest bestimmbar ist. Dabei entsteht das Mobiliarpfandrecht für eine künftige Forderung bereits mit Einigung und Übergabe der Pfandsache, nicht erst mit dem Entstehen der gesicherten Forderung. Eine Insolvenzanfechtung gemäß § 130 InsO ist daher nur erfolgreich, wenn entweder die Einigung oder die Übergabe der Sache oder beides in die kritische Zeit fällt.

BGH ZIP 1983, 334, 337.

872 Von der Frage, ob die Pfandrechtsbestellung der Insolvenzanfechtung unterliegt, ist streng die Frage zu trennen, ob der verbliebene Partner gegen Vergütungsansprüche des (vorläufigen) Insolvenzverwalters, die aus der Personalbeistellung in der Zeit nach Insolvenzantrag oder aus der Belassung von Geräten resultieren, mit einer einfachen Insolvenzforderung aus dem ARGE-Vertrag aufrechnen kann oder ob der Insolvenzverwalter diese Aufrechnung als unzulässig zurückweisen darf (§ 96 Abs. 1 Nr. 3 i. V. m. § 130 Abs. 1 Nr. 2 InsO). Der Bundesgerichtshof hat in der Vergangenheit angenommen: Es fehlt in solchen Fällen an einer Gläubigerbenachteiligung, da sich bei der gebotenen wirtschaftlichen Betrachtungsweise die Befriedigungsmöglichkeiten der Insolvenzgläubiger in ihrer Gesamtheit in Folge der angefochtenen Rechtshandlung nicht durch eine Verkürzung der Insolvenzmasse verschlechtert haben. Der insoweit angefallene Vergütungsanspruch hätte mit Auflösung der ARGE in Folge der Eröffnung des Insolvenzverfahrens als Rechnungsposten Eingang in die Auseinandersetzungsbilanz gefunden und wäre dort mit den gegen den Schuldner begründeten Ausgleichsansprüchen verrechnet worden.

BGH ZIP 1983, 334, 335 f;
BGH ZIP 2000, 757, 759 r. Sp.

873 Bei richtiger Betrachtung ist alleine darauf abzustellen, dass der verbliebene ARGE-Partner in der Krise weitere Leistungen des Insolvenzschuldners entgegengenommen hat und gegen die im kritischen Zeitraum „aufgefüllte" Forderung des Insolvenzverwalters gerade nicht aufrechnen kann (siehe Rz. 262 ff). Dies gilt allerdings nur insoweit, als nicht ohnehin aufgrund

wirksamen Nutzungspfandrechts der verbliebene Partner Anspruch auf diese weitere Entgegennahme von Leistungen hat und diese aufgrund des Pfandrechts mit einfachen Insolvenzforderungen verrechnen darf. In der Praxis wird daher regelmäßig bei wirksamem Pfandrecht hinsichtlich Geräten und Stoffen kein durchsetzbarer Anspruch der Insolvenzmasse bestehen, während für Personalbeistellung der darauf entfallende Vergütungsanspruch in vollem Umfange ohne Auf- oder Verrechnungsmöglichkeit an die Masse ausgeglichen werden muss.

bb) Abgesicherte Ansprüche

Gemäß § 24.9 Satz 2 Mustervertrag sind „alle (.) aus diesem Vertrag beste- **874**
henden Ansprüche gegen den ausscheidenden Gesellschafter" durch das entgeltliche Nutzungs- und Verwertungspfandrecht abgesichert. Das Attribut „entgeltlich" bedeutet, dass der verbliebene Partner den Ertrag aus der Nutzung und Verwertung der mit dem Pfand belegten Gegenstände zu den Verrechnungssätzen des jeweiligen ARGE-Vertrags auflisten muss und ihn gegen eine Forderung insbesondere aus der Auseinandersetzungsbilanz verrechnen darf, die ansonsten nur den Status einer einfachen Insolvenzforderung hat. Übersteigt der Ertrag aus der Nutzung und Verwertung der mit Pfand belegten Gegenstände die gesamten abgesicherten Verbindlichkeiten des ausgeschiedenen Schuldners, so ist der Überschuss der Insolvenzmasse auszukehren. Generell ist eine noch nicht vollständig getilgte Forderung des verbliebenen Partners gegen den ausgeschiedenen Schuldner Grundvoraussetzung dafür, dass ein Pfandrecht i. S. v. § 1204 BGB (fort)besteht.

BGH ZIP 1983, 438, 440 r. Sp.

cc) Verwertung

Der verbliebene ARGE-Partner kann sich aus dem Pfand durch Verkauf 875
befriedigen, was wiederum voraussetzt, dass die abgesicherte Forderung fällig ist (§ 1228 Abs. 1, Abs. 2 Sstz 1 BGB). Vor dem Verkauf des Pfands im Wege öffentlicher Versteigerung (§§ 1235 ff BGB) muss der verbliebene Partner dem Verwalter den Verkauf androhen und einen Monat abwarten (§ 1234 BGB).

III. Die Auswirkungen des insolvenzbedingten Ausscheidens des Schuldners aus der ARGE für die Rechtsbeziehungen der ARGE zu Dritten, insbesondere zum Besteller

1. Fortbestehende gesamtschuldnerische Haftung des ausgeschiedenen Gesellschafters

Der Insolvenzantrag, spätestens aber die Eröffnung des Insolvenzverfah- 876
rens führen zum Ausscheiden des insolventen Partners aus der ARGE,

wenn diese auf dem Mustervertrag basiert (vgl. Rz. 779 ff). Diese Entwicklungen im Innenverhältnis der ARGE wirken sich jedoch auf das Rechtsverhältnis zum Besteller der ARGE nicht aus: Unverändert haften dem
Besteller die ARGE als eigenständige Rechtsperson mit ihrem eigenen
Vermögen, daneben die Partner der ARGE wie Gesamtschuldner im Verhältnis zur ARGE selbst und im Verhältnis zueinander als Gesamtschuldner. Wirtschaftlich allzu bedeutsam ist allerdings die fortbestehende Haftung des ausgeschiedenen Partners nicht, weil der verbliebene, nicht insolvente Partner als Gesamtschuldner dem Besteller haftet und gar keine andere Wahl hat, als alle berechtigten Forderungen des Bestellers aus dem
Vertragsverhältnis (auch nach Abnahme) vollumfänglich zu befriedigen.
Praktisch relevant wird die fortbestehende Haftung des ausgeschiedenen
Partners nur, wenn auch der verbliebene Partner insolvent wird; der
Besteller kann dann offene Forderungen im Insolvenzverfahren gegen
beide Partner bis zu seiner vollen Befriedigung in voller Höhe geltend machen, so dass er im Ergebnis etwas höhere Befriedigungsaussichten hat als
ein Insolvenzgläubiger, dem lediglich ein Schuldner haftet.

**2. Kein Kündigungsrecht des Bestellers aus § 8 Nr. 2 Abs. 1 VOB/B
gegenüber der ARGE insgesamt bei Insolvenz eines ARGE-Partners**

877 Nach verbreiteter Auffassung ist eine Gesamtkündigung gegenüber der
ARGE gemäß § 8 Nr. 2 Abs. 1 VOB/B möglich, wenn infolge Vermögens-
verfalls des einen Partners und dessen Ausscheiden aus der ARGE die Vertragserfüllung durch den verbliebenen Partner als nicht mehr gesichert erscheint.

> *Motzke*, in: Beck´scher VOB-Kommentar,
> § 8 Nr. 2 B Rz. 19 f m. w. N.;
> ebenso zum Ausschluss einer Bietergemeinschaft
> VK Niedersachsen IBR 2001, 328;
> VK Nordbayern IBR 2003, 618;
> offener dagegen VK Stuttgart NZBau 2003, 696.

878 Dem ist entgegenzuhalten, dass gerade die gesamtschuldnerische Haftung
des verbliebenen ARGE-Partners für den Besteller eine weitreichende Sicherheit darstellt. Würde man – und sei es auch unter qualifizierten Voraussetzungen – eine Kündigung mit Gesamtwirkung zulassen, würde dies
wegen der damit verbundenen Restfertigstellungsmehrkosten und sonstiger berechtigter Schadensersatzansprüche den Ruin des verbliebenen Partners herbeiführen, während er bei Fortbestand des Vertrags in der Lage
gewesen wäre, diesen ordnungsgemäß abzuwickeln. Umgekehrt ist ein
Schutzbedürfnis des Bestellers nicht ersichtlich: Wenn der verbliebene
Partner tatsächlich nicht in der Lage ist, den Bauvertrag ordnungsgemäß
abzuwickeln, kann der Besteller sehr schnell bei Terminverzug auf Grundlage von § 5 Nr. 4 i. V. m. § 8 Nr. 3 Abs. 1 VOB/B das Vertragsverhältnis
berechtigt kündigen. Treten beim verbliebenen Partner ebenfalls die Vo-

raussetzungen von § 8 Nr. 2 Abs. 1 Alt. 1 oder 2 VOB/B ein, entsteht außerdem hierdurch ein Recht des Bestellers zur außerordentlichen Kündigung gegenüber dem verbliebenen ARGE-Partner. Um in dieser Situation den Bauvertrag wirksam insgesamt auch gegenüber dem zuerst ausgeschiedenen Partner zu beenden, muss der Besteller auch diesem gegenüber (vgl. § 425 Abs. 2 BGB) förmlich gemäß § 8 Nr. 2 Abs. 1 VOB/B kündigen oder nach Eröffnung des Insolvenzverfahrens den Insolvenzverwalter zur Erfüllungswahl auffordern (§ 103 InsO).

Eine Kündigung mit Gesamtwirkung gegenüber der ARGE ist indessen **879** möglich, wenn die ARGE selbst einen Insolvenzantrag stellt, was nach der Insolvenzordnung möglich ist (§ 11 Abs. 2 Nr. 1, § 15 InsO).

3. Auswirkung auf laufende Prozesse

Es ist zu unterscheiden zwischen Aktiv- und Passivprozessen:

Ist zum Zeitpunkt des Ausscheidens des einen ARGE-Partners ein Aktiv- **880** prozess (z. B. gegen den Besteller wegen offener Vergütungsansprüche) anhängig, den die beiden ARGE-Partner als Kläger/notwendige Streitgenossen führen, so ist mit Eröffnung des Insolvenzverfahrens über das Vermögen des ausgeschiedenen Partners der Rechtsstreit insgesamt unterbrochen (§ 240 Satz 1 ZPO). Das Ausscheiden des einen Partners aus der ARGE und die Anwachsung seines Anteils am ARGE-Vermögen auf den verbliebenen Partner ändern daran nichts. Gemäß § 265 Abs. 2 ZPO bleibt das Prozessrechtsverhältnis unverändert. Ungeachtet der Anwachsung bedarf es prozessual weiterhin einer Entscheidung auch im Verhältnis zum ausgeschiedenen Partner als Kläger. Anderenfalls bestünde die Gefahr widersprechender Entscheidungen.

> BGH BauR 2003, 1758;
> vgl. auch BGH NJW 2000, 291, 292;
> a. A. OLG Köln EWiR 1985, 517 (*Rumler-Detzel*).

Hat dagegen die ARGE selbst den Rechtsstreit als Klägerin betrieben, ist **881** der insolvenzbedingte Wechsel innerhalb des Gesellschafterbestands der ARGE für den laufenden Prozess ohne Bedeutung. In dieser Konstellation kommt es nicht zu einer Verfahrensunterbrechung.

Großzügiger hat der Bundesgerichtshof für Passivprozesse z. B. eines **882** Nachunternehmers gegen die ARGE-Partner geurteilt. Als Beklagte sind die ARGE-Partner lediglich einfache Streitgenossen, so dass die Eröffnung des Insolvenzverfahrens über das Vermögen eines der beklagten ARGE-Partner den Rechtsstreit nur insoweit unterbricht. Das Verfahren gegen die übrigen Streitgenossen wird hiervon nicht berührt. Der Bundesgerichtshof nimmt deshalb eine faktische Trennung des Verfahrens an, so dass gegenüber den weiteren beklagten ARGE-Partnern ein Teilurteil ergehen kann. Offenbar erachtet der Bundesgerichtshof die Gefahr, dass bei späterer Fortführung des Prozesses als Feststellungsklage (§ 180 Abs. 2

InsO) gegen den Insolvenzverwalter widerstreitende Erkenntnisse erlangt werden können, als nachrangig.

BGH ZIP 2003, 594.

Entscheidungsregister

Bundesgerichtshof

Datum	Aktenzeichen	Fundstelle(n)
11.06.1959	VII ZR 53/58	NJW 1959, 1681
09.05.1960	II ZR 95/58	NJW 1960, 1295
21.12.1960	VIII ZR 204/59	BGHZ 34, 254 = NJW 1961, 174 = WM 1961, 174
30.05.1963	VII ZR 11/62	BB 1963, 1076 = WM 1963, 964
01.02.1965	GSZ 1/64	NJW 1965, 1175
22.01.1969	VIII ZR 24/67	NJW 1969, 796
26.04.1971	VII ZR 254/69	NJW 1971, 1840
24.05.1973	VII ZR 92/71	BGHZ 61, 28 = BauR 1973, 321 = NJW 1973, 1457
22.10.1973	II ZR 37/72	WM 1974, 129
06.11.1975	VII ZR 222/73	BauR 1976, 57 = NJW 1976, 143
11.12.1975	VII ZR 37/74	BauR 1976, 126 = BGHZ 65, 372 = BB 1976, 288 = DB 1976, 620 = NJW 1976, 517 = WM 1976, 184
21.10.1976	VII ZR 335/75	BGHZ 67, 242 = BauR 1977, 284 = NJW 1977, 50
05.05.1977	VII ZR 85/76	NJW 1977, 1345
17.05.1978	VIII ZR 11/77	NJW 1978, 1632
21.12.1978	VII ZR 269/77	BauR 1979, 159
10.05.1979	VII ZR 30/78	BGHZ 74, 258 = BauR 1979, 420
12.07.1979	VII ZR 174/78	BauR 1979, 525 = MDR 1980, 136 = WM 1979, 1046 = ZfBR 1979, 207
22.11.1979	VII ZR 322/78	BauR 1980, 182 = DB 1980, 733 = MDR 1980, 303 = NJW 1980, 584 = WM 1980, 83 = ZfBR 1980, 137
12.03.1980	VIII ZR 57/79	BGHZ 76, 187 = ZIP 1980, 354 = DB 1980, 1256 = NJW 1980, 1459 = WM 1980, 1741
12.03.1980	VIII ZR 115/79	BGHZ 76, 222 = ZIP 1980, 355 = DB 1980, 1255 = NJW 1980, 1460 = WM 1980, 545
12.06.1980	VII ZR 270/79	ZIP 1980, 637 = BauR 1980, 574

Datum	Aktenzeichen	Fundstelle(n)
07.11.1980	V ZR 163/79	BGHZ 79, 103 = ZIP 1981, 250 = NJW 1981, 991 = WM 1981, 2112
17.11.1980	II ZR 242/79	BB 1981, 1128 = WM 1981, 452
20.11.1980	VII ZR 70/80	BGHZ 79, 16 = ZIP 1981, 153 = DB 1981, 634 = NJW 1981, 816 = WM 1981, 167
18.12.1980	IVa ZR 51/80	VersR 1981, 328
09.04.1981	VII ZR 192/80	BGHZ 80, 252 = BauR 1981, 373 = DB 1981, 1878 = NJW 1981, 1839 = WM 1981, 775
09.07.1981	VII ZR 40/80	BauR 1981, 577
07.06.1982	VIII ZR 154/81	ZIP 1982, 940 = BauR 1982, 506 = DB 1982, 2029 = NJW 1982, 2305 = WM 1982, 845
24.01.1983	VIII ZR 353/81	ZIP 1983, 438 = BauR 1983, 268
26.01.1983	VIII ZR 254/81	ZIP 1983, 337
26.01.1983	VIII ZR 257/81	ZIP 1983, 334 = BauR 1983, 273
14.12.1983	VIII ZR 352/82	BGHZ 89, 189 = ZIP 1984, 190 = DB 1984, 554 = KTS 1984, 284 = NJW 1984, 1557 = WM 1984, 231
08.11.1978	VIII ZR 190/77	NJW 1979, 308
21.12.1983	VIII ZR 256/82	KTS 1984, 288 = WM 1984, 265
05.04.1984	VII ZR 167/83	BauR 1984, 406 = DB 1984, 2344 = NJW 1984, 2456 = WM 1984, 892
02.05.1984	VIII ZR 344/82	ZIP 1984, 1118 = DB 1984, 2345 = NJW 1984, 1749 = WM 1984, 799
14.06.1984	IX ZR 83/83	BGHZ 91, 349 = ZIP 1984, 937 = DB 1984, 1875 = NJW 1984, 2461 = WM 1984, 988
20.03.1985	VIII ZR 327/83	ZIP 1985, 544 = DB 1985, 1686 = NJW 1985, 1838 = WM 1985, 694; dazu EWiR 1985, 323 (*Grub*)
28.06.1984	IX ZR 21/84	WM 1984, 1194
11.10.1984	IX ZR 80/83	NJW 1985, 1159
30.10.1984	IX ZR 92/83	ZIP 1985, 18 = NJW 1985, 614

Datum	Aktenzeichen	Fundstelle(n)
20.03.1985	VIII ZR 342/83	BGHZ 94, 105 = ZIP 1985, 749 = DB 1985, 1526 = NJW 1985, 1836 = WM 1985, 605; dazu EWiR 1985, 523 (*Graf von Westphalen*)
19.09.1985	IX ZR 16/85	BGHZ 95, 375 = ZIP 1985, 1380 = DB 1986, 323 = NJW 1986, 310 = ZfBR 1986, 28; dazu EWiR 1985, 973 (*Horn*)
26.09.1985	VII ZR 19/85	BGHZ 96, 34 = ZIP 1985, 1509 = BauR 1986, 91 = BB 1986, 23 = DB 1986, 378 = NJW 1986, 255 = WM 1985, 1479 = ZfBR 1986, 32; dazu EWiR 1986, 87 (*Kilger*)
21.11.1985	VII ZR 366/83	BGHZ 96, 275 = BauR 1986, 208 = DB 1986, 534 = NJW 1986, 925 = WM 1986, 232; dazu EWiR 1986, 251 (*Locher*)
16.01.1986	VII ZR 138/85	BGHZ 96, 392 = ZIP 1986, 382 = BauR 1986, 339 = BB 1986, 556 = DB 1986, 1012 = NJW 1986, 1176 = WM 1986, 398; dazu EWiR 1986, 385 (*Marotzke*)
05.03.1986	VIII ZR 97/85	NJW-RR 1986, 984 = WM 1986, 643
17.04.1986	IX ZR 54/85	ZIP 1986, 720 = NJW-RR 1986, 848 = WM 1986, 749; dazu EWiR 1986, 603 (*Reimer*)
24.04.1986	VII ZR 248/85	ZIP 1986, 720 = BauR 1986, 454 = DB 1986, 2022 = NJW 1986, 2761; dazu EWiR 1986, 601 (*Dempewolf*)
08.10.1986	VIII ZR 342/85	BGHZ 98, 303 = ZIP 1987, 85 = DB 1987, 373 = NJW 1987, 487 = WM 1986, 1545; dazu EWiR 1987, 5 (*Meyer-Cording*)
09.10.1986	VII ZR 249/85	BauR 1987, 95 = DB 1987, 222; dazu EWiR 1986, 1251 (*Lenzen*)
25.06.1987	VII ZR 251/86	BauR 1987, 689 = DB 1987, 2093 = NJW 1988, 140; dazu EWiR 1987, 1027 (*Siegburg*)
13.07.1987	II ZR 274/86	ZIP 1987, 1314 = NJW-RR 1987, 1386; dazu EWiR 1987, 1081 (*Hegmanns*)
08.10.1987	VII ZR 45/87	BauR 1988, 82 = NJW-RR 1988, 208 = ZfBR 1988, 38

Datum	Aktenzeichen	Fundstelle(n)
03.12.1987	VII ZR 374/86	BGHZ 102, 293 = ZIP 1988, 175 = BauR 1988, 207 = DB 1988, 647 = MDR 1988, 402 = NJW 1988, 1210 = WM 1988, 460; dazu EWiR 1988, 241 (*M. Wolf*)
07.12.1987	II ZR 201/87	NJW-RR 1988, 997; dazu EWiR 1988, 447 (*Crezelius*)
10.12.1987	IX ZR 269/86	ZIP 1988, 224 = DB 1988, 699 = NJW 1988, 906; dazu EWiR 1988, 251 (*Tiedtke*)
17.12.1987	IX ZR 263/86	ZIP 1988, 222 = BauR 1988, 220 = DB 1988, 700 = WM 1988, 212; dazu EWiR 1988, 253 (*Brink*)
06.10.1988	VII ZR 227/87	BauR 1989, 79 = DB 1989, 424 = WM 1988, 1799 = ZfBR 1989, 27
10.10.1988	II ZR 92/88	BGHZ 195, 259 = ZIP 1988, 1448 = DB 1988, 2557 = NJW 1989, 220 = WM 1988, 1750; dazu EWiR 1989, 83 (*K. Müller*)
07.12.1988	IVb ZR 83/87	BGHZ 106, 169 = ZIP 1989, 107 = DB 1989, 575 = WM 1989, 191; dazu EWiR 1989, 243 (*Baur*)
28.02.1989	IX ZR 130/88	BGHZ 107, 92 = ZIP 1989, 427 = DB 1989, 1018 = NJW 1989, 1276 = WM 1989, 480
25.04.1989	VI ZR 146/88	ZIP 1989, 857 = DB 1989, 2118 = VersR 1989, 730; dazu EWiR 1989, 659 (*Littbarski*)
29.09.1989	V ZR 326/87	ZIP 1990, 31 = NJW 1990, 392 = WM 1989, 1862; dazu EWiR 1990, 251 (*Clemente*)
15.03.1990	IX ZR 44/89	NJW-RR 1990, 811 = WM 1990, 841
30.05.1990	IV ZR 264/89	VersR 1991, 414
21.06.1990	VII ZR 109/89	BGHZ 111, 394 = ZIP 1990, 1004 = BauR 1990, 727 = BB 1990, 2071 = DB 1990, 2112 = NJW 1990, 2384 = WM 1990, 1559 = ZfBR 1990, 272; dazu EWiR 1991, 197 (*Siegburg*)

Datum	Aktenzeichen	Fundstelle(n)
20.09.1990	IX ZR 241/89	ZIP 1990, 1354 = BauR 1990, 758 = BB 1990, 2213 = NJW 1991, 97 = ZfBR 1991, 12; dazu EWiR 1990, 1009 *(Mohrbutter)*
07.05.1991	XII ZR 44/90	BB 1991, 1739 = NJW 1991, 2629 = WM 1991, 1728
08.07.1991	II ZR 164/90	ZIP 1991, 1220 = BauR 1991, 624 = NJW-RR 1991, 1381 = ZfBR 1992, 114; dazu EWiR 1991, 1071 *(Müller)*
21.11.1991	IX ZR 290/90	BGHZ 116, 156 = ZIP 1992, 48 = BB 1992, 172 = DB 1992, 1824 = NJW 1992, 507 = WM 1992, 75; dazu EWiR 1992, 71 *(Marotzke)*
09.04.1992	IX ZR 148/91	ZIP 1992, 826 = BauR 1992, 632 = BB 1992, 1383 = NJW-RR 1992, 1044 = WM 1992, 1395; dazu EWiR 1992, 773 *(Tiedtke)*
07.12.1992	II ZR 248/91	ZIP 1993, 195 = NJW 1993, 1194; dazu EWiR 1993, 663 *(Heinemann)*
21.01.1993	VII ZR 127/91	BGHZ 121, 168 = ZIP 1993, 499 = BauR 1993, 335 = DB 1993, 2229 = NJW 1993, 1131 = WM 1993, 899; dazu EWiR 1993, 509 *(Heiermann)*
21.01.1993	VII ZR 221/91	BGHZ 121, 173 = ZIP 1993, 497 = BauR 1993, 337 = KTS 1993, 417 = NJW 1993, 1132 = WM 1993, 901; dazu EWiR 1993, 507 *(Kniffka)*
12.03.1993	V ZR 69/92	NJW 1993, 2232 = WM 1993, 1557
25.03.1993	X ZR 17/92	BauR 1993, 469 = NJW 1993, 1972 = ZfBR 1993, 189
30.09.1993	IX ZR 227/92	ZIP 1993, 1653 = DB 1993, 2427 = NJW 1993, 3267 = WM 1993, 2099; dazu EWiR 1994, 373 *(Henckel)*
28.10.1993	IX ZR 141/93	ZIP 1993, 1851 = BB 1994, 312 = DB 1994, 1031 = KTS 1994, 215 = NJW 1994, 380 = WM 1994, 106; dazu EWiR 1994, 131 *(Schütze)*
11.11.1993	IX ZR 257/92	BGHZ 124, 76 = ZIP 1994, 40 = DB 1994, 6688 = KTS 1994, 242 = NJW 1994, 449 = WM 1994, 171; dazu EWiR 1994, 169 *(U. Haas)*

Datum	Aktenzeichen	Fundstelle(n)
10.03.1994	IX ZR 236/93	BGHZ 125, 270 = ZIP 1994, 715 = KTS 1994, 391 = NJW 1994, 1858 = WM 1994, 1084; dazu EWiR 1994, 717 (*H. Mohrbutter*)
24.03.1994	IX ZR 149/93	ZIP 1994, 714 = BB 1994, 1813 = DB 1994, 2340 = KTS 1994, 411 = NJW 1994, 1659 = WM 1994, 1045; dazu EWiR 1994, 591 (*Münch*)
22.09.1994	V ZR 236/93	ZIP 1994, 1705 = DB 1994, 2340 = KTS 1995, 85 = NJW 1994, 3231 = WM 1994, 2134; dazu EWiR 1995, 277 (*Mönning*)
09.03.1995	VII ZR 23/93	BauR 1995, 545 = IBR 1995, 326 = NJW 1995, 1837 = ZfBR 1995, 198; dazu EWiR 1995, 723 (*Siegburg*)
04.05.1995	IX ZR 256/93	BGHZ 129, 336 = ZIP 1995, 926 = BB 1995, 1312 = DB 1995, 1457 = KTS 1995, 519 = NJW 1995, 1966 = WM 1995, 1166; dazu EWiR 1995, 691 (*Uhlenbruck*)
18.05.1995	IX ZR 129/94	ZIP 1995, 1076 = NJW 1995, 2161; dazu EWiR 1995, 871 (*Tiedtke*)
29.06.1995	VII ZR 184/94	BauR 1995, 691 = BB 1995, 1873 = DB 1995, 2469 = NJW 1995, 2712 = WM 1995, 1936
14.12.1995	IX ZR 57/95	ZIP 1996, 172 = BB 1996, 346 = DB 1996, 324 = NJW 1996, 717 = WM 1996, 193
22.12.1995	V ZR 52/95	ZIP 1996, 426 = DB 1996, 722 = NJW 1996, 1056 = WM 1996, 790; dazu EWiR 1996, 343 (*Voss*)
28.03.1996	IX ZR 77/95	ZIP 1996, 842 = NJW 1996, 2035 = WM 1996, 835; dazu EWiR 1996, 751 (*Pluta/Seichter*)
25.04.1996	X ZR 59/94	NJW-RR 1996, 883
09.05.1996	IX ZR 244/95	ZIP 1996, 1181 = DB 1996, 2277 = NJW 1996, 2233 = WM 1996, 1242; dazu EWiR 1996, 753 (*Uhlenbruck*)
04.07.1996	VII ZR 227/93	BauR 1996, 846 = BB 1996, 2116 = DB 1996, 2328 = NJW 1996, 3270 = WM 1996, 2058; dazu EWiR 1996, 1019 (*Kniffka*)

Datum	Aktenzeichen	Fundstelle(n)
04.07.1996	VII ZR 125/95	BauR 1997, 133 = DB 1996, 2435 = WM 1996, 2211
24.10.1996	VII ZR 98/94	ZfIR 1997, 23 = BauR 1997, 129
19.12.1996	IX ZR 18/96	ZIP 1997, 372 = NJW 1997, 1014, dazu EWiR 1997, 269 (Gerhardt)
23.01.1997	IX ZR 297/95	ZIP 1997, 582 = BB 1997, 2068 = DB 1997, 1227 = NJW 1997, 1435 = WM 1997, 656; dazu EWiR 1997, 541 (v. Stebut)
30.01.1997	IX ZR 89/96	ZIP 1997, 513 = DB 1997, 1024 = KTS 1997, 292 = WM 1997, 545
27.02.1997	IX ZR 5/96	BGHZ 135, 25 = ZIP 1997, 688 = DB 1997, 1563 = NJW 1997, 2184 = WM 1997, 794; dazu EWiR 1997, 517 (M. Huber)
05.06.1997	VII ZR 324/95	BGHZ 136, 27 = ZIP 1997, 1549 = ZfIR 1997, 526 = BauR 1997, 829 = DB 1997, 1918 = NJW 1997, 2598 = WM 1997, 1675; dazu EWiR 1997, 1149 (Siegburg)
26.06.1997	IX ZR 203/96	ZIP 1997, 1509 = NJW 1997, 3175 = WM 1997, 1633; dazu EWiR 1997, 897 (M. Huber)
10.07.1997	IX ZR 234/96	ZIP 1997, 1551 = BB 1997, 1919 = DB 1997, 2532 = NJW 1997, 3028 = WM 1997, 1681; dazu EWiR 1997, 851 (Uhlenbruck)
15.07.1997	XI ZR 154/96	BGHZ 136, 254 = ZIP 1997, 1496 = BB 1997, 1861 = DB 1997, 1813 = NJW 1997, 2754 = WM 1997, 1666; dazu EWiR 1997, 1125 (Prütting)
04.12.1997	IX ZR 247/96	ZIP 1998, 378 = ZfIR 1998, 281 = BB 1998, 916 = NJW 1998, 1140 = WM 1998, 333; dazu EWiR 1998, 303 (Siegburg)
08.01.1998	IX ZR 131/97	ZIP 1998, 298 = BB 1998, 388 = NJW 1998, 992 = WM 1998, 358; dazu EWiR 1998, 321 (Marotzke)
19.02.1998	VII ZR 105/97	ZIP 1998, 829 = BauR 1998, 544; dazu EWiR 1998, 669 (Siegburg)
03.03.1998	X ZR 4/95	NJW-RR 1998, 1027

Datum	Aktenzeichen	Fundstelle(n)
05.03.1998	IX ZR 265/97	ZIP 1998, 655 = NJW 1998, 2213 = WM 1998, 838; dazu EWiR 1998, 695 (*Uhlenbruck*)
09.07.1998	IX ZR 272/96	ZIP 1998, 1478 = BB 1998, 1913 = DB 1998, 1808 = NJW 1998, 2972 = WM 1998, 1766
24.09.1998	IX ZR 371/97	ZIP 1998, 1907 = BB 1998, 2442 = DB 1998, 2413 = WM 1998, 2363; dazu EWiR 1999, 17 (*Nielsen*)
08.10.1998	VII ZR 296/97	ZfIR 1998, 679 = BauR 1999, 63 = BB 1998, 2548 = IBR 1998, 537 = NJW-RR 1999, 95 = WM 1999, 327; dazu EWiR 1998, 1139 (*Wenner*)
08.10.1998	IX ZR 337/97	ZIP 1998, 2008 = WM 1998, 2345; dazu EWiR 1998, 1131 (*Gerhardt*)
05.11.1998	IX ZR 48/98	ZIP 1999, 19 = BB 1999, 18 = DB 1999, 476 = IBR 1999, 123 = NJW 1999, 278 = WM 1998, 2540; dazu EWiR 1999, 155 (*Aden*)
03.12.1998	VII ZR 405/97	BauR 1999, 391 = BB 1999, 339 = NJW 1999, 1330
08.12.1998	XI ZR 302/97	ZIP 1999, 101 = BB 1999, 387 = DB 1999, 329 = NJW 1999, 940 = WM 1999, 126; dazu EWiR 1999, 299 (*Medicus*)
17.12.1998	IX ZR 151/98	ZIP 1999, 199 = BauR 1999, 392 = BB 1999, 340 = DB 1999, 527 = IBR 1999, 124 = WM 1999, 229; dazu EWiR 1999, 269 (*W. Schmitz*)
14.01.1999	VII ZR 277/97	ZIP 1999, 536 = BauR 1999, 642 = BB 1999, 926 = DB 1999, 894
14.01.1999	IX ZR 140/98	ZIP 1999, 394 = ZfIR 1999, 518 = BauR 1999, 659 = BB 1999, 653 = DB 1999, 792 = NJW 1999, 1105 = WM 1999, 535
25.02.1999	VII ZR 208/97	ZIP 1999, 754 = BauR 1999, 657 = NJW 1999, 1705 = NZM 1999, 564 = ZfBR 1999, 207; dazu EWiR 2000, 279 (*Wenner*)

Datum	Aktenzeichen	Fundstelle(n)
11.03.1999	IX ZR 164/98	BGHZ 141, 116 = ZIP 1999, 626 = BB 1999, 1458 = DB 1999, 1547 = NJW 1999, 1709 = WM 1999, 1709; dazu EWiR 1999, 707 (*Canaris*)
06.05.1999	IX ZR 430/97	ZIP 1999, 995 = ZfBR 1999, 313; dazu EWiR 1999, 943 (*C. Schmitz*)
11.05.1999	IX ZR 423/97	WM 1999, 1499
17.06.1999	IX ZR 176/98	BGHZ 142, 72 = ZIP 1999, 1269 = DB 1999, 2360 = NJW 1999, 2969 = WM 1999, 1581
21.06.1999	II ZR 70/98	ZIP 1999, 1314 = BB 1999, 1675 = DB 1999, 1650 = NJW 1999, 2822 = WM 1999, 1621
08.07.1999	VII ZR 237/98	BauR 1999, 1294 = DB 1999, 2307 = WM 1999, 2123; dazu EWiR 2000, 181 (*Blank*)
12.07.1999	II ZR 4/98	BauR 1999, 1471
15.07.1999	IX ZR 239/98	BGHZ 142, 208 = ZIP 1999, 1490 = ZfIR 1999, 698 = IBR 1999, 472 = KTS 1999, 511 = NJW 1999, 3122 = WM 1999, 1786; dazu EWiR 2000, 82 (*Gerhardt*)
30.09.1999	VII ZR 231/97	BauR 2000, 124 = BB 1999, 2582 = DB 2000, 969 = NJW 2000, 206 = WM 1999, 2559
15.10.1999	V ZR 141/98	ZIP 1999, 2003 = NJW 2000, 291
03.11.1999	I ZR 145/97	NJW-RR 2000, 1560
04.11.1999	IX ZR 320/98	ZIP 2000, 123 = BauR 2000, 413 = IBR 2000, 72 = NJW 2000, 511 = NZBau 2000, 76 = ZfBR 2000, 405 = ZfIR 2000, 192; dazu EWiR 2000, 1147 (*C. Schmitz*)
25.11.1999	VII ZR 468/98	BauR 2000, 571 = IBR 2000, 162 = NJW 2000, 1116 = NZBau 2000, 131 = WM 2000, 733 = ZfBR 2000, 174
10.02.2000	IX ZR 397/98	BGHZ 143, 381 = ZIP 2000, 576 = ZfIR 2000, 865 = BauR 2000, 887 = DB 2000, 1119 = NJW 2000, 1563 = WM 2000, 715; dazu EWiR 2000, 619 (*Büchler*)

Datum	Aktenzeichen	Fundstelle(n)
14.02.2000	II ZR 285/97	ZIP 2000, 539 = NJW-RR 2000, 987, dazu EWiR 2000, 519 *(Bröcker)*
21.02.2000	II ZR 231/98	ZIP 2000, 705 = DB 2000, 1274 = NJW-RR 2000, 1156 = WM 2000, 715; dazu EWiR 2000, 589 *(Schuschke)*
02.03.2000	VII ZR 475/98	ZfIR 2000, 522 = BauR 2000, 1052 = BB 2000, 1002 = DB 2000, 1511 = IBR 2000, 324 = NJW 2000, 1863 = NZBau 2000, 285 = WM 2000, 1299
09.03.2000	IX ZR 355/98	ZIP 2000, 757 = BauR 2000, 1057 = DB 2000, 1272 = IBR 2000, 381 = KTS 2000, 400 = NJW-RR 2000, 1295 = NZBau 2000, 288 = NZI 2000, 308 = ZfBR 2000, 394 = ZInsO 2000, 284 = WM 2000, 933; dazu EWiR 2000, 741 *(Gerhardt)*
21.03.2000	IX ZR 39/99	ZIP 2000, 1000 = NJW 2000, 1942, dazu EWiR 2000, 713 *(Büchler)*
06.04.2000	IX ZR 422/98	BGHZ 144, 192 = ZIP 2000, 895 = BB 2000, 2222 = DB 2000, 1509 = NZI 2000, 306 = WM 2000, 1052 = ZInsO 2000, 330; dazu EWiR 2000, 643 *(Eckardt)*
06.04.2000	V ZB 56/99	BGHZ 144, 181 = ZIP 2000, 931 = InVo 2000, 342 = KTS 2000, 419 = NZI 2000, 311 = WM 2000, 1115 = ZfIR 2000, 458 = ZInsO 2000, 332; dazu EWiR 2000, 771 *(Messner)*
06.04.2000	IX ZR 122/99	ZIP 2000, 932 = NJW-RR 2000, 1154 = NZI 2000, 364 = WM 2000, 1072 = ZfBR 2000, 335 = ZInsO 2000, 349; dazu EWiR 2001, 117 *(Huber)*
20.04.2000	VII ZR 458/97	ZfIR 2001, 129 = BauR 2000, 1498 = BB 2000, 1806 = DB 2000, 2521 = NJW-RR 2000, 1331 = WM 2000, 1901
04.05.2000	VII ZR 53/99	BGHZ 144, 242 = ZIP 2000, 1535 = BauR 2000, 1182 = DB 2000, 2595 = IBR 2000, 414 = NJW 2000, 2988 = NZBau 2000, 375 = WM 2000, 1903 = ZfBR 2000, 472; dazu EWiR 2000, 939 *(Siegburg)*

Datum	Aktenzeichen	Fundstelle(n)
11.05.2000	IX ZR 262/98	ZIP 2000, 1061 = BB 2000, 1318 = KTS 2000, 421 = NJW 2000, 3777 = NZI 2000, 422 = ZfBR 2000, 459; dazu EWiR 2001, 177 (*Johlke/Schröder*)
29.06.2000	IX ZR 299/98	ZIP 2000, 1610 = BauR 2000, 1865 = DB 2000, 1911 = NJW 2000, 3137 = NZBau 2000, 465 = WM 2000, 1796; dazu EWiR 2001, 223 (*Wissmann*)
06.07.2000	VII ZR 22/98	BauR 2000, 1485 = NZBau 2000, 508 = ZfBR 2000, 545
28.09.2000	VII ZR 460/97	ZIP 2000, 2103 =ZfIR 2000, 952 = BauR 2001, 109 = BB 2000, 2596 = DB 2001, 862 = WM 2000, 2375; dazu EWiR 2000, 1103 (*C. Schmitz*)
28.09.2000	VII ZR 372/99	BGHZ 145, 245 = ZIP 2000, 2207 = BauR 2001, 245 = IBR 2001, 21 = NJW 2001, 367 = NZBau 2001, 86 = NZI 2001, 23 = WM 2001, 2453 = ZfBR 2001, 96; dazu EWiR 2000, 1167 (*Paulus*)
26.10.2000	VII ZR 3/99	NJW-RR 2001, 311 = NZBau 2001, 138
26.10.2000	IX ZR 227/99	ZIP 2001, 31 = BB 2001, 116 = NJW 2001, 1136 = WM 2001, 96; dazu EWiR 2001, 737 (*Tintelnot*)
15.11.2000	IV ZR 223/99	NJW-RR 2001, 316
21.12.2000	VII ZR 488/99	BauR 2001, 667 = DB 2001, 432 = NJW-RR 2001, 383 = WM 2001, 906
29.01.2001	II ZR 331/00	BGHZ 146, 341 = ZIP 2001, 330 = NJW 2001, 1056 = WM 2001, 408; dazu EWiR 2001, 341 (*Prütting*)
22.02.2001	IX ZR 191/98	ZIP 2001, 1380 = BauR 2001, 1580 = DB 2001, 2041 = IBR 2001, 487 =NZBau 2001, 498 = NZI 2001, 537 = WM 2001, 1470 = ZInsO 2001, 708; dazu EWiR 2001, 1107 (*Tintelnot*)
22.02.2001	VII ZR 115/99	BauR 2001, 789 = NJW-RR 2001, 739 = NZBau 2001, 313 = ZfBR 2001, 319

Datum	Aktenzeichen	Fundstelle(n)
08.03.2001	VII ZR 470/99	ZfIR 2001, 450 = BauR 2001, 946 = BB 2001, 958 = DB 2001, 1720 = IBR 2001, 251 = NJW-RR 2001, 806 = NZBau 2001, 389 = WM 2001, 912 = ZfBR 2001, 322; dazu EWiR 2001, 365 (*Siegburg*)
08.03.2001	IX ZR 236/00	ZIP 2001, 833 = ZfIR 2001, 186 = BauR 2001, 1093 = BB 2001, 1375 = DB 2001, 1193 = IBR 2001, 306 = NJW 2001, 1857 = WM 2001, 947; dazu EWiR 2001, 617 (*Tiedtke*)
05.04.2001	IX ZR 216/98	ZIP 2001, 855 = BB 2001, 1062 = DB 2001, 1668 = NJW 2001, 1940 = WM 2001, 1041; dazu EWiR 2001, 883 (*Wagner*)
05.04.2001	IX ZR 276/98	ZIP 2001, 914 = DB 2001, 1665 = NJW 2001, 2327 = WM 2001, 1060
26.04.2001	IX ZR 317/98	ZIP 2001, 1089 = ZfIR 2002, 197 = BauR 2001, 1426 = BB 2001, 1321 = IBR 2001, 366 = NZBau 2001, 680 = NZI 2001, 649 = WM 2001, 1208; dazu EWiR 2001, 715 (*C. Schmitz*)
17.05.2001	IX ZR 188/98	ZIP 2001, 1155 = DB 2001, 2140 = NJW-RR 2001, 1204 = NZI 2001, 417 = WM 2001, 1225 = ZInsO 2001, 617; dazu EWiR 2001, 821 (*Eckardt*)
07.06.2001	IX ZR 134/00	ZIP 2001, 1250 = IBR 2001, 486 = NZBau 2001, 496 = WM 2001, 1473 = ZInsO 2001, 706; dazu EWiR 2002, 75 (*Homann*)
26.06.2001	IX ZR 209/98	ZIP 2001, 1376; dazu EWiR 2001, 823 (*Pape*)
05.07.2001	IX ZR 327/99	ZIP 2001, 1469 = ZfIR 2001, 728 = IBR 2001, 702 = NJW 2001, 2966 = NZI 2001, 531 = WM 2001, 1574
12.07.2001	IX ZR 380/98	ZIP 2001, 1871 = BauR 2002, 123 = BB 2001, 2133 = IBR 2001, 613 = WM 2001, 2078 = ZfBR 2002, 46; dazu EWiR 2001, 1133 (*C. Schmitz*)
19.07.2001	IX ZR 149/00	ZIP 2001, 1664 = ZfIR 2001, 725 = BauR 2001, 1727 = IBR 2001, 545 = WM 2001, 1756 = ZfBR 2001, 536; dazu EWiR 2001, 1109 (*Blank*)

Datum	Aktenzeichen	Fundstelle(n)
26.07.2001	X ZR 162/99	IBR 2002, 300 = NZBau 2001, 621
13.09.2001	VII ZR 467/00	ZfIR 2001, 898 = BauR 2001, 1893 = IBR 2001, 612 = NZBau 2001, 679 = ZfBR 2002, 48; dazu EWiR 2001, 1165 (Siegburg)
04.10.2001	IX ZR 207/00	ZIP 2001, 2055 = NJW-RR 2002, 262 = BauR 2002, 663 = IBR 2002, 610 = NZBau 2002, 33 = NZI 2002, 35 = ZfBR 2002, 139; dazu EWiR 2002, 107 (Rigol)
22.11.2001	VII ZR 168/00	BauR 2002, 468 = NZBau 2002, 90 = ZfBR 2002, 248
22.11.2001	VII ZR 208/00	ZIP 2002, 166 = ZfIR 2002, 195 = NJW 2002, 894 = BauR 2002, 463 = IBR 2002, 73 = ZfBR 2002, 249; dazu EWiR 2002, 177 (Vogel)
18.12.2001	XI ZR 360/00	ZIP 2002, 297 = NJW 2002, 281; dazu EWiR 2002, 281 (Joswig)
17.01.2002	VII ZR 495/00	BauR 2002, 1110 = IBR 2002, 663
05.03.2002	XI ZR 113/01	ZIP 2002, 658 = ZfIR 2002, 443 = NJW 2002, 1493 = IBR 2002, 248 = NZBau 2002, 270 = ZfBR 2002, 483; dazu EWiR 2002, 473 (Büchler)
07.03.2002	IX ZR 457/99	ZIP 2002, 858 = ZfIR 2002, 539 = NJW 2002, 2313 = BauR 2002, 1088 = IBR 2002, 313 = NZI 2002, 380 = ZInsO 2002, 487
18.04.2002	VII ZR 164/01	NJW 2002, 2780 = BauR 2002, 1403
18.04.2002	VII ZR 192/01	ZIP 2002, 1198 = ZfIR 2002, 538 = NJW 2002, 2388 = BauR 2002, 1239 = IBR 2002, 414 = NZBau 2002, 494 = ZfBR 2002, 669; dazu EWiR 2002, 737 (Nielsen)
18.04.2002	VII ZR 260/01	ZIP 2002, 1951 = NJW 2002, 2952 = BauR 2002, 1253 = IBR 2002, 353 = NZBau 2002, 435 = ZfBR 2002, 567; dazu EWiR 2003, 37 (Vogel)
25.04.2002	IX ZR 313/99	ZIP 2002, 1093 = NJW 2002, 2783 = BauR 2002, 1264 = IBR 2002, 417 = NZBau 2002, 439 = NZI 2002, 375 = ZInsO 2002, 577; dazu EWiR 2003, 125 (Tintelnot)

Datum	Aktenzeichen	Fundstelle(n)
02.05.2002	VII ZR 249/00	NJW-RR 2002, 1097 = BauR 2002, 1407
02.05.2002	VII ZR 178/01	ZIP 2002, 1197 = ZfIR 2002, 536 = NJW 2002, 2816 = BauR 2002, 1390 = IBR 2002, 312, 421 = NZBau 2002, 499 = ZfBR 2002, 671; dazu EWiR 2002, 591 *(Vogel)*
16.05.2002	VII ZR 494/00	ZfIR 2002, 896 = BauR 2002, 1392 = IBR 2002, 475 = NZBau 2002, 493 = ZfBR 2002. 678
06.06.2002	IX ZR 425/99	BauR 2002, 1408 = IBR 2002, 483 = ZInsO 2002, 766
13.06.2002	IX ZR 398/00	ZIP 2002, 1442 = NJW 2002, 2869 = IBR 2002, 474; dazu EWiR 2002, 867 *(Nielsen)*
18.06.2002	XI ZR 359/01	ZIP 2002, 1405 = ZfIR 2002, 626 = NJW 2002, 2563 = BauR 2002, 1547 = IBR 2002, 485 = NZBau 2002, 497 = NZI 2002, 510 = ZfBR 2003, 134
20.06.2002	IX ZR 177/99	ZIP 2002, 1408 = IBR 2003, 305 = NJW-RR 2002, 1419 = NZBau 2002, 564 = NZI 2002, 486 = ZInsO 2002, 721
04.07.2002	IX ZR 97/99	ZIP 2002, 1633 = BauR 2002, 1698 = IBR 2002, 608 = NZBau 2002, 609; dazu EWiR 2003, 17 *(Theewen)*
04.07.2002	IX ZR 97/99	ZIP 2002, 1690 = ZfIR 2002, 717 = NJW 2002, 3098 = BauR 2002, 1533 = IBR 2002, 543 = NZBau 2002, 559 = ZfBR 2002, 784; dazu EWiR 2002, 7 85 *(Schwenker)*
04.07.2002	VII ZR 502/99	BauR 2002, 1588
18.07.2002	IX ZR 195/01	ZIP 2002, 1625 = NJW 2002, 3326 = NZI 2002, 543 = NZM 2002, 859-965 = WM 2002, 1888 = ZInsO 2002, 819; dazu EWiR 2002, 919 *(Spliedt)*
15.08.2002	IX ZR 217/99	ZIP 2002, 1897 = BauR 2002, 1849; dazu EWiR 2002, 991 *(Rosse)*
12.09.2002	IX ZR 497/00	IBR 2002, 664 = NJW-RR 2003, 14 = NZBau 2002, 669
12.09.2002	VII ZR 344/01	BauR 2002, 1847 = IBR 2002, 601 = NZBau 2002, 668 = ZfBR 2003, 30

Datum	Aktenzeichen	Fundstelle(n)
22.10.2002	XI ZR 393/01	ZIP 2002, 2262 = ZfIR 2003, 58 = BauR 2003, 243 = IBR 2003, 23, 79 = NZBau 2003, 98 = ZfBR 2003, 141; dazu EWiR 2003, 407 *(Rösler)*
09.12.2002	II ZR 202/00	BauR 2003, 529 = IBR 2003, 197
19.12.2002	VII ZR 103/00	ZIP 2003, 672 = ZfIR 2003, 375 = NJW 2003, 1450 = BauR 2003, 689 = IBR 2003, 190 = NZBau 2003, 265 = ZfBR 2003, 352
19.12.2002	VII ZR 176/02	ZIP 2003, 594 = IBR 2003, 175; dazu EWiR 2003, 493 *(Hirtz)*
07.01.2003	X ZR 16/01	BauR 2003, 877 = IBR 2003, 192 = NJW-RR 2003, 738
09.01.2003	VII ZR 181/00	ZIP 2003, 724 = ZfIR 2003, 279 = NJW 2003, 1188 = BauR 2003, 533 = IBR 2003, 187 = NZBau 2003, 214 = ZfBR 2003, 356; dazu EWiR 2003, 391 *(Siegburg)*
21.01.2003	XI ZR 145/02	ZIP 2003, 430 = ZfIR 2003, 234 = NJW 2003, 1862 = BauR 2003, 700 = IBR 2003, 198 = NJW-RR 2003, 592 = NZBau 2003, 270 = NZM 2003, 327 = ZfBR 2003, 357; dazu EWiR 2003, 721 *(Blank)*
11.03.2003	XI ZR 196/02	BauR 2003, 1220 = IBR 2003, 362 = NJW-RR 2003, 959 = NZM 2003, 522
13.03.2003	IX ZR 56/02	ZIP 2003, 855 = ZInsO 2003, 420
13.03.2003	IX ZR 64/02	ZIP 2003, 810 = NJW 2003, 1865 = IBR 2003, 304 = NZI 2003, 315 = ZInsO 2003, 417; dazu EWiR 2003, 719 *(Huber)*
03.04.2003	IX ZR 287/99	ZIP 2003, 1033 = NJW 2003, 2231 =BauR 2003, 1036; dazu EWiR 2003, 627 *(v. Gerkan)*
03.04.2003	IX ZR 163/02	ZIP 2003, 854 = ZfIR 2003, 457 = NZI 2003, 373 = NZM 2003, 472 = ZInsO 2003, 412; dazu EWiR 2003, 641 *(Eckert)*
22.05.2003	VII ZR 143/02	BauR 2003, 1207 = IBR 2003, 347 = NZBau 2003, 497 = ZfBR 2003, 567; dazu EWiR 2003, 789 (C. *Schmitz*)

Datum	Aktenzeichen	Fundstelle(n)
27.05.2003	IX ZR 51/02	ZIP 2003, 1208 = NZI 2003, 491 = ZInsO 2003, 607; dazu EWiR 2003, 819 (Gundlach/Schmidt)
24.07.2003	VII ZR 209/01	BauR 2003, 1758 = IBR 2003, 580 = ZfBR 2003, 766
24.07.2003	VII ZR 218/02	ZfIR 2003, 936 = BauR 2003, 1889 = IBR 2003, 595 = NZBau 2003, 665
21.10.2003	X ZR 218/01	noch unveröffentlicht
23.10.2003	IX ZR 165/02	ZIP 2003, 2379
13.11.2003	VII ZR 57/02	noch unveröffentlicht

Bayerisches Oberstes Landesgericht

Datum	Aktenzeichen	Fundstelle(n)
15.6.2000	2 Z BR 46/00	ZIP 2000, 1263 = KTS 2000, 633 = NJW-RR 2001, 47 = NZI 2000, 427 = ZfIR 2000, 633 = ZInsO 2000, 455; dazu EWiR 2000, 887 (Hintzen)

Kammergericht

Datum	Aktenzeichen	Fundstelle(n)
16.01.1979	21 U 3619/78	SFH Nr. 2 zu § 17 VOB/B (1973)
10.12.1996	15 U 7269/96	IBR 1997, 235 = WM 1997, 1377
13.07.1998	22 U 2238/97	NJW-RR 1999, 1206
22.12.1998	27 U 429/98	BauR 2000, 114 = IBR 2000, 76
29.02.2000	4 U 1926/99	NZBau 2001, 26
09.06.2000	25 U 7516/97	NZG 2001, 556
22.11.2001	12 U 3262/00	AnwBl 2002, 666 = NZI 2002, 606
09.08.2002	7 U 203/01	BauR 2003, 726 = NZBau 2003, 36
07.07.2003	24 W 367/02	ZInsO 2003, 802

OLG Bamberg

Datum	Aktenzeichen	Fundstelle(n)
14.01.1998	3 U 60/97	OLGR 1998, 117

OLG Brandenburg

Datum	Aktenzeichen	Fundstelle(n)
26.02.1998	8 U 73/97	ZIP 1998, 1367; dazu EWiR 1998, 839 (App)
31.03.1998	11 U 143/97	BauR 1998, 1267 = IBR 1999, 9 = NJW-RR 1998, 1316
01.09.1998	11 U 252/97	ZIP 1999, 116 = WM 1999, 1083; dazu EWiR 1998, 1049 (C. Schmitz)
16.03.1999	11 U 107/98	BauR 2001, 1450
25.03.1999	12 U 157/98	BauR 2002, 127 = IBR 2002, 75 = ZfBR 2002, 150
02.11.1999	11 U 3/99	BauR 2000, 583 = NZBau 2000, 511
09.11.2000	8 U 43/00	NJW-RR 2001, 386 = NZBau 2001, 325
06.12.2000	7 U 23/00	unveröffentlicht; dazu EWiR 2001, 717 (Nielsen)
27.12.2001	11 W 81/01	WM 2002, 2160 = ZInsO 2002, 882
27.08.2002	11 U 15/99	BauR 2003, 542
06.12.2002	4 U 103/02	BauR 2003, 1404 = IBR 2003, 306
22.01.2003	7 U 116/02	ZInsO 2003, 183
12.03.2003	7 U 131/02	BauR 2003, 1229 = IBR 2003, 360
05.05.2003	8 W 58/03	BauR 2003, 1433 = IBR 2003, 516

OLG Braunschweig

Datum	Aktenzeichen	Fundstelle(n)
14.10.1993	1 U 11/93	IBR 1995, 108 = OLGR 1994, 180
02.02.1998	3 U 124/97	IBR 1998, 370

OLG Celle

Datum	Aktenzeichen	Fundstelle(n)
28.01.1993	22 U 279/91	ZIP 1993, 845 = WM 1993, 1653; dazu EWiR 1993, 697 (Paulus)
03.03.1993	3 U 50/92	BauR 1993, 612 = IBR 1994, 10
14.12.1994	11 U 12/94	BauR 1995, 856; dazu EWiR 1995, 169 (G. Pape)
18.05.1995	14 U 108/94	NJW-RR 1996, 343
04.06.1997	6 U 186/96	BauR 1997, 1057

Datum	Aktenzeichen	Fundstelle(n)
14.10.1998	14a (6) U 79/97	IBR 1999, 316 = OLGR 1999, 114
10.04.2000	14 U 157/99	BauR 2001, 1624 = OLGR 2001, 232
23.05.2000	16 U 208/99	unveröffentlicht; dazu EWiR 2000, 641 (*C. Schmitz*)
08.06.2000	22 U 88/99	OLGR 2001, 113
06.07.2000	13 U 242/99	IBR 2001, 189 = NZBau 2001, 93
20.07.2000	13 U 289/95	NZI 2000, 602
20.07.2000	13 U 271/99	BauR 2001, 259 = IBR 2000, 600
23.11.2000	2 U 258/00	IBR 2001, 368 = OLGR 2001, 87
28.08.2002	22 U 159/01	BauR 2002, 1863 = NJW-RR 2002, 1675 = NZBau 2002, 675
25.02.2003	16 U 204/02	ZIP 2003, 587 = ZInsO 2003, 334; dazu EWiR 2003, 333 (*Pape*)

OLG Dresden

Datum	Aktenzeichen	Fundstelle(n)
25.09.1995	2 U 976/95	BauR 1997, 484
13.08.1998	7 U 824/98	IBR 1999, 529, 580
19.07.1999	2 U 3676/98	ZIP 2000, 628 = IBR 2000. 431 = NJW-RR 2000, 974 = NZI 2000, 269 = OLGR 2000, 265
16.08.1999	14 W 733/99	ZIP 1999, 1814 = BauR 2000, 137
11.11.1999	4 U 2045/99	ZIP 1999, 2161 = BauR 2000, 1758; dazu EWiR 2000, 253 (*C. Schmitz*)
04.10.2000	12 U 1801/99	BauR 2001, 419
26.04.2001	9 U 2867/00	BauR 2001, 1447 = BB 2001, 1495 = IBR 2001, 482; dazu EWiR 2001, 891 (*Kröll*)
24.10.2001	11 W 1608/01	BauR 2002, 807 = IBR 2002, 251 = NZBau 2002, 226
20.11.2001	2 U 1928/01	BauR 2002, 1414 = IBR 2002, 195 = NJW-RR 2003, 257; dazu EWiR 2003, 123 (*Weipert*)
24.01.2002	13 U 2215/01	ZIP 2002, 815; dazu EWiR 2002, 441 (*Tintelnot*)
11.04.2002	3 W 426/02	NZI 2002, 688 = ZInsO 2002, 883

Datum	Aktenzeichen	Fundstelle(n)
26.06.2003	19 U 2278/02	BauR 2003, 1736 = IBR 2003, 478

OLG Düsseldorf

Datum	Aktenzeichen	Fundstelle(n)
10.03.1981	21 U 132/80	BauR 1982, 592
25.05.1982	23 U 213/81	ZIP 1983, 342
27.07.1983	11 U 24/83	ZIP 1983, 1097
08.07.1986	23 U 175/85	BauR 1987, 336
02.06.1987	23 U 150/86	ZIP 1988, 450; dazu EWiR 1988, 391 (*Haug*)
04.12.1992	22 U 154/92	NJW-RR 1993, 1110
23.07.1993	23 U 204/92	BauR 1993, 747
12.10.1993	10 W 117/93	BauR 1994, 278 = MDR 1994, 201
02.05.1996	6 U 8/95	ZIP 1996, 1749 = DB 1996, 2173; dazu EWiR 1996, 1033 (*App*)
12.11.1996	21 U 68/96	BauR 1997, 647
24.04.1996	11 U 54/95	NJW-RR 1997, 946
10.10.1997	22 U 69/97	BauR 1998, 553
07.05.1999	22 U 226/98	NJW-RR 2000, 231
24.11.2000	22 U 7/00	BauR 2001, 445 = NJW-RR 2001, 522 = NZBau 2001, 328
06.02.2001	21 U 162/00	BauR 2002, 492 = IBR 2001, 615
26.06.2001	4 U 210/00	NZI 2002, 262
09.08.2001	23 W 46/01	BauR 2001, 1940 = IBR 2001, 616
14.09.2001	22 U 46/01	BauR 2002, 497 = NZI 2002, 102
06.11.2001	21 U 36/01	NZBau 2002, 671 = NZI 2002, 317
12.07.2002	5 U 238/00	BauR 2003, 259 = IBR 2002, 600

OLG Frankfurt/Main

Datum	Aktenzeichen	Fundstelle(n)
27.06.1984	17 U 143/83	DB 1984, 2032 = KTS 1984, 702
29.01.1986	17 U 174/84	BauR 1987, 101 = NJW-RR 1987, 82
19.11.1987	1 U 96/98	NJW-RR 1988, 1338 = WM 1988, 1576

Datum	Aktenzeichen	Fundstelle(n)
19.11.1992	5 U 65/91	IBR 1993, 150
20.12.1994	5 U 253/93	ZIP 1995, 369
07.05.1998	9 W 8/98	IBR 1999, 8
14.06.2000	23 U 78/99	NZBau 2001, 27
13.06.2001	3 U 64/00	IBR 2003, 32
29.05.2002	4 U 11/01	IBR 2002, 478
12.08.2002	4 W 41/02	BauR 2002, 1886 = NJW-RR 2003, 50
26.08.2002	4 W 39/02	IBR 2003, 285
13.01.2003	19 W 34/02	BauR 2003, 756 = IBR 2003, 176 = ZInsO 2003, 229
18.09.2003	5 W 25/03	ZIP 2003, 2043

OLG Hamburg

Datum	Aktenzeichen	Fundstelle(n)
24.07.1974	9 W 26/74	KTS 1975, 43
12.10.1983	8 U 52/83	ZIP 1984, 348
08.07.1988	1 U 149/87	MDR 1988, 861 = WM 1988, 1895
04.05.1990	1 U 130/89	BauR 1990, 745 = NJW-RR 1991, 1304 = WM 1992, 349
08.11.1995	13 U 44/94	IBR 1996, 363 = OLGR 1996, 18
31.10.1996	6 U 63/96	OLGR 1997, 53
22.03.2000	11 W 11/00	ZInsO 2001, 132
02.11.2001	11 U 229/99	BauR 2002, 645 = IBR 2002, 416

OLG Hamm

Datum	Aktenzeichen	Fundstelle(n)
06.12.1976	17 U 104/76	NJW 1977, 768
30.01.1980	25 U 157/78	BauR 1981, 376
12.11.1982	12 W 65/82	BauR 1984, 537
22.03.1984	24 U 258/83	BauR 1986, 462
06.10.1989	11 U 102/89	NJW-RR 1990, 477
04.02.1997	21 W 12/96	ZIP 1997, 552 = NJW-RR 1997, 723; dazu EWiR 1997, 431 (*Holzer*)

Datum	Aktenzeichen	Fundstelle(n)
02.06.1997	17 U 128/96	NJW-RR 1997, 1242
01.07.1997	21 U 61/97	BauR 1998, 135
11.03.1998	12 U 140/97	OLGR 1998, 184
29.10.1998	17 U 38/98	BauR 1999, 776
11.10.1999	12 U 142/99	IBR 2000, 21
05.04.2000	25 U 175/99	IBR 2000, 376
11.05.2000	27 U 94/99	IBR 2001, 117 = NZBau 2001, 28
28.11.2002	27 U 87/02	ZIP 2003, 1165 = NZI 2003, 150 = ZInsO 2003, 474
18.02.2003	21 U 7/02	IBR 2003, 604 = WM 2003, 2115
20.11.2003	21 W 28/03	unveröffentlicht

OLG Jena

Datum	Aktenzeichen	Fundstelle(n)
08.09.1998	5 U 12/98	IBR 1999, 408
30.05.2000	5 U 1433/99	IBR 2001, 20 = OLGR 2000, 421
01.11.2000	4 U 671/00	BauR 2001, 654
09.10.2001	5 W 278/01	NZI 2002, 112

OLG Karlsruhe

Datum	Aktenzeichen	Fundstelle(n)
18.02.1977	15 W 1/77	BB 1977, 1475
02.10.1981	15 U 76/81	ZIP 1981, 1231 = ZIP 1982, 1108
15.10.1986	13 U 191/85	ZIP 1986, 1404; dazu EWiR 1986, 1223 (Brehm)
20.11.1997	4 U 74/97	NJW-RR 1998, 533
18.09.1998	10 U 49/98	NZI 1999, 231
21.11.2002	12 U 112/02	ZIP 2003, 267 = ZInsO 2003, 229
20.08.2003	14 W 26/03	BauR 2003, 1931

OLG Koblenz

Datum	Aktenzeichen	Fundstelle(n)
12.11.1980	1 U 278/80	VersR 1982, 250
28.06.2001	6 U 461/99	IBR 2001, 483
28.06.2001	6 U 484/99	IBR 2001, 483
07.02.2002	5 U 1170/01	NJW-RR 2002, 827

OLG Köln

Datum	Aktenzeichen	Fundstelle(n)
14.07.1982	2 U 20/82	ZIP 1982, 1107
19.09.1983	12 U 40/83	ZIP 1984, 89
21.05.1985	1 W 54/84	unveröffentlicht; dazu EWiR 1985, 517 (Rumler/Detzel)
11.09.1995	18 W 20/95	BauR 1996, 257 = IBR 1996, 229 = NJW-RR 1996, 402 = OLGR 1996, 43
03.09.1995	10 U 206/84	BauR 1987, 222
16.09.1996	11 W 52/96	BauR 1997, 517
30.10.1997	12 U 40/97	BauR 1998, 555 = BB 1998, 710 = IBR 1998, 381
23.10.1998	19 U 26/98	ZIP 1999, 495 = NJW-RR 1999, 745; dazu EWiR 1999, 217 (C. Schmitz)
09.12.1998	26 U 5/98	IBR 1999, 125
18.04.2002	12 U 95/01	ZIP 2002, 947; dazu EWiR 2002, 969 (C. Schmitz)

OLG München

Datum	Aktenzeichen	Fundstelle(n)
11.03.1986	9 U 4403/86	BauR 1988, 605
20.10.1994	23 U 3264/94	ZIP 1994, 1763 = BB 1995, 12 = NJW-RR 1995, 498 = WM 1994, 2108; dazu EWiR 1994, 1181 (Brink)
20.06.1995	13 U 5787/94	BauR 1995, 859 = IBR 1996, 322 = NJW-RR 1996, 534 = OLGR 1995, 182
19.11.1997	27 U 177/97	IBR 1998, 525 = NJW-RR 1998, 992
22.05.1998	21 U 6383/97	BB 1998, 2281 = IBR 1999, 16 = OLGR 1998, 378 = NZI 1999, 201

Datum	Aktenzeichen	Fundstelle(n)
01.03.2000	7 U 5573/99	BauR 2002, 1409 = IBR 2000, 269 = OLGR 2000, 269; dazu EWiR 2000, 479 (C. Schmitz)
01.03.2000	15 U 5605/99	BauR 2002, 1109
28.03.2001	27 U 940/00	IBR 2001, 421 = ZfIR 2001, 465; dazu EWiR 2001, 785 (Siegburg)
21.12.2001	13 W 2641/01	BauR 2002, 983 = IBR 2002, 391 = NJW-RR 2002, 1053 = OLGR 2002, 222 = ZInsO 2002, 536

OLG Naumburg

Datum	Aktenzeichen	Fundstelle(n)
28.12.1999	13 U 126/99	ZfIR 2002, 453 = BauR 2002, 1271 = IBR 2002, 257
01.03.2000	12 U 63/98	BauR 2001, 1615
16.02.2001	6 U 54/00	BauR 2001, 1454 = NJW-RR 2001, 1165
17.04.2002	5 U 13/02	IBR 2002, 611
10.05.2002	2 U 113/01	BauR 2003, 115 = IBR 2002, 667; dazu EWiR 2002, 969 (C. Schmitz)

OLG Nürnberg

Datum	Aktenzeichen	Fundstelle(n)
27.04.1989	8 U 2370/88	NJW-RR 1989, 1296
12.05.1993	13 U 3411/92	IBR 1995, 331
19.02.1998	2 U 4091/97	IBR 1998, 142
04.10.2000	4 U 1049/00	BauR 2001, 415 = IBR 2001, 361 = OLGR 2001, 77

OLG Oldenburg

Datum	Aktenzeichen	Fundstelle(n)
18.03.1987	2 U 19/87	BauR 1987, 567
23.02.2000	2 U 295/99	BauR 2001, 831

OLG Rostock

Datum	Aktenzeichen	Fundstelle(n)
10.06.1996	4 W 81/95	BauR 1997, 169
05.11.2001	3 U 168/99	ZIP 2001, 2145; dazu EWiR 2002, 77 (Binz)

OLG Saarbrücken

Datum	Aktenzeichen	Fundstelle(n)
26.09.2000	7 U 83/00-23-	BauR 2001, 266

OLG Schleswig

Datum	Aktenzeichen	Fundstelle(n)
21.12.1995	7 U 217/94	IBR 1996, 367 = OLGR 1996, 194
27.03.1997	5 U 52/96	IBR 1997, 284
22.07.1999	16 U 18/99	IBR 2000, 11

OLG Stuttgart

Datum	Aktenzeichen	Fundstelle(n)
08.04.1994	2 U 267/93	ZIP 1994, 722 = WM 1994, 1495; dazu EWiR 1994, 589 (Brehm)
26.01.2000	9 U 201/99	IBR 2000, 121 = NJW-RR 2000, 546 = NZBau 2000, 134
20.12.2000	9 U 183/00	BB 2001, 957 = WM 2001, 1335; dazu EWiR 2001, 663 (Nielsen)
18.08.2003	5 U 62/03	unveröffentlicht

OLG Zweibrücken

Datum	Aktenzeichen	Fundstelle(n)
10.12.2002	8 U 70/02	ZInsO 2003, 36

LG Berlin

Datum	Aktenzeichen	Fundstelle(n)
13.04.2000	9 O 313/99	IBR 2001, 191 = NZBau 2001, 94 = WM 2000, 2378
25.09.2001	86 T 574, 581, 582/01	ZIP 2001, 2293

LG Bochum

Datum	Aktenzeichen	Fundstelle(n)
19.02.2002	17 O 1/02	ZInsO 2002, 334

LG Bonn

Datum	Aktenzeichen	Fundstelle(n)
21.12.1999	11 O 20/99	ZIP 2000, 747 = ZInsO 2000, 165; dazu EWiR 2000, 301 (von Gerkan)

LG Bremen

Datum	Aktenzeichen	Fundstelle(n)
29.09.2000	13 O 616/99 A	unveröffentlicht
13.12.2000	11 O 614/99	unveröffentlicht
21.08.2003	2 O 940/03	BauR 2003, 1914

LG Chemnitz

Datum	Aktenzeichen	Fundstelle(n)
25.06.1997	2 HKO 142/92	ZIP 1997, 1798; dazu EWiR 1998, 39 (Jauch)

LG Cottbus

Datum	Aktenzeichen	Fundstelle(n)
22.05.2002	5 O 314/01	BauR 2002, 1703 = IBR 2003, 6

LG Dresden

Datum	Aktenzeichen	Fundstelle(n)
14.06.2001	14 O 853/01	ZIP 2001, 1428; dazu EWiR 2002, 1099 (Undritz)
08.10.2001	14 O 5828/00	ZIP 2002, 91; dazu EWiR 2002, 717 (Gleichenstein)

LG Essen

Datum	Aktenzeichen	Fundstelle(n)
24.06.2002	4 O 224/02	unveröffentlicht

LG Göttingen

Datum	Aktenzeichen	Fundstelle(n)
24.11.1997	2 OH 13/95	BauR 1998, 590

LG Hamburg

Datum	Aktenzeichen	Fundstelle(n)
23.09.1981	13 O 261/81	ZIP 1982, 87

LG Karlsruhe

Datum	Aktenzeichen	Fundstelle(n)
30.05.2001	5 OH 11/97	NZI 2001, 603

LG Köln

Datum	Aktenzeichen	Fundstelle(n)
08.04.2003	16 O 152/01	ZIP 2003, 1310
27.06.2003	32 O 61/03	ZIP 2003, 1648 = ZfIR 2003, 773 = IBR 2003, 481; dazu EWiR 2003, 1079 (Diestel)

LG Konstanz

Datum	Aktenzeichen	Fundstelle(n)
22.11.1996	1 HO 66/96	IBR 1997, 102

LG Leipzig

Datum	Aktenzeichen	Fundstelle(n)
20.04.2001	10 O 9711/00	BauR 2001, 1920 = IBR 2002, 133 = ZfBR 2001, 548

LG Lüneburg

Datum	Aktenzeichen	Fundstelle(n)
12.03.1998	1 S 272/97	BauR 1998, 1018 = IBR 1998, 429 = MDR 1998, 834 = NJW-RR 1998, 1100

LG Meiningen

Datum	Aktenzeichen	Fundstelle(n)
10.02.2000	4 T 277/99	ZIP 2000, 416 = ZfIR 2000, 373 = IBR 2000, 323; dazu EWiR 2000, 831 (*Runkel*)

LG München I

Datum	Aktenzeichen	Fundstelle(n)
29.01.1999	5 O 13046/98	unveröffentlicht
23.05.2000	16 HKO 2217/00	IBR 2000, 433

LG München II

Datum	Aktenzeichen	Fundstelle(n)
05.06.1998	9 O 436/98	IBR 1998, 526

LG Neuruppin

Datum	Aktenzeichen	Fundstelle(n)
29.08.2002	2 OH 19/00	BauR 2002, 1887
03.03.2003	2 OH 19/00	BauR 2003, 1081

LG Potsdam

Datum	Aktenzeichen	Fundstelle(n)
18.07.2002	2 OH 19/00	ZIP 2002, 1734 = IBR 2002, 546 = NZI 2003, 209; dazu EWiR 2002, 1053 (*C. Schmitz*)

LG Stuttgart

Datum	Aktenzeichen	Fundstelle(n)
22.07.2002	10 OH 8/02	NZI 2003, 232 = ZInsO 2002, 1196

LG Tübingen

Datum	Aktenzeichen	Fundstelle(n)
03.12.1990	1 S 227/90	MDR 1990, 248

LG Würzburg

Datum	Aktenzeichen	Fundstelle(n)
29.06.1988	4 S 433/88	WM 1989, 405

AG Frankfurt/Main

Datum	Aktenzeichen	Fundstelle(n)
22.12.1987	30 C 819/87-47-	BauR 1988, 491
29.08.2002	2 OH 19/00	BauR 2002, 1887
03.03.2003	2 OH 19/00	BauR 2003, 1081

AG Hamburg

Datum	Aktenzeichen	Fundstelle(n)
15.07.2003	67g IN 205/03	ZIP 2003, 1809

AG München

Datum	Aktenzeichen	Fundstelle(n)
10.06.1998	221 C 11940/98	ZIP 1998, 1884 = BauR 1999, 175 = IBR 1998, 479 = NJW-RR 1999, 1034

AG Witten

Datum	Aktenzeichen	Fundstelle(n)
09.04.2003	15 C 284/02	ZInsO 2003, 479

Bundesfinanzhof

Datum	Aktenzeichen	Fundstelle(n)
10.08.1978	V R 168/75	KTS 1979, 208
24.04.1980	V S 14/79	BFHE 130, 470 = ZIP 1980, 796
13.11.2002	I B 147/02	ZIP 2003, 173 = ZfIR 2003, 111 = IBR 2003, 178 = NZBau 2003, 156 =NZI 2003, 169 = NZM 2003, 167 = ZInsO 2003, 76

Vergabekammer Niedersachsen

Datum	Aktenzeichen	Fundstelle(n)
12.03.2001	VgK 1/2001	IBR 2001, 328

Vergabekammer Nordbayern

Datum	Aktenzeichen	Fundstelle(n)
18.09.2003	320.VK–3194–31/03	IBR 2003, 618

Vergabekammer Stuttgart

Datum	Aktenzeichen	Fundstelle(n)
23.06.2003	1 VK 28/03	NZBau 2003, 696

Vergabeüberwachungsausschuss Bayern

Datum	Aktenzeichen	Fundstelle(n)
23.09.1999	VÜA 4/99	IBR 1999, 561

LAG Hamm

Datum	Aktenzeichen	Fundstelle(n)
14.03.2002	4 Sa 1366/97	ZIP 2002, 770; dazu EWiR 2002, 777 *(Schumacher)*

Stichwortverzeichnis

Die Ziffern verweisen auf die Randziffern.

Absonderungsrecht 4
Abrechnungsverhältnis, insolvenz-
bedingtes 27, 45, 86 ff, 96 102,
105, 113 f, 157, 165, 182, 184, 190,
199, 205, 211, 214, 219, 241,
243 ff, 253, 256 f, 259, 262, 272,
310, 527, 531 f, 548, 552, 586
– Parallelität der Rechtsfolgen (§ 8
Nr. 2 VOB/B/§ 103 InsO)
82 ff
– Rechnungsposten zugunsten des
Bestellers
– Architektenkosten 240 ff
– Mängel 152 ff
– Restfertigstellungsmehrkosten
190 ff
– Sicherheitseinbehalt 224 ff
– Vertragsstrafe/Verzugsscha-
den 219 ff
– Rechnungsposten zugunsten des
Verwalters 107 ff
– Berechnungsgrundlagen
107 ff
– Einheitspreisvertrag 116
– Pauschalpreisvertrag 117 ff
– Saldierung/Verrechnung der
Rechnungsposten 87 ff
Absonderungsrecht 235, 378 ff,
403, 406 505
„Abtretungsfalle" bei Bürgschaften
744 f
Anmeldung von Forderungen
siehe Forderungsanmeldung
Anordnung des Bestellers gemäß
§ 1 Nr. 3, Nr. 4 VOB/B 206, 211
Arbeitsgemeinschaft
– Anwachsung 786 ff, 880
– Auseinandersetzungsbilanz
– Bewertung der „ausgeführten
Arbeiten" 804 ff

– Bewertung des Gewährleis-
tungsrisikos 772, 808 ff
– Bewertung sonstiger Risiken
813 f
– Bewertung von Nachtragsfor-
derungen 797 ff, 816 ff
– Fälligkeit des Anspruchs aus
der A 845 ff
– Feststellung 828 ff
– Geschäfte, schwebende 815 ff
– Stichtagsprinzip 796 ff
– Zustellung 825 ff
– Ausscheiden des Schuldners
– Auswirkungen gegenüber
Dritten 876 ff
– Eigeninsolvenzantrag 779 ff
– Insolvenzverfahreneröffnung
784 ff
– Bürgschaften
– Ausschüttungsbürgschaft
859 ff
– Übergang 863 ff
– Unterbürgschaft 850 ff
– Definition 765 f
– Fortsetzungsabrede 785
– Pfandrecht an Geräten und
Stoffen 867 ff
– Rechtsnatur 774 ff
Architektenhaftpflichtversicherung
siehe Haftpflichtversicherung
Architektenkosten 240 ff
ARGE
siehe Arbeitsgemeinschaft
Auflassungsvormerkung
siehe Vormerkung
Aufmaß 13, 26, 34 ff, 38 ff, 45, 63,
113, 118, 121, 136, 142, 302, 306,
439,
Aufrechnungseinschränkungen, in-
solvenzrechtliche
– § 95 Abs. 1 Satz 1 InsO 247,
262, 274

– § 95 Abs. 1 Satz 2 InsO 250, 278
– § 95 Abs. 1 Satz 3 InsO 94 ff, 247 ff, 259 f, 274 ff, 278 f, 573
– § 96 Abs. 1 Nr. 1 InsO 114, 247, 272, 301, 304, 334
– § 96 Abs. 1 Nr. 2 InsO 556 f
– § 96 Abs. 1 Nr. 3 InsO 114, 262, 264, 267, 280, 338, 537
Aufschiebend bedingte Forderungen 354, 747 f, 752, 757 ff
Aussonderungsrecht 235, 366 ff, 444, 505
Austausch- und Wahlrecht (§ 17 VOB/B) 694 f, 699, 702 ff, 707 f
Avalkreditvereinbarung 347, 627

Bargeschäft (§ 142 InsO) 490
Bauabzugsteuer 146 ff, 333, 448 ff
Baugeld 501 ff
Bauhandwerkersicherungshypothek 513 ff, 807
Baustellenverbot 40
Bauträger 538 ff
– Bauträgervertrag 538
– Freistellungsanspruch wegen Beiträgen 568 ff
– Freistellungserklärung der Bauträgerbank 563 f
– Mängel am Gemeinschaftseigentum 553 ff
– Mängel am Sondereigentum 552
– vorrangige Grundpfandrechte der Banken 563, 565 f
Bedenkenhinweise 190, 316
Bereicherung, ungerechtfertigte 82, 107 f, 111 f, 404, 444, 683, 721
Beweislast
– des Bestellers
– für Kündigungstatbestand des § 8 Nr. 2 Abs. 1 VOB/B 16
– für Leistungsstand bei Kündigung 40 f
– für Mängel 160, 166
– für Mängelbeseitigungskosten 167 ff
– für Nicht-Einhaltung von Vertragsfristen durch den Unternehmer 59
– des Bürgen für Einwendungen 729
– des Bürgschaftsgläubigers
– bei normaler Bürgschaft 726 ff
– auf erstes Anfordern im Rückforderungsprozess 678
– des Lieferanten für Abtretung 379 f
– des Unternehmers für Fälligkeit der Leistung 57
– des Verwalters
– für Abgrenzung von Leistungen 307, 315
– für Kongruenz Abschlags-/Schlussrechnung 249
– für Leistungsstand bei Kündigung/Ausscheiden aus der ARGE 34, 215, 805
– für Mängelfreiheit 161 ff
– für Wertlosigkeit einer bedingten Forderung 761
– bei § 171 InsO 396
Beweislastumkehr 40 f, 44, 164, 379
Beweisverfahren, selbständiges siehe Selbständiges Beweisverfahren
Bürge
– aufschiebend bedingte Forderungen im Insolvenzverfahren 747 f, 757 ff
– Forderungsanmeldung im Insolvenzverfahren 747 ff
– keine Bindung an gegen Hauptschuldner ergangenes rechtskräftiges Urteil 584
– keine Bindung an gegen Hauptschuldner geführtes selbständiges Beweisverfahren 584

– Verteidigungsmöglichkeiten
679 ff, 729 ff
Bürgschaften
– Abschlags- und Vorauszah-
lungsbürgschaft 629 ff, 647,
862
– Gesamtabrechnung 634, 636,
862
– Umfang 630 ff
– „Abtretungsfalle" 744
– Arbeitsgemeinschaften
siehe Arbeitsgemeinschaften
– Ausfallbürgschaft 736
– Befristung 657, 677, 683, 733 ff
– „Bei-uns-Klausel" 746
– Bürgschaft auf erstes Anfordern
675 ff, 699 ff, 710, 712, 717 f,
731
– Definition 675
– Rückforderungsprozess
677 f, 686
– Bürgschaft gemäß § 7 MaBV
564, 635, 638 ff
– Durchsetzung von Ansprüchen
aus Bürgschaft 723 ff
– Gewährleistungsbürgschaft
siehe Mängelbürgschaft
– Mängelbürgschaft
– Abgrenzung zur Vertragserfül-
lungsbürgschaft 648 ff
– Rückgabe durch den Verwalter
an den Unternehmer 444 ff
– Umfang 648 ff, 665 ff
– Unwirksamkeit einer Siche-
rungsabrede in AGB 692 ff
– Sicherungsabrede 224 ff, 626 ff,
653, 683, 689 ff, 727, 731
– Rechtsfolgen bei Unwirksam-
keit 705, 714 f, 720 ff
– Sicherungsfall 80, 181, 351 f,
628, 712, 723 ff, 757, 824, 864 f
– Verjährung
– der Bürgenhaftung 742 f

– der Hauptschuld 181, 352,
607, 677 f, 683, 739 ff, 761,
849
– Verteidigungsmöglichkeiten im
Erstprozess 679 ff
– Vertragserfüllungsbürgschaft
– Abgrenzung zur Mängelbürg-
schaft 648 ff
– Umfang 648 ff
– Unwirksamkeit einer Siche-
rungsabrede in AGB 711 ff
– Zahlungsbürgschaft zugunsten
des Unternehmers 671 ff

Dach-Arbeitsgemeinschaft 766 f,
768
Direktzahlungen (§ 16 Nr. 6
VOB/B) 454 ff, 495 ff
Doppelanmeldung 747 ff

Eigentumsvorbehalt 353 ff
– Auskunftsanspruch gegen Ver-
walter 390 ff
– einfacher 354
– Konflikt mit Globalzession
361 ff
– Schadensersatz gegen Verwalter
bei Verletzung 370, 398 ff
– verlängerter 355 ff
Erfüllungsverweigerung 25
Erfüllungswahl des Verwalters
(§§ 103, 105 InsO) 64, 76, 179,
281 ff, 468 f
– Aufforderung des Bestellers zur
Erfüllungswahl 79 f, 171 ff, 199
– Auslegungskriterien 174, 281 ff
– Frist zur Erklärung 290
– Leistungen, teilbare (§ 105
Satz 1 InsO) 291 ff
– umsatzsteuerrechtliche Folgen
3 ff
Ersatzaussonderung 370, 400, 404
Erschließungs- und Anliegerbeiträ-
ge 568 ff

Fälligkeit
– Anspruch aus Auseinandersetzungsbilanz 845 ff
– Freistellungsanspruch 572
– Leistungen des Unternehmers 57 f, 318
– Rechnungsposten des Bestellers im insolvenzrechtlichen Abrechnungsverhältnis 98 f
– Sicherheitseinbehalt 217, 228, 233
– Unternehmerforderung nach Kündigung gemäß § 8 Nr. 2 Abs. 1 VOB/B 28 ff, 139
– Vergütungsforderung des Unternehmers
– nach BGB 138
– nach VOB/B 137
– Vergütungsforderung des Verwalters nach Vertragssuspendierung gemäß § 103 InsO 139 ff
Feststellung von Forderungen siehe Forderungsanmeldung
Feststellungskosten 395
Forderungsanmeldung/-feststellung
– Anforderungen, förmliche 437 ff
– Unterlagen, vorzulegende 439
Freistellungsanspruch des Erwerbers gegen Bauträger 569, 572
Freistellungserklärung der Bauträgerbank 563 f

Gegenstandswertvereinbarung 616
Gewährleistungseinbehalt siehe Sicherheitseinbehalt
Gläubigerbenachteiligung siehe Insolvenzanfechtung
Gläubigergleichbehandlung 277, 311, 473, 503
Globalzession 361 f, 365, 397
Grundbuchberichtigung 521, 561
Grundleistungen, wiederholende 243

Haftpflichtversicherung
– des Architekten 407 ff
– des Bauunternehmens 408
Hinweise siehe Bedenkenhinweise

Inkongruent siehe Insolvenzanfechtung
Insolvenzanfechtung
– Abtretungen 475 ff
– Baugeld 501 ff
– Deckung
– inkongruente 262, 264, 476, 478 ff, 485, 489, 492 ff, 496 f, 500, 512, 514 f
– kongruente 262
– Direktzahlungen 495 ff
– Entgegennahme von Leistungen in der Krise 262 ff, 537
– Gläubigerbenachteiligung 474, 484, 491 f, 503, 872
– Kündigung gemäß § 8 Nr. 2 Abs. 1 VOB/B 525 ff
– Pfandrechtsbestellung bei ARGE 871
– Rechtsfolge 487, 533
– Sicherungsübereignung 510 ff
– Verknüpfung einer Leistung mit der Befriedigung von Altforderungen 507 ff
– Vormerkung für Bauhandwerkersicherungshypothek 513 ff
– Weitergabe von Kundenschecks 500
– Zweck 473
Insolvenzbedingte Suspendierung des Vertrags siehe Suspendierung des Vertrags, insolvenzbedingte
Insolvenzgeld 2

Kalkulation 2, 122 f, 132, 134 f, 206, 214
Klage
– Abweisung wegen fehlender Prüffähigkeit 133

– Anerkenntnis, sofortiges (§ 93
ZPO) 169
– auf Erstellung einer Auseinandersetzungsbilanz 843
– auf Feststellung zur Tabelle
588, 591, 593 f, 606, 613, 836
– auf Restfertigstellungsmehr-
kostenaufstellung 212
– gemäß § 157 VVG 410 ff
– Hauptsacheklage zum selbständigen Beweisverfahren 587 f,
591
– Insolvenzanfechtungsklage 498
– keine Klage aus Abschlagsrechnungen nach Kündigung 31,
134
– Rückforderungsprozess bei
Bürgschaft auf erstes Anfordern
675, 677 f, 686 f, 717
– Widerklage 619 f
– Zwangsvollstreckungsgegenklage
– des Bürgen 739
– des Verwalters 749
Kongruent
siehe Insolvenzanfechtung
Kreditversicherung 424, 615, 624
Kündigung
– gemäß § 281 Abs. 1 BGB 57 f
– gemäß § 643 BGB 430
– gemäß § 648a BGB 428 f, 437
– gemäß § 649 Satz 1 BGB 15,
57, 326 f, 561
– gemäß § 4 Nr. 7 Satz 3 i. V. m.
§ 8 Nr. 3 Abs. 1 VOB/B 37,
48 ff, 55, 321
– gemäß § 5 Nr. 4 i. V. m. § 8
Nr. 3 Abs. 1 VOB/B 18, 55,
321, 878
– gemäß § 8 Nr. 1 Abs. 2 VOB/B
15, 18, 24, 534
– gemäß § 8 Nr. 2 Abs. 1 VOB/B
14 ff, 74, 176, 199, 246, 295,
321 ff, 525 ff, 877 f

– Abrechnungsverhältnis
siehe Abrechnungsverhältnis,
insolvenzbedingtes
– Beweislast 16
– Entbehrlichkeit der Kündigungserklärung 25
– Fälligkeit der Unternehmerforderung 28 ff
– Insolvenzanfechtung 525 ff
– Rechtsfolgen 15, 26 ff, 82 ff
– Vereinbarkeit mit § 119 InsO
52 ff, 319 ff
– gemäß § 9 VOB/B 426, 430,
437
Leistungsverweigerungsrecht
– § 320 BGB 153, 167, 189, 304,
310, 315, 332, 550, 560, 637,
639, 644, 674, 713
– § 648a BGB 428, 478
– § 16 Nr. 5 Abs. 3 Satz 3 VOB/B
426
Mängel
– Mängelbeseitigungsrecht/
-pflicht des Unternehmers 171,
352, 462
– auch nach Kündigung 46, 74
– Unmöglichkeit 463 ff
– Rechnungsposten zugunsten des
Bestellers im Abrechnungsverhältnis 152 ff
– Selbstvornahme 37, 50, 64, 163,
165 f, 170 ff, 347, 350, 723
– „Symptomtheorie" 174
Masseunzulänglichkeit 9, 684 f
Masseforderung/-verbindlichkeit
3, 8, 10 f, 76, 143, 309, 312, 330 f,
398, 401, 596, 600, 603, 611, 618,
684
Minderung 154 ff, 466 ff
Mitverschulden (§ 254 BGB) 208,
222

Nutzung von Geräten, Gerüsten usw. (§ 8 Nr. 3 Abs. 3 VOB/B) 32, 113, 270, 304

Pauschalpreisvertrag 117 ff, 213 ff, 306
– Abrechnung bei vorzeitiger Beendigung 117 ff, 213 ff
– Ermittlung des dem Teilwerk entsprechenden Werklohnanteils (§ 105 InsO) 298
– Fertigstellung, fast vollständige 125 ff
Preisspiegel 207, 211
Prozessunterbrechung (§ 240 ZPO) 575 ff, 613, 620, 622
– Aktivprozess der ARGE-Partner 880
– keine beim selbständigen Beweisverfahren 595 ff, 602, 609, 612
– Passivprozess der ARGE-Partner 882
Prüfbarkeit/-fähigkeit 129, 131 f, 137, 278

Rangabrede 387, 389
Reduktion, teleologische siehe Teleologische Reduktion
Restabwicklungsvereinbarung 283, 330
Restfertigstellungsmehrkosten 45, 93, 95, 98 f, 105, 128, 190 ff, 527, 532
Rückschlagsperre (§ 88 InsO) 520 ff

Schadensersatzanspruch
– aus §§ 60 f InsO gegen den Verwalter 8, 324, 370, 398 ff, 421
– des Bestellers gegen den Schuldner aus PVV 670
– des Lieferanten gegen den Schuldner 379
– gemäß § 281 Abs. 1 BGB 561
– gemäß § 103 InsO 79, 152 ff, 437, 452, 552, 643, 645, 659 f
– gemäß § 8 Nr. 2 Abs. 2 VOB/B 15, 26, 82 ff, 98 f, 152 ff, 325 f, 660
Schadensersatzwahl des Bestellers (§ 103 InsO) 79 ff, 94
Schiedsgerichtsverfahren 579 ff
Schlussrechnungserstellung durch Besteller (§ 14 Nr. 4 VOB/B) 143, 662
Schlussverteilung 757 ff
Schlusszahlungseinrede 341
Selbständiges Beweisverfahren 582 ff
– Kostenantrag/-entscheidung (§ 494a ZPO) 587, 589 ff, 593 f, 600, 608, 611
– Schuldner
– als Antragsgegner 583 ff
– als Antragsteller 599 ff
– Verwalter
– als Antragsgegner 603 ff
– als Antragsteller 610 ff
Sequester 10
Sicherheitseinbehalt 64, 66, 72 f, 184, 217, 224 ff, 286, 340, 387, 389, 440 f, 444, 627, 669, 695, 699 f, 702, 704, 707 ff, 716, 737, 746
– Fälligkeit 217, 228, 233
– Rechtsnatur 228
Sicherungsabrede siehe Bürgschaften
Sicherungsfall siehe Bürgschaften
Sicherungsrecht 362, 627, 712
Sperrkonto 233 f, 237 f, 286, 389, 441, 443, 695, 699, 702, 704, 708, 721 f
Streitwert (§ 182 InsO) 615 f
Stundenlohnarbeiten 205

Teilbarkeit von Leistungen 291 ff
Teilverzichtsklausel 362

Teleologische Reduktion 101, 248

Überschuldung 19 f
Umsatzsteuer
– als Insolvenzforderung 6
– als Masseverbindlichkeit 3 ff
Und-Konto 236 f
Ungerechtfertigte Bereicherung,
siehe Bereicherung
Unmöglichkeit der Mängelbeseitigung
siehe Mängel
Unverhältnismäßigkeit
– Beseitigungsaufwand bei Mängeln 156 ff
– Leistungsverweigerungsrecht
167

Veräußerungsverbot 459, 461,
495 ff
Vergabebekanntmachung 210
Vergabestelle 210
Verhandlungsverfahren (gemäß
VOB/A) 210
Verjährung
– Bürgenhaftung 742 f
– Erfüllungsansprüche des Bestel-
lers, vertragliche 35, 188
– der Hauptschuld (§ 768 BGB)
181, 352, 607, 677 f, 683, 739 ff,
761, 849
– Insolvenzanfechtung 472
– Mängelansprüche des Bestellers
gegen Unternehmer/Verwalter
35 ff, 182 ff, 228, 231, 324, 331,
343, 347, 470
– Rückforderunganspruch des
Bürgen auf erstes Anfordern
686
– Versicherungsanspruch 418
Verpfändung 236, 347, 763, 868 ff
Vertragsstrafe 219 ff, 317 f, 389,
653, 661, 683, 813
Vertragssuspendierung, insolvenzbedingte (§ 103 InsO) 76 ff, 725

– Erfüllung, beiderseitige nicht
vollständige 64 ff, 80
– Rechtsprechung des BGH 6,
76 ff
– Vertragsumgestaltung, automa-
tische 75, 724
Verwalter
– Auskunftspflicht gegenüber Ei-
gentumsvorbehaltslieferanten
390 ff
– Bindung an die Rechtslage bei
Verfahrenseröffnung 111, 224,
443, 502
– keine Nachforschungspflicht
wegen Eigentumsvorbehalts
367 f
– Schadensersatzpflicht (§§ 60 f
InsO) 8, 324, 370, 398 ff, 421
Verwertungskosten 395 ff
Vorinsolvenzlich 78, 110, 143, 272,
280, 292, 301, 304, 307, 335 ff,
470, 580, 585, 600, 603, 605, 608
Vormerkung
– Auflassung 539, 541 ff, 561,
563, 565 f
– Bauhandwerkersicherungshypo-
thek 513 ff, 807
Vorschussanspruch wegen Mängeln
152, 666
Vorteilsausgleich 198

Zahlungseinstellung 17 f, 321, 483
Zahlungsunfähigkeit 481 ff, 516
Zustimmungsvorbehalt 578